국문 서사체의

문체
론

국문 서사체의

문체론

정은균 지음

한국학술정보㈜

　언어학자와 문학자의 주된 관심 대상은 언어다. 그런 점에서 이들은 한 지붕 아래 사는 한 식구나 마찬가지다. 이들이 '국어학과'니 '국문학과'니 하는 식의 '핵가족'이 아니라 '국어국문학과'와 같은 '대가족' 아래서 함께 살아가는 것도 이 때문이다. 그러면서도 이들 사이에는 적지 않은 간극이 있는 것이 엄연한 현실이다. 그 각각의 관심사가 다르기 때문이다. 같으면서도 다른 이들의 모습은 그래서 흔히 '한 지붕 두 가족' 식으로 비유되기도 한다.

　이때 이들을 서로 잇는 구실을 하는 것이 문체론이다. 그래서 많은 이들은 문체론을 언어학과 문학을 잇는 다리에 비유한다. 문체론은, 비록 국어학자와 국문학자의 구체적인 관심 영역이나 대상은 다르지만 문체라는 개념으로써 언어에 접근해 보자는 근본적인 취지를 공유하도록 해 준다. 문체론의 통합적·통섭적인 성격은 이러한 사실로부터 비롯된다. 그럼에도 역설적으로 문체론은 국어국문학의 주류에 끼지 못하고 그 언저리에 머물러 있는 경우가 많다. 서양에서 문체론이 수사학의 유구한 전통과 함께해 온 사실까지를 고려해 생각하면 참 안타까운 일이다.

필자가 비교적 본격적으로 문체론에 관심을 기울이기 시작한 것은 학부 졸업 논문을 준비할 즈음이었다. 그 이전에는 국어학을 세부 전공 분야로 삼아 관련 강좌를 수강하였다. 그러면서도 문학에 대한 갈증이 쉬이 가시지 않았다. 문학 관련 전공 선택 과목을 되도록 많이 들으려고 한 까닭도 여기에 있다. 그러면서 차츰 어학과 문학이 행복하게 조우하는 일에 눈길을 주기 시작했다.

그러던 중 당시로서는 신생 업체였던 모 유업(乳業) 회사의 '원색적인(?)' 신문 광고 텍스트가 필자의 눈을 강렬하게 사로잡았다. 색색들이 '현란한' 색채와 줄글 식의 '장황한' 문구로 꾸며진 그 일련의 광고 텍스트는 당시로서는 매우 파격적인 것이었다. 특히 의도적으로 '촌스러움'을 강조하고 있는 듯한 광고 문구의 문체는 아주 묘한 느낌을 자아냈다. 그 후 그 광고 텍스트 분석을 졸업 논문의 주제로 정한 필자는 문체론이나 수사학에 관련된 저작들에 본격적으로 손길을 주기 시작했다. 그 저작들에서 필자는 문학과 어학이 어색한 듯하지만 그야말로 행복하게 만나는 모습을 볼 수 있었다. 지금 생각하면 부끄럽기 그지없는 졸업 논문을 제출할 즈음에는 문체론에 대한 관심이 걷잡을 수 없이 커져 있었다. 대학원 진학 이후의 학문적인 여정이 이렇게 시작되었다.

이 책은 필자의 박사학위논문(<15세기와 18, 19세기 국문 서사 문체의 비교 연구>, 한국학중앙연구원 한국학대학원, 2007)에 터 잡고 있다. 애초에 박사논문은 국문 서사 텍스트의 통시적인 문체 변천 과정을 밝히는 쪽으로 기획되었다. 이러한 기획은 석사 논문(<신소설의 문체 연구>, 숭실대학교 대학원, 1998)의 관심을 확장해 보자는 욕심에서 비롯되었다. 특히 연구 결과의 여하에 따라서는 이식론(利殖論)과 자생론(自生論)의 프레임에 갇혀 있던 신소설 논의에 어떤 돌파구를 제공해 줄 수도 있지 않겠느냐는 기대도 없지 않았다. 필자의 머릿속에는 15세기 언해류에서 후대의 고소설 단계를 거쳐 신소설에까지 이어지는 국문 서사 문체의 흐름이 뚜렷하게 그려져 있었다. 그런데 넘치는 열의에 비해 턱없이 부족한 필자의 능력으로는 그 흐름을 선명히 그려 보여 주는 일이 쉽지 않았다. 시대를 달리하는 텍스트 간 비교에서 만족할 수밖에 없었던 까닭이 여기에 있다.

근대 이전의 서사 텍스트에 대한 관심은 주로 고소설에 집중되어 있었다. 문체론과 관련해서는 고소설 텍스트의 율문체나 장문체 정도가 논자들의 시선을 끈 항목이었다. 그런데 기존 논의에서 그러한 율문체나 장문체의 출현 배경과 발전 과정, 그리고 그것들의 문체적인 효과나 기능 등에 대한 논급은 쉽게 찾아볼 수 없었다. 당연히 필자에게는 "고소설 문장은 길다고 한다. 그런데 왜 그렇게 된 거지?" 식의 의문이 머릿속에 떠오를 수밖에 없었다. 그래서 필자는 이 책에서 약간의 위험을 무릅쓰고 텍스트 그 자체가 아니라 텍스트 외적인 배경을 전제하는 태도를 취하였다. 이 책의 주요 용어인 구술성(orality)이나 유사구술성(pseudo-orality)은 그러한 상황 속에서 도입되었다. 진정한 문체 논의는 단순히 텍스트의 문체 특징을 언급하는 데 있는 것이 아니라 텍스트가 보여 주는 갖가지 문체 요소의 효과나 기능을 밝히는 데 있다고 확신했기 때문이다. 장문체의 구체적인 양상을 서사 구조에 따른 이야기 배열과 전개 양상, 문장의 연결이나 종결 방식 등에 초점을 맞춰 살핀 까닭도 여기에 있다.

기존에는 문체의 역사적인 흐름을 밝히는 논의도 흔치 않았다. 고소설에서 신소설을 거쳐 현대소설로 이어지는 동안의 문체 변천사를 밝히는 일은 문학사나 언어 변천사의 연속성에 대한 논의와도 관련 된다는 점에서 매우 중요하다. 거창하게 말해, 신소설 텍스트의 문체를 우리의 자생적인 문체 전통 계승과 역사적인 연속성의 차원에서 규정해 보려고 했던 석사논문의 취지도 이러한 점과 관련된다. 그래서 필자는 이 책에서 서로 다른 시간대에 속하지만 계통상 함께 엮이는 텍스트 부류를 대상으로 그 역사적인 연속성을 살피려고 했다. 비교적 본격적인 국문 서사 텍스트는 최초에 언해(諺解)라는 번역 환경에서 출발한다. 필자는 순연한 창작물로 볼 수 있는 후대의 고소설 또한 그러한 역사적 배경으로부터 자유로울 수 없다고 보았다. 이 책에서 필자가 15세기의 언해류 서사체와 18, 19세기의 고소설류 서사체를 견주는 식으로 논의를 전개한 이유이기도 하다.

문체론과 인연을 맺게 된 배경을 위에서 잠깐 언급했거니와, 필자가 그 인연의 끈을 더욱 단단히 묶을 수 있도록 옆에서 도와주고 격려해 주신 몇 분을 언급하지 않을 수 없다. 먼저 모교인 숭실대학교의 박종철 선생님과 한국학중앙연구원의 이광호 선생님이 계신다. 누군가 필자에게 오디세우스(Odysseus)의 멘토(Mentor)와 같은 이를 꼽으라고 한다면, 필자는 주저하지 않고 두 분 선생님을 꼽을 것이다.

　박종철 선생님께서는 학부와 대학원 석사과정에서 필자를 문체론이라는 매력적인 학문 세계로 인도해 주셨다. 또한 선생님 덕분에 필자는 기호학이나 담론 연구 등 문체론 인접 분야에 본격적으로 눈길을 줄 수 있었다. 지금껏 필자로 하여금 늘 언어학과 문학의 접점을 고민하게 하고, 엄정한 글쓰기와 폭넓은 독서에 관심을 갖도록 해 주신 분 또한 선생님이시다. 그런 학문적인 이끎 못지않게 삶의 마디마디에서 인간적으로 베풀어 주신 선생님의 은혜는 이루 다 말로 표현할 수가 없다.

　이광호 선생님께서는 필자의 박사 과정을 지도해 주셨다. 권위 있는 정통 국어학자로 명성이 자자하신 선생님 문하에 들어설 때만 해도 필자는 두려움이 많았다. 어찌 보면 '회색 학문(?)'이랄 수도 있는 문체론 전공자를 과연 흔쾌히 받아 주실 것인가 하는 의문이 없지 않았기 때문이다. 그러나 선생님께서는 학해무변(學海無邊)의 진리를 온몸으로 보여 주는 분이셨다. 문체론적인 연구 관점의 중요성을 강조하면서 연구에 대한 열정을 북돋아 주신 선생님이 아니었다면 필자는 박사 과정을 온전히 매조지지 못했을 것이다.

숭실대학교의 오충연 선생님과 충북대학교의 배영환 선생님이 베풀어 준 배려 또한 결코 잊지 못할 것이다. 각각 석사 과정과 박사 과정의 절친한 선배였던 두 분 선생님은 필자가 어려운 순간마다 나타나 못난 후배의 온갖 투정과 하소연을 모두 들어 주시곤 하였다. 끊임없이 격려하고 용기를 내도록 해 준 두 분 선생님 덕분에 필자는 힘들었던 대학원 생활을 무사히 마칠 수 있었다. 수시로 국어학의 다양한 연구 분야와 그 구체적인 결과물을 알려 줌으로써 필자가 문체 연구의 올바른 방향과 균형적인 시각을 갖도록 하는 데에도 두 선생님은 정말 많은 도움을 주셨다. 이 자리를 빌려 머리 숙여 깊이 감사드린다.

존경하는 네 부모님과 사랑하는 아내, 그리고 아직은 어린 두 자식과 배 속에 있는 셋째의 몫에 대해서도 말해야겠다. 네 분 부모님께서는 하릴없이 공부만 하겠다는 자식이며, 사위를 끝까지 믿고 묵묵히 지켜봐 주셨다. 그분들의 한량없는 믿음이 없었다면 아마도 이 책은 물론이고 지금의 필자는 결코 만들어지지 못했을 것이다. 사랑하는 아내와 세 자식은 내 용기의 근원이자 의지의 원천이다. 앞으로의 내 삶이 어떤 의미가 있다면 그것은 분명 이들 덕분일 것이다.

필자는 앞으로 이 책이 국어 문체의 유구한 전승 관계를 밝히는 필자의 연구 작업에 조그마한 디딤돌이 되기를 기대한다. 어학과 문학의 '화이부동(和而不同)'을 바라는 이들에게 하나의 소박한 참조 자료가 되었으면 하는 마음도 없지 않다. 날카로운 꾸짖음의 글을 바란다.

2011년 1월

정은균

차례

1
서론

1.1. 연구 목적

이 글은 국문 서사체[1]가 역사적으로 발전하는 과정에서 보여 주는 문체의 변화 양상을 이야기 배열, 시점, 문장 연결과 종결의 측면에서 살핀 후 그 특징이나 효과를 밝히는 것을 목적으로 한다. 이를 위해 이 글에서는 훈민정음 창제 초기의 한글 언해 문헌에 실려 전하는 '전(傳)' 유형의 서사체[2]와, 여기에 계통적으로 이어지는 고소설 텍스

---

[1] 이 개념은 '서사물, 서사 텍스트, 이야기체, 이야기 텍스트' 등과 거의 같은 의미로 이해되거나 혼용되고 있다. 이 글에서는 문체의 특징을 이야기의 배열이나 전개 등과 같은 전국적(全局的)인 텍스트 차원에서 살피는 점을 감안하여 이 '서사체'와 '서사 텍스트, 서사물'을 거의 같은 의미를 지닌 용어로 보고 사용하기로 한다. 한편 이 글에서 사용되는 '서사체' 개념의 구체적인 적용 범위는 훈민정음 창제 초기의 한글 문헌에 실려 전하는 '전(傳)' 유형과 관련된다. 예컨대 〈월인석보〉 안의 '안락국태자전(安樂國太子傳)'이나 '목련전(目蓮傳)', '선우태자전(善友太子傳)' 등은 그 자체가 하나의 독립된 이야기로서 후대로 내려가면 한 편의 독자적인 소설 형태로 발전하는 데 한 토대가 되고 있음을 보게 된다. 이들 텍스트 간의 관계나 교섭 양상에 대해서는 1.2.를 참고하기 바란다.

[2] 15세기 국문 불서류 중 〈석보상절(釋譜詳節)〉이나 〈월인석보(月印釋譜)〉 등 훈민정음 창제 초기의 텍스트들을 대상으로 그 서사 문학적 국면을 탐색한 논의들로 사재동(1970), 인권환(1975), 박노원(1982), 이현수

트들3)을 각각 15세기의 언해류 서사체 유형과 18, 19세기의 고소설류 서사체 유형으로 나눈 뒤 각 유형의 문체 요소들을 확인, 분석하는 과정을 거친다. 이러한 작업을 바탕으로 당해 텍스트들이 존재하던 각 시대의 공시적인 문체 특징을 당대의 서사 방식4)의 차원에서 살핀 후 그 통시적인 변화 양상을 구명해 보고자 한다.

일종의 통시적 문체 논의에 귀속시킬 수 있는 이 글은 문체를 기본적으로 텍스트의 다양한 층위에서 특징적이고 지배적으로 발견되는 언어 사용의 양상을 가리키는 개념으로 이해하고 사용한다. 이러한 문체 개념에 기대면 김흥수(1988: 63)나 심재기(1999: 11) 등에서 각각 보이는 문체 개념의 주요 항목들, 즉 '언어 사용의 다양한 변이 양상(variation)', '형식의 객관적인 표현 구조로서의 글의 체재나 양식, 여기서 나아가 장르·시대·방언·언어의 종류 등이 지니고 있는 유형화된 표현 구조' 등이 이 글의 문체 개념과 직간접적으로 연관된다고 할 수 있다. 이와 같은 문체 개념에 터 잡아 이 글은 대상 자료에서 발견되는 일종의 변이체로서의 각 시대별 공시적 문체가 통시적인 차원에서 어떤 공통점이나 차이점을 보이는가에 관심을 두기로 한다.

그런데 이렇게 공시적 문체가 통시적으로 변천해 가는 측면에 관심을 기울일 경우, 우리는 하나의 동일한 내용이나 의미가 표면적인 형식과 표현의 차원에서 상이한 문장 구문으로 드러난다는 식의 문체 개념을 상정해 볼 수 있다. 이와 관련하여 박종철(1986: 54)을 원용

(1984), 이강옥(1986a), 채기원(1990), 정하영(1992) 등을 들 수 있다.

3) 이들 선후 텍스트에 대해서는 1.2.에서 상술하기로 한다.

4) 이때의 '서사'는 '敍事'로서, 표기법이나 맞춤법, 띄어쓰기 등 언어 기호의 구체적인 표기 문제와 관련되는 '書寫'와는 구별된다. 여기서는 다만 기존의 서사(敍事) 관련 논의가 관심을 갖는 일반적인 항목들, 예컨대 이야기 단위의 분석이나 각 단위의 의미 해석 등의 항목들보다는 구체적인 구문 배열이나 구성 양상, 재현 방식 등에 좀 더 많은 관심을 기울이기로 한다.

하여 대상 자료들 간의 선후 연관 관계를 따져 보자. 먼저 <증수석가보(增修釋迦譜)>의 해당 이야기 부분은 심층 구조로서의 원전으로 이해된다. 나아가 <석보상절>이나 <월인석보> 소재의 여러 서사체는 '표층 구조 1'에, 그리고 후대에 이어지는 필사본 고소설류는 '표층 구조 2'에 대응한다.[5]

이들 심층 구조와 표층 구조 사이 혹은 표층 구조 상호 간의 같거나 다른 점은 비교나 대조와 같은 대비 연구를 통해 잘 드러날 것이다. 이러한 대비 연구를 바탕으로 전체적인 상호 교섭의 양상도 명확하게 밝힐 수 있다. 우리는 그러한 교섭과 변천의 과정에서 유의미하게 작용하는 문체 특징을 기능이나 효과 등의 측면에 초점을 맞추어 추적하려고 한다. 이에 따라 이 글에서는 텍스트 층위의 측면과 관련하여 문장 층위 이하의 개별 어휘 사용의 문제나 형태·음운 층위에 관한 문체 연구는 일단 배제하게 된다. 문장 단위의 통사적 양상과 관련해서도, 그것이 통사 층위 이상의 것과 관련성을 맺고 있지 않다고 해석되는 한 본격적으로 고찰하지는 않는다.

주지하다시피 <석보상절>과 <월인석보>는 15세기 국어 연구 자료들 중에서도 선도적인 지위를 차지하고 있는 텍스트들이다. 특히 통시적인 국어 연구 분야에서 이들 텍스트는 시기상 당해 영역의 첫머리에 놓이는 자료들이라는 점에서 빼놓아서는 안 되는 중요한 가치가 있다. 문체 연구의 차원에서는 15세기 산문체의 전범으로서, 개별 텍스트의 서사체적인 특성이나 번역 양식의 문제, 어휘 사용의 양상 등에 관한 고찰이 꾸준히 이루어지고 있다. 그 결과 연구 업적들

---

5) 여기에서 나아가 19세기 후반 무렵부터 출현하기 시작하는 구활자본을 '표층 구조 3'에 배당할 수도 있다.

이 축적되면서 초창기 국어국문체의 대체적인 윤곽을 가늠해 볼 수 있게 되었다고 해도 과언이 아닐 정도다. <석보상절>과 관련한 기존 논의의 경향을 보면, 그 서사 텍스트적인 성격을 반영하는 대화 등에 유의하면서 구어체적인 특성[6]을 강조한 언급[7]과 텍스트언어학적인 관점에서 문장과 이야기의 상관성을 중심으로 통사적 원리와 의미·기능상의 원리 등에 기대어 이야기 형성의 기제를 밝힌 연구 등이 주목된다.[8] 이들은 문장 구조를 통한 텍스트 생성의 양상과 과정에 주목하므로 넓게 보아 문체론적인 연구에 접목하는 데 큰 어려움이 없다.[9]

특정 시기의 문체에 관한 논의는 대상 텍스트의 상호 텍스트성이나 갈래, 유형, 텍스트 생산·수용층과 이들 간의 구체적인 소통 양상 등의 논의 결과가 종합적으로 뒷받침될 때 충실해진다. 그렇다면 선텍스트인 한문 불경이 후텍스트인 조선 초기의 국문 서사물과 그 이후의 고소설로 발전하는 과정에서 이들이 어떻게 상호 교섭 양상을 보이고, 어떤 구체적인 언어 형태로 구현되는가 하는 문제가 중요하게 부각된다.[10] 특히 한문으로 된 불경 원문의 언해라는 텍스트 생성

---

6) 중세국어 자료에 나타나는 대화가 당시 실제 언어생활의 구어적인 특색을 그대로 반영하고 있는가의 문제는 검토의 여지가 많다. 논의에 활용되는 기본적인 텍스트들이 언해류 중심일 뿐만 아니라, 〈용비어천가(龍飛御天歌)〉와 같이 비교적 순연한 국문 텍스트에 속하는 것들도 구어적인 면모를 추리하기에는 그 장르적 활용도가 떨어진다고 보기 때문이다. 안병희(1973: 76)에서도 언급되고 있는 것처럼, 구어를 포함하여 중세국어의 전반적인 성격을 보다 완전히 이해하려면 구결 등에 대한 연구가 철저히 이루어져야 한다.

7) 김흥수(1997: 971)에서 그 구체적인 언급을 확인할 수 있다.

8) 이러한 논의는 주로 고영근(1995), 박금자(1995), 윤석민(2002) 등에서 보인다.

9) 박갑수(1979: 77) 참고. 문체 연구는 대개 단일 문장 이상의 긴 글 – 이른바 '담화'나 '텍스트'와 같은 용어로 지칭되는 단위 – 을 대상으로 하므로, 이들의 연결된 문장 사이의 관계 양상 또한 문체론적인 논의에서 주요 관심사가 될 수 있다. 수사학과 문체론이 몇 가지 전제와 입장에서 텍스트언어학과 공통의 관심사를 갖는다고 보는 견해는 Beaugrande·Dressler 공저(1981), 김태옥·이현호 공역(1999: 23~9)에서도 볼 수 있다.

10) 이와 관련하여 텍스트 과학의 관점에서 〈월인천강지곡〉 권상의 92장을 대상으로 선텍스트인 한문 불경과의 교섭 관계, 운율성, 텍스트성, 간텍스트성 등을 중점적으로 고려하면서 각 장의 이야기 순서와 짜임, 문장의 구조 등을 세세하게 분석하고 있는 고영근 외(2003)의 업적이 주목된다.

과정 속에서 불경 특유의 효과적인 구송이나 강담, 강창 혹은 고소설의 흥미로운 구술 등을 위해 어떤 언어적인 장치나 방편들이 쓰였는가 하는 점들이 고려될 필요가 있다.[11]

이런 점에서 <석보상절>이나 <월인석보>에 관한 기존의 일반적인 논의들 중 문체론적인 고찰의 범주에 포함할 만한 것들을 꼼꼼히 살펴 우리 논의의 밑거름으로 삼을 필요가 있다. 문체론적인 입장을 직접적으로 표방하는 논의들도 세밀하게 살핌으로써 이들 문헌의 언어 요소가 보여 주는 문체 특징을 명확히 이해하지 않으면 안 된다. 문체론적으로 유의미해 보이는 언어 요소들이 관심권 밖으로 밀려나면서 그 실상을 제대로 드러내지 못하는 경우가 많아 보이기 때문이다.

예를 들어 보자. <석보상절>이나 <월인석보>와 같은 15세기 국문 서사체의 문체 논의를 보면 특징적으로 자주 인용되는 텍스트 요소가 우리 눈길을 끈다. 이 시기 산문 텍스트의 구어적 성격을 보여 주는 단서로 제시되는 인물 간 대화 부분이 그것이다. 그런데 이때 문제 되는 것은 이렇게 인용되는 텍스트 내 대화 부분이 당대의 언어 현실 속에서 실제 발화된 구어적 실상을 그대로 드러내고 있는가 하는 점이다. 설령 그와 같은 인물 간 대화 부분이 당대 입말의 특성을 일정하게 반영한다는 점이 인정되더라도 과연 대화의 어떤 점들이 일상 언어 속의 구어와 연관되는지가 명확하게 밝혀져야 할 것이다.

이렇게 문어 텍스트에서 단지 대화가 많이 구현되고 있다는 점을 근거로 해당 텍스트가 구어적 성격을 보인다는 식으로 이해하는 방식은 상당히 피상적이다. 텍스트의 구어성은 그러한 요소들 외에도

---

11) 정은균(2009c)는 국어문체사의 관점에서 15세기 언해문의 역사적인 형성 경위를 밝히려는 시도의 하나로서, 그 이전 시기인 고려시대 석독구결 자료의 번역 문체적인 특징을 살핀 것이다.

텍스트를 둘러싸고 발생하는 구체적인 수용과 활용 등의 측면에서도 얼마든지 확인해 볼 수 있기 때문이다. 특히 일련의 고정된 문자들로 이루어지는 기록 텍스트들이 그 과정에서 음성 언어의 청각적인 영향력으로부터 벗어날 수 없을 것이라는 점, 근대 이전의 많은 서사체들이 '눈'을 통한 묵독보다는 '입'을 통한 음독의 방식으로 향유되었을 것이라는 점 등을 고려하면 더욱 그러하다. 요컨대 우리는 문체론과 관련하여 대상 텍스트들을 서사체의 원리에 따라 작동되는 넓은 의미의 이야기 자료로 보되,[12] 이들이 단순히 기술된 텍스트가 아니라 구술이나 독송을 위한 구술물적인 특성까지도 함께 갖고 있는 것으로 간주하자는 것이다.

이렇게 될 때, 기술적이면서 동시에 구술적인 텍스트에서 전체 국면의 대화 전개 양상이 어떠한지, 기능적 측면에서 각각의 대화 국면이 어떤 기능을 담당하는지 등에 대한 논의가 그 의의를 갖게 된다. 그리고 이러한 논의는 텍스트 내 이야기 요소들의 선택과 배열을 원전과의 대비 측면에서뿐만 아니라 소통의 측면, 즉 효과적인 이야기 전달과 수용의 측면에서 살필 수 있게 하는 중요한 근거가 될 수 있다. 특히 애당초 <석보상절>이나 <월인석보>가 '전경(轉經)'[13]이라

---

12) 15세기 국어 자료들에 나타나는 이야기의 특징을 밝히기 위한 노력으로서 〈석보상절〉이나 〈월인천강지곡〉, 〈월인석보〉 등의 번안류를 중심으로 이야기 전개와 구성의 특징 등을 분석하고 있는 이영림(1992) 등이 이러한 관점에서의 본격적인 논의라 하겠다.

13) 〈월인석보〉 서문의 "녜 丙寅年에 이셔 昭憲王后ㅣ 이셔 榮養을 셸리 브려시놀 셜버 슬쏘보매 이셔 ㅎ욣 바롤 아디 몯ㅎ다니 世宗이 날드려 니ᄅ샤디 追薦이 轉經 곤ㅎ니 업스니 네 釋譜를 밍ᄀᆞ라 飜譯호미 맛당ㅎ니라 ㅎ야시놀"(월석1: 10ㄱ~11ㄱ)(띄어쓰기, 밑줄, 문장 부호, 음영 등 ─ 필자, 이하 같음)에서 확인되는 '전경(轉經)'에 주목할 필요가 있다. '전경'은 '독경(讀經)'을 의미하는 아주 일반적인 불교 용어의 하나이기 때문에, 독경 효과의 극대화를 위해서 텍스트 편찬 과정이 어떻게 이루어졌고, 실제 텍스트 내 이야기의 배열이나 문장의 짜임 등이 어떤 방식으로 이루어지고 있는가 하는 점들이 중요하게 부각된다. 이 글에서는 바로 이와 같은 점들에 초점을 맞추게 된다. 이러한 점들에 대해서는 후술할 2.1.을 참고하기 바란다.

는 기능적 측면을 중요한 사용 목적의 하나로 해서 나온 점을 감안하면 이러한 측면에 대한 연구가 소홀히 이루어져서는 안 된다.14) 이러한 문제의식은 김완진(1976: 70)에서도 지적된 것처럼, 언술 대상이 다양하다는 점이나 화자-청자와 작자-독자의 관계 등과 같은 언술 시의 주변 상황 등이 다양하다는 점과도 관련된다.

1.2. 연구 대상과 범위

이 글에서 다루게 될 대상 자료와 관련 자료를 텍스트 구조와 내용의 계층·선후 관계 등을 고려하여 다음과 같이 A, B 두 유형15)으로 구별해 살펴보자.

A. <석보상절>, <월인천강지곡>, <월인석보>

B. 1) <석보상절>이나 <월인석보> 등 초기 한글 언해 문헌에 수록된 서사적 이야기들 중 후대에 국문 소설화하는 언해류 서사체 유형-'안락국태자전'(<월인석보> 권8, <월인천강지곡> 기220~250), '목련전'(<월인석보> 권23, <월인천강지곡> 기500~519), '선우태자

---

14) 이렇게 보면 서사체들의 유통 과정에서 보이는 구체적인 향유 방식이나 양상 등에 대한 고전문학 방면의 연구 성과들이 좋은 참고 자료가 된다. 특히 산문과 운문이 번갈아가며 짜이는 모습을 보이는 〈월인석보〉 류에 대해 강창문학적 관점에서 접근하고 있는 사재동(1990), 김진영(1996a), 김진영(1996b) 등의 논의가 주목된다. 예컨대 김진영(1996b: 169~71)에서는 불교 계열 서사체들의 강창 연행이 표현 문체의 투식화(套式化)를 가져왔다고 하면서 산문과 운문의 조화, 구어·율문적 문체와 관련된 연결어미의 구사 등을 그 구체적인 근거로 제시하고 있다. 아쉬운 점은 그러한 구어적 실상과 율문체의 양상이 전체 이야기 전개 국면에서 어떻게 드러나고 있는가 하는 점이 구체적으로 제시되지 못하고 있다는 사실이다. 이들은 이 글에서 다룰 중요한 항목들 중의 하나다.

15) A, B 두 유형은 문맥에 따라 전체·부분 텍스트 등으로도 사용하되, 이때 '부분'이라는 개념은 텍스트 전체를 구성하는 요소라는 의미로 이해하기 바란다. 이 성분은 텍스트 생산자의 의도나 텍스트 의미 면에서 전체 텍스트의 부분 단위이자 수직적·수평적인 측면에서 다른 부분과 관련되어 있는 개념이다. '부분 텍스트'라는 개념 대신에 '단편(fragment), 절(paragraph)' 등의 개념도 자주 쓰인다.

전'(<월인석보> 권22, <월인천강지곡> 기447~494)

2) <석보상절> 등 초기 한글 문헌에 실린 '안락국태자전' 등과 계통적으로 이어지는 고소설류 서사체 유형 - '안락국전', '나복전', '적성의전'

3) 초기 한글 문헌에만 실려 있는 '인욕태자전' 유형 - '사리불항마기', '인욕태자전', '녹모부인전', '아육왕전' 등

먼저 A를 보자. A의 세 텍스트는 상호 간에 일정한 선후 관계를 맺고 있다. 시기상 앞의 두 텍스트가 먼저 나오고, 이를 토대로 텍스트 산출자들이 일정한 의도를 가지고 첨삭하거나 변개하는 등의 창조적인 합편 과정을 거침으로써 뒤의 <월인석보>가 나타나기 때문이다. 그런 점에서 <석보상절>과 <월인천강지곡>은 선텍스트로, <월인석보>는 후텍스트로 볼 수 있다. 그런데 선텍스트인 <석보상절>과 <월인천강지곡> 또한 시기나 편찬 과정, 내용 등의 측면에서 상호 일정한 관계가 파악된다. 이제 이들의 편찬 과정을 좀 더 구체적으로 살펴봄으로써 그 관계를 확인해 하자.

세종은 즉위 28년(1446)에 왕비인 소헌왕후가 죽자 이듬해인 즉위 29년(1447)에 죽은 왕비를 위한 천도 불사(遷度佛事)를 계획한다. 그 구체적인 일환으로 세종이 수양대군에게 명령한 일이 바로 <석보상절>의 편찬이었다.16) 수양대군은 편찬의 과정에서 주로 승우(僧祐)의 <석가보(釋迦譜)>와 도선(道宣)의 <석가씨보(釋迦氏譜)>를 참고하였다.17) 이때 부사직(副司直) 김수온이 중임을 맡은 수양대군을 보좌한

---

16) 이하 〈석보상절〉, 〈월인천강지곡〉, 〈월인석보〉 등의 편찬 경위나 편자 등 서지 관련 정보들은 주로 강순애 (2001a: 65~72)에 기댔다.

다.[18] 책은 세종 29년(1447) 7월부터 세종 31년(1449) 사이에 완성되어 간행된 것으로 보인다. 책 이름을 통해 <석보상절>이라는 텍스트의 주 내용이 석가의 일대기[19]라는 사실을 알 수 있고, <월인석보> 서문을 통해 먼저 한문본 <석보상절>이 만들어졌음도 알게 된다. 현재 <석보상절>은 모두 10권이 전하는데, 이 중 권6, 9, 13, 19~21, 23, 24는 초간본이고 권3, 11은 16세기 중엽 무렵에 간행된 중간본이다.

우리는 위 두 종류의 서문[20]을 통해 애초 <석보상절>의 간행 목적과 의도가 '추천(追薦)'을 위한 '전경(轉經)', 즉 독경이었다는 사실도 알 수 있다. 이러한 사실은 그 안에 실린 서사체들의 구조 분석을 통해 구술성의 언어적 실현 방식이나 양상을 확인하고, 담화나 텍스트 상의 이야기 배열 양상을 문장 종결과 연결의 측면에서 살피려는 우리의 논의에 적지 않은 시사점을 안겨 준다. '전경'의 실제적인 구현 장면은 구술적인 상황과 관련될 수밖에 없기 때문에 실제 구술의 유창함이 고려될 수밖에 없었을 것이라는 점, 그러한 고려의 결과물들이 구문의 여러 국면에 반영되어 있을 가능성이 높다.

---

17) 〈월인석보〉 권1에 실린, 수양대군의 〈석보상절〉 서(1447년 7월 25일)에 있는 "여러 경전에서 골라내어"라는 구절의 '여러 경전'은, 그가 후일 왕위에 오른 후 쓴 〈월인석보〉 서(1459년 7월 7일)에서 승우와 도선 등의 두 율사가 지은 '譜'인 것으로 드러난다("내 慈씃을 받ᄌᆞ바 더욱 스랑ᄒᆞ숑 너비ᄒᆞ야 僧佑 道宣 두 律師ㅣ 各各 譜 밍ᄀᆞ로니 잇거늘 시러 보틱 詳略이 ᄒᆞᆫ 가지 아니어늘"〈월석1: 11ㄴ~12ㄱ〉 참고).

18) 수양대군이 주로 관여한 세종 28년(1446)의 한문본 〈석보상절〉이 나온 이후, 세종은 동년 12월 2일 김수온에게 〈석가보〉를 증수(增修)할 것을 명한다. 그리고 이 〈증수석가보〉를 바탕으로 세종 29년(1447) 7월에 정음으로 번역된 국문본 〈석보상절〉이 출현하게 된다.

19) 이 〈석보상절〉과 후술할 〈월인천강지곡〉 등을 주요 저본으로 하고 있는 〈월인석보〉가 석가모니 부처의 일대기를 텍스트 구성의 큰 뼈대로 하고 있을 것임도 어렵지 않게 유추할 수 있다. 정하영(1992: 36)을 따라 〈월인석보〉의 전체 구조를 정리하면 '1. 전생담: 부처의 전세 인연→2. 출생: 가계와 출생의 신비→3. 성장: 출생 이후 성장과 시련→4. 수행: 출가와 고행→5. 입공: 득도와 포교 활동→6. 사망: 신비한 죽음→7. 후일담: 사리의 분배와 불교의 전파, 부처의 전세 인연' 등으로 이루어진다. 이러한 구성과 내용은 〈삼국유사〉 소재의 승전이나 〈균여전〉의 내용과 별 차이가 없다는 점에서 결과적으로 〈월인석보〉는 석가모니의 일생을 다룬 불경의 축소판이며 동시에 우리 승전의 전통 위에서 새롭게 쓰인 작품으로 이해되기도 한다[정하영(2001)을 참고할 것].

20) 특히 〈월인석보〉의 서문에 주목할 필요가 있다.

이러한 <석보상절>을 보고 세종이 국한문의 악장체 형식으로 지은 것이 <월인천강지곡>이다. <월인천강지곡>은 악장체라는 독특한 형식·구조상의 특징을 보이는 텍스트로서 문예 미학적인 관점에서 많은 연구가 이루어졌다. <월인석보>는 저 앞의 <석보상절>과 이 <월인천강지곡>을 저본으로 합편 방식을 통해 완성된 문헌이다. 구체적으로는 편찬 과정에서 의심스러운 곳이 생기지 않도록 연정첨삭(研精添削)하고 협주 세문을 곁들여 악장 운문체의 '월인부'와 '상절부', 그리고 협주문 등을 함께 배치해 놓았다. 이와 같은 독특한 외양은 우리에게 <월인석보>가 상이한 두 텍스트의 단순한 조합이 아니라 화학적이고 유기적인 결합을 지향한 결과물임을 말해 준다.

이상의 A 유형에서 이 글의 중심적인 자료인 <월인석보>에 대한 연구는 국어학과 서지학 분야뿐만 아니라 불교학계에서 중요하게 다루어지는 대표적인 초기 한글 문헌이다. 강순애(2001)을 따라 현재 전하는 편간들을 구체적으로 살펴보자. 먼저 초간본으로 권1, 2, 7~15, 17~20, 23, 25 17권이 있다. 중간본에는 16세기 사찰 번각본으로 보이는 권1, 2, 4, 7, 8, 17, 21~23 등 9권이 있다. 권3, 5, 6, 16, 24를 제외한 20권이 전하고 있는 셈이다. <월인석보>는 '월인천강지곡'(흔히 '월인부'로 불림)과 '석보상절'(흔히 '상절부'로 불림), 그리고 이에 대한 협주 세문으로 구성되어 있다. 운문 형식의 '월인부'와 산문의 '상절부'가 각각 텍스트의 주 본문과 본문의 주석 격으로 실려 있는 점에 주목해 일찍이 많은 논자들이 그 구성의 특징을 '산운교직(散韻交織)'으로, 수용의 양상에 주목하여 '강창문학(講唱文學)' 등으로 이해하기도 하였다.

그런데 이 '산운교직'과 '강창'이라는 개념은 이야기 요소들의 선택과 배열, 그리고 실제적인 소통의 측면과 밀접한 관련이 있는 것처럼 보인다. 운문 악장체의 '월인부'를 본문으로 하고 산문 서사체의 '상절부'를 주석으로 삼는 월인석보의 체제는 <용비어천가>와 비슷하다. 그러나 <용비어천가>가 노래 한 수가 끝날 때마다 주석을 붙이고 있음에 반하여 <월인석보>는 한 편의 이야기나 담화 단위에 비견할 만한 '월인부'를 제시[21]하고 그 모본격의 '상절부'를 배치하고 있다. 이에 따라 <월인석보> 소재의 이야기 각 편은 '창'과 '강'의 실제 국면에서 '운(韻)'과 '산(散)'의 교직과 같은 체제나 형식의 특질로 말미암아 수용자들에게 심리적이면서 동시에 실제적인 분단(分段) 의식을 불러올 가능성이 높다.

이러한 분단 체제나 형식은, <월인석보> 텍스트 내 이야기 단편들의 독립성을 확보해 주는 중요한 요인들 중의 하나로 작용한다. 나아가 이는 일부 서사체적 완결성이 강한 이야기들이 고소설로 이어질 수 있는 가능성을 높여 준 것으로 이해할 수 있다.[22] 이들 이야기가 강창 단위에 따라 쉽게 분리되거나 독립하면서 불교 관련 의식이나 행사 등에서 독자적인 대본으로 활용된 점[23]에도 유념할 필요가 있다. 특히 속강사(俗講師)에 의해 이루어지는 '강창'의 중첩·연쇄적인 연행은, 원래 정통 불경의 강경(講經) 의식이 대중 취향의 위경 변문(僞經變文)의 속강으로 변한 과정 속에서 생겨난 것이다. 이 때문에

---

21) 실제로는 이야기 단락의 내용이나 의미 구조에 따라서 〈월인천강지곡〉이 한 수에서 오십 수까지 다양하게 실린다. 안병희(1992: 186) 참고.

22) 김진영(1995: 1241~3)에서 이런 관점을 바탕으로 한 논의의 일단을 확인할 수 있다.

23) 김진영(1995: 1242)에서는 '안락국태자전'을 예로 들고 있다. '안락국태자전'은 '(제주)이공본풀이', '악양 국왕자노래', '신선세턴님청배' 등과 같은 무속의 추천 의례에서 서사 무가로 활용되기도 하였다. 이 외에도 '목련전'의 선텍스트라 할 수 있는 '목련경'이 우란분재(盂蘭盆齋)와 같은 불사에서 활용된 사실을 언급할 만하다.

대중들을 향한 종교적인 권불(勸佛)의 의도 못지않게 문예 오락적인 측면을 무시할 수 없었을 것이다.[24] 후술할 B-1) 유형들이 이야기 내적 구조의 독립성과 자족성 등에 덧붙여 이야기 자체의 흥미성과 오락성 등으로 말미암아 B-2) 유형 식의 고소설로 이어지면서 많은 이본을 갖게 되는 이유도 이러한 점에서 찾아볼 수 있다.

B 유형 각각은 서사 내용과 구조의 양 측면에서 A 유형에 속하는 자료들의 하위 텍스트나 후텍스트적인 요소로 볼 수 있는 것들이다. 주지하는 것처럼 훈민정음 창제 초기의 국문 불서들은 흔히 '팔상(八相)'[25]으로 이해되는 석가모니 부처의 일대기를 커다란 축으로 해서 그 내용이 구성되어 있다.[26] 양식의 측면에서 구별되기는 하지만, <석보상절>을 비롯하여 <월인천강지곡>이나 <월인석보> 등이 모두 그러하다. 그런데 이들 불서의 내용 구조가 부처의 일대기인 '팔상'에 근거하고 있는 점에 착안하면 강창 단위에 따른 이야기 분리나 독립과 더불어 각각의 상에 따른 이야기 내용의 분절도 생각해 볼 수 있다.

이러한 점들을 고려하여 우리는 부처의 일대기 구성 자체가 하나의 거대한 이야기를 함의하고 있다는 점과는 별개로 B에 속하는 각

---

24) 김진영(1999: 143~5)에서 불교계 변문의 형성과 연행의 기반 등을 자세히 확인할 수 있다.

25) '팔상'은 석가모니 부처의 생애를 이야기하는 것으로, 이를 여덟 장면의 그림으로 묘사한 것이 '팔상도(八相圖)'다. 팔상도는 '도솔래의(兜率來儀), 비람강생(毘藍降生), 사문유관(四門遊觀), 유성출가(逾城出家), 설산수도(雪山修道), 수하항마(樹下降魔), 녹원전법(鹿苑轉法), 쌍림열반(雙林涅槃)' 등으로 구성되어 있다. <월인석보> 권1에서 '쌍림열반' 장면을 제외한 나머지 장면이 각각 1판씩 7개의 판에 묘사되어 있는 것을 확인할 수 있다.

26) 그런데 앞선 연구자들의 연구 결과에 따르면, '팔상' 계통의 불전은 이미 신라 시대부터 변문의 형태로 유통되었으리라 짐작되고 있으며[김진영(1999: 148)], 이후 고려 시대에서부터는 <석가여래행적송(釋迦如來行蹟頌)>이나 <석가여래십지수행기(釋迦如來十地修行記)>와 같은 거질의 '팔상록' 계통 변문이 활발하게 유통된다. 조선 시대에 들어서면 <석보상절>이나 <월인석보> 등에 국문으로 번역되어 실린 후 불사 현장에서 연행되는 과정을 거치기도 한다. 그리고 이들이 조선 후기 '팔상명행녹', '여시아문록(如是我聞錄)' 등과 같은 한글 전기계 소설의 토대 역할을 했음을 알 수 있다[인권환(1999: 3)].

유형, 특히 B-1), 3) 등이 '팔상'에 따라 나뉘는, 석가모니 부처의 본생에 관한 개별적이고 독립적인 이야기들과 관련되어 있다는 점에 유의해야 한다. 달리 말하면 B에 속하는 각각의 하위 유형들이 A 유형의 구성 요소로 기능하기는 하지만 이와 동시에 독립적인 서사체로도 이해될 가능성이 충분하다는 것이다. 특히 B에 포함되는 각각의 유형들 중에서도 1) 유형이 후대에 2) 유형 식의 고소설로 독자적인 성장 과정을 거치면서 많은 이본을 갖게 되는 점에 주목하면 더욱 그러하다. 이제 이러한 점들을 바탕으로 각각의 텍스트를 좀 더 구체적으로 살펴보기로 하자.

먼저 1) 유형에는 '안락국태자전' 외에 '목련전', '선우태자전' 등이 함께 포함된다. 이 세 이야기는 <석보상절> 내 여러 단편적인 이야기들 중에서도 서사체적인 특징이 두드러지는 텍스트들로서 일부 논자들[27]이 불교 계통과 관련되는 형성기의 국문소설로 분류하여 논의하기도 하였다.[28] 이들을 일종의 불교 소설적인 서사 텍스트로 간주하고, 서사 구조와 인물 유형 등을 중심으로 그 서사체적인 특징을 살피고 있는 것이다. 예컨대 이현수(1984), 사재동(1986) 등은 서사 구조 및 표현 양식상의 문체적 특징 등에 대한 고찰을 바탕으로 소설적 면모를 밝히고 있다. 특히 이 방면 연구에서 선편을 잡은 것으로 평가되는 사재동(1986)은 '안락국태자전'이나 '목련전' 등 국문 불서 소재의 서사 텍스트들에 대해 각각의 구조나 내용을 본격적으로 분석

---

27) 사재동(1967), 이현수(1984), 사재동(1986), 채기원(1990) 등 참고.

28) 물론 이들이 불전의 이야기를 그대로 번역하여 옮긴 데 지나지 않고, 내용상 독립성이 감지되기는 하지만 어디까지나 불교 문헌의 일부로 삽입되어 완전한 자족성이 있다고 보기 어려우며 불교의 포교에 이용된 종교적인 수단의 하나일 뿐이라는 점 등을 들어 본격적인 소설로 보지 않으려는 견해도 있다. 이런 난점을 포함하여 작자나 작자군의 독창적인 창작 의식이 약하다는 사실이나 현실성이 희박한 점 등이 이들을 소설로 보는 시각에서의 문제점으로 좀 더 지적될 수 있다[인권환(1999: 3) 참고].

함으로써 '홍길동전'으로부터 비롯되는 국문소설의 계보를 새롭게 정립하려는 노력을 기울이고 있다. 그중에서도 특히 '안락국태자전'은 후대에 '안락국전'이라는 표제를 가진 많은 이본을 갖게 되면서 명실 공히 불교계 소설의 한 종파를 이루게 된다[29]고 보았다.

다음으로 불교 행사인 '우란분재'에서 연행된 '목련전'과 후대의 불교계 고소설인 '적성의전'에 이야기 뼈대를 제공하는 '선우태자전'[30] 등을 살펴보자. '목련전'은 '목련경'에 바탕을 두고 있으면서 후대에 <팔상록>과 같은 대분량의 국문 고소설에서 '나복' 이야기로 계승되는 점에서 특히 주목된다. 이 '목련전'은 <월인석보> 권23의 72엽 앞면 제9행의 권점[○]으로부터 91엽 뒷면 마지막 행의 권점에 이르러 끝남으로써 체제상의 독립성이 특히 두드러진다. 소설 문학적인 측면에서도 '부상장자(溥相長者)'의 겸손함과 선, 아들 '나복(羅卜)'[31]의 지극한 사랑과 효성에 대비되는 모친 '청제부인(青提夫人)'의 죄악, 장대한 스케일의 지옥 순례 등의 이야기들이 극적 긴장미와 흥미를 높여 준다. '목련전'은, 앞서 살핀 바 '안락국태자전', '선우태자전'과 마찬가지로 사찰을 중심으로 필사와 구전의 과정을 거치면서[32] 후대 고소설로 이어진다.

'선우태자전'은 <월인석보>의 중간(重刊)에 따라 불교계를 비롯한

---

29) 고려 시대의 '안락국태자경'과 조선 초기의 한글 문헌들에 실린 '안락국태자전'의 계보를 잇는 국문 고소설 '안락국전'은 모두 10종의 이본이 전하고 있다[조희웅(1999) 참고].

30) '선우태자전'을 '적성의전'의 근원 설화의 하나로 간주하고, '적성의전'의 또 다른 근원 설화로 간주되는 〈사분률(四分律)〉, 〈현우경(賢愚經)〉, 〈보은경(報恩經)〉 등의 해당 이야기 부분['선행왕자담(善行王子譚)', '선사태자입해담(善事太子入海譚)', '선우태자입해담(善友太子入海譚)' 등이 그 각각에 해당한다]의 줄거리 변화, 표현의 차이 등을 고찰한 논의로 인권환(1967)을 들 수 있다.

31) '나복'은 후일 부처의 제자들 중에서 신통력이 제일가는 '목련존자(目蓮尊者)'로 격상한다.

32) 〈삼국유사〉 소재 여러 고승들의 이야기나 〈균여전〉을 포함하여 '안락국태자전', '선우태자전', '목련전' 등을 승전 양식의 텍스트로 보고 내용의 체제와 구성, 실제 수용자들 사이에서의 유통이나 연행 과정을 살핀 논의로 정하영(2001)을 참고할 수 있다.

신불민(信佛民) 사이에 널리 유통되면서 많은 이본을 남긴다. 조선 말
기에는 한문본 '육미당기(六美堂記)'에 주된 서사적 골격을 전해 준 뒤
곧이어 번역, 출판되면서 '김태자전'으로 개제되어 이어진다.[33] '선우
태자전'의 저경은, 5세기나 6세기쯤에 한역(漢譯)된 후 중국과의 문화
교류가 활발했던 신라와 고려대에 전래된 것으로 보이는 <사분률(四
分律)>, <경률이상(經律異相)>, <현우경(賢愚經)>, <보은경(報恩經)>[34]
등에서 찾는 경우가 많다.[35]

이들 저경과 대비할 때, '선우태자전'은 편찬자의 관점이 종교적인
측면보다는 극적 서사물로서의 인물, 구성 등 서사 요소나 표현, 문체
등의 외적인 형식 요소 등에 초점을 맞춤으로써 대중성을 살리는 데
좀 더 관심을 기울이고 있는 것으로 보인다. 이야기가 주는 종교적
의미나 교훈을 바탕에 깔면서도 이야기 자체의 흥미성이나 통속적
대중의 취향을 고려하는 것도 소홀히 하지 않았다는 점이다.[36] 이와
관련하여 특히 한문본 '선우태자전'은 고려 시대부터 사찰의 속강이
나 설법의 화본 등으로 구비 전승되고 문헌 기록물로 유통되면서 현
종 1년(1660)에 충주 월악산 덕주사에서 목판으로 재간행되는 경로가
확인되기도 한다. 우리는 이러한 다양한 경로를 통해 '선우태자' 이야

---

33) '육미당기'의 사적인 계통 관계를 '적성의전'→'육미당기'→'김태자전' 등으로 이해하고 있는 선행 연구들로
김태준(1939), 김기동(1966), 인권환(1967), 이강옥(1986b), 최길용(1987), 이강옥(1990) 등이 참고된다.

34) 이들 저경 속의 '선우태자' 이야기를, 언급한 순서를 따라 소개하면 '선행왕자담', '선우태자구주담(善友太
子求珠譚)', '선사태자입해품', '선우태자입해담' 등과 같다.

35) '선우태자' 이야기의 전승에 관한 논의로 인권환(1967: 315~6), 사재동(1976: 99~101), 사재동(1996: 209)
등이 참고된다.

36) 이러한 시각은, '선우태자' 이야기의 주요 저경 중의 하나인 <경률이상>이 여러 경전의 요목이 발췌, 편집
되는 과정에서 편자의 의도에 따라 어느 정도 변화를 드러내고 있는 점이 불교 고사의 전개에서 매우 흥
미가 있다고 본 인권환(1967: 310)이나, <석가여래십지수행기> 안의 '선우태자전'이 전대 저경 속의 이야기
들에 비해 좀 더 강화된 서사성이나 치밀한 극적 구성 방식을 보여 주고 있다고 본 박병동(1997: 195)
등과 관련된다.

기가 널리 유포되었을 가능성을 충분히 짐작할 수 있다.

그런데 여기서 우리는 이들 유형에 대하여 '○○전' 식의 독자적인 명칭을 부여할 수 있는가 하는 문제를 제기하지 않을 수 없다. 주지하다시피 이들 이야기는 <석보상절>이나 <월인석보> 등의 문헌에서 개별 표제를 지닌 독자적인 텍스트 형태로서가 아니라 '석가의 일대기'를 내용으로 하는 전체 텍스트 속의 부분 텍스트 요소로 존재하고 있기 때문이다. <석보상절>이라는 전체 텍스트의 내용이나 구조적인 연속성을 고려할 때 독립적이고 개별적인 텍스트로서 따로 구별해 살피는 데 문제가 있을 수 있는 것이다.

'전'이라는 갈래는 문예 양식적인 측면에서 대표적인 산문 기록 문학의 하나로서 그 자체의 독특한 문예 기반을 갖추고 있었다. 문예 양식적인 고찰을 기반으로 하는 장르론의 관점에서 보면 '전' 관련 갈래는 공통적으로 주인공 인물의 일대기를 서사 구조의 주된 틀로 하면서도 세부 특성에 따라 몇 가지로 구별되어 이해되고 있다. 실재의 역사 인물에 대한 기록인 '전'과 의인화한 사물을 주인공으로 하는 '가전(假傳)', 텍스트 생산자의 창작성과 허구성을 수반하는 '전체소설(傳體小說)' 등이 그것이다.[37] 그 당연한 결과로 이들은 그 각각의 서사 구조, 서술 양상, 인물 유형의 특징 등이 상이한 모습을 보인다. 이와 동시에 이들 각각은 그 자체로 완결되고 독립된 텍스트 형태를 띠게 된다.

그러나 예컨대 우리가 '안락국태자전'으로 지칭한, <석보상절> 내의 해당 이야기 부분은 그 선텍스트(저본이나 저경)로서 강한 상관

---

37) 이러한 구분법은 조수학(1976: 651)을 따랐다.

성을 보이는 '안락국태자경'이 <석가여래십지수행록>의 부록에 존재하고 있는 점, '선우태자전' 또한 <석가여래십지수행기>에 '선우태자담(善牛太子譚)'이라는 독립된 형태로 수록되어 있는 사실 등을 감안할 필요가 있다. 결론적으로 초기 한글 문헌에 부분 텍스트 요소로 존재하는 이들 이야기에 대하여 독자적인 '전' 명칭을 부여하는 데 큰 어려움이 없는 것이다. 이들 이야기의 선텍스트가 이미 이전 시대부터 한국적 위경의 형태로 독자적인 유통 양상을 보이고 있었을 뿐만 아니라 그 안에서 개별 표제를 지닌 텍스트 요소로 기능하고 있어 독립적인 텍스트로 인식되었을 가능성이 크기 때문이다.[38]

2) 부류는 그 역사적 계통성을 고려할 때 1)과 불가분의 관계에 놓여 있는 유형이다. 사재동(1990)의 논의에 기대면 2) 유형은 역사적으로 볼 때 우선 1) 유형에 이어지지만 기원적으로는 고려 중·후기경의 위경, 즉 불경의 한국적 변문(變文)[39]이라고 할 수 있는 한문판 '안락국태자경' 등[40]에까지 소급[41]될 수 있다. 이런 계통 관계를 살필

---

38) 전 갈래에 대한 양식적인 측면의 고찰은 이 글의 관심사와는 직접적인 연관성이 크지 않다는 점도 유념할 필요가 있다.

39) 이 변문에 속하는 텍스트들은 대개 경명(經名)을 띠고 있으면서도 일반 '불경'의 필수 조건인 '육성취(六成就)'의 형태를 벗어 버리고 '불전(佛傳)'을 기초로 하고 있다. 이들은 '좀 더 쉽고 재미있는 이야기'로 서사화한, 불경의 한국적 변용이라고 할 수 있는데, 소설 수준의 흥미성과 창의성을 강하게 함축하고 있다[사재동(1986: 22) 참고]. 한편 '변문'이라는 명칭은 애초 중국 당대에 '강경문(講經文), 경(經), 변(變), 연기(緣起), 압좌문(押座文)' 등으로 불리다가 송·원·명대로 오면서 '곡(曲), 소설(小說), 조(調), 사(詞)' 등의 명칭으로 불리는 가운데 '설창문학(說唱文學), 강창문학' 등의 용어로 범칭되었다[김진영(1999: 141) 참고].

40) '안락국전'의 선텍스트와 관련하여, 정통 불경이 아니라 한국적 변형 과정을 거친 변문으로 간주되는 것들로 '안락국태자경' 외에 '지림사연기문(祗林寺緣起文)', '지림고적(祗林古蹟)' 등이 있다[사재동(1967: 27), 사재동(1986: 30~1) 등 참고]. 한편 이와는 달리 '안락국태자경'과 후대의 '안락국전' 간의 선후 계통 관계를 인정하면서도 선텍스트인 '안락국태자경'이 한국에서 독자적으로 생겨난 것인가의 문제에 대해서는 신중한 입장을 취하는 논의도 있다[장수근(1972), 서사무가의 시원과 민속문예사상의 위치, 문화인류학 5, 문화인류학회; 조희웅(2000a)에서 재인용됨].

41) 사재동(1986: 55)은 12세기 초(예종 1년, 1106)를 상한선, 14세기 초(충숙왕 15년, 1328)를 하한선으로 상정함으로써 2세기 정도의 기간 동안을 '안락국태자경'의 찬성(撰成) 연대로 추정한다. 이러한 추정을 좀 더 보강하기 위해 사재동(1996: 108~9)은, 일본 청산문고(靑山文庫)에서 발견된 '안락국태자경변상도(安

때 주목되는 점이 제주도의 '이공본풀이'나 평안북도의 '신선세턴님 청배'와 같은 서사 무가 등과의 상관성이다. 이와 관련하여 서대석 (1968: 92~3, 96)은 '안락국태자경'과 '안락국전', '이공본풀이'를 같은 소재에 바탕을 두고 형성된 것으로 보되 서사 무가인 '이공본풀이'는 '안락국전'에 접근한 것으로 보고 있어 '안락국태자경'과는 그 계통 관계를 구별해 파악하고 있다. 사재동(1990: 43, 57)도 '안락국전'의 형성 연원을 '안락국태자경'과 훈민정음 창제 초기 정음 문헌의 '안 락국태자전'에 두면서 이 '안락국전'이 무속 제의로 흡수·변이됨으로써 '이공본풀이'류의 서사 무가로 발전했다고 보았다. 이들 서사 무가류가 추천 의식에서 연행되면서 '안락국전'의 역사적인 계통을 잇는다고 본 것이다.

'나복전'은 <월인석보> 권23의 '목련전'을 바탕으로 출현한 국문 소설이다. 부처의 십대 제자 중의 한 사람이기도 한 '목련존자'[42]의 이야기를 담고 있는 '목련전'이 애초 고려 시대 이래로 '우란분재'[43]에서 '목련경' 혹은 '우란분경'이라는 경명을 지닌 변문의 하나로 연행되다가[44] 조선 초기의 한글 문헌에 번역되어 실리고, 조선 후기 <팔상록>의 유통과 더불어 '나복전'으로 발전하게 된다. '나복전'은

樂國太子經變相圖)'가 고려 식의 원서를 '개성신도(改成新圖)'한 것이 확실하다는 주장을 제기하면서 '안 락국태자경'이 고려대에 이미 실존했었음을 알 수 있다고 하였다.

42) '목련존자'는 '목건련(目健連)'으로도 불리며, 출가하기 전 이름이 '나복[구율타(拘律陀)]'이다.

43) '우란분재'는 우리나라 24절기의 하나인 백중 무렵에 행하는 불교 행사다. 이 행사의 유래는, 석가모니 부 처님의 수제자인 목련존자가 지옥에서 고통받고 있던 어머니를 구제해 천상으로 인도하는 내용인 '목련 경'에 자세히 나와 있다. 이를 바탕으로 보면 '우란분재'는 지옥에서 고통받고 있을지 모르는 여러 조상님 들을 부처님의 위신력과 여러 스님들의 공덕으로 구제하고, 세상에서 지은 죄업은 반드시 그 과보를 자신 이 받게 되니 공덕을 널리 베풀어야 한다는 다짐의 행사로 이해된다[인터넷 사이트 'http://www.samkwangsa.or.kr' 에 탑재된 〈월간 삼광법회〉 2002년 7월 186호의 자료 참조].

44) 〈고려사〉 예종 원년(1106) 추 칠월 '계유조'에 "設盂蘭盆齋長齡殿 以薦肅宗冥祐"라고 하고, 다음 날 '갑 진조'에 "又召名僧 講目連經"이라고 한 구절을 눈여겨보자[사재동(1967: 43) 참고].

그 내용의 성격상 불교계 변문에 속하는 여러 갈래의 서사 계통 중에
서도 승전 변문의 갈래에 속하는 이야기[45]라고 볼 수 있다.

'적성의전'은 '선우태자전'에 그 근원을 두고 있다. '선우태자전'의
선텍스트는 고려대에 이미 '선우태자경', '선우태자전' 등의 한문본으
로 유통된다. 그러다가 <석보상절>과 <월인석보>에 오면서 국문
'선우태자전'으로 편입되고 16세기를 거쳐 인물 구조나 내용, 주제 의
식 등의 변모 과정을 거쳐 '적성의전'으로 이어진다.[46] 앞에서도 이
야기한 것처럼 여기서 우리는 '적성의전'이 그 근원이 되는 저경들의
종교적인 경향으로부터 많이 벗어나 전체 분위기가 사뭇 달라졌다는
사실을 유념하지 않을 수 없다. 그렇지만 전체 이야기 내용이 결국
'선우태자' 이야기의 창조적 계승의 결과물임을 인정한다면 그 역사
적 발달 과정을 살핌으로써 문체적인 변천 과정이나 양상을 충분히
언급할 수 있을 것이다.

다음으로 서사체적인 특징을 강하게 보이고 있음에도 후대에 고소
설로 유전되거나 전승되지는 않고 <석보상절>이나 <월인석보>에
만 실려 전해지고 있는 것들로 3)의 '인욕태자전' 유형이 있다. 이들
이야기가 어떤 이유 때문에 후대에 고소설로 계승되지 않았는가 하
는 문제는, 이들과 달리 후대에 고소설로 계승된 언해류 서사체 유형
과의 문학적인 대비나 문헌 기록물을 통한 실제 전승 측면에서의 차
이점, 이야기 자체의 당대 사회적인 필요성과 내용의 흥미성이나 대
중성 등 여러 항목들을 살핌으로써 해결해야 할 것이다. 그러나 이러

---

45) 불교계 변문의 사적인 계통 관계와 구체적인 연행 양상을 종합적으로 살핀 논의로 김진영(1999)을 참고
할 수 있다.

46) 사재동(1993: 502~3)과 사재동(1996: 209)을 참고할 것.

한 문제는 이 글의 관심 범위를 벗어나기 때문에 여기에서는 본격적으로 다루지 않는다.

1.3. 기존 연구의 검토

국어 문체의 통시적 양상에 대한 고찰은 주로 표기와 번역 양식, 문장 구문의 변천 추이, 장르와 텍스트 유형 등의 국면에서 이루어진다.[47] 국문 서사 텍스트에 대한 문체 연구는 이러한 기본 항목들을 바탕으로 국문체의 구체적인 실현 양상, 구어체와 문어체, 율문화의 정도 등에 관심이 집중된 모습을 보여 준다. 그런데 이러한 논의들은 많은 경우 다양한 공시적 변이 현상과 변화 과정의 불명확성, 통시적 변화 과정에 대한 일률적인 기술의 어려움 등으로 말미암아 전체적인 경향성이나 특정 국면의 추이 등에 대한 해석에 그치고 만 경우가 많다.[48]

<월인석보>를 대상으로 하는 기존의 문체 연구는 <석보상절>이나 <월인천강지곡>, <법화경언해>와의 상호 대비를 통해 이루어진 경우가 적지 않다.[49] 이에 따라 이들 자료의 한문 저경이나 저본이 국문 자료로 산출되는 과정에서 파악되는 번역 양상, 어휘 사용 문제, 문장 변개나 이야기 순서, 전체 이야기 짜임새의 양상 등에 대한 논의가 큰 비중을 차지하고 있다. 그런데 엄밀하게 이야기하면 이들 논

---

47) 이와 같은 종합적인 관점에서의 고찰로 김흥수(1997)를 참고할 만하다.

48) 김흥수(1997: 955~56)에서도 보이는 이러한 인식은 국어 문체의 사적인 논의 국면에서 근본적인 한계로 인식될 만하다.

49) 이러한 유형의 논의로 박종철(1986), 안병희(1992), 이석록(1992), 이봉규(1995), 남성우(1996), 박기선(1998) 등을 들 수 있다.

의는 그 자체로서 본격적인 의미의 문체 연구로 보기가 힘들다. 세 자료 간의 상호 관계를 바탕으로 이루어지는 이와 같은 접근법은 고소설 연구에서의 이본 간 대비 고찰 방법과 여러 가지 면에서 비슷하다. 국문 고소설이나 국어사 자료에 관한 논의에서 연구의 주된 자료로 선본(善本)으로서의 기본 텍스트를 정하고 이것과 상호 관계에 놓이는 이본류를 검토하는 일은 필수적이고도 중요한 작업이다. 특히 국문 서사 문체의 역사적인 발달 과정을 살피려는 우리에게 대상 자료들 간의 상호 교섭 관계를 명확하게 밝히는 일은 자료들 상호 간의 이본 관계를 확실하게 다지는 것으로부터 시작된다고 해도 과언이 아니다.

<월인석보>에 대한 기존의 논의는 기본적으로 이런 점에서 그 연구사적인 의의를 찾을 수 있을 것이다. 한 가지 아쉬운 점은 번역 과정에서의 저경, 저본의 내용이나 구조의 변개, 그리고 그 과정에서 파생된 변이 양상의 확인과 기술에 치중한 나머지 그러한 변개와 변이 양상의 결과나 효과의 측면에 대한 고구가 본격적으로 이루어지지 못했다는 사실이다. 소통 이론의 관점에서 보면 텍스트 생산과 언어적 실현의 과정에 대한 논의가 중점적으로 다루어짐으로써 상대적으로 수용이나 기능, 효과의 측면에 대한 논의가 비교적 소홀히 다루어졌다는 점이다.[50]

당해 연구사에 포함되는 논의들을 대체적으로 일별하면 개별 텍스트들 중에서도 '안락국태자' 이야기의 계통에 속하는 텍스트를 주요

---

50) 고전소설에 대한 것이긴 하지만 연구 대상 텍스트 선정에 있어서의 원본과 이본의 관계 설정 문제, 텍스트 생산과 수용에 관한 연구자의 관점 정립의 문제 등을 개괄적으로 살핀 논의로 이창헌(1998: 127~135)을 참고할 수 있다.

대상으로 한 논의가 주종을 이루고 있다. 그리고 논의의 기본적인 입각점이 주로 소설사적인 관점에 서 있기 때문에 불교 소설의 역사적인 계통 관계를 서사 구조의 분석 등을 통해 밝히고자 하는 문학 방면의 논의가 주류를 이루고 있음도 연구사의 한 특징이라고 할 수 있겠다. 개별 텍스트가 단독으로 연구 자료가 되는 경우는 별로 없고, 넓게 보아 불교 문학이나 불교 소설 등과 같은 상위 범주 항목의 하나로 개괄적으로 언급되는 경우가 많다는 점도 특기할 만하다.

'안락국태자전'에 대한 연구는 크게 서지·어학적 논의와 문학적 논의 두 가지로 대별해 볼 수 있다. 서지·어학적 논의는 당해 텍스트의 사적인 계통 관계나 전승 유통의 양상, 이와 관련되는 텍스트 구성 요소의 형식적 측면에 대한 관심으로, 문학적 논의는 텍스트 유통과 수용의 맥락 속에서 어떠한 내용·형식상의 변개를 겪었는지 등에 대한 관심으로 그 특징을 정리해 볼 수 있겠다. 먼저 전자에 속하는 논의로 민영규(1957), 사재동(1967), 황선엽(1993) 등이 있다.

민영규(1957)는 서지학적 논의를 하면서 '안락국태자전'의 저경·저본 관계를 밝히고 있다. 민영규(1957: 8~9)에서는 '안락국태자'의 이야기에 해당하는 <월인천강지곡>의 '기230~250' 부분과 '상절부'의 관련 본문은 현존하는 대장경의 어느 부분에도 원전에 해당하는 것이 없음을 밝히고, 안진호가 1924년에 현토하여 편집, 간행한 <석가여래십지행록>의 부록에 실린 '안락국태자경'의 본문과 일치한다는 점을 들어 '안락국태자전'은 이 '안락국태자경'을 역출(譯出)한 것임에 틀림이 없다고 보았다.

사재동(1967)은, <월인석보> 권8에 수록된 '안락국태자전'은 독립적인 단편으로서 그 제반 조건과 체재가 하나의 문학 작품으로 평가

될 수 있다고 주장하였다. 나아가 사재동(1967: 25)에서는 이 단편의 저본을 <석가여래십지행록>의 '안락국태자경'과 '지림사연기문', 그리고 '지림고적' 등에서 찾으면서, 그 근거로 이들이 전승 체재만 다를 뿐 내용이 동일하다는 점을 들고 있다. 그리고 이런 관점에서 보면 이들은 하나의 원전으로부터 각기 분파되어 서로 이본 관계를 형성할 수 있다고 보았다.

황선엽(1993)은 텍스트언어학적 방법론에 입각하여 '안락국' 이야기를 분석하였다. 구체적으로는 텍스트 생산자의 태도와 의지가 어떻게 텍스트 속에 들어가 드러나고 있는지를, 화제와 화제 단락의 구분 방식, 경어법 사용을 통해 확인되는 인물과 생산자 간의 내외적 관계, 생산자의 관점에서 본 어휘 등가성 등을 중심으로 살피고 있다. 이런 점에서 황선엽(1993)은 텍스트 생성의 과정과 양상에 대한 관심을 토대로 텍스트의 응집성을 밝히려는 논의로 받아들일 수 있을 것이다.

다음 '안락국태자전'에 대한 문학 방면의 논의로 사재동(1967), 사재동(1977), 이강옥(1986a), 채기원(1990) 등의 본격적인 연구와 소재영(1989), 조동일(1989) 등에서의 개괄적인 언급[51]을 들 수 있다. 사재동(1967)은 이 방면의 선구적 업적이라고 할 수 있다. 사재동(1967)에서는 '안락국태자전'에 대하여 그 소설적 성격이 최초로 언급되고 있다. 이와 같은 입장과 견해는 사재동(1977)의 좀 더 본격적이고 체계적인 논의에서 좀 더 강하게 드러난다.

사재동(1977)은 형성기 국문소설의 범주에 '안락국태자전'을 비롯

---

51) 문학사에 관한 개론서라고 할 수 있는 소재영(1989), 조동일(1989) 등은 논의의 특성상 대상 자료들에 대한 개괄적인 언급에 그칠 수밖에 없다는 한계가 있다. 이들의 입장은 '안락국태자전'을 비롯한 불전 소재의 이야기들을 불교계 국문 소설로 보고 발달 과정상 초기 형성기의 작품으로 규정하고자 하는 사재동 교수의 일련의 논의와 크게 다르지 않다.

하여 '목련전', '선우태자전', '금우태자전' 등을 함께 포함하고 있다. 그리고 이들 텍스트의 전반적인 양상을 '불교 사상의 심화', '허구 연설의 정립', '표현 문체의 정착' 등의 항목으로 나누어 고찰하였다. 이어 사재동(1977)은 이들의 전승 과정을 신앙적 측면의 구비적 유전과 당대의 보급 현황에 따른 문헌적 유포의 두 측면으로 나누어 상세하게 서술하고 있는 바, 이러한 입장은 이후 이강옥(1986a)의 논의로 이어진다.

이강옥(1986a)은 '안락국' 이야기를 중심으로 당대에 유통되던 불전 설화가 어떻게 소설 문학으로 수용되는지 살피고 있다는 점에서 후술할 이현수(1984)의 자장권에서 크게 벗어나지 않는 업적이다. 특히 이강옥(1986a)에서는 불경계 설화들이 주로 여성 불자들이나 일반 독자층을 통해 널리 향유되면서 이들 여성·일반 독자 중심의 불교 신자들이 후대의 불경계 국문 고소설 형성에 직간접적인 영향을 미쳤다고 보고 있다. 채기원(1990)은 '안락국태자전'의 작품 분석을 통해 인물, 사건, 배경 등의 특징을 밝히고 있으며, 작품의 구조적 특징으로 선악의 대립 구조, 행복과 불행, 현실계와 비현실계의 순환 양상 내지는 순환 체계 등을 들고 있다.

효행을 중심적인 모티프로 하고 있는 '목련전'과 관련해서는 문학 방면에서 사재동(1965: 106~12)의 주제 탐색 작업이나 사재동(1983: 75~9)의 구비·문헌적인 유전과 소설사적인 의미에 관한 논의, 노태조(1992: 63~87)에서의 '심청전'과의 대비 고찰 등을 눈여겨볼 만하다. 어학 방면에서는 <월인석보> 소재 '목련전'의 이야기 통합 수단과 통합 구조 등을 텍스트 언어학적인 관점에서 분석하고 있는 고니시 도시오(1992)가 있다. 이들 논의들에서 문체론적인 논급과 관련하여 우리의 눈길을 끄는 것이 노태조(1992: 82~4)다.

노태조(1992: 82)는 '목련전'의 문장을 유려한 구어체 중심의 산문체로 보고 '번역한 것이 아닌 일종의 창작문'이라는 식으로 평가하고 있다. 또한 '목련전'의 대화체는 당시의 실제 회화에 가깝게 구체적인 표현을 함으로써 실감나는 문장을 이루게 되었다고 보는 한편으로, 사재동(1965: 77)에 기대어 적절한 대조법이나 점층법, 강조법 등 다양한 문체 기교가 현대 문장 수법과 매우 비슷하다고 보고 있다. '목련전' 자체의 기본적인 문체 특징을 집중적으로 다루었다는 점에서 문체론적인 관점이나 입장이 비교적 충실하게 반영된 것으로 평가된다.

그런데 '목련전'의 문체 특징으로 거론되는 이들 구어체와 대화체가 당대의 실제 언어생활을 적실히 반영하고 있는가 하는 문제는 좀 더 꼼꼼한 논의를 필요로 한다.[52] 이런 점에서 대화체의 맥락이나 내용, 출현 양상 등에 대해 체계적이고 세밀한 논의를 추가적으로 보충할 필요가 있다. 또 우리의 논의와 관련해서 보면 다양한 문체 기교의 사례로 제시되고 있는 여러 가지 표현법들에 대한 논의도 궁극적으로는 텍스트 내에서의 기능과 효과 등의 측면에 대한 고찰로 이어질 때 그 진정한 의의를 찾을 수 있을 것이다.

텍스트 언어학적인 입장을 충실히 견지하고 있는 고니시 도시오(1992)는 문체 논의와의 직접적인 연관성이 떨어진다. 그러나 텍스트 내 이야기 요소들의 통합이 어떠한 양상으로 이루어지고 그 외현적인 결과물로서의 문장들이 어떻게 드러나고 있는가를 살피고 있어서 이야기 요소의 배열과 통합이 갖는 기능적인 측면에 관심을 기울이

---

52) 앞의 1.1.을 참고할 것.

는 우리의 논의와 전혀 무관하다고 할 수는 없다. 저경이나 저본으로 부터의 파생 과정에서 보이는 '목련전'의 창의성과 관련하여, 우리는 크고 작은 화제들이 개별 문장으로 확장하면서 내적으로 이야기를 통합하는 과정을 후대의 고소설 문장들의 그것과 대비함으로써 그 구체적인 문체 특징을 확인할 수 있다.

'선우태자전'이 단독 자료가 되어 논의가 이루어진 경우도 그리 많지 않다. 그중에 저본의 계통 관계를 추적하고 있는 사재동(1976)의 논의, <석가여래십지수행기>의 서지와 형성 경위, 문학적인 실상을 살피는 자리에서 '선우태자전'의 소설사적인 전개나 계통 양상을 다룬 박병동(1997) 등의 고찰이 눈길을 끈다. 특히 박병동(1997: 196~7)에서는 속강 변문으로 변개되는 속에서 주인공의 탐색 모티브와 관련된 새로운 화소(motif)가 첨가되는 것에 주목하였다. 나아가 화소의 첨가가 작품의 창의성을 입증한다고 하면서, 이와 같은 장치를 '야단법석(野壇法席)'의 속강에서 신불 대중을 감화하기 위한 통속화의 수단으로 해석하고 있다.

이상의 간략한 연구사 개관을 통해서 알 수 있는 것처럼 언해류 서사체 유형에 관한 본격적인 문체 논의는 매우 소략하다는 것을 알 수 있다. 전체적으로 서사 문학적 특성을 규명하는 문학 논의의 틀 안에서 문체 인상을 결정하는 언어 현상들에 대해 단편적으로 언급하고 있는 경우가 대다수다. 사재동(1977: 75~8)에서 우리말 어사가 주로 사용되고 대화 형식이 자연스러운 대화체로 되어 있다고 언급한 대목이나, 이현수(1984: 152~5)에서 이야기가 행위나 사건 위주로 서술되고 간결하면서도 평이한 표현이 중심을 이루고 있다고 언급하는 대목 등이 그것이다. 고소설류 서사체 유형에 대한 본격적인 문체 연구 또한 찾아보기가 무척 힘들다. 기존 연구의 대부분이 주로 형성 연원이나 계통 관계를 밝히는 쪽으로 치우쳐 있기 때문이다.

그 중에 이현수(1984)가 고소설 '안락국전'을 중심으로 그 선텍스트 라고 할 수 있는 '안락국태자전'과의 대비를 통해 불교 설화의 소설 문학적 수용 과정을 구성의 차이와 문체의 차이 등을 중심으로 살피 고 있어 문체론적인 입장을 중시하는 이 글의 입장에 참조점을 제공 해 주고 있다. 이현수(1984)는 기본적으로 불전 소재의 설화가 단일한 고소설 텍스트로 발전하면서 독립화하는 과정에서 소설적 기교와 문 학성이 가미되었다고 본다. 문체론적인 측면과 관련해서는 행위나 사 건 서술 중심에서 구체적 묘사법의 활용으로 옮아간 점, 과장법의 사 용이나 작자 개입에 의한 주관적인 해석의 유무, 인정의 호흡을 느끼 게 해 주는 속담이나 격언 등의 사용 여부 등을 중심으로 두 텍스트 간의 구체적인 차이점을 살피고 있다.

이현수(1984)는 '안락국태자전'과 '안락국전'의 구성과 문체적인 차 이점을 다각도로 살핀 점에서 일단 그 가치가 인정된다. 그런데 제시 된 구문 사례들 간의 문체적인 차이점이 어떤 요인에서 비롯되었는 지, 그리고 그러한 문체 요소들이 어떤 기능이나 효과를 갖는지에 대 한 논의가 거의 이루어지지 않아 본격적인 문체 논의로 보기에는 난 점이 없지 않다. 또한 예를 들어 '작자 개입'의 문제는 화자의 서술 시점이나 태도 등에 더 가까운 개념이기 때문에 문체 논의와의 접합 점을 찾기가 쉽지 않다. 작자의 개입에 따른 구체적인 서술 방식의 변화, 그리고 그때의 문체적인 효과 등을 함께 살펴보았을 때 문체론 적인 의의가 좀 더 강하게 드러날 것이다.

1.4. 논의의 구성

이 글은 다음과 같은 논의 전개의 순서로 구성된다.

2장에서는 전체 논의의 기본 관점을 개괄하고 일반 문체론의 이론적인 입각점을 일별한 뒤 서사 문체와 관련된 이 글의 주요 개념들을 정의하는 등의 이론적인 논의가 진행된다. 여기에서 다루어지는 주요 개념을 다음 (1)~(3)으로 제시한다.

(1) 문체 요소, 문체 기능, 문체 효과, 공시적 문체, 통시적 문체
(2) 장문성, 화제, 담화, 담화 구조체
(3) 구술성, 유사구술성, 기술성

(1)은 이 글에서 실제적인 이론의 토대가 되는 문체 관련 개념들이다. 문체 요소와 문체 기능, 문체 효과는 텍스트 산출과 수용의 측면을 중시하는 이 글의 논의 방향을 잘 보여 준다. 이들 용어에 기대어 이 글에서는 불경 언해류의 서사체가 국문 고소설로 발전하는 모습을 대비적으로 고찰할 것이다. 공시적·통시적 문체와 같은 개념이 참고되는 대목이기도 하다. (2)는 근대 이전 서사물이 보여 주는 문체 특징을 기술하는 데 필요한 항목들이다. 이들은, 이 시기 문헌에 대한 기존의 문체 논의가 번역어체의 문제나 어휘 사용의 양상 등의 측면에 치우쳐 있었던 점, 전체 구문 구조에 대한 논의라도 문체적인 효과나 기능에 대한 논의가 매우 소략한 수준에서 그치고 만 점 등이 고려되어 상정되었다. 이와 관련하여 (3)에 제시한 개념들은 (2)를 기반으로 파악되는 특징적인 문체 양상과 그 기능, 효과 등을 설명하는

도구로 사용한다.

대상 텍스트에 대한 실제적인 분석과 설명은 3장과 4장에서 이루어진다. 이를 위해 우선 대상 텍스트들을 장르 문체론적인 입장에서 포괄적으로 규정하고, 서사 단위에 따른 이야기 배열의 양상과 순서, 이야기 전개 방식, 구체적인 구문 유형 등을 확인한다. 이야기 전개 방식과 관련해서는 인물들 간의 대화나 설화자(narrator)[53])에 의한 서술 지문 등의 텍스트 내 구문 양상을 중심으로 살펴본다. 서술 지문을 통해 전개되는 이야기 국면에서 설화자의 시점, 대상이나 상황과의 거리, 이를 통해 확인되는 설화자의 태도 등도 함께 살펴보기로 하겠다. 이러한 항목들을 기준으로 시계열적으로 상호 이본 관계에 놓이는 대상 텍스트 부류의 차이점을 확인하여 유형화한 뒤, 그 요인과 효과 등을 문체론적인 입장에서 조명하기로 한다.

5장은 3, 4장에서 논의한 주요 내용들을 정리하면서 이를 기반으로 불경류의 서사 텍스트로 대표되는 15세기 언해류 서사체와 18, 19세기 고소설류 서사체의 문체 요소와 특징, 효과 등을 상호 대비하는 식으로 구성된다. 이와 같은 상호 대비는 궁극적으로 국문 서사 문체가 조선 시대 초기의 불경 언해류 시대를 지나 조선 시대 중반기를 거쳐 후기의 필사본이나 방각본, 활판본의 시대로 오면서 어떻게 변모했는지를 밝히는 데 하나의 기초 작업이 될 것이다. 따라서 5장의 논의는 각 시기의 공시적인 문체 규범을 살피는 동시에, 이를 토대로

---

53) 이 글에서는 '서술자'보다는 '설화자'를 주된 용어로 사용한다. 이 용어는 '화자−청자' 식의 설화 구조[이지영(1999) 참고]에 바탕을 두고 있는 근대 이전 서사 텍스트의 특징을 잘 드러낸다고 보기 때문이다. 동시에 설화자는 몇몇 문체 요소들을 구어적인 구술성의 차원에서 규명하고자 하는 이 글의 기본적인 관점에도 잘 부합한다. 그러나 논의의 구체적인 맥락 여하에 따라서는 '서술자'라는 용어도 부분적으로 사용한다.

궁극적으로는 국문 서사 문체의 통시적인 변화의 양상까지도 함께 고려한 바탕 위에서 이루어진다.

제6장에서는 전체 논의를 요약, 정리하고 남은 과제 등을 개괄한다.

2

논의의 이론적 기반

2.1. 기본 관점

중세국어에 대한 지금까지의 연구는 질과 양 두 측면에서 괄목할 만한 성과를 냄으로써 국어사 연구 분야에서 선도적인 지위를 차지하고 있다. 그러나 다양하고 심층적인 연구 결과물들에도 불구하고 우리 논의의 입각점인 문체론과 관련해서는 본격적인 논의들을 그다지 쉽게 찾아볼 수 없다. 이들 중세국어 논의의 대부분이 국어학적 측면에 치중한 만큼 논의의 주된 초점이 음운이나 형태 등에 치우칠 수밖에 없었고, 통사 이상의 단위에 관심을 기울인 경우라도 개별 구문 구조의 분석을 통하여 그 유형화를 꾀하거나 의미 분석에 주된 관심을 기울이고 있는 경우가 다수를 차지하고 있기 때문이다.

물론 우리는 문체론적인 논의가 그 하위 언어 요소들에 대한 철저

한 이해를 바탕으로 이루어질 수밖에 없는 것이라는 점을 잘 알고 있다.[54] 따라서 특정 당대의 공시적 언어 체계의 전모가 밝혀지지 않은 상태에서 이루어지는 문체 논의는 자칫 주관적인 인상의 토로나 논의 주제의 천편일률적인 반복 등으로 귀착될 우려도 적지 않다. 실제로 훈민정음 창제 초기의 한글 문헌과 관련한 문체론적인 논급들을 보면 장문체의 양상이나 의역체인가 직역체인가 하는 번역어체의 문제 혹은 고유어나 한자어의 사용 경향 등의 문제가 반복적으로 다루어지고 있기 때문이다.

이쯤에서 상기한 연구 목적과 관련하여 우리 논의의 몇 가지 전제 조건 내지는 유의 사항을 고려할 필요가 있다. 우선 논의 대상이 되는 텍스트들의 시계열성(時系列性)이 고려되어야 한다.[55] 텍스트의 시계열성은 관점과 기준에 따라 다양하게 정의될 수 있겠지만 문체 논의의 경우에는 상호 시차를 갖는 텍스트 간의 언어 표현이나 형식 구조상의 상동성과 더불어 내용, 의미 구조 등을 동시에 고려해야 하는 관점에서 이해될 필요가 있다. 문체 논의가 층위에 따라 다양하게 분화하기는 하지만 결국 그 궁극적인 지향점은 텍스트 차원의 심층 의미 구조를 규명하는 것이라고 보기 때문이다.[56] <월인석보>라는 상

---

54) 국어에 대한 기본적인 이해는 문체론뿐만 아니라 국어학과 국문학의 논의에서도 중요한 전제 사항이다. 이와 관련하여 우리는 국어학과 국문학의 횡적 교섭에서 중요한 매개 역할을 하는 것이 문체론이라는 사실에 유념해야 한다[고영근(1991: 442) 참고]. 논의의 세부 목적이나 방법의 상이함으로 인해 갈수록 그 이질성이 심화하고 있는 양 분야의 발전적 통합은 국어학적 관점에 충실한 문체론을 바탕으로 국문학적 국면의 탐색으로 이어지는 상호 협력적 과정에서 소기의 성과를 거둘 수 있다고 보기 때문이다.

55) 이와 관련하여 우리는 "계승이나 대체 또는 변이의 역사적 과정을 파악함에 있어서 전대소설에 대한 이해와 탐구 그리고 대비 없이 논의된다는 것만큼 공허한 논법이 없을 것"이라는 이재선(1981: 55)의 언급에 주목할 필요가 있다. 우리는 이와 같은 언급을, 특정 시기의 문체 논의를 포함한 국어의 공시적 기술이 그 궁극적인 지향점을 통시적 계기 관계를 살피는 데에 두어야 한다는 것으로 이해하고자 한다.

56) 물론 우리가 이러한 궁극적인 지향점에 대해서까지 논의하려고 하는 것은 아니다. 그러한 작업의 몫은 문예 비평가나 문학 연구자들에게 있기 때문에 우리는 시계열적인 텍스트를 선정할 때 이러한 점들을 염두에 두는 것만으로도 충분하다.

위 텍스트 내에서 '전' 형식으로 분류될 만한 몇몇 하위 텍스트를 중점적인 논의 대상으로 국한한 이유도 여기에 있다.

다음으로 우리 논의가 역사적인 계기 관계를 밝히는 통시적인 측면과 관련되는 만큼 변천 과정에 대한 세심한 천착이 중요하겠지만 공시적 논의 또한 결코 소홀히 다루어서는 안 되겠다는 점이다. 물론 공시적 언어 현상에 대한 논의와 이와 관련된 통시적 해석이 착종하여 결과적으로 논의의 방향을 잃어버리는 상황에 빠져서도 안 된다. 모든 언어 연구가 어떤 언어 현상에 대한 기술의 차원을 뛰어넘어 설명과 해석을 추구해야 한다고 할 때, 그 설명과 해석의 과정에서 봉착하는 논리의 한계를 통시적 층위에서의 고찰을 통해 극복할 있다는 점을 유념하는 것으로 충분하다.

마지막으로 어학의 논리에 충실한 문체론을 강조한 나머지 대상 텍스트의 문학적 측면에 대해서 지나치게 폐쇄적인 태도를 취해서도 안 되겠다는 점이다.[57] 문체론은 그 특성상 문학과 어학으로부터 공동의 조명을 받을 수밖에 없다. 따라서 어학과 문학 양 측면에서의 통합적인 조망은 특정 텍스트의 문체 본질을 좀 더 심층적으로 살피는 데 중요한 태도라 할 것이다. 김흥수(1988: 71~2)에서도 이미 지적한 것처럼, 어학적 문체론의 논의가 문학적 문체론의 한 역할을 담당할 수 있기 위해서는 언어학적 시각과 논리를 준비하는 것에 앞서 문학에 대해 열린 시각과 태도를 갖추는 것이 그 못지않게 중요하다.

이와 관련하여 우리는 문학 범주에 귀속시킬 수 있는 언어 텍스트

---

57) 국어학과 국문학이 통합적으로 만날 수 있는 분야가 문체론이라는 식의 인식은 비교적 보편적인 듯하다. 그러나 실제 명시적으로 문체론을 표방하는 구체적인 논의의 국면에서 이러한 인식이 얼마만큼 잘 반영되고 있는가 하는 점에 대해서는 명쾌한 답을 내리기가 힘들다. 텍스트의 선정이나 논리 전개의 과정에서 적지 않은 심리적인 제약이 따른다고 보기 때문이다.

를 문체론적으로 다룰 때의 논리와 방법에 대해 그 범위나 한계, 관점 등을 명확히 할 필요가 있다. 이런 측면에서 우리는 문학적 문체 연구와 언어학적 문체 연구라는 두 가지 상이한 입장을 구별해 보아야 한다. 아주 일반적인 수준에서 문학적 문체 연구는 문체라는 개념으로써 텍스트의 의미 해석을 지향한다고 말할 수 있다. 반면 언어학적 문체 연구는 문체적인 특징을 내보이는 언어 요소들의 유형 분류나 특징을 기반으로 하여 담화·텍스트 내적인 의미 기능이나 효과 등을 밝히는 데에 관심을 기울이는 경우가 많다. 우리의 기본적인 입각점이 후자에 있어야 함은 물론이다.58) 이런 관점에 서면 언어학적 문체 연구에서는 우선적으로 언어 요소들의 형식적 측면에 관심을 기울이지 않으면 안 된다. 그러나 이러한 형식적 측면만을 살피는 문체 논의는 일정한 한계를 지닐 수밖에 없다. 문법론과의 경계나 구별이 애매해질 수도 있기 때문이다. 따라서 우리는 텍스트 내 제반 언어적 요소들의 형식적 고찰을 기반으로 각 요소들의 텍스트 내 기능이나 효과 등을 밝혀내는 일을 동시에 수행해야 할 것이다.

이러한 문체 논의에서 우리는 기본적으로 문장 범위 내에 있는 언어 실체에 관심을 기울이지만 궁극적으로는 문장의 범위보다도 더 넓은 범위와 관련된 언어 요소들의 형식, 기능, 구조 등에 관심을 쏟

---

58) 여기서 문학 텍스트에 대한 해석은 문학 비평가나 문체론자만의 권한이 아니라 언어학자에게도 중요한 권한이이라는 점을 인정하는 것이 중요하다. 텍스트의 메시지에 주된 관심을 기울이는 문학 비평가는 텍스트 내에 약호화한 부호[code](들)이 특정의 텍스트 내적인 맥락 속에서 어떤 의미를 구현하는가 하는 점을 밝히는 데 주목한다. 문체론자들은 그러한 부호들의 약호화 방식이나 부호들의 유형을 분석하는 일에 매진하게 된다. 반면에 언어학자는 텍스트 내의 여러 가지 부호들 중에서도 특수하게(혹은 비정상적으로) 사용되는 것들을 대상으로 일반적인 언어 체계와의 비교나 대조를 통해 그러한 체계에 대한 인식의 범위를 확장하는 일에 몰두하는 것이 가능하다. 결국 문학 텍스트를 좀 더 다채로우면서 본질적으로 이해하는 데 언어학자의 언어적 직관과 방법이 무척 중요하다 할 것이다. 그리고 이때 문체론이 이들 문학 비평가와 언어학자의 교량 역할을 할 수 있다는 점에 유념해야 한다. 이런 관점에서 언어학자가 문학 텍스트를 언어적 텍스트 자료로 다루게 될 때의 논리와 구체적인 실례를 제시하고 있는 헨리 G. 위도우슨 저, 최성규 옮김(1999: 14~8, 21~51)의 논의는 우리에게 많은 시사점을 안겨 준다.

는다. 이것은 그 관심의 범위가 문장의 차원에 국한되는 전통적인 언어학과 분명히 구별된다. 문장 범위 이상의 차원에 관심을 기울이는 문체론이 시학이나 문학 기호학, 담화 분석, 텍스트언어학 등과 같은 인접 학문과 그 경계 지점을 공유할 수 있는 이유가 여기에 있다. 특히 언어 형태들 사이의 온전한 문법적 관계가 문장을 초월한 영역에 존재한다는 확신을 근거로 발전하고 있는 담화 분석이나 텍스트언어학은 그 많은 부분이 문체론의 관심 영역과 겹쳐지거나 상호 조응하기도 한다. 담화 분석이나 텍스트 분석이라는 이름으로 고찰되는 몇몇의 언어적 현상들이 결과적으로는 문체 변이형의 문제로도 받아들여지는 경우가 많기 때문이다. 예컨대 반복되는 특정 계열의 어휘가 텍스트의 응집성에 어떻게 기여하는가 하는 문제는 어휘 사용과 관련한 문체적 현상의 하나로 해석될 수 있을 것이다.[59]

그러나 실제 대부분의 문체 연구는 그 대상이 문장 범위에 국한될 때가 많다. 그 이유는 문체론자들이 자신의 논의를 통해 이야기하는 문체적인 변이형의 핵심을 개별 문장들에서 발견하고자 하는 경우가 많기 때문이다. 또한 문장을 초월하는 범위에 있는 언어 요소들 간의 의미 관계는 전통적인 언어학상의 문법적인 제약으로부터 상당히 자유롭거나 그것과는 무관한 경우도 많다.[60] 이와 같은 상황 때문에 그 문체적인 의의를 객관적이고 명시적인 기준을 통해 일률적으로 규정하기가 대단히 어려운 점도 그 이유의 하나로 고려할 수 있을 것이다.

---

59) 이러한 유형의 연구로, Hemingway나 James Joyce 등의 영어권 작자들의 작품을 대상으로 수치적인 통계 집합의 방법을 활용하여 언어 텍스트의 응집 양식과 구체적인 유형들을 분석하고 있는 조두상(1993)을 예로 들 수 있다.

60) 이러한 영역과 관련해서는 문학 작품에 대한 문예 비평이나 미학적 분석의 이름으로 논의가 진행되는 경우가 많다. 이들 논의는 문체론의 자장권을 고려하여 이야기하면 '초문체론'의 영역에 속하는 것으로 이해될 법하다.

그러므로 이 글이 기본적으로 견지하는 문체 논의 방식은 일반적인 언어학적 방법론이나 서사체 이론에 관점의 바탕을 두되 텍스트 언어학이나 담화 이론과 같은 어학적 관점에 충실한 방법론이나 개념을 적극적으로 도입하는 식이 될 것이다. 위에서 논급한 것처럼 이 글의 주된 관심 대상이 서사체인 점을 고려할 때, 기본적으로 문장 구문으로부터 논의가 출발할 수밖에 없으면서도 담화나 텍스트 등과 같은 좀 더 상위의 개념을 원용하지 않을 수 없기 때문이다. 특히나 중세국어의 이야기 자료들이, 크고 작은 화제 '덩어리들'이 결합, 확장하면서 텍스트를 구성하는 것을 보면 더욱 그러하다.

이러한 입장은 서사 문체론으로 불릴 만한 이야기 텍스트의 문체 분석 방법과 상통한다. 서사 문체론에서는 서사 구성의 방식, 서사의 구체적인 전개 양상, 각각의 전개 국면에 따른 문장 구문의 변별적인 사용 등에 대해 고찰하게 된다. 이를 위해 우리는 이야기 배열상의 문체 특징과 관련하여 서사 구조의 특징이나 문장 종결의 양상, 담화 표지의 쓰임새 등에 우선적인 관심을 기울일 것이다. 나아가 시제 추이에 따른 시점 변환과 이때의 서술 방식, 그리고 각각의 담화 화제를 구성하는 문장 구문의 연결이나 종결 방식 등을 연쇄적으로 살피게 된다.

한편 원론적으로 모든 텍스트의 문체 논의는 특정한 문체의 생산자와 그 반대편의 수용자 사이에 형성되는 소통의 문제와 관련된다.[61] 특히 서사물의 문체를 논의하고자 하는 우리에게는 그러한 소

---

61) 좀 더 거시적인 차원에서 말하면 인간의 모든 텍스트가 소통을 전제로 출현한다고 볼 수 있기 때문에 텍스트 생산자와 수용자를 동시에 고려하는 일은 문체론적인 텍스트 분석에서뿐만 아니라 모든 텍스트 논의에서 매우 중요하다. 이런 점에서 문학 생산과 수용의 장에서 여러 인자들 간의 관계를 중심으로 그 모델화를 시도하고 있는 권오현(1992: 65~72, 91~5)의 논의가 주목된다. 특히 여기에서는 문체 개념이 문

통의 양 측면을 명확하게 이해하는 일이 필수적으로 요구된다. 많은 경우 우리는 문체라는 용어가 전통적으로 텍스트 생산자의 개성이나 의도 등의 측면에서 정의되어 왔다는 점, 그럼에도 불구하고 그러한 개성이나 의도는 궁극적으로는 특정한 목적이나 의도를 갖는, 텍스트 수용자와의 의사소통을 위한 것이라는 점에 주목하기 때문이다. 따라서 우리는 텍스트 생산자의 개성이나 의도를 원활한 텍스트 소통을 위한 요인의 측면에서 이해하는 것과는 별개로 수용자가 텍스트를 통해서 관념적으로 인식하거나 직관적으로 느끼는 여러 가지 문체 인상의 요인과 기능, 효과 등도 동시에 살필 필요가 있다.

특정한 언어 텍스트의 제반 형식이나 구조는 텍스트 생산자에 의한 문체 인자의 선택과 그것을 받아들이는 텍스트 수용자의 예상되는 반응이 텍스트 생산의 과정 속에서 복합적으로 어우러지면서 결정된다. 이때 문체 인자는 대개 수용자로 하여금 대상 텍스트(의 생산자)를 다른 텍스트(의 생산자)와 변별하여 이해하도록 하는 요인으로 받아들여지기도 한다. 또한 텍스트 생산자가 의식적이거나 무의식적으로 선택하는 문체 인자는 당대에 통용되는 유형적이고 관습적인 문체 원칙은 물론이고 텍스트 산출자로서의 작자 자신의 개성과 밀접하게 관련되면서 텍스트 수용자나 독자의 문체 수용 과정에 부단히 간섭한다. 따라서 우리는 원칙적으로 특정 당대의 관습적이고 유형적인 문체 원칙이나 문체 인자를, 개별 작자의 개성적이고 특수한

학 생산의 모델이 아니라 수용의 모델에서 코드 해독상의 형식적 결정 인자의 하나로서 다루어지고 있음을 보게 된다. 우리의 관점과 관련해서 보면 문체를 텍스트 수용자인 독자가 갖게 되는, 텍스트 특징을 결정하는 요소로 바라보고 있다고 이해된다. 이러한 관점은 문학 수용의 주체인 독자들의 심미적 체험이나 수용자 자신의 코드를 중시하는 입장에서 나온 것으로 정리해 볼 수 있겠다. 문체론적인 텍스트 분석에서 이러한 관점의 중요성을 강조한 논의로 유제호(1986: 25~30)를 들 수 있다.

문체 원칙이나 인자와 구별할 필요가 있다. 문체적인 관습이나 유형을 중시한다는 점에서 전자를 일반 문체론으로 부를 수 있다면, 후자는 개별 텍스트의 개별 작자를 중시하기 때문에 개별 문체론으로 불러 구별할 수도 있을 것이다.

그런데 서사체의 작자-설화자가 역사적 실존성을 지닌 인물로서 본질적으로 사회적 인간의 하나라는 사실에 동의한다면, 우리가 흔히 이야기하는 개성적인 문체 주체로서의 작자-설화자의 말은 기본적으로 사회적 언어의 범주에 포함된다.[62] 따라서 그들의 말은 특정 당대의 사회적 언어 현실의 자장권 아래 놓일 수밖에 없다. 이렇게 보면 작자-설화자의 말은 사회적으로 통용되는 공통의 언어 양식이나 구조에 기반 하되 부수적으로 자신만의 특별한 언어 양식이나 구조가 덧붙여진 것으로 이해할 수 있다.[63] 따라서 우리는 작자-설화자의 언어를 지배하는 일반의 언어 양식을 규명하는 일에 매달릴 것인가, 아니면 발화자가 텍스트를 통해 내보낸 특수한 발현체로서의 언어 구조물에 주목할 것인가를 결정해야 한다.

이상의 언급과 관련한 입장은 국문 서사 텍스트의 문체를 살피는 자리에서 좀 더 세심한 고구 과정을 거쳐 확고하게 자리매김될 필요가 있다. 예컨대 우리는 많은 경우 국문 고소설의 문체 논의에서 문어체나 율문체, 장문체, 상투적이고 과장적인 묘사 등에 관한 언급을 발견하곤 한다. 그런데 문체라는 개념의 일반적인 용법에 지나치게

---

62) 이러한 시각은 황패강(1988: 144)에서도 확인된다.

63) 김완진(1975: 34)은 문학 언어의 어학적 연구와 관련하여 상이한 차원의 언어 질서를 G_1(일반적인 언어 질서인 문법), $G_2(=G_1+\alpha$, 특정한 문학 하위 장르의 문법), $G_3(=G_2+\alpha'$, 특정 작자나 작품의 특수한 언어 질서) 등으로 나눈 뒤 연구자의 입론이 이들 중 어느 차원에 관계하는지를 명확히 할 필요가 있다고 주장하였다. 이러한 관점에 서면 이 글은 G_2에 해당한다고 볼 수 있다.

이끌리지만 않는다면 고소설의 문체 논의에서 공통적으로 빈번하게 발견되는 상기 항목들에 관한 문제 제기와 고찰은 그 의의가 충분하다. 고소설의 경우 여러 형태의 이본들이 다양하게 존재하면서 비빈이나 궁녀 등과 같은 궁중 여성들이나 일반의 부녀자들을 중심으로 하는 계층에서 폭넓게 유통되면서 소비되었던 상황을 감안하면 더욱 그러하다.

그러나 그렇다고 해서 고소설 텍스트에서 생산자들의 개성적인 언어 구현체를 전혀 이야기할 수 없는 것은 아니다. 예컨대 어떤 텍스트의 이본은 바로 '異本'이기 때문에, 그 속에는 반드시 그 기준점이 되는 최선본 텍스트나 다른 이본과는 구별되는 언어 형식이나 내용물이 담겨 있게 마련이다. 좀 더 진전된 문체 논의는 바로 이러한 다른 언어 형식이 어떤 내용물을 담고 있으며 그 기능이나 효과가 무엇인지, 이를 통해 그 '드러나지 않은' 작자의 어떤 모습을 이야기할 수 있는지 등을 밝히는 일에 초점을 맞춰야 한다. 이는 일반적인 고소설 연구 분야에서 많은 부분을 차지하는 이본 간의 대비 고찰과 구별되는 사항이기도 하다. 따라서 중요한 것은 텍스트들 간의 차이점 그 자체가 아니라 그러한 차이점들이 어떻게, 그리고 왜 생겼는가 하는 점이다. 이 글에서 구술성이나 유사구술성 등의 개념을 끌어들여 우리나라 서사체의 사적인 계기 관계에 따른 텍스트 향유와 수용의 특징 등을 살펴보려 한 이유도 여기에 있다.

2.2. 일반 문체론

우리는 앞 장에서 문체 개념을 텍스트의 다양한 층위에서 특징적이고 지배적으로 발견되는 언어 사용의 양상으로 정의한 바 있다. 이러한 개념 정의에서 정의항 속의 '층위'라는 용어에 유의해 보자. 언어의 구조 연구는 전체를 구성하고 있는 실제적인 단위와 그것에 관여하는 여러 요소 간의 상호작용의 법칙을 밝히는 작업이라고 할 수 있다. 이러한 사실은 문체 연구 영역에도 그대로 적용된다. 전체를 구성하는 여러 단위 요소들이 각각 어떤 특정 영역에 속한다고 할 때, 그 특정 영역은 포괄적으로는 전체 텍스트 구조, 세부적으로는 특별한 내용 구조로 발현되는 문체의 구체적인 층위에 해당된다고 볼 수 있기 때문이다.

이와 관련하여 우리가 특히 주목해야 하는 것이 문체 요소다. 문체 요소는 문체 수단이라는 개념과 상통하는 경우가 많다. 이때 문체론적인 수단으로서의 문체 요소는 텍스트 내재적인 기능에 관여할 때가 많다. 이에 따라 문체 요소는 당해 텍스트의 질적인 척도를 판별하는 중요한 단서로 작용하기도 한다. 예컨대 한 텍스트가 다양한 문체 요소를 얼마나 풍부하게 가지고 있는가 혹은 그렇지 않은가에 따라서 문체의 질적인 가치가 판단되기도 하는 것이다. 그러나 특별한 문체 특징을 보이지 않는 텍스트조차도 '무미건조한' 문체로 명명될 수 있다는 점을 감안하면 문체 요소의 개념을 규정하고 분류하여 그 효용성을 따지는 일이 쉽지 않은 일임을 금방 알 수 있다.

일반적으로 문체 요소는 거시적인 차원과 미시적인 차원의 것으로 나뉘어 구별된다. B. 조빈스키(1999: 110)에 따르면 거시적인 차원의 문체 요소는 문장 층위를 넘어서 한 텍스트의 전체 구조에 변이적으로 영향을 끼치는 텍스트 범주와 관련된다. 이 텍스트 범주들은 대부분 시대적인 관습이나 텍스트를 통한 작용 의도, 개인적인 취향을 따라 유도되는 텍스트 생산자들의 선택 결정에 기초하는 경우가 많다. 문체 분석에서 이러한 거시 문체 요소가 중요한 이유는 한 텍스트의 문체가 미시적인 구조 차원에 이르기까지 그 영향권 아래에 놓이게 되기 때문이다. 이런 점을 염두에 두면서 이 글에서는 먼저 시대 문체나 텍스트 유형에 따른 문체와 같은 거시문체론적인 차원을 바탕으로 이야기 배열과 시점, 화법 등의 거시 문체 요소를 다루고, 동시에 미시 문체 요소로서 문장 길이나 이와 관련된 문장 연결이나 종결의 문제 등을 다루고자 한다.

한편 문체 기능이나 효과는 문체를 받아들이는 텍스트 수용자 측면에 초점이 놓이는 개념이다. 언어에 대한 연구를 표현과 수용의 두 국면에서 이해할 수 있다면 문체 기능이나 효과는 후자에 속한다. 화용론적 문체론의 기본 전제를 따라 이야기하면 모든 텍스트에는 의도와 작용, 영향 등이 있기 때문에 텍스트 외적인 의사소통 기능을 밝히는 일이 무척 중요하다. 따라서 우리가 문체 기능이나 효과를 이야기할 때는 텍스트 발신자(생산자)가 약호화한 언어적 표현을 어떻게 풀어 낼 것인지, 그리고 그러한 표현을 통해서 얻게 되는 텍스트 내외적인 의사소통의 효과가 무엇인지 등을 동시에 밝힐 필요가 있다.

그런데 의사소통을 위한 한 수단으로서의 문체 요소라는 전제에 동의하면 텍스트 수용자가 특정한 문체 요소에서 받게 되는 문체 인상은 다양하고 주관적일 수밖에 없다. 이렇게 본다면 문체 기능이나 효과 또한 그러한 주관적인 인상에 근거한 분석이 설명의 기본 준거로 작용할 가능성이 높아지게 된다. 그럼에도 문체 기능이나 효과에 대한 분석을 소홀히 할 수 없는 이유는 그러한 작업이 문체 요소에 대한 단순한 기술의 차원을 넘어 설명과 해석의 차원으로 나아가기 위한 디딤돌이 될 수 있기 때문이다. '문체론'이라는 학문은 엄밀한 과학성을 지향하는 것이 당연하지만 '문체' 자체의 특성상 주관적인 인상이나 직관적인 판단의 힘을 전혀 배제할 수는 없겠다는 점이다.

또 하나 문체 기능이나 효과와 관련하여 짚고 넘어가야 할 것은 특정 문체 요소를 먼저 분석하고 기능이나 효과 등을 설명할 것인가, 아니면 특정한 기능, 효과 등을 전제한 후 그러한 것을 가능하게 한 형식적인 언어 요소들을 추출할 것인가 하는 문제다. 이러한 분석 절차나 순서에 관한 문제는 기본적으로는 해석학적 순환의 원리에 따라 서로 보완적인 관점에서 이해할 필요가 있다. 이 글에서는 문장 길이나 문장 연결, 종결 등과 같은 문체 요소를 먼저 살핀 후 그 기능, 효과 등을 설명하는 순서로 논의가 이루어짐을 밝힌다.

다음으로 살필 개념은 공시적 문체와 통시적 문체다. 우리는 시기를 달리하는 동일 계통의 복수의 텍스트가 각 출현 시기의 제반 사회 문화적 조건의 영향에 따라 특징적인 문체로 드러날 경우 공시적 문체와 통시적 문체라는 개념으로써 세부적인 차이를 드러내고자 한다. 이 중에서 공시적 문체는, 공통의 역사적인 배경을 깔고 있으면서 특정 시기로의 고정이 가능한 일군의 텍스트 유형이나 갈래 유형에 나타나는 문체 특징을 바탕으로 한다. 통시적 문체는 시대를 달리하는 텍스트, 갈래 유형들에서 상이하게 파악되는 문체 특징과 관련된다.

공시적 문체에는 텍스트 생산자들이 개별적으로 갖는 문체 작용 의도가 비교적 덜 개입되어 있다. 시대 조건적인 문체 요소들이 의식적으로든 무의식적으로든 텍스트 생산자의 의식에 영향을 미치기 때문이다. 따라서 여러 가지 상이한 문체 요소들을 분석하고자 할 때는 당해 요소들이 공시적 문체의 테두리에 속하는가 그렇지 않은가 하는 문제를 우선 해결해야 한다. 통시적인 문체는 시대를 달리하되 동일한 갈래, 내용의 범주에 속하는 텍스트들을 비교함으로써 파악될 수 있다. 문체의 통시성이나 역사성은 텍스트 문체 요소의 변환과 이에 따른 텍스트의 외재적인 형식, 구조 등이 함께 고려될 때 그 전모를 드러낼 것이다.

2.3. 문장·담화 문체론

문장 문체론에서는 대개 문체 관여적인 문장 변이의 양상을 양적인 관점이나 질적인 관점에서 다룬다. 양적으로 두드러지는 어떤 문장 구조의 변이 형식은 특정 시대나 텍스트 유형의 문체 특징으로 거론될 수 있다. 동시에 이러한 문장 구조의 변이 형식은 질적인 관점에서 그 기능이나 효과 등으로 드러나는 효용성의 문제를 다루는 데 중요한 준거로 작용한다. 이 글에서는 문장 층위에 초점이 맞춰진 문장 문체론의 여러 요소 중에서 문장 길이나 문장 연결, 문장 종결의 몇몇 유형과 방식 등을 다룬다. 이 중에서 문장 길이의 문제는 텍스트 생산자가 의도하는 문체 효과를 파악하는 데 중요한 단서가 된다. 텍스트 생산자가 자신이 다루는 텍스트 정보를 하나의 문장 속에 뭉뚱그려 집합적으로 드러낼 것인가, 아니면 여러 문장에 분산시키는 식으로 드러낼 것인가에 따라 문장 길이가 달라지기 때문이다.

그런데 텍스트의 문장 길이는 시대에 따라, 그리고 텍스트 유형에 따라 다르게 실현되는 경우가 많다. 이에 따라 문장 연결과 종결의 유형이나 방식 등도 달라질 수 있기 때문에 이 둘은 구체적인 논의 국면에서 동시에 고려될 필요가 있다. 이러한 점과 관련하여 우리가 주목해야 하는 것이 서술어의 휘갑 양식이다. 연결형이든 종결형이든 문장 내 서술어의 휘갑 양식은 우리 국어의 시대별 문체 특징을 살피는 데 매우 중요한 실마리로 작용한다. 예컨대 20세기 초엽 이후 주로 '-다' 형으로 실현되는 현대 국어의 문장 종결형과, 대부분 '-라' 형으로 실현되는 훈민정음 창제 이래의 중세·근대 국어의 문장 종결형은 서로 매우 다른 분위기를 연출한다.[64] 그러한 분위기에 힘입어 텍스트 수용자들이 상이하게 감지하는 텍스트 특징이 각 시대별 문체 특징으로 드러난다.

중세 국어 시기 이후의 많은 국어 문장은 신소설이 출현하는 개화기까지 다양한 연결어미를 통해 길게 이어지는 특징을 보여 주고 있다. 그런데 우리 국어 문장이 오랜 세월 동안 긴 문장 특성을 보인 데에는 기본적으로 한문의 국문 번역이라는 텍스트 산출 과정이나 조건에 말미암은 바가 크다고 할 수 있다. 가령 저본인 한문본의 문장에 구결을 달고 이를 번역하는 과정에서는 문장 간 논리적인 연관성이 제대로 드러날 수 있도록 하는 노력이 필요하다. 이를 위해서는 문장 종결형을 이용하여 빈번하게 분절하는 것보다는 전후 문장 간의 일정한 논리 관계를 드러내는 연결어미를 이용하여 길게 결합하는 것이 좀 더 효율적이다. 지나친 분절은 전후 문맥의 논리 관계를 텍스트 수용자 스스로 따져 보게 함으로써 즉각적인 내용 이해를 지연시킬 수 있기 때문이다. 이런 점을 고려할 때, 한문과 한자 문화의

---

64) 김미형(1997a: 8~13)은 '-다' 형과 '-라' 형이 현저한 문체적 차이를 일으킨다고 하면서, 전자가 문장 내용을 글쓴이 자신의 말로 서술하는 것으로 만들어 결합하는 서술어를 문장 내의 내용과 긴밀하게 걸리는 것으로 이해하게 하는 반면에, 후자는 그 문장 내용을 글쓴이 자기 말로 단정하는 것이 아니라 단지 읽어서 제시하는 듯한 문장 분위기를 만든다고 보았다. 정은균(2009d: 99~100)에서 '-다' 종결 형식은 대상 중심 언술의 문체 특징을, '-라' 종결 형식은 화자 중심 언술의 문체 특징을 드러낸다고 보는 것도 비슷한 맥락에서 이해할 수 있다.

자장권 안에서 구결이나 언해 관습을 통해 굳어진 텍스트 생산과 소비의 전통이 훈민정음 창제 이후 국어 문장 고유의 전통이 정착하는 과정에 강력하고 부단하게 영향을 끼쳤을 것임을 부인할 수 없다.

그러나 국어사 자료의 긴 문장 특성을 천편일률적으로 한문의 국문 번역, 즉 언해와의 상관관계 속에서만 파악하는 태도는 그다지 바람직스러워 보이지 않는다. 이러한 태도는 국어 문장이 문자로 정착하던 때의 제반 여건을 간과하게 할 우려가 있다. 언해의 영향이라는 요인 이외에 텍스트 유형, 텍스트 산출 과정이나 구체적인 수용 양상 등 여타 요인을 소홀히 보게 할 위험성도 무시할 수 없다. 그렇다면 문장 연결이나 종결은 그 길이의 장단 측면에서뿐만 아니라 당해 문장들을 포함하는 텍스트 전체의 짜임새라든지 내용 여하에 따른 문장 배열이나 문장 길이의 차원에서 살펴보는 것이 더 타당하다. 그런 점에서 김미형(1997b: 19)에서 확인되는 '-다' 형과 '-라' 형의 문체 효과의 차이에 관한 언급이나, 이지영(1999: 9~11)에서 발견되는 불·유정 여하에 따른 문장 종결의 차이에 관한 언급은 주목할 만하다. '-다' 형과 '-라' 형의 문체 차이와 관련하여 우리는 '-더라'나 '-니라' 등의 문체적인 의미 기능을 살필 때에도 이러한 언급들에 특별히 유념할 것이다. 특히 '-더라'와 '-니라'로 종결되는 문장은 각각 어떤 문장 내용을 갖는가, 당해 문장들이 전체 텍스트의 어느 부분에 주로 출현하는가 하는 문제들에도 관심을 둔다.

다음으로, 앞서 언급한 서술어의 휘갑 양식이나 길이 문제와 관련하여 고려되는 개념이 화제, 담화, 담화 구조체 등이다. 이들은 문장 층위의 문체 요소를 다루는 문장 문체론과는 다른 좀 더 상위 차원의 문체론에서 다루는 것이 좀 더 타당하다. 이와 같은 기본적인 관점을 토대로 우리는 문장 문체론의 영역이나 범위를 포함하거나 아우르면서 문체 관여적인 텍스트 내 언어 요소들의 의미, 기능 등까지를 다루는 문체론의 한 부류를 생각해 볼 수 있다. 이와 같은 문체론을 담화 문체론이라고 부르기로 하고, 먼저 문장과 담화의 상관성을 중심으로 담화 개념을 정의해 보자. 담화는 구조적인 관점에서 형태소나 단어, 구 등과 같은 여러 층위의 구성 요소가 결합된 것으로서 문장 상위 구조로 보는 견해가 있는가 하면, 기능적인 관점에서 언어의 구체적인 사용이나 실제 상황에서 사용되는 발화체의 집합으로 보는 견해도 있다. 후자의 경우는 어느 것이든지 일련의 발화체가 구현되는 맥락이나 상황을 중시하는 개념 규정이다. 담화 연구는 일반적으로 담화 분석(discourse analysis)이라는 표제하에 이루어진다. 이때에는 텍스트언어학이나 사회언어학, 문학 시학 등 인접 연구 분야와 밀접한 관련을 맺기도 한다. 문학적인 관점에 치중하는 텍스트 연구에서는 담론이라는 용어가 좀 더 자주 활용된다.

이 글에서는 담화를 일반적인 문장 종결형으로 구분되는 하나의 문장 단위와 일치하거나 하나 이상의 문장을 포괄하는 추상적 단위로 그 개념을 규정한다. 이런 관점에 서면 담화가 문장을 구별하는 표지와 일치할 수도 있기 때문에 기존의 문장 개념과 착종될 우려가 없지 않다. 그런데 어학적인 관점에서 보면, 일반적으로 문장은 통사적인 절차에 따라 구현되는 언어 구조체라는 점에서, 담화는 그것이 실현되는 통보 상황 전체까지를 아우르는 차원에서 그 성격이 파악되어 온 점에 주목할 필요가 있다.[65] 이 중에서 문장에 대한 기존 연

---

65) 박영순(1999: 253)은 광의의 담화와 협의의 담화로 나눈 뒤, 문장보다 큰 단위로서 구조적·의미적으로 응집성을 가진 문장의 연쇄체로서 하나의 발화나 글 안에서 여러 단락이 결합하여 더 큰 단락을 이루었을

구는 형태 중심적인 차원에서 접근하는 논의가 주류를 이루었다. 그렇기 때문에 다양한 소통 상황에서 실현되는 갖가지 의미나 기능에 대해서는 그 논의가 본격적으로 이루어지지 못한 실정이었다. 담화를 놓고 본다면, 문장을 그 상위 단위와의 관련성 속에서 파악할 때 그 상위 단위와 문장을 긴밀하게 연결시키는 상황 국면 전체를 지칭하는 것으로 파악했기 때문에 확고한 단위 개념으로는 인정되지 못한 것이 사실이다.

이러한 점을 염두에 두면서 이 글은 담화를 문장과 텍스트의 중간에 놓이는 단위로 전제한다. 이에 따라 형식이나 기능의 측면에서 문장이 주어와 서술어를 갖춘 하나의 구조라면 담화는 그러한 문장이 최소한 하나 이상 모여 전체 텍스트로 통합되는 구조체로 기능할 때 파악되는 개념으로 정의한다. 이와 같은 입장은 담화를 '문장이나 절 이상의 언어(language above the sentence or above the clause)'로 규정하는 형식주의(formalism)나 구조주의(structuralism)의 관점과 상통한다.[66] 화제는 내적으로는 이러한 담화 단위의 내용이나 의미 영역을 차지하면서 외적으로는 하나의 담화를 형성하는 하나 이상의 정보를 지칭하는 개념으로 사용하되, 담화 구조체의 의미론적인 핵을 가리키는 담화 화제라는 개념과 구별하도록 하겠다. 이런 관점에 서면 담화 화제는 여러 하위 화제를 아우르는 상위 화제 개념으로 이해될 수도 있다. 그런데 담화 화제는 텍스트 표면에 명시적인 형태로 드러나지 않

때 이들 개별 단락이나 단락의 결합체를 협의의 담화로 정의하고 있다. 김기혁(2002: 38)에서는 문맥과 담화를 같은 관점의 개념으로 간주한 뒤 이들 모두 여러 문장이 모여서 이루어진 것으로 보고 있다. 특히 통일적인 생각을 나타내는 언어 단위 또는 주어나 술어를 갖춘 구조적 단위, 서술성을 갖고 있는 단위로서의 문장 개념에서 문장이 나타내는 앞뒤 공간, 즉 담화 공간 아래서의 문장 개념으로 시야를 확대할 필요성을 언급하고 있는 대목은 지금 우리의 담화 개념 규정에 시사하는 바가 크다.

66) 담화의 개념이나 담화론적인 논의의 구체적인 대상은 송경숙(2003: 14)을 참고할 것.

을 때가 많다. 따라서 텍스트 표제나 부제를 포함하여 텍스트를 이루는 개별 담화 단위 안의 최소 문장 단위까지 꼼꼼히 살펴 화제와 담화 화제를 구별할 필요가 있다.

담화 화제와 함께 고려되어야 할 개념으로 담화 주제가 있다. 담화 화제도 마찬가지지만 담화 주제 또한 비명시적이어서 이를 파악하기 위해서는 텍스트 외적인 배경 지식을 동원해야 할 때가 많다.[67] 많은 경우 담화 주제는 텍스트 생산자가 의도했다고는 볼 수 없지만 텍스트 수용자가 담화를 수용하면서 부수적으로 구성하게 될 때도 있다. 그런데 담화 주제가 명시적으로 드러나지 않는 경우라도 담화 화제와의 관련성 속에서 파악될 수도 있고, 텍스트 생산자가 초점화한 텍스트 내용이나 의미에 기대어 석출될 수도 있다.[68]

담화 구조체는 하나 이상의 구체적인 문장 구문 형식으로 외현되는 담화의 전체 구조를 지칭할 때 사용한다. 일반적으로 텍스트 생산자는 텍스트 정보 배치와 배열 등의 구체적인 국면에서 다양한 선택항을 가진다. 그러한 선택항들 중에서 우선 떠올릴 수 있는 것으로, 상호 관련되는 여러 정보들을 비교적 긴 하나의 문장 안에 집합적으

---

67) 특히 불경 언해류는 종교적으로 고도의 사유 과정을 거쳐 나온 체계적인 결과물인 이상 연구자의 임의적인 주제 설정과 관련한 논란이 있을 수 있다.

68) 화제와 주제라는 용어와 관련된 논의는 크게 세 가지 관점에서 접근할 수 있다. 먼저 문장 중심 논의가 있다. 여기서는 프라그 학파가 주창한 'topic-comment'의 'topic'과, 기능적 문장 기술법의 주요 개념쌍인 'theme-rheme'의 'theme' 개념 등이 중요하게 부각된다. 이들은 각각 문장 화제, 문장 주제에 해당한다. 국내에서 이루어진 형태나 통사 관련 논의에서는 특히 프라그 학파의 이론이 많이 원용되었는데, 'topic'은 '화제' 또는 '주제(어)'로, 'theme'는 '주제, 테마' 등으로 널리 쓰이고 있다. 다음으로 문장 화제보다 확대된 담화 화제(discourse topic)라는 개념이 있다. 이는 전체 담화에 대한 화제라는 의미에서 담화 화제로 불리는데, 이 개념은 문장 화제보다는 일상적인 용어법에 가까운 화제 개념으로, 흔히 "하나의 담화가 무엇에 관한 이야기인가?"라고 할 때의 '무엇'에 해당한다. 마지막으로 담화의 핵심적인 정보를 가리키는 소위 '중심 내용(main idea), 요지'로서의 담화 주제라는 개념이 있다. 이것은 일반적으로 국어 교육에서 사용되고 있는 주제 개념이라고 할 수 있다. 이상의 간략한 개관을 통해 볼 때, 전반적으로 특정 개념을 의미하는 담화 관련 용어를 무엇으로 확정할 것인가 하는 문제가 단순한 사안이 아님을 알 수 있다. 이 글에서 말하는 담화 화제와 담화 주제는 상기한 세 관점 중 두 번째, 세 번째 것에 터 잡고 있는 것으로 이해하기 바란다.

로 제시하는 방법과 여러 개의 단위 문장에 정보를 분산해 제시하는 방법 등을 고려해 볼 수 있다. 전자와 관련하여 이 글은 담화 구조체를 하나의 담화 화제나 주제로 수렴되는 여러 화제가 집합적으로 분포하거나 배열되는 구문을 가리키는 개념으로 사용한다. 이와 같은 담화 구조체는 기존 논의에서 언급된 '의미 단락 기능'[69] 혹은 '화제나 화제 단락 기능'[70]을 하는 몇몇 연결어미들[71]을 포함하는 경우가 많다. 문체적인 측면에서 담화 구조체가 첨가적·중첩적이거나 집합적인 특성을 보이는 장문 구성을 많이 포함하고 있는 사실을 이러한 차원에서 이해할 수 있다.[72]

이번에는 담화 구조체에 초점을 맞춘 담화 문체 논의와 관련하여 구술성이나 기술성, 유사구술성 등의 개념을 살펴보자. 모든 언어는 기본적으로 구술적인 성격이 그 밑바탕에 놓인다. 구술성과는 상관이 없을 것 같은 수화 체계도 결국은 말의 대용에 지나지 않는 것과 같은 예를 들 수 있다. 이와는 차원을 달리하여, 가령 텍스트 수용자에게 그 내용을 정확하게 전달하려는 기본적인 목적뿐만 아니라 특정한 서술 방식을 통해 일정한 효과를 의도하거나 염두에 둔 텍스트 생산자나 설화자를 가정해 보자. 그는 그러한 자신의 의도를 관철하기 위해 발화 행위 때와 비슷한 여러 구체적인 방식을 원용할 수 있을 것이다. 예를 들어 형태소나 구절, 문장 등의 변개나 재배열, 구문 요

---

69) 이현희(1992)에서 주요 개념으로 활용되는 용어다.

70) 정진원(1993)에서 특정 연결어미가 담당하는 기능을 설명하는 데 동원된 개념이다.

71) 구체적으로 '-으니, -거늘, -ㄹ쎄, -오디, -고, -며' 등의 연결어미를 들 수 있다. 이들 연결어미가 15세기 서사체의 이야기 구성에서 어떻게 활용되는가를 밝힌 논의로 정은균(2009b: 59~61)을 참고할 수 있다.

72) 이렇게 장문성의 양상을 보이는 담화 구조체는 유사구술성의 한 징표로 받아들여질 수 있다. 담화 구조체에서 자주 보이는 첨가적이거나 집합적인 서술은 구술성 문화의 뚜렷한 흔적으로 자주 이야기되고 있기 때문이다[월터 J. 옹 지음, 이기우 외 옮김(1995) 참고]. 이러한 점에 대해서는 2.2.에서 상론하기로 한다.

소(들)의 생략이나 반복, 일정한 서술 의도를 실현하기 위해 동원하는 독특한 어조, 특정한 효과를 살리기 위한 문장 구조나 유형의 변화 등이 그것이다.

모든 텍스트는 직접적으로든 간접적으로든 본래 언어가 사는 장소인 소리의 세계에 결부되지 않을 수 없다. 하나의 텍스트를 읽는다는 것은 그것이 음독이든 묵독이든 간에 그 텍스트를 음성 자체나 음성적인 이미지로 옮기는 일이기도 하다. 그리고 그러한 음성화 과정이 자연스럽고 매끄러울 때 텍스트의 의미는 좀 더 확연히 드러나게 된다. 우리는 언어 텍스트의 그러한 본질적 성격을 가리키는 용어로 월터 J. 옹(1995)에서 중요하게 쓰이는 구술성(口述性, orality)[73]을 가져오기로 하자. 이러한 구술성은 쓰기에 입각한 기술성(記述性, literacy)과 대비된다. 구술의 양식에 뿌리박은 사고방식이나 표현 방식은 문자 양식에 중계된 동일한 방식들과 견줄 때 뚜렷한 차이를 보여 준다. 구술성은 한마디로 언어의 구술적 성격, 즉 언어의 음성 언어적 특징을 나타내는 개념으로 이해할 수 있다.[74]

소리로서의 음성 언어는 시간이라는 개념과 특수한 관계를 맺는다. 소리는 그것이 막 사라져 갈 때만 존재한다. 바로 그렇기 때문에 구술성의 문화에는 '텍스트'가 없다. '텍스트'라는 말의 어원에 '조직화'의 특성이 들어 있다고 할 때 사라질 때만 존재하는 음성이 기본 단

---

73) 이하 구술성과 기술성에 관한 기본적인 설명들은 주로 월터 J. 옹 지음, 이기우 외 옮김(1995), 김현주(2003) 등에 힘입었다.

74) 김현주(2003: 16)에서는 구술성을 글이 없던 시대에 인류가 말로써 의사소통을 할 때 갖고 있었던 심리적인 사고방식이나 인식론적인 사유 체계, 표현적 특징으로서 담화적 스타일이나 서사 패턴, 그리고 모티프와 같은 주제론적 내용을 함께 아우르는 개념으로 정의하고 있다. 이러한 개념 규정은 구술성의 관념적 측면까지도 아우르는 것이라고 할 수 있다. 이 글은 구술성이 갖는 그러한 관념적 측면도 고려하기는 하되, 기본적으로는 구술성의 매체적 성격, 즉 음성 언어적 측면을 살피는 데 좀 더 주력할 것이다.

위인 구술성의 문화에 텍스트가 없는 것은 어찌 보면 당연한 사실이다.[75] 그런데 이미 앞에서 언급했듯이 구술성은 원래 문자를 알지 못하거나 사용하지 않는 언어 사회의 특징을 설명하는 데 적합한 개념이다. 그렇다면 구술성이라는 개념은 엄밀한 의미에서는 기술된 텍스트를 논의 자료로 활용하고자 하는 우리 논의와는 배치되는 면이 없지 않다.

여기에서 이미 문자성의 문화에 살고 있으면서도 그 이전 시기의 구술 문화적인 자장권에서 벗어날 수 없었던 상황을 가리키는 개념으로 '유사구술성(類似口述性, pseudo-orality)'이라는 개념을 끌어들이기로 하자. 그리고 이 유사구술성은, 기술성이나 문자성에 입각하는 기술된 텍스트이면서도 그 표면에 구술성의 특징이나 단서를 담고 있는 경우를 가리키는 개념으로 이해하자.[76] 구술성이나 유사구술성이라는 개념은 중세국어 문헌 자료, 특히 서사적 성격이 강한 텍스트를 당대의 텍스트 수용자들이 실제 어떻게 받아들여 활용했는가 하는 문제를 밝히는 데 유효하다.

이와 관련하여 우리는 이전 시기의 텍스트 수용자들이 텍스트를

---

75) 그러나 텍스트라는 용어의 어원에 현혹되지만 않는다면 구술성의 문화에도 얼마든지 오늘날 우리가 흔히 이야기하는 한 편의 자족적인 이야기나 사건, 즉 조직화의 특성을 갖는 담화가 존재한다고 말할 수 있다. 구술 문화 속에서는 말로 표현한 사고 내용을 기억해 두고 그것을 효과적으로 재현하는 일에 관심을 기울였으리라 예상할 수 있다. 이를 위해 내용을 잘 기억하여 바로 말할 수 있도록 상투적인 정형구를 자주 활용했다는 점은 주지하는 사실이다[월터 J. 옹 지음, 이기우 외 옮김(1995) 참고]. '옛날 옛날에' 식으로 시작하는 신화나 전설, 민담 등의 설화 - 이것은 그 용어 자체로 '이야기를 설(說)한다'는 구술성의 의미를 고스란히 담고 있다 - 에 정형구적인 표현이 자주 등장하는 것도 이 때문이다. 이러한 상투적인 정형구는 단순히 짧은 구절뿐만 아니라 이야기 한 편의 전체 구조를 살필 때도 그대로 적용될 수 있다. 우리는 러시아 민담 백 편의 구조를 분석해 그 유형을 형태와 기능 중심으로 분류한 뒤 민담의 공리(公理)를 제시한 블라디미르 프롭(V. Propp) 류의 민담 분석도 이러한 관점에서 이해하고자 한다.

76) 이와 같은 관점은 김현주(2003: 23)에서도 확인된다. 구어 투 편지나 창본(唱本) 등에 적용될 수 있는 기술 매체에서의 관념적 구술성은, 비록 이들이 글로 씌어 있더라도 그 내재적이고 근원적인 속성은 구술적인 작동 원리에 따라 이루어졌다고 볼 수 있다. 따라서 그러한 글 속에는 구술적인 흔적들이 내용과 형식 어느 측면에든지 남아 있다고 보는 것이다.

수용하여 소비하거나 활용할 때 묵독의 방식보다는 음독이나 구송 등 구술적인 방식을 선호했다는 점에 주목할 필요가 있다.[77] 이러한 향유 방식에 착안해서 본다면, 음독이나 구송을 좀 더 효과적이고 능률적으로 하기 위해서 텍스트 내 여러 정보들을 어떻게 배열할 것인가 하는 문제가 텍스트 생산과 산출 과정에서 중요하게 작용했으리라 짐작할 수 있다. 최적의 음독이나 구송을 위해 어떤 문장 구문이나 어휘를 선택할 것인지도 중요한 관심사가 되었으리라 추정할 수 있다. 아래에서 이러한 점들을 좀 더 구체적으로 살펴보자.

우리 고유의 말글살이에 관한 한, 훈민정음이 만들어지면서 본격적인 문자 기록 시대로 접어들었다고 할 수 있는 조선 초기는 국어 문체사에서 매우 중요한 의의가 있다. 한문 문장의 영향권 내에서 벗어날 수 없었던 그 이전 시대의 이두 문체나 구결 문체를 탈피하여 본격적인 국문체의 전통이 확립되는 때가 바로 이 시기이기 때문이다. 특히 문어적인 한문 문장의 영향 때문에 어떤 식으로든지 그 고유의 특질을 훼손당할 수밖에 없었던 일상적인 구어의 실체를 제대로 살릴 수 있는 토대가 이 시기에 마련되었던 점도 고려할 필요가 있다.

그런데 불경의 언해문으로 시작되는 우리 국문체의 전통, 나아가 서사 텍스트의 변천 과정을 이야기하기 위해서는 다음과 같은 몇 가지 사항에 유념할 필요가 있다. 우선 국문체에 관한 한 불완전하나마

---

77) W. Raible이 제시한 매체 층위별 분류표를 원용하면 책 읽기는 매체를 기준으로 하면 구술 매체에, 관념 층위를 기준으로 하면 관념적 기술성의 차원에 해당한다[Raible, Wolfgang.(1996: 20), Orality and Literacy: On their Medial and Conceptual Aspects, Orality Literacy and Modern Media(Scheunemann, D. ed.), Camden House.; 김현주(2003: 20)에서 재인용함]. 그러나 이전 시기 고소설이나 불ㆍ유경 등을 향유한 방식이 많은 경우 구송이나 암송 등이었던 점을 감안하면, 김현주(2003: 21)에서도 지적한 것처럼, 책읽기를 통해 운율감을 중시한 점을 고려해 '또 다른 구술성의 차원'에서 살필 필요가 있다. 우리는 그러한 '또 다른 구술성'의 차원을 상기한 유사구술성이라는 개념으로써 규명해 보고자 하는 것이다.

본격적인 의미의 기술성이 최초로 시작되었다는 점, 다음으로 훈민정음 창제 초기의 문헌들이 주로 '불교 경전'이라는 점, 마지막으로 이들의 생산 과정이 '언해', 즉 '국문 번역'을 거쳐 이루어졌다는 점 등이 그것이다. 이 세 가지 사항은 말이나 글의 발화나 진술 방식, 텍스트의 내용이나 성격에 따른 텍스트 유형, 그리고 텍스트 생산 과정의 실상을 보여 주면서 구체적인 언어 단서들의 특징을 규정하는 데 매우 중요한 척도이자 출발점이 된다.

이렇게 볼 때 우리는 훈민정음 창제 초기의 불교 관련 문헌들 속에서 구술적인 특질들을 어렵지 않게 발견할 수 있다.78) 매체를 기준으로 이들 문헌들을 분류하면 기술 텍스트이지만 향유와 수용의 차원에서는 관념적·실제적인 측면의 구술성을 기반으로 하고 있었을 가능성을 충분히 상정할 수 있기 때문이다. 이 밖에 불교 문화사적인 관점에서 불교 경전에 해당하는 문헌들이 대개 어떤 식으로 일반인들에게 향유되었겠는가 하는 점도 고려해 볼 수 있다. 불교 관련 문헌의 간행 목적이나 향유의 구체적인 국면들을 살펴보면 독경이나 독송이 매우 중요한 부분을 차지했다.79) 기술 텍스트인 불경이 구술적으로 향유된 사실을 고려하여 그 안에 담긴 구술성의 여러 요소들

---

78) 이런 관점에 서면 조선 초기는 구술성과 기술성이 혼재한 과도기로 이해될 수도 있다. 일반적인 문화사의 입장에서 구술 시대와 기술 시대의 역사적 전개 과정을 매체의 변화와 각 시대별 표현 수단의 변천 양상을 중심으로 살피고 있는 논의로 김현주(2003: 27~42), 월터 J. 옹 지음, 이기우 외 옮김(1995: 55~60) 등이 주목된다.

79) 문자를 향유하는(읽는) 방식을 기준으로 이야기하면 음독이나 묵독 등의 용어를 통해서도 이야기할 수 있겠다. 이렇게 보면 초기 한글 문헌의 묵독을 통한 향유 방식을 고려해 볼 만하다. 그런데 대개 묵독이 문자 문화나 인쇄 문화가 한참 보편화한 후의 사회에서 가능한 것이라는 식의 주장에 주목하면 이 시기의 한글 문헌 텍스트들이 본격적으로 묵독을 통해 향유되었다고 보기는 어려울 것이다. 그런 점에서 묵독을 고대 문명과 현대 문명의 분기점으로 보기도 하는 Paul Saenger 같은 이의 의견이 눈길을 끈다[Saenger, Paul.(1991: 198~214), The seperation of words and the physiology of reading, Literacy and Orality(D. R. Olson & N Torrance ed.), Cambridge Univ. Press.; 김현주(2003: 18)에서 재인용함].

을 따져 볼 수 있는 것이다.

사재동(1977: 96~8)에는 이전 시대의 불경·불서류가 어떤 계층에서 어떤 식으로 향유되었겠는지에 대한 논급이 개괄적으로 이루어져 있다. 한문 불경은 불교에 관심 가진 유생이나 학승 위주의 유식층을 중심으로 유전되었다. 그 반면에 국문으로 된 이 시기의 불서들은 추천 불사와 같은 대중 집회의 공간에서 활용될 목적으로 궁중에서부터 비롯되었다. 나아가 독경으로 업을 삼았던 각 사찰과 암자의 승려들은 물론 국왕의 영향권 하에 있었던 신불 유신(信佛儒臣)들이나 왕실과 양반가의 부녀자들이 국문 불서를 적극적으로 향유80)한 것으로 짐작되고 있다. 한편 독경이나 독송 등과 같은 텍스트의 구술적인 향유 방식은 여러 시기에 걸쳐 불서의 편찬이나 활용에서 중요한 비중을 차지했다.

가령 조선 초기 불경의 번역 과정을 살펴보면 주요 단계마다 텍스트의 구술성을 위한 단계별 대비책이 존재한다. 불경 관련 문헌의 첫 번째 번역 단계는 한문 원문에 구결을 정하는 일로부터 시작된다. 이어 좀 더 효율적이고 자연스러운 독경을 위해 현토한 한문 문장을 소리 내어 읽으면서 교정하는 과정을 거치게 된다. 이와 같은 과정에서 유창하고 자연스러운 구술이 교정의 중요한 기준으로 작용했을 것임을 어렵지 않게 짐작할 수 있다. 번역의 마지막 절차에서는 국문 번역과 교정 과정을 거친 최종 국문 번역본을 소리 내어 읽는다.81) <월

---

80) 사재동(1977: 97)을 보면 불서의 구체적인 향유 방식이 거론되어 있다. 대개 승려 단독으로 낭독을 하거나 승려 한 사람의 낭독을 여러 승려들이 둘러앉아 봉청(奉聽)하는 방식, 또는 일반 속가(俗家)의 부녀들이 상사(上寺)했을 때 이들에게 국문 불서를 유창하게 읽어 주거나 간혹 적절한 해설을 덧붙이기도 하는 방식 등이 있었다. 불교계 국문소설을 낭독, 감상하는 비교적 최근의 사례들도 확인할 수 있다[사재동(1977: 97)의 각주 211번 참고].

81) 세조 대의 <능엄경언해>에 대한 것이긴 하지만 한문 불경의 국문 번역 과정을 단계별로 살핀 뒤 그 결과

인석보>의 서문을 통해서도 알 수 있었던 것처럼 우리는 전경, 즉 독경이 문헌 간행을 완료한 후 텍스트를 활용하는 데 중요한 방식의 하나였다는 점을 확인하게 된다.

문체론적인 관점에서 구술성이나 기술성과 밀접하게 연관되는 것이 구체적인 이야기 배열의 양상이다. 구술성이나 기술성은 기본적으로는 관념의 층위에서 인식되는 개념이다. 말 혹은 글이라는 매체의 차이가 아니라 발화 행위의 관념적인 기반이 구체적으로 어디에 있느냐가 중요한 것이다. 그런데 이들을 이러한 관념적 태도나 자질로서가 아니라 이 글에서처럼 텍스트의 구체적인 소통 과정에서 확인되는 자질의 하나로 받아들이면 이야기 배열의 내용 측면보다는 형식적인 측면을 중시하지 않으면 안 된다. 대개 이야기 배열의 내용 측면에 대한 고찰은 문학 방면의 고소설 논의에서 많이 이루어진다. 그런데 이들 문학적인 논의가 이야기 내용 화소의 확인이나 그 의미 기능, 또는 이본들 간의 이야기 배열 순서의 대비 고찰 등에 초점이 맞추어져 있는 반면에, 이 글에서는 문장 분절이나 연결과 종결의 양상 등에 초점이 맞춰진다.[82] 한 텍스트 안의 여러 담화가, 종결되면서 다음 담화와 분리되거나, 연결되면서 다음 담화와 엮이게 되는 방식

를 중국에서의 범어 경전 한역 과정과 대비한 김영배(2002: 14~6)의 논의가 있다. 이 논의를 따라 〈능엄경언해〉 권10의 말미에 있는 세조의 어제 발문의 협주를 바탕으로 정리한 한문 불경의 국문 번역 과정을 단계별로 보면, '1. 상[세조]: 한문에 토를 담→2. 혜각존자: 토를 단 문장을 확인함→3. 정빈한씨 등: 토를 단 문장을 소리 내어 읽으면서 교정함→4. 한계희 · 김수온: 토를 단 문장을 들으며 번역하고 문장을 적음→5. 박건 · 윤필상 · 노사신 · 정호상: 번역된 문장을 상고함→6. 영순군 부: 예를 정함→7. 조변안 · 조지: 문장에 쓰인 한자에 국운을 적음→8. 신미 · 사지 · 학열 · 학조: 잘못된 번역을 고침→9. 상: 어람 →**10. 전언[종7품의 궁중 여관] 두대: 번역된 문장을 소리 내어 읽음**' 등의 과정을 거친다. 언해 주체들은 마지막 단계(밑줄 부분)를 고려하여 텍스트의 전체 구성이나 이야기의 배열, 문장 구문의 구체적인 형태 등 여러 층위의 차원에서 상당한 노력을 기울였을 것이다. 우리는 이때의 노력이 매끄럽고 자연스러운 구술을 위한 것임을 충분히 짐작할 수 있다.

82) 중요한 문체 요인 중의 하나로 간주되는 문장의 서술어 실현 양식을 문장의 종결과 연결 방식을 중심으로 고찰한 논의로 김미형(1996: 5)을 들 수 있다.

이나 구체적인 모습에 관심을 두는 것이다.

훈민정음 창제 초기의 국문 불서나 많은 고소설들에서 우리는 장문성으로 이해되기도 하는 긴 문장 구문들을 많이 발견하게 된다. 이러한 구문들은 문장 이상의 언어 단위 차원에 관련되는 담화(구조체)나 담화 화제, 담화 주제 등과의 친연성이 강하다. 따라서 실제 논의 과정에서도 텍스트 언어학이나 담화 이론적인 개념들을 통해 분석하는 것이 여러모로 유리하다.[83] 이러한 방식으로 분석된 결과물 중에서 문체론적인 관점에서 재해석할 수 있는 부분이 문장 연결이나 종결의 양상이다. 이들 요소가 결국 텍스트의 외재적인 형식이나 구조의 특징을 나타낼 뿐만 아니라, 시기를 달리하는 각 텍스트 유형의 비교 분석을 통해 시대별로 구별되는 문체 특징까지도 언급할 수 있게 해 주기 때문이다. 이 글에서 많은 관심을 기울이는 문장 길이의 문제나 시점 변환에 따른 서술 방식의 구체상도 이러한 점에 입각하여 살피는 것이 좋다.

---

83) 정은균(2002)에서 장문 구성 속에 한 편의 짧은 이야기나 삽화, 담화 주제를 담고 있는 문장을 '담화성 구문'이라는 명칭으로 부르고, 이러한 담화성 구문의 문장 분절이나 텍스트 유형과의 상관관계, 중세국어 장문 구성의 성격을 확정하기 위한 몇 가지 원칙 등을 세워 보았다. 이하 이 글에서는 정은균(2002)의 '담화성 구문'을 원용하되 개념을 좀 더 명확히 전달하자는 차원에서 '담화 구조체'로 바꾸어 지칭한다.

3

언해류 서사체 유형의 문체 분석

3.1. 문체 요소

3.1.1. 이야기 배열

서사체 연구에서 이야기 배열과 관련한 문제는 텍스트의 내용, 주제, 의미 구조를 파악하는 데 한 단서로 활용될 수 있다. 특히 단일 텍스트 내 여러 가지 크고 작은 이야기들이 어떻게 배열되어 있는가 하는 문제는 서사적 인과율을 드러내는 징표로서 텍스트 산출자가 텍스트를 통해 드러내고자 하는 작용 의도를 해석하는 데 중요한 근거가 된다. 서사적인 인과율은 결국 텍스트 내의 크고 작은 여러 가지 사건들이 차지하는 서사적인 비중을 해석하게 하는 데 중요하기 때문이다. 그런데 서사체의 내용 구조 면에서 큰 차이가 없는 선후 텍스트가 이야기 배열에서 차이가 드러날 경우, 우리는 그것을 단지 서사적 인과율을 드러내는 징표로서 뿐만이 아니라 일정한 문체적 효과를 드러내는 요소로도 활용할 수 있다.

예컨대 매우 치밀한 인과율에 따른 이야기 배열과 그렇지 않은 이야기 배열은 구체적인 문장 구문 양상, 그러한 구문 내 서술 방식의 차이를 야기한다는 점에서 분명히 구별해서 볼 필요가 있다. 전자는 특정 배경 속의 인물들과 이들이 얽혀든 사건들의 전후 맥락을 강조하는 한편으로 선후 사건들 간의 계기성을 드러내야 하기 때문에 사건 서술에 치중한 문장 구문으로 실현될 가능성이 높다. 반면에 후자는 상대적으로 인과적인 계기율로부터 자유롭기 때문에 서사 전개와 관련하여 최소의 이야기 핵을 중심으로 하면서 관련되는 상황이나 대상 등에 대한 장면 서술이 좀 더 우세하게 나타날 것이다.

이렇게 이야기 배열 여하에 따라 상이한 서술 양상을 보일 것으로 예상되는 문장 구문의 차이는 거시적인 관점에서 다음과 같은 몇 가지 의의를 갖는다. 먼저 하나의 이야기를 배열하는 특정한 방식을 파악함으로써 특정 시기나 시대의 서사 관습에 대한 이해의 단서를 확보할 수 있다. 시대 조건적인 문체 요소들은 텍스트 생산자나 설화자가 내보이는 개인적인 취향이나 이에 따른 문체 의도에 따라서가 아니라 당해 시대에 통용되는 일반적인 표현 방식들에 근거해 결정되는 경우가 많다. 그러한 일반적인 표현 방식들 중의 하나로 이야기 배열 양상을 분석할 수 있는 것이다.

다음으로 텍스트 유형에 따른 서사 전개나 구성 방식을 파악하는 데도 이야기 배열 양상이 중요한 단서로 작용할 가능성이 많다. 우리가 관심을 갖는 대상 자료들은 부처의 일대기를 중심으로 짜이는 불경적 성격의 텍스트들이다. 따라서 크게 보아 서사체 유형의 범주에 포함될 수 있다는 점에서 서로 공통적이지만 실제 이야기 배열에서는 미묘한 차이가 없지 않다. 마지막으로 이야기 배열 양상은 구체적인 서술 종류나 서술 방식을 결정한다는 점에서도 중요하다. 문체 형식으로도 불리기도 하는 서술 종류 혹은 서술 방식은 서사 대상이나 요소에 따라 통일적인 표현 형식으로 고정화하면서 한 편의 담화나 이야기의 통일성을 드러내는 중요한 징표로 활용될 수 있기 때문이다. 이야기 재현의 구체적인 방식과 관련되는 시점이나 화법 등을 파악하는 데도 이야기 배열 양상이 기본적인 실마리로 작용하는 경우가 많다.

수사학적이거나 문체론적인 관점에서 한 텍스트 내 제반 정보를 배열하는 일은 최소의 정보들이 '문장→텍스트' 층위로 확대되면서 더 큰 정보 묶음으로 통합하는 과정과 관련된다. 이때 층위를 달리하면서 묶이는 정보들은 텍스트 유형이나 관련되는 이야기 정보의 성격 여하에 따라 능동적이거나 적극적인 텍스트 생산자의 의도에 준해 배열되기도 하고 당대의 관습적인 텍스트 생산 규범에 의거해 배열되기도 한다. 우리가 그러한 배열의 결과물을 문체론적으로 해석할 때, 전자와 관련해서는 텍스트 생산자의 조작 의도와 효과 측면에, 후자와 관련해서는 당대 규범을 구성하는 구체적인 언어적 단서의 측면에 주목할 필요가 있다.

(1) 이야기의 서사 구조

이제 이러한 점들을 염두에 두면서 언해류 서사체 유형에 속하는 첫 번째 텍스트인 <월인석보> 권8의 '안락국태자전'부터 보기로 하

자. 주지하다시피 '안락국태자전'은, 미타삼존(彌陀三尊)의 본생담으로서 '사라수대왕(沙羅樹大王: 阿彌陀佛)'과 '원앙부인(鴛鴦夫人: 觀世音菩薩)', '안락국태자(安樂國太子: 大勢至菩薩)' 등이 주요 인물로 등장한다. 역사적인 전승 계통의 측면에서 보면 '정토경(淨土經)', '관무량수경(觀無量壽經)', '안락국태자경(安樂國太子經)'[84] 등의 부류에 포함되는 서사물이다. 따라서 '안락국태자전'은 넓은 의미의 본생 불전 부류와 관련을 맺고 있는 텍스트로 볼 수 있다. 이런 관점에 서면 '안락국태자전'은 대개 일대기 형식으로 형상화하는 석가모니 부처의 다양한 전생담 중 하나로, <석가여래십지수행기>의 제일지(第一地)에서 제십지(第十地)로 실려 전하는 여러 서사체와 그 궤를 같이한다. 그런데 '안락국태자전'은 본격적인 의미의 불경 본생담과는 그 구조 면에서 약간의 차이점을 보여 준다. 대개 불경이 육성취(六成就)[85]를 갖춘 설법 현장의 상황을 보여 주는 서분(序分)과 텍스트의 주요 서사를 보여 주는 본체격의 정종분(正宗分), 마지막으로 정종분에서 그린 서사를 설법 현장에 있는 불보살 등과 결부시키는 결분(結分) 등으로 구성[86][87]되어 있음에 반해, 이 '안락국태자전'은 서분이 결락하고 정종

---

84) '안락국태자경'에 대한 기본적인 정보는 주로 사재동(1988)에서 가져왔다.

85) 불경의 첫머리에 필수적으로 놓이는 여섯 가지의 형식적인 요건으로서, 석가세존의 가르침이 틀림없다는 것을 확인하는 '신성취(信成就)[여시(如是)]', 내가 직접 들었다는 의미의 '문성취(聞成就)[아문(我聞)]', 설법의 때를 명시하는 '시성취(時成就)[일시(一時)]', 설법을 한 이가 부처였다는 '주성취(主成就)[불(佛)]', 설법 장소를 밝히는 '처성취(處成就)[재사위국(在四衛國)]', 어떤 사람(대중)이 들었는가를 밝히는 '중성취(衆成就)[여대비구(與大比丘)]' 등이 그것이다.

86) 이를 좀 더 구체적으로 살펴보자. 서분은 석가모니 부처가 어떤 인연으로 과거세의 일을 이야기하게 되었는가 하는 유래를 현재세의 제자들에게 이야기하는 도입 부분이다. 정종분은 현재세의 일이 연유한 과거세의 유래를 설하고 그 과거세의 본생 이야기를 다루는 본체에 해당한다. 결분은 과거세의 이야기를 현재세의 인물과 결부하여 그 인과 관계를 밝히는 종결 부분이다. 박병동(2003: 76) 참고.

87) 사재동(1988: 134)에서는 정종분의 앞뒤에 붙어 있는 서분과 결분처럼 텍스트 전후에 액자가 결부되어 그 본체부를 완벽하게 감싸고 있는 액자를 폐쇄 액자로, 전후 액자 중의 어느 하나가 생략되어 한쪽에만 붙어 있는 액자를 개방 액자로 보고 있다. 마지막으로 전후 액자가 모두 생략되어 본체부만 존재하는 완전 탈락 형태도 있다.

분과 결분으로만 구성되어 있는 것이다. 이렇게 서분이 결락한 사실은 그 자체로 '안락국태자전'이라는 텍스트의 구조적인 특징을 보여주는 것으로 해석할 수 있다.

우리는 여기에서 한 걸음 더 나아가 이 서분이 결락한 사실을, '안락국태자전'이 후대에 고전소설로 독립적으로 존재하게 되는 데 작용한 주요 단서로 활용하고자 한다. '서분-정종분-결분'으로 짜이는 불경의 본생담 구조는 흔히 액자 구성에 대비되어 이해되는 경우가 많다. 이러한 사실에 따르면 서분과 결분은 외부 액자에 해당하면서 전체 불경을 관통하는 석가 일대기라는 상위 서사의 축에 자연스럽게 연결시킬 수 있는 근거를 마련해 주는 요소가 된다. 따라서 서분과 결분으로 둘러싸여 있는 정종분의 서사도, 비록 그것이 상이한 시공간 속에서 상이한 인물들이 벌이는 사건들로 구성되어 있다고 하더라도 자연스럽게 상위 서사의 한 요소로 종속될 수 있게 되는 것이다. 그런데 이 '안락국태자전'은 서분이 떨어져 나간 불완전한 액자 형태를 취하게 됨으로써 상위 서사와의 연관성이 상대적으로 약화한 측면이 생기게 된 것이다. 이는 곧 '안락국태자전'이 상위 서사 문맥의 영향을 크게 받지 않고 독립적인 텍스트 형태로 존립할 수 있게 된 중요한 근거가 되었으리라는 추정을 가능하게 한다. 이러한 추정은 이 글에서 언해류 서사체 유형에 속하는 여타 텍스트들인 '선우태자전'이나 '목련전'과의 대비를 통해서도 뒷받침된다.

'선우태자전'은 후대에 '적성의전'에 이야기 뼈대를 제공하면서 이들과 역사적인 계기 관계를 맺는다. 이런 사실에서 보면 '선우태자전'은 '안락국태자전'과 비슷하다고 할 수 있다. 그러나 이것은 어디까지나 양자가 서사 텍스트에 해당한다는 거시적인 텍스트 유형의 차원에 국한했을 때의 이야기다. 대비되는 두 텍스트의 표제나 인물 구성, 서사 전개의 구체적인 국면을 놓고 보면 '안락국태자전'에 비해 그 직접적인 연관성이 떨어진다고 할 수 있다. 이는 달리 말하면 애초부터 '선우태자전'은 '안락국태자전'과 달리 그 자체로 독립적인 텍스트로 분리될 가능성이 낮다는 것을 의미한다. 예컨대 '선우태자전'의 후대 계승물이라고 할 수 있는 '적성의전'은 몇몇 핵심적인 화소를 제외하면 시공간 배경이나 인물명, 인물 간 갈등 관계, 서사 전개의 구체적인 국면 등이 '선우태자전'과는 사뭇 다른 양상을 보여 '새롭게 만들어진' 텍스트라는 느낌을 강하게 자아내고 있기 때문이다.

이러한 사실은, '안락국태자전'이 미타 삼존의 본생담을 그림으로써 불경의 실질적인 주인공이라고 할 수 있는 석가모니에 대한 일대기 구조의 자장권으로부터 쉽게 벗어날 수 있었던 반면에, 석가모니 부처의 본생담 중 제육지(第六地)에 해당하면서 그 과거세의 일을 그리고 있는 '선우태자전'은 그 자체가 단독적으로 분리, 계승되면서 발전하는 데 적지 않은 난점으로 작용했을 가능성을 암시한다. 상위 서사인 석가모니 부처의 일대기 속에 종속됨으로써 온전한 의미의 본생담으로 존재하는 '선우태자전'의 구조가 완벽한 폐쇄 액자 구조를 취하고 있는 사실도 이런 관점에서 해석할 수 있을 것이다.[88]

---

88) 〈월인석보〉 권22에 실린 해당 부분을 통해 보면, 도입 액자["그쁴 阿難이 모든 疑心을 보고 座애셔 니러 올흔 엇게 메밧고 올흔 무룹쑤러 合掌ᄒᆞ야 슬ᄫᅥ디 世尊하 디나건 뉘옛 이리 엇더ᄒᆞ니잇고 부톄 니라샤디 디나건 뉘예 無量千歲예 ᄒᆞᆫ 나라히 일후미 波羅㮈러니"〈월석22: 22ㄱ~22ㄴ〉], 종결 액자["그쁴 東方ᄋᆞ로셔 大風이 니러나 雲霧를 부러ᄇᆞ리니 虛空이 ᄆᆞᆺᄀᆞ지 조코 閻浮提옛 더러본 거시 다 조차 업거늘 구 威德으로 閻浮提예 골오 自然粳米룰 비호디 무루피 티고 싸히고 버거 됴ᄒᆞᆫ 옷과 구슬와 골회와 놋쇠와 곳과룰 비코 버거 金銀七寶와 여러 가짓 풍류룰 비ᄒᆞ니 모도아 니르건댄 一切 衆生ᄋᆡ 즐기ᄂᆞᆫ 것 足게 주미 그 이리 이러ᄒᆞ니라. 菩薩이 大慈悲 닷가 檀波羅蜜行ᄒᆞ야 衆生ᄋᆡ게 一切 즐기ᄂᆞᆫ 것 足게 주미 그 이리 이러ᄒᆞ니라. 부톄 阿難이ᄃᆞ려 니ᄅᆞ샤디 그쁴 波羅㮈大王이 이젯 내 아바님 閱頭檀이시고 그쁏 어마니몬 이젯 내 어마님 摩耶夫人이시고 그쁏 惡友太子ᄂᆞᆫ 이젯 提婆達多ㅣ오 그쁏 善友太子ᄂᆞᆫ 이젯 내 모미라 阿難아 提婆達多ㅣ 디나건 상녜 모딘 ᄆᆞᅀᆞᆷ 머거 나ᄅᆞᆯ 헐어든 내 忍辱力으로 샹녜 어엿비 너겨 恩惠룰 펴거리 치다니 ᄒᆞᄆᆞᆯ며 이제 부터 두외옛ᄂᆞᆫ 저긔ᄯᅱ녀 부톄 이 法 니르실쩌긔 無量百千 사ᄅᆞ미 須陁洹

반면에 '목련전'은 같은 언해류 서사체 유형에 포함되면서도 앞서 언급한 '선우태자전'과는 또 다른 모습을 우리에게 보여 준다. 주지하다시피 '목련전'은 후대에 '나복전'이라는 독립적인 이야기 형태로 계승된다. 그런데 이 '나복전'은 <팔상록>이라는 상위 텍스트의 부분 요소로 끼어들어 있는 식으로 존재하고 있다. <팔상록>이 석가모니 부처의 일대기를 여덟 단계로 나눠 서사하고 있다는 점과 관련해서 보면 그 사이에 하위 텍스트 요소로 끼어들어 있는 '나복전'은 <팔상록>의 주요 서사와는 거리가 먼 독립적인 이야기 단편으로 볼 수 있는 것이다. '목련전'은 석가모니 부처의 십대 제자 중 하나인 '목련존자'에 관한 이야기인바, 그 서사적인 뼈대는 이미 고려 시대에 변문의 하나로 유통된 '목련경' 혹은 '우란분경'에 기대고 있다. 그런 점에서 이 '목련전'은 일찍이 독립적인 텍스트 형태로 분리될 가능성을 강하게 갖고 있는 텍스트라고 할 수 있다. 그리고 이러한 사실은 '목련전'이 <월인석보> 권23에서 개방적인 액자 구조 형태로 존재[89] 하게 된 역사적인 근거로 작용한 것처럼 보인다.

그럼에도 우리는 이들 언해류 서사체 유형 텍스트가 그 상위 텍스트인 <석보상절>이나 <월인석보> 전체의 부처 일대기 형식이라는

果를 得ᄒᆞ며 阿羅漢果애 니를오 ᄯᅩ 無量百千 사ᄅᆞ미 阿耨多羅三藐三菩提心을 發ᄒᆞ고 無量 百千 衆生이 聲聞辟支佛心 發ᄒᆞ며 니르니라."⟨월석22: 67ㄱ~69ㄴ⟩] 등이 확인된다.

89) ⟨월인석보⟩ 권23을 보면 '목련전'에 해당하는 부분은 전형적인 불경 본생담의 발단부와는 달리 도입 액자 없이 주요 인물의 하나인 '부상장자'에 관한 인물 정보를 제시하는 구문["네 王舍城의 흔 長者ㅣ 이쇼ᄃᆞ 일후미 傅相이러니 그 지비 하 가ᅀᆞ며러 약대와 라귀와 象과 ᄆᆞᆯ왜 뫼히며 드르헤 차 ᄀᆞᆨᄒᆞ고 錦과 비단과 노와 깁과 眞珠ㅣ 庫애 ᄀᆞᆨᄒᆞ고 長利 노호미 數 모ᄅᆞ리러라"⟨월석23: 72ㄱ~72ㄴ⟩]으로 시작되고 있어 '안락국태자전'과 흡사한 모습을 취하고 있다. 종결부 또한 과거세 이야기 속의 인물과 현재세를 결부해 인과 관계를 밝히는 식으로 끝나지 않고 '목련'과 그 모친에 관한 현재세의 이야기만으로 구성["目連이 즉재 부 말 듣ᄌᆞᄫᅡ 버믈님과 잣가지를 사 盂蘭盆齋를 ᄒᆞ니 어미 가히 모물 여희여놀 目連이 어미를 부 알ᄑᆡ 드려다가 五百戒를 뜻ᄒᆞ웁게 ᄒᆞ야 願ᄒᆞᆫ둔 어마니미 邪心을 ᄇᆞ리고 正道애 가쇼셔 ᄒᆞ니 天母ㅣ ᄂᆞ려와 마자 어미 忉利天宮에 나 快樂을 뜻ᄒᆞ더라○"⟨월석23: 91ㄴ⟩]되어 있어 불경 본생담의 결분 양식과는 차이를 드러내고 있다. 이는 '목련전'이 '안락국태자전'보다 좀 더 완벽하게 개방 액자 형태를 취하고 있음을 보여 주는 사실이다.

구조상 특징과 일정한 연관 관계를 맺고 있음에 주목하지 않으면 안 된다. 일대기 형식은 다양한 텍스트 구성 방식 중에서도 가장 전형적으로 서사 유형에 포함되는 구조 형식이다. 모든 서사의 원형은 본질적으로 시간 순서에 따른 사건 연쇄를 기반으로 하게 마련이다. 그중에서도 일대기 형식은 한 인물의 '출생-성장과 생애-죽음'이라는 국면 연쇄가 텍스트의 도입부에서 본체부를 지나 종결부에 이르는 과정 속에서 가장 명시적으로 드러나는 구조 형식이라고 할 수 있다.[90]

이때 우리는 도입부와 본체부, 종결부 등 각 국면의 구체적인 서사 내용을 좀 더 구체적으로 상정해 볼 수 있다. 도입부에서 드러나는 '출생'과 관련해서는 주인공 인물의 가계나 혈통, 시공간적인 배경, 주인공의 인물됨을 암시하는 태몽이나 출산 등에서의 이적담 등 여러 서사적인 요소를 포함할 수 있을 것이다. 본체부의 '성장과 생애' 대목에서는 성장의 구체적인 과정이나 주요 서사축에서 주가 되는 인물들 간 대립과 갈등 관계를 통해 전개되는 구체적인 생의 국면이 드러난다. 주인공 인물의 비범성을 드러내는 일화들, 고난과 시련, 능력 발휘나 조력자의 구원 등을 통한 고난 극복 등이 여기에 해당한다. 종결부에는 인물의 후일담이 서사체가 담고 있는 주제와의 상관성 속에서 표현되거나 작자 근친적인 설화자의 논평이나 주관적인 해석 내용 등이 포함될 수 있을 것이다.

이들 서사 내용은 출현하는 각 국면 여하에 따라 정형화한 형식으로 드러나는 경우가 많다. 앞서 살핀 바와 관련해서 이야기하면, 이와

---

90) 정주동(1961: 181)은 일대기 형식이 소설의 가장 기본적인 순차 구조를 의미한다고 보면서 이를 '동적 구조'로 재규정한 후 그 기본적인 서사 구조로 '출생-성장-비운-역경-회운-행운(결말)'의 단계를 설정하고 있다.

같은 정형화한 형식은 텍스트 생산자의 독특한 의도나 취향을 반영하기보다는 당대의 시대 조건적인 서사 관습을 드러내는 것으로 파악하는 것이 온당할 것이다. 나아가 이러한 서사 관습이 당대 텍스트 수용자들이 어떻게 텍스트를 향유했는가 하는 점을 파악하는 데에도 중요한 단서로 작용할 것임은 분명하다.[91] 그런데 이러한 고정적인 형식은 모든 텍스트에서 일률적으로 드러나지 않는다. 특히 언해류 서사체 유형은 상위 텍스트의 한 구성 요소로서의 하위 텍스트로 존재하기 때문에 전형적인 일대기 구조의 이야기 배열 양상과는 사뭇 다르게 드러날 가능성이 높다. 그 순서나 방식 면에서 많은 차이가 있는 것이다. '안락국태자전'의 주요 서사가 부처 자신이 아니라 미타삼존의 본생담을 중심으로 엮이고 있는 점 또한 그러한 차이를 드러내는 요인의 하나일 것이다.

아래에 언해류 서사체 유형의 서사 내용을 '월인부'를 토대로 정리하여 (1)~(3)에 '이야기 순서'라는 항목으로 제시한다. 먼저 '안락국태자전'부터 보자.

(1) '안락국태자전'의 이야기 순서
　ㄱ. '광유성인'이 '임정사'에서 교화하고 '사라수왕'이 사백국을 거느림.
　ㄴ. '승열바라문'이 '범마라국' 왕궁을 방문하자 '원앙부인'이 齋米를 바침.
　ㄷ. '바라문'이 채녀를 청하여 왕이 기쁘게 팔채녀를 보냄.
　ㄹ. 팔채녀가 삼 년간 물 긷는 공덕을 쌓아 무상도에 이름.
　ㅁ. '바라문'이 왕궁을 다시 방문하자 '원앙부인'이 재미를 바침.
　ㅂ. '바라문'이 왕을 배알하여 유나 삼기를 요청하자 왕이 기뻐함.

---

91) 우리는 이러한 이야기 배열 양상을 통해 드러나는 제반 특징을 문체적인 효과의 측면에서 살피되 그 입각점을 구술성과 같은 언어적 발화의 본질적인 특성에 둘 것이다.

ㅅ. 왕이 이별을 슬퍼하자 '원앙부인'이 왕과 함께 가기를 청함.

ㅇ. '죽림국'에서 부인이 노독으로 움직이지 못하여 자신의 몸을 팔자고 함.

ㅈ. '원앙부인'이 자신을 판 돈을 '광유성인'에게 바치라고 하면서 통곡함.

ㅊ. 일행이 '자현장자' 집에 가서 '원앙부인'이 자신을 여종으로 팖.

ㅋ. 부인이 자신과 태중 아기에 대해 각각 금 이천 근을 부름.

ㅌ. 금 사천 근을 받고 이튿날 문을 나서며 슬퍼함.

ㅍ. 부인이 기약 없는 만남을 슬퍼하며 왕생게를 가르쳐 줌.

ㅎ. 왕생게를 외우면 배고픔이 없어지고 고픈 배도 배부르게 된다고 말함.

a. 부인이 태어날 아기의 작명을 요청함.

b. 왕이 아들은 '안락국'으로, 딸은 '효양'으로 지으라고 함.

c. 왕 부부가 슬프게 이별한 후 왕이 '임정사'에 와 기쁘게 물 긷는 일을 함.

d. 금관자를 메고 물을 길으며 왕생게를 외움.

e. '안락국'이 태어나 일곱 살이 되던 해 그 모친에게 부친을 묻자 가르쳐 줌.

f. '안락국'이 도망하여 큰 물을 건넌 후 '범마라국'에 이름.

g. '안락국'이 팔채녀를 통해 부친을 만나 기뻐 통곡함.

h. 왕이 왕생게를 외우는 '안락국'을 껴안음.

i. 왕이 '안락국'에게 '원앙부인'의 근황을 알려 줌.

j. '안락국'과 이별하면서 왕이 노래를 부름.

k. 삽입 가사를 통한 재회 암시

l. '안락국'이 돌아오는 길에 소 치는 아이를 만나 자신에 관한 노래를 들음.

m. '자현장자'가 부인을 죽일 때 부인이 비통한 노래를 부름.

n. 나무 아래 던져진 세 도막 난 부인의 몸을 '안락국'이 모시고 가 서방에 합장함.

o. 극락세계에서 용선이 내려와 제대보살과 함께 사자좌에 오름.

p. '광유성인' 이하 인물들에 관한 후일담.

(1)은 크게 '사라수왕' 부부가 중심인물로 나오는 전반부(1ㄱ~d)와 '안락국'이 중심인물로 파악되는 후반부(1e~p)로 나누어 볼 수 있다.

전반부에는 '사라수왕'이 '범마라국'에 와서 수행 공덕하기까지의 과정, 그러한 과정 속에서 '원앙부인'이 '자현장자'에게 팔리게 되는 고행의 이야기가 실려 있다. 후반부는 '안락국'이 부친 '사라수왕'을 찾아 길을 떠나는 전형적인 '아버지 찾기' 모티프를 중심으로 하면서 극락왕생의 과정과 인물들에 관한 후일담으로 구성되어 있다.92) 앞서 우리가 표제로 상정한 '안락국태자전'이라는 명칭을 고려하면 이러한 내용 구성은 전형적으로 일대기 구성 방식을 취하는 '전' 갈래의 기본 형식93)과는 동떨어진 형식으로 보인다. 왜냐하면 전·후반부에서 각기 달리 파악되는 주요 인물이나 이들 인물이 전체 구조 속에서 차지하는 서사적인 비중 등을 고려할 때, 상기한 것처럼 한 인물에 관한 일대기 형식이 내보이는 '출생–성장과 생애–죽음'이라는 기본 서사 축과는 사뭇 다른 모습을 드러내고 있는 것처럼 보이기 때문이다. 우리는 이러한 현상의 이유를 우선 '일대기 속의 일대기'라는 텍스트 자체의 존재 양상에서 찾아볼 수 있다. 이때 뒤에서 포함되는 일대기는 앞에서 포함하는 일대기와 내적인 이야기 흐름에 따라 자연스럽게 연결94)되는 것이 불경 서사체의 일반적인 특징이다.

---

92) 신지연(2000: 158)에서는 '안락국전'을 공간적 배경 변화에 따라 〈출발지('서천국', '사라수왕')→경유지('죽림국', '자현장자')→목적지('범마라국', '광유성인')〉 등으로 전체 구조를 분석하였다. 이를 바탕으로 주인공들의 이동에 따라 나눠지는 장면을 기준 삼아 전체 구조를 '기–승–전–결'의 네 부분으로 나누었는데, 이들은 각각 '길을 떠나게 된 배경–부부의 이별–부자의 상봉–대단원' 등에 해당한다.

93) 이동근(2003: 2, 4~6)을 참고하면 전 양식은 구조 면에서 '서두부–전개부–결말부–평결부'로 구성되어 있어 정형성이라는 구성상의 특징을 보인다고도 볼 수 있다. 그 밖에 전 양식은 창작 의식, 시점, 대상, 기술 방법, 문학적 기능 면에서 각각 기록성, 복수 시점, 단일 인물, 설명과 논증 위주, 교훈성 위주 등의 특징을 보이고 있는 점 등을 참고할 만하다.

94) 이와 관련하여 석가모니 부처의 여러 본생담들이 액자 형태를 취하고 있되, 종결부에 해당하는 결분을 통해 서분이 시작되기에 앞서 일시적으로 정지한 이야기와 자연스럽게 연결되는 모습을 고려할 필요가 있다. 이들은 상위 일대기에 해당하는 본문에서 하위 일대기 도입부로 넘어가는 대목에서 설화자의 시점이나 태도가 어떤 식으로 변하는가 하는 문제와 관련하여 서술상의 문체적인 특징을 보여 주는 중요한 표지가 될 수 있다.

주지하다시피 '안락국태자전'이 실려 있는 <월인석보> 소재의 많은 이야기들은 석가모니 부처의 여러 가지 전생의 삶을 일대기 구조 속에 형상화한 것으로 본생 불전에 해당하는 경우가 많다. 이에 따라 '안락국태자전'과 같이 하위 텍스트 부류로 분류되는 텍스트는 석가모니 부처의 전 생애를 주요 서사축으로 하는 상위 텍스트의 하위 구성 요소로 작용하는 경우가 대부분이다. 그리고 이를 통해 현생의 석가모니 부처가 전생에 어떤 생을 살았으며, 이로부터 파악되는 석가모니 부처의 인물됨이 어떠한가를 알려 주는 데 중요한 단서로 작용하는 것이다. 이러한 점을 고려하면 '일대기 속의 일대기'는 현생 석가모니 부처의 인물됨을 드러내는 주요 사건 국면을 중심으로 짜일 수밖에 없게 된다. '안락국'이라는 특정 인물의 전 생애를 선조적인 관점에서 처음부터 끝까지 모두 보여 주는 것이 아니라 출생 이전의 배경적인 사실과 출생 이후 생애의 주요 국면을 중심으로 이야기가 배열되는 이유가 바로 여기에 있다.

상기한 이야기 순서가 '석상부'의 실제 서술 국면에서 어떻게 배열되어 있는가를 서술 지문의 주요 문장 종결형과 담화의 전환을 중심으로 정리하여95) 다음 <표 1>에 제시한다.96)

---

95) 담화의 전환은, 하나의 담화 화제를 중심으로 하면서 여기에 내적으로 통합하는 여러 화제들의 연결 관계를 고려하여 파악하였다. 또한 담화를 구성하는 여러 하위 화제는 행위 참여자(인물)나 시공간 배경의 변화 등을 기준으로 구별하였다.

96) 문장 종결형을 중심으로 나눌 때 서술 지문 중간에 다수 포함되는 인물들의 대화 부분을 어떻게 처리할 것인가 하는 문제가 제기될 수 있다. 특히 '후고, 후니' 등의 인용 동사가 출현하지 않고 인물들 간에 대화가 계속 이어지는 대목을 어떻게 처리할지가 문제될 수 있다. 이 글에서는 '후고, 후니' 등으로 계속 이어지는 구문 중간의 대화 부분을 포함하여 이들이 출현하지 않는 대목의 대화 또한 하나의 담화 구조체에 포함되는 것으로 처리하기로 한다(뒤의 각주 104번을 참고할 것). 반면 문장을 변별하고자 할 때는, 한 인물의 대화가 인용 동사로 휘갑되지 않은 채 마무리되고 다른 장면으로 바뀌면서 서술 지문이 시작될 때라도, 휘갑될 부분에 종결어미가 생략되어 있다고 보고 인용된 인물의 대화 부분에서 하나의 문장을 확인하는 식으로 처리하였다.

<표 1> '안락국태자전'의 담화·문장 구조

담화(문장)	문장 종결	화 제
D1(S1)	'혜리러라'	인물 소개
D2(S2~S5)	'아니ᄒᆞ더라'	'사라수왕'의 선심, 팔채녀의 공덕 수행
D3(S6~S25)	'받자ᄫᆞ니라'	'승열바라문비구'의 재방문, '사라수왕'의 길 떠남, '원앙부인'이 '자현장자'에게 종으로 팔림
D4(S26~S31)	'외오더시다'	'원앙부인'의 왕생게 전수, 태중 아기의 작명, '사라수왕' 부부의 작별, '사라수왕'의 공덕 수행
D5(S32)	'ᄒᆞ더라'	'원앙부인'의 출산, '자현장자'의 예언
D6(S33~S40)	'ᄇᆞᄅ니라'	'안락국'의 일차 도망, 고초
D7(S41)	'짜히러라'	'안락국'의 이차 도망, '범마라국' 도착
D8(S42)	'ᄒᆞ더라'	'안락국'이 게송 소리에 기뻐함
D9(S43~S53)	'가니라'	'안락국'의 부친 상봉, 모친 구원과 극락왕생
D10(S54)	'羅漢이시니라'	인물 후일담(1)
D11(S55)	'잇ᄂᆞ니라'	인물 후일담(2)

(2)를 보면 '월인부' 내 각 곡의 핵심적인 서사 내용이 그대로 '석상부'에 드러나 있다. 그런데 '월인부'에서는 그 내용을 찾을 수 없는 대목이 몇 군데 있다. D5와 D8이 그것이다. D5에 해당하는 '석상부'는 '안락국태자전' 전체 이야기의 본체부 중 전반부가 종결되는 대목 직후에 해당한다. 본체부의 전반부에서는 '원앙부인'이 '자현장자'에게 여종으로 팔리는 수난의 이야기, 그리고 '사라수대왕'이 '원앙부인'이 가르쳐 준 왕생게를 외우면서 부지런히 물 긷는 공덕을 쌓는 이야기 등이 주요 담화 화제로 그려져 있다. 따라서 이 전반부가, '안락국'이 주요 인물로 그려지는 본체부의 후반부에 자연스럽게 이어질 수 있도록 하는 서사적인 연결 장치가 필요하다. 이를 위해 텍스트 생산자는 '안락국'에 대한 '자현장자'의 인식 태도를 단독적인 문장 구문97) 속에 그려 놓게 된 것으로 보인다. 결국 D5는 전·후반부

사이의 서사적인 인과율을 비교적 명시적으로 드러냄으로써 이야기 자체의 논리를 충실하게 살리겠다는 설화자의 의도 차원에서 이해된다.

D8 또한 이와 같은 맥락의 차원에서 이해될 수 있다. D8 직전의 내용은 '안락국'이 부왕인 '사라수대왕'을 찾아 도망쳤다가 '자현장자'의 종에게 잡혀와 고초를 겪은 후 재차 도망하여 죽림국과 범마라국을 가르고 있는 강을 건너 범마라국에 도달하는 대목에 해당한다. '안락국'이 범마라국에 도착한 후에 일어나는 일련의 사건들 중 핵심은 '안락국'이 그 부친 '사라수대왕'과 상봉하는 장면일 텐데, 설화자는 '안락국'이 대숲에서 나는 신이한 염불 소리를 듣고 기뻐하게 함으로써 긍정적인 사건 전개의 전조로서 그 장면을 암시하고 있다.[98]

(1)과 <표 1>을 중심으로 '안락국태자전'의 핵심적인 사건 국면을 주요 인물과 서사 내용에 따라 전·후반부로 나누어 표로 제시하면 다음과 같다.

〈표 2〉 '안락국태자전'의 서사 구조

구분	주요 인물	서사 내용
전반부(D1~D4)	'사라수왕' 부부	왕의 공덕, 부인의 고난과 공덕
후반부(D5~D11)	'안락국'	부친 상봉과 인물들의 극락왕생

다음은 '목련전'에 대해서 살펴보자. 먼저 '월인부'의 내용을 토대로 이야기 순서를 아래에 제시한다.

---

97) "鴛鴦婦人이 長者ㅣ 지븨 이셔 아ᄃᆞ를 나ᄒᆞ니 양지 端正ᄒᆞ더니 長者ㅣ 보고 닐오ᄃᆡ 네 아ᄃᆞ리 나히 열 아홉만 ᄒᆞ면 내 지븨 아니 이싫 相이로다 ᄒᆞ더라"〈월석8: 97ㄴ〉가 그것이다.

98) "그 딥도ᄋᆞ란 ᄀᆞ쇄 지혀 미오 林淨寺로 가ᄂᆞᆫ 무뒤예 대 수히 이쇼ᄃᆡ 東風이 불면 그 소리 南無阿彌陁佛ᄒᆞ고 南風이 불면 攝化衆生 阿彌陀佛ᄒᆞ고 西風이 불면 渡盡稱念 衆生 阿彌陀佛ᄒᆞ고 北風이 불면 隨意往生 阿彌陀佛ᄒᆞ더니[攝化ᄂᆞᆫ 거두자바 敎化ᄒᆞ실 씨라 渡盡稱念 衆生ᄋᆞᆫ 일ᄏᆞᆺ바 念ᄒᆞᆸᄂᆞᆫ 衆生ᄋᆞᆯ 다 濟度ᄒᆞ실씨라] 安樂國이 듣고 ᄀᆞ장 깃거ᄒᆞ더라."〈월석8: 99ㄱ~99ㄴ〉가 해당 구문이다.

(2) '목련전'의 이야기 순서

ㄱ. '왕사성', '부상장자'의 부와 죽음, 미망인 '청제부인'의 재물이 줄어듦.

ㄴ. '나복'이 일천 관으로 장사를 나가면서 나머지 이천 관을 어미에게 맡김.

ㄷ. '청제부인'이 중생을 죽여 귀신을 받들며 악행을 행함.

ㄹ. '나복'이 '금지국'에서 돈을 번 후 '왕사성'에 와 종을 먼저 들여보냄.

ㅁ. 어미가 선행을 했다면 돈을 공양하고 모진 일을 했다면 보시하겠다고 함.

ㅂ. 어미가 거짓으로 재를 베풀고, 이를 본 종이 돌아와 '나복'에게 고함.

ㅅ. '나복'의 일천배, 마을 사람들에게서 진실을 듣고 기절함.

ㅇ. '나복' 모친의 거짓 맹세.

ㅈ. '나복'이 그 말을 믿고 집에 돌아오지만 이레 만에 어미가 병으로 죽음.

ㅊ. 거상 후 '영산'에 출가하여 세존에게서 '대목건련'이라는 이름을 받음.

ㅋ. 부처가 '목련'을 극찬함.

ㅌ. '목련'의 다른 산에서의 수도 요청과 부처의 불허, 신력으로 천궁을 살핌.

ㅍ. 부친을 천궁에서 보지만 어미를 보지 못함.

ㅎ. '목련'이 모친이 '화락천궁'에 없는 이유를 묻자 부처가 답함.

a. '목련'의 여섯 지옥 순례, 모친을 보지 못하고 세존에게 돌아옴.

b. '목련'이 세존의 가사와 석장에 힘입어 어미를 만남.

c. 세존이 신력으로써 지옥의 죄인들을 하늘로 올림.

d. 다른 사람은 하늘에 갔지만 '목련'의 모친은 죄업이 커서 암흑지옥에 옮아감.

e. 모친이 아귀지옥을 거쳐 축생지옥으로 옮아갔으나 우란분재 덕분에 벗어남.

f. 모친을 위한 '목련'의 오백계 공양, 천모와 더불어 '도리천'에 가 쾌락을 누림.

'목련전'은, 주요 인물 '나복'이 이야기가 시작되는 도입부에서부터 끝나는 종결부에 이르기까지 일관되게 등장하고 있다. 따라서 서사 단락도 주인공 '나복(목련)'을 중심으로 한 사건 국면의 전환에 따라 나누는 것이 타당하다. 이러한 구분법에 따르면 (2)는 크게 세 부분으로 나뉜다. '나복'이 첫 번째로 집을 나서서 돈을 번 후 다시 집에 돌아오기까지의 전후 사건들을 보여 주고 있는 (2ㄱ~ㅈ), 모친상을 마치고 두 번째로 집을 나선 '나복'이 석가세존에게 출가하여 '대목건련'이라는 이름을 받아 제일 제자가 된 후 모친을 찾아 여섯 지옥을 순례하나 끝내 찾지 못하고 돌아오기까지의 과정에 해당하는 (2ㅊ~a), '목련'이 석가모니 세존의 도움으로 모친을 만난 후 '우란분재'를 베풀어 모친을 지옥으로부터 구하여 '도리천'에 가 쾌락을 누리게 되는 (2b~f) 등이 그것이다.

이와 같은 이야기 순서와 서사 내용은, 주요 인물이 주요 서사 국면에 출현하는 양상이나 전체 서사 구조 속에서 차지하는 비중과 관련하여 '안락국태자전'과 차이가 난다. 우선 후반부에 이르러서야 주요 인물로 등장하면서 서사 전개의 중심축을 차지하는 '안락국'과 달리 '나복(목련)'은 이야기 전체 국면에 걸쳐 주요 인물로 등장하고 있다. 이에 따라 사건 전개는 주요 서사축의 핵심 주체인 '나복'에게 초점이 맞춰지게 된다. 반면에 부수적인 인물, 예컨대 '나복'의 모친인 '청제부인'이 서사 주체로 등장하는 대목은 전체 서사의 인과성을 살리는 수준 정도에서 최소한으로 그려져 있다. 우리는 그와 같은 구체적인 장면을 (2ㄷ, ㅇ) 등에서 확인할 수 있다. 물론 '나복'의 생애를 그리되, 출생 이전의 배경과 출생 이후의 성장 과정 속에서 펼쳐지는 상황을 일대기적으로 모두 펼쳐 놓지 않고 주요 생애 국면에 국한하여 서술하고 있는 점은 '안락국태자전'과 대비해 보았을 때 큰 차이가 없다.

그런데 '목련전' 같은 경우는 주요 인물인 '나복'이 어떤 성격의 인물이며 그 인물됨이 어떠한가를 말해 주거나 암시하는 어떠한 내용도 없이 곧바로 이야기 세계가 펼쳐지고 있다는 점에서 앞의 '안락국태자전'과는 다르다. '안락국태자전'은 후반부 시작 부분에서 '안락국'의 외양을 통해 그 인물됨을 미약하게나마 암시해 주고 있는 것으로 보이기 때문이다. 우리는 '목련전'의 도입부에서 '왕사성'의 '부상장자'가 많은 부를 갖고 있는 한편으로 항상 육바라밀을 힘써 행하는 일에 관심을 갖고 있다는 사실과, 아들 '나복'이 타국에 가서 돈을 벌어 오겠다고 이야기하는 장면 등을 확인할 수 있다. 이렇게 주요 인물에 대해 그 직접적인 배경 정보를 제시하지 않고 곧장 시간축 위에서 벌어지는 서사적인 상황을 서술하는 점은 '목련전'의 서사 구조상 특징의 하나로 이해된다.

〈표 3〉 '목련전'의 담화, 문장 구조

담화(문장)	문장 종결	화 제
D1(S1~S2)	'호더라'	인물 소개
D2(S3)	'가니라'	'나복'의 재산 분배, 장사를 위한 첫 번째 출가
D3(S4)	'락닥호더라'	'나복' 모친 '청제부인'의 악행
D4(S5~S15)	'돕더라'	'나복'의 귀가, 모친의 죽음, 삼 년 거상
D5(S16~S17)	'호시니라'	'나복'의 출가와 개명
D6(S18~S25)		'목련'과 세존의 담화, 천상 순례
D7(S26~S49)		'목련'의 지옥 순례
D8(S50~S78)		'목련' 모자의 상봉과 담화, '목련' 모친의 受苦
D9(S79~S101)	'受호더라'	'목련'의 救母와 후일담

<표 3>을 보면, '안락국태자전'에서와 마찬가지로 월인부와 석상부 사이에 내용상 상호 대응 관계를 파악할 수 없는 부분이 있다. D1

에서 '부상장자'의 인물됨을 서술하고 있는 S2와 D7 전체가 그것이다. 이들 각 대목의 서사 내용을 면밀히 살펴보면 '안락국태자전'에서와는 다른 특징을 발견하게 된다. '안락국태자전'에서 시가 형태의 '월인부'에 없던 내용이 '석상부'에 덧붙여진 이유는 문제의 대목을 통해 이야기 앞뒤의 서사적인 인과율을 드러내면서 이야기 자체의 논리를 좀 더 강화하려는 차원에서 나온 것이다. 이에 반해 '목련전'에서는 단순한 배경적 정보(D1S2) 혹은 이야기의 흥미성이나 극적인 긴장감(D7) 등을 위해 마련된 장치라는 점에서 차이가 있다.[99] 특히 D7이 해당 이야기 흐름 속에서 핵심적인 서사라고 할 수 있는 '목련'과 모친의 상면 대목(D8) 직전에 위치하고 있다는 점에서 흥미성이나 긴장감 고조와 같은 기능을 엿볼 수 있다.

'목련전'의 서사 구조를, 핵심적인 사건 국면의 전환에서 주된 역할을 담당하는 주요 인물 '목련'과 각 국면에서 파악되는 서사 내용에 따라 표로 정리하면 다음과 같다.

〈표 4〉 '목련전'의 서사 구조

구분	주요 인물	서사 내용
발단부(D1~D4)	'나복', '청제부인'	'나복' 출가1, 모친의 악행과 죽음
전개부(D5~D7)	'나복'	'나복' 출가2, 불문편입, 지옥 순례
종결부(D8~D9)	'나복'	모친 상면과 구원, 천궁 쾌락 향유

다음 '선우태자전'의 이야기 순서를 '월인부'의 내용에 따라 아래 (3)으로 제시한다.

---

99) 엄밀하게 이야기하면 D7과 관련된 내용이 '월인부'에 없는 것은 아니다. 각각의 해당 장면을 구체적으로 그리지 않았을 뿐이지 '목련'이 지옥 여섯 군데를 돌았다는 내용이 최소한의 정보 형태로 제시되어 있기 때문이다.

(3) '선우태자전'의 이야기 순서

ㄱ. 배경 제시, 태자를 얻으려는 '바라내왕', 제일·제이 부인이 태자를 낳음.

ㄴ. 제일·제이 부인의 회임 전후의 변화

ㄷ. 태자들의 품성에 따른 이름 유래

ㄹ. 착한 '선우'는 부모가 사랑하나 아우 '惡友'는 형을 해하려 함.

ㅁ. '선우'가 중생고를 보고 부왕에게 보시를 청함.

ㅂ. '선우'가 밭에서 까마귀가 벌레를 잡아먹는 것을 봄.

ㅅ. '선우'가 중생들이 생계를 위해 짐승들을 잡는 것을 봄.

ㅇ. 자비심 많은 '선우'가 눈물을 흘리고 부모님께 보시를 청하기로 함.

ㅈ. 보시로 나라 재산을 많이 써서 신하들의 제안으로 보주를 얻으려 함.

ㅊ. 일행과 함께 '진보산'에 이른 후 많은 보배를 구해 '바라내국'에 보냄.

ㅋ. 보주를 얻기 위해 '진보산'을 지나 맹인 도사와 함께 용궁을 향함.

ㅌ. 21일 만에 바다에 당도함.

ㅍ. 은모래 은산에서 도사가 죽어 홀로 금모래 지나 금산에 감.

ㅎ. '칠보성' 용왕궁에 당도함.

a. 청독사와 독룡을 자비심으로 제압함.

b. 왕녀의 전언으로 용왕이 '선우'를 입궁시킴.

c. 용왕이 공양을 청한 후 '선우'가 보주를 받아 신력으로 보냄.

d. '선우'와 '악우'의 대화(무리가 없어진 이유에 대한 '악우'의 대답).

e. '선우'의 고운 품성과 '악우'의 흉심

f. '악우'가 제안하여 '선우'가 잠잘 때 번갈아 가며 보주를 지키자고 함.

g. '악우'가 '선우'의 눈을 찌르자 '선우'가 도적인 줄 알고 '악우' 이름을 부름.

h. '악우'가 죽은 줄 아는 '선우'에게 나무신이 '악우'가 도적이라고 알려 줌.

i. '악우'가 나라에 돌아와 거짓말을 하자 부모가 미심쩍어함.

j. 부모가 꾸짖자 '악우'가 보주를 땅에 묻음.

k. '선우'의 처절한 신세 한탄

l. '선우'가 한 나라를 향해 가며 신세를 비관함.

m. '이사발국'과 공주에 관한 정보

n. '선우'가 걸식하다 목동 '유승'의 오백 마리 소 무리를 만남.

o. 소 한 마리가 '선우' 눈의 못을 뺀 후 '유승'이 집으로 모셔 공양함.

p. 가인들이 불평하자 '선우'가 오래 있지 않겠다고 말함.

q. '선우'가 성에서 명등으로 많은 음식을 구함.

r. 과실 동산지기가 '선우'에게 새를 날려 주기를 청함.

s. 음식을 얻으려고 나무 밑에서 줄을 흔들고 명등을 즐겨 놂.

t. 동산에 구경 나온 공주가 '선우'를 불쌍히 여김.

u. 공주가 고집스레 '선우'와 夫妻 관계를 맺고자 함.

v. 공주가 의심하는 '선우'에게 맹세한 후 한쪽 눈이 밝아짐.

w. '선우'가 신분을 밝히자 의심하는 공주에게 맹세하여 두 눈이 모두 밝게 됨.

x. 왕이 '선우'를 도운 이들을 치하하고 대중이 보시할 마음을 냄.

y. 본국에서 모친이 평소 '선우'가 기르던 기러기를 불러들임.

z. 모친이 편지를 써 보낸 기러기가 '선우'에게 이름.

ⅰ. 편지를 본 '선우'가 답장을 써 기러기 편에 보냄.

가. 왕이 '악우'를 하옥하고 사자를 보내자 '이사발왕'이 '선우'를 딸과 혼인시킴.

나. 귀국 후 사람들과 상면 후 '악우' 소식을 물어 옥문을 열게 함.

다. '악우'를 풀어 주고 보주를 다시 찾음.

라. 목욕재계 후 보주에 맹세하여 고난을 참으며 구한 뜻을 고함.

마. 하늘이 밝아지며 쌀이 무릎까지 차게 내림.

바. 보주의 신이하고 놀라운 위력

사. 인물들에 대한 해설

전체 서사 구조의 측면에서 보면 (3)은 크게 세 부분으로 나뉜다. 이야기의 발단부에 해당하는 (3ㄱ~ㅈ)에서는 '선우태자'가 주요 인물로 그려지고 있다. 여기에는 '선우태자'가 보주를 얻기 위해 길을 나서기까지의 배경적인 사건들이 그려져 있다. 좀 더 구체적으로 살펴보면 주인공 '선우태자'의 출생과 관련된 정보가 최초 도입부에 제시되고 있다(3ㄱ~ㄴ). 이어 (3ㄷ~ㅈ)에서 '선우태자'와 '악우태자'의 품성, 자비심이 많은 '선우태자'의 중생 보시 등의 이야기를 제시한 후 보주를 얻기 위해 길을 떠나기 직전까지의 여러 배경 상황을 보여 주고 있다.

(3ㅊ~x)는 이야기 전개부에 속한다. 이 부분은 '선우태자'가 보주를 얻기까지의 일련의 여정을 그리고 있는 전반부, 그리고 동생 '악우태자'의 배신으로 보주를 빼앗기고 두 눈이 멀게 된 '선우태자'가 유리걸식하며 고행의 여정을 겪다가 '우왕'의 도움과 '이사발국' 공주와의 만남으로 개안하기까지의 이야기를 담고 있는 후반부로 나뉠 수 있다. 이를 좀 더 구체적으로 살펴보자. '선우태자'와 맹인 도사가 주요 인물로 파악되는 전개부의 전반은 '선우태자'가 일행 오백 명과 함께 '진보산'에 이르러 보물을 얻어 고국에 보낸 후, 맹인 도사와 용궁길을 나섰다가 그가 죽어 홀로 '용왕궁'에 당도하여 우여곡절 끝에 용왕으로부터 보주를 얻기까지의 과정에 해당하는 (3ㅊ~c), 동생 '악우태자'의 배신으로 맹인이 된 '선우태자'가 보주를 빼앗긴 후 신세를 비관하며 고난의 여정에 오르는 (3d~l) 등의 내용을 담고 있다. 이 부분에는 '선우태자'로부터 빼앗은 보주를 안고 홀로 돌아온 '악우태자'가 보주를 땅에 묻는 이야기까지 포함한다. (3m~x)는 이야기 전개부의 후반에 해당한다. 전체적으로는 '선우태자'와 '이사발국'의 공주가 주요 인물로 그려지면서 '선우태자'의 고난의 여정과 개안, 공주와의 만남 등을 그 내용으로 하고 있는 부분이다. '이사발국'과 공주에 관한 정보(3m), 유리걸식하며 고난을 겪던 '선우태자'가 '우왕'의 도움으로 한쪽 눈을 뜨게 된 후 목동 '유승'의 집에서 기거하는 이야기 (3n~p), 거문고를 이용한 구걸의 여정(3q~s), 공주와의 만남과 부부 언약 후의 완전한 개안(3t~x) 등이 그 구체적인 내용이다.

'선우태자'가 주요 인물로 그려지는 (3y~아)은 이야기 전체의 결말부에 해당한다. 이 부분에서는 고국의 모친이 보낸 기러기를 통한 모친과의 서신 교환과 악우의 하옥, '선우태자'와 '이사발국' 공주의 결혼(3y~나), '선우태자'의 귀국과 '악우태자'의 방면, 보주를 다시 얻은 후의 중생 보시를 위한 신력 발휘(3다~사), 인물들에 대한 해설(3아) 등이 구체적인 내용으로 그려져 있다.

이렇게 보면 '선우태자전' 이야기 전체는 '선우태자'가 보주를 얻기까지의 과정을 그린 탐색담과 동생 '악우태자'의 배신으로 비롯된 '고난→고난 극복→회운(回運)'의 여정을 큰 틀로 하고 있음을 알 수 있다. 후반부의 기러기 전언 대목 이후에 전개되는 상황까지를 고려해서 정리해 보면 '출가→귀가'의 전국적인 서사 구조로도 수렴될 수 있다. 이러한 점은 '선우태자전'의 서사 구조 속에 깔린 사건들이 좀 더 다채롭게 전개될 수 있도록 하면서 이야기 자체의 흥미성을 배가시키는 주요 요인이기도 하다. 가령 우리는 '탐색담'과 같은 단일한 서사 구조로만 이루어진 이야기에서보다는 영웅적인 주인공의 고난과 그 극복 과정이 함께 곁들여진 이야기에서 더 많은 재미를 느낄 수 있다.

사실 앞의 두 이야기와 견줄 때 '선우태자전'은 그 소설적인 흥미성이나 치밀함이 특히 두드러진다. 이것은, 종교적 관점이 그 밑바탕에 깔려 있으면서도 주인공이 간난신고의 여정 속에서 어려움을 극복하고 목표를 성취한다는 식으로 이야기 속 인물의 영웅화에 초점이 맞춰진 데서 비롯된 것으로 보인다. 고통받는 중생들을 위한 보시와 그 과정 속에 뒤따르는 현실적인 제약, 그리고 보주를 얻은 후 찾아온 일련의 고난과 그 극복 과정에서 드러나는 고뇌와 갈등 등은 인물의 인간적인 면모를 부각시키면서 대중 감화나 이야기 자체의 흥미 고조 등에 기여하고 있는 것이다.

'악우태자'의 배신과 '선우태자'의 고난─고난 극복의 여정이 반복적으로 변주되는 모습에서 이러한 특징이 더욱 뚜렷이 드러난다. 동생이 찌른 대꼬챙이로 인해 두 눈이 멀게 된 후, 맹안의 상태로 거문고를 타고 유리걸식하면서도 중생 보시를 멈추지 않는 모습 등에서 주인공 '선우태자'의 불교 신앙적인 인간상이 부각되기도 한다. 나아가 '우왕'이 혀로 '선우태자'의 눈에 있는 못을 빼내는 장면이나 모친이 보낸 기러기를 통해 '선우태자'와 그 모친이 서로 서신을 주고받는 대목 등에서 이야기의 흥미성이 배가된다.

일대기 구조 형식의 관점에서 '선우태자전'을 보면 기본 서사 축인 '출생─성장과 생애─죽음' 중에서 '출생' 정보와, '생애' 중 특정 시간대의 주요 행적 정보를 담고 있다는 점에서 앞의 '안락국태자전'이나 '목련전'과 큰 차이가 없다. 그런데 출생의 전후 사정이 앞의 두 이야기보다 좀 더 드러나 있는 점, 돋보이는 선행과 자비심을 통해 인물의 비범성이 제시되어 있는 점, 일련의 고난 속에서도 좌절하지 않고 조력자의 도움을 받아 결국 최후의 승리를 얻게 되는 점 등은 '선우태자전'을 세 이야기 중에서 전형적인 영웅의 일대기 구성에 가장 근접한 텍스트로 보게 하는 근거이기도 하다.

'선우태자전'은 도입 액자와 종결 액자를 모두 갖추고 있는 완벽한 폐쇄 액자 구조를 취하고 있다는 점에서도 앞의 두 이야기와 구별된다. 이러한 사실은 앞에서도 언급한 것처럼 '선우태자전'이 독립적인 이야기 단편으로 발전하는 데 기본적인 난점으로 작용했을 가능성을 암시한다. 이야기 내용과 관련해서도 '선우태자전'은 '인욕력(忍辱力)'으로 모든 고행을 이겨 냄으로써 대중 교화와 구원의 경지에 이를 수 있게 되었다는 식의 종교적인 주제 의식을 강하게 드러내고 있다.

그런데 폐쇄 액자라는 구조적인 한계나 종교적인 주제 의식과는 별개로 '선우태자전'이 보여 주는 서사적인 전개 양상의 다채로움이나 이야기 자체의 흥미진진함 등은 후대에 다양한 이본으로 계승되는 과정 속에서 당해 이야기를 대중화, 통속화의 특징을 갖게 한 중요한 요소로 보인다. '선우태자' 이야기의 불교적인 색채가 많이 탈각된 후대의 '적성의전'이나 '김태자전', 한문 소설 '육미당기' 등은 이러한 관점에서 이해해야 할 것이다.[100]

〈표 5〉 '선우태자전'의 담화, 문장 구조

담화(문장)	문장 종결	화제
D1(S1)	'나흐니라'	인물 소개, 제일·제이부인의 출산
D2(S2~S5)	'흐더라'	相占卜과 작명, '악우'의 인물됨
D3(S6~S32)	'禮數흐웁닛니라'	'선우'의 주유와 보시, 求珠 여행 간청과 허락
D4(S33~S36)	'흐더라'	여행 동기, 出슈으로 오백 일행이 모임
D5(S37~S40)	'흐시니라'	맹인 도사와 자청한 '악우'의 동행 결정
D6(S41~S49)	'가니라'	'진보산' 보배 획득, 맹인 도사의 죽음
D7(S50)	'몯흐더라'	금산 獨行, 독사 제압
D8(S51)	'잇더라'	'용왕' 성문의 정황
D9(S52~S71)	'가니라'	'선우'의 보주 求得과 '악우'의 강탈
D10(S72~S73)	'셜버흐더라'	'선우'의 절규
D11(S74~S75)	'버리니라'	'악우'의 귀국, 부모의 애통, 보주 暗埋
D12(S76)	'마초앳더라'	'선우'의 '이사발국' 도착, 혼약 정보
D13(S77)	'내니라'	'우왕'이 혀로 '선우' 눈의 꼬챙이를 빼냄.
D14(S78~S85)	'보내니라'	'선우'의 留宿과 명등 공양 출발
D15(S86)	'먹더라'	'선우'의 명등 보시

---

100) 가령 '적성의전'을 조선조 가족 제도의 모순을 반영하면서 불교성이 대중화·통속화한 이야기로 본 박병동(2003: 218)은, '선우태자전'에서 '선우'가 나라를 구휼하기 위한 보주를 얻기 위해 집을 나서게 되는 중생 제도의 목적이 '적성의전'에서는 모친의 병을 낫게 하는 약을 구하기 위해 집을 나서는 '성의'의 모친 제도로 범위가 축소된 사실 등을 언급하고 있다. '선우태자전'에서 '적성의전'으로 이어지는 과정에서의 핵심적인 변모 양상을 '선우'의 보시적 영웅성에서 '성의'의 효행적 영웅성으로의 변화로 보고 이를 조선조의 사회사상을 흡수, 대중적 기호에 맞게 변개시킨 작가적 의도에 따른 것으로 보고 있는 것이다.

담화(문장)	문장 종결	화 제
D16(S87~S114)	'ᄒᆞ더라'	'선우'와 공주의 혼인, 開眼, 대중 보시
D17(S115~S117)	'ᄒᆞ더시다'	'선우' 모친의 기러기 전신
D18(S118~S119)	'迎逢ᄒᆞ더라'	'선우'의 답신, '악우' 징치, '선우' 귀국
D19(S120~S124)	'업더시다'	'선우'의 부모 상면, '악우' 放免, 부모 개안
D20(S125~S126)	'足ᄒᆞ니라'	보주의 신력
D21(S127)	'이러ᄒᆞ니라'	대자비의 유래

　주요 문장 종결형과 담화 전환을 기준으로 정리한 '선우태자전'의 '석상부' 이야기 구조는 '월인부'의 이야기 내용이나 순서와 큰 차이가 없다. 다만 앞의 '안락국태자전'이나 '목련전'과 마찬가지로 '월인부' 이야기와 '석상부' 이야기 사이에 일대일 대응 관계를 찾아볼 수 없는 대목이 몇 곳에서 발견된다. '선우태자'가 중생 보시를 목적으로 보주를 얻기 위해 출발하기 전의 상황을 보여 주고 있는 D4와 D5, 용왕궁에 당도한 후 성문을 지키고 있는 독룡들을 서술하고 있는 대목인 D8 등이 그것이다. 전체 이야기의 서사적인 전개 국면을 고려해 살펴보면, 전자(D4, D5)는 주요 서사가 본격적으로 전개되기 직전의 배경적인 상황이라고 할 수 있다. 후자(D8)는 보주를 얻기 위한 주인공의 여정이 본격적으로 시작된 이후의 한 상황이다. 자비심으로 독룡들을 설득하여 성 안으로 들어서는 서사 전개 과정을 통해 볼 때, 주요 인물의 고난 극복 과정을 보여 주기 위한 대목으로 볼 수 있다. 이야기의 흥미성이나 긴장감이 자연스럽게 드러나는 대목이기도 하다.

　고국에 돌아온 '선우태자'가 보주의 신력으로 부모 눈을 뜨게 하는 D19의 일부 내용도 '월인부'에서는 찾아볼 수 없다. 이 이야기 대목 앞의 어느 부분에도 '선우태자'의 부모가 눈이 멀게 된 전후 사정이 서술되어 있지는 않다. 따라서 이 대목은 서사적 인과율의 관점에서 보면 그 존재 의의가 그다지 크지 않은 것처럼 보인다. 그런데 이어지는 문장 구문은 보주의 힘으로 쌀과 보화가 모든 대중들에게 풍족하게 내리는 신이한 이야기를 담고 있다. 부모의 개안과 더불어 이와 같은 신이한 이야기는 결국 보주의 위력을 보여 주는 한편으로 부수적으로는 이야기의 흥미성이나 불교 신앙 차원의 교훈적인 주제 의식을 보여 주는 것으로 볼 수 있다.

'선우태자전' 이야기는, 당세에 석가모니 세존을 해치고자 했던 '제파달다'를 자비력으로 제도했다는 세존의 이야기 끝에 과거세의 인연을 묻는 '아난'의 질문에 대해 석가모니 부처가 대답하는 내용 속에 포함되어 있다. 도입 액자에 제시된 이와 같은 내용만을 고려하면 '선우태자전' 이야기는 '선우태자'와 '악우태자'가 중심인물로 그려지면서 자비심으로 '악우태자'를 구원하는 내용 등이 많은 비중을 차지할 것으로 예상된다. 그런데 실제 펼쳐진 이야기를 보면 '선우태자'의 중생 보시, 이를 위한 보주 획득의 여정, 이후의 고행길과 그 극복 과정 등이 이야기의 주요 부분을 차지하고 있다. '선우태자'와는 대척 지점에 있는 또 다른 주요 인물 '악우태자'에 관한 이야기가 상대적으로 비중이 줄어들면서 '선우태자' 자신의 자비심에 관한 이야기가 많이 그려지고 있는 것이다. 다음 <표 6>에서 보주를 얻기 위한 '선우태자'의 여정 전후를 단계별 서사 국면을 나누는 주요 기준으로 삼은 이유가 여기에 있다.

<표 6> '선우태자전'의 서사 구조

구 분	주요 인물	서사 내용
발단부(D1~D5)	'선우태자'	'선우'의 선행 보시, 구주 여정 전의 배경 이야기
전개부(D6~D16)	'선우', 공주	'선우'의 보주 획득, '악우'의 탈취, '선우'의 맹안과 고행길, '이사발국' 공주와의 만남과 개안
종결부(D17~D21)	'선우', 부모	기러기 교신과 귀국, 부모 상면, 보주의 신력 발휘

<안락국태자전> 유형의 이야기를 전반적으로 보면 각 텍스트별로 운문 형식으로 제시된 '월인부'의 이야기 순서가 산문 형식의 '석상부'에서도 거의 모두 그대로 확인되고 있다. 두 부분에서 상호 대응 관계가 확인되지 않는 몇몇 대목은 이야기 자체의 서사적 인과율이나 배경 정보의 추가적인 보충, 이야기의 흥미성이나 극적인 긴장감 조성 등의 차원에서 이해된다. 전체 서사의 골격을 이루면서 텍스트를 구성하는 각각의 담화는 서술 지문의 주요 문장 종결형인 '-더라'나 '-니라'를 기준으로 파악하였다.

뒤에서 문장 연결이나 종결의 양상을 살필 때도 언급하겠지만, 하나의 담화 구조체는 전체 서사 구조에서 어느 위치를 점하고 있느냐에 따라 그 구체적인 모습이 달리 나타난다. 가령 담화의 도입부나 종결부는 하나의 담화 화제로 수렴되는 주요 사건의 배경적인 사실이나 변화하는 시간축 위의 인물 행동과 시공 배경의 전환에 관한 정보를 서술 지문의 형태로 개략적으로 제시하는 경우가 많다. 그 반면에 중간의 본체부에서는 구체적인 장면 속의 인물 간 대화나 전경화한 인물 행동 등에 관한 정보가 주로 제시된다. 이는 서사 구조 속의 담화, 문장 구조를 통해 구체적인 서술 방식을 확인하고 문장 연결이나 종결의 구체적인 양상을 파악할 수 있는 대목이기도 하다.

(2) 문장 종결과 이야기 배열

앞 절에서 문장 종결이 담화의 전환과 밀접한 연관성을 갖는 양상을 확인하였다. 이러한 사실에서 특정 담화 구조체에 포함되는 문장 구문은 서사 문맥의 위치나 서사 내적인 비중에 따라 그 종결 양상이 달리 실현될 가능성을 상정해 볼 수 있다. 한편 우리는 '−더라' 구문과 '−니라' 구문이 서사 텍스트 전반에 걸쳐 교체되거나 반복되는 식으로 사용되는 점에 주목할 필요가 있다. 이와 같은 교체나 반복은 서사적인 성격이 강한 텍스트에서 특히 두드러지는 양상을 보여 서사 문체의 특징을 드러내는 강력한 표지로 이해된다. 이러한 점들을 염두에 두면서 각 텍스트의 <월인석보> '석상부' 내용을 토대로 문장 종결에 따른 이야기 배열 양상을 살펴보자.

(4) ㄱ. 녜 梵摩羅國 林淨寺애 光有聖人 五百 弟子 ᄃᆞ려 겨샤 大乘 小乘法을 니ᄅᆞ샤 衆生ᄋᆞᆯ 敎化ᄒᆞ더시니 그 數ㅣ 몯내 **혜리러라**. 그ᄢᅴ 西天國 沙羅樹大王이 四百 小國 거느려 겨샤 正ᄒᆞᆫ 法으로 다ᄉᆞ리더시니 王位ᄅᆞᆯ 맛ᄃᆡ 아니ᄒᆞ샤 妻眷이며 子息이며 보빅ᄅᆞᆯ 貪티 아니ᄒᆞ시고 샹녜 됴ᄒᆞᆫ 根源을 닷ᄀᆞ샤 無上道ᄅᆞᆯ 求ᄒᆞ더시니<월석8: 89ㄴ~90ㄱ>

ㄴ. 녜 王舍城의 흔 長者ㅣ 이쇼ᄃᆡ 일후미 傳相이러니 그 지비 하 가ᅀᆞ며러 약대와 라귀와 象과 ᄆᆞᆯ왜 뫼히며 드르헤 차 ᄀᆞ득ᄒᆞ고 錦과 비단과 노와 깁과 眞珠ㅣ 庫애 ᄀᆞ득ᄒᆞ고 長利 노호미 數 **모ᄅᆞ리러라**. 長者ㅣ 말ᄊᆞᆷ 호ᄃᆡ 샹녜 우ᅀᅥᄒᆞ야 ᄂᆞ미 ᄠᅳ들 거스디 아니ᄒᆞ고 六波羅密을 샹녜 ᄒᆞ**더라**<월석 23: 72ㄱ~72ㄴ>

ㄷ. 디나건 뉘예 無量千歲예 흔 나라히 일후미 波羅㮈러니 毗波尸如來ㅅ 像法 後에 波羅㮈王ㅅ 일후믄 摩訶羅闍ㅣ러시니 어디르샤 正法으로 나라ᄒᆞᆯ 다ᄉᆞ리샤 百姓 보차디 아니ᄒᆞ더시니 여쉰 小國과 八百 ᄆᆞᅀᆞᆯᄒᆞᆯ **가졧더시니** 二萬夫人이 다 아ᄃᆞ리 업슬ᄊᆡ 王이 손소 神靈ᄭᅴ 두루 비르샤 열두히

차거늘 第一夫人과 第二夫人괘 아기를 비여시늘 王이 깃그
샤 손소 供養ᄒ더시니 열둘 차거늘 太子ㅣ 나니 양ᄌ 端正
ᄒ더니 第二夫人도 아ᄃᆞᆯ **나ᄒ니라**<월석22: 22ㄴ~23ㄴ>

    (4)는 각각 '안락국태자전'과 '목련전', '선우태자전'의 도입부에 있
는 첫 번째 문장들이다. (4ㄱ)은 '혜리러라'로 종결되는 첫 문장에서
'광유성인'이 '범마라국' '임정사'에서 무수한 중생을 이끌고 설법, 교
화하는 사실을 알려 주고 있다. '그ᄢ'로 시작하는 두 번째 문장에서
는 '서천국' '사라수왕'의 인물됨과 관련된 정보를 제시해 주고 있다.
특히 이 부분을 (1ㄱ)의 '월인부' 해당 부분과 비교해 보면 '정한 법으
로 나라를 다스림, 왕위에 연연하지 않음, 처권이나 자식, 보배 등을
탐하지 않음, 근원을 닦아 무상도를 구함' 등과 같은 구체적인 관련
정보를 객관적으로 제시함으로써 '사라수왕'의 인물됨을 좀 더 구체
적으로 드러낸다.

    (4ㄴ)은 개략적인 시공간 배경이나 인물에 관한 정보 등을 담고 있
다. '녜'와 '왕사성' 등은 시공간과 관련된 배경 정보들임에 비해 '그
지비 하 가ᅀᆞ며러' 이하에서는 '부상장자'의 부유한 집안 형편이나
다른 사람들을 대하는 태도, 평소 생활 방식을 보여 줌으로써 인물의
성격이나 태도 유형을 보여 주는 직간접적인 배경 정보라고 할 수 있
다. 또한 (4ㄴ)에서 인물과 관련된 배경 정보에 해당하는 부분을 '월
인부'의 해당 대목과 견줘 보면 '약대와 나귀 등 가축이 많음, 비단
등이 창고에 가득함, 長利로 빌려 준 돈이 많음' 식으로 좀 더 구체적
으로 그려져 있다. '남의 뜻을 거스르지 않음, 항상 육바라밀을 행함'
과 같은 좀 더 직접적인 인물 관련 정보도 확인된다.

    (4ㄷ)도 앞의 (4ㄱ, ㄴ)과 크게 다르지 않다. '디나건 뉘예 무량천세

예' 식의 시간 배경 정보와 '바라내국'이라는 공간 배경 정보, 그리고 '바라내왕'이라는 인물에 관한 기본적인 배경 정보가 순차적으로 제시되어 있다. 그런데 (4ㄷ)에서는 이러한 일련의 배경적 정보가 문장 종결형으로 구분되는 단독적인 구문 속에 독립적으로 존재하지 않는다. 왕이 아들이 없다가 신령 기원을 한 후, '제일부인'과 '제이부인'이 각각 회임하여 아들을 낳는 내용이 이어지는 구문에 함께 제시된 후 '나ᄒᆞ니라'로 문장이 종결되고 있다. 이러한 차이는 '선우태자전' 이야기 전체가 각각 도입 액자와 종결 액자에 해당하는 서분과 결분에 둘러싸여 있는 데서 비롯된 것이 아닌가 한다. '선우태자' 이야기의 최초 도입부인 '디나건 뉘예' 구절은 '부톄 니라샤ᄃᆡ'로 직접 인용되는 구문의 첫머리에 놓인다. 이에 따라 기본 배경 정보를 단독 구문으로 처리하는 데서 오는 부담감을 고려하지 않을 수 없었던 것으로 보인다. 전체적으로 (4)는 시공간적인 배경 정보나 인물 관련 정보를 제공하는 전형적인 구문이라고 할 수 있다.

그런데 하나의 텍스트나 담화 속의 여러 가지 서사 정보들은 그 자체의 내적인 논리에 따라 좀 더 부각되거나 덜 부각되는 식으로 구별되는 경향을 보인다. 이를 통해 이들이 이야기에서 차지하는 비중에 따라 전경적이거나 배경적인 정보로 나뉘기도 한다. 예컨대 담화의 주요 화제나 이야기 줄거리에 관련되는 주요 사건, 인물 등은 전경 정보에 포함할 수 있다. 반면 주요 사건에 부수하는 사건이나 인물, 주요 사건이 일어나는 시공간적인 조건 등과 같은 부차적인 정보들은 배경 정보로 분류된다.[101] 나아가 이러한 전경·배경 정보들은 설

---

101) 김흥수(1991: 301)에서 담화는 정보에 대한 지각이란 관점에서 두드러진 정도(saliency)에 따라 전경과 배경 부분으로 나뉠 수 있다고 보았다. 전경적인 담화 정보는 줄거리를 진전시키는 주 사건(mainline

화자의 관점에 따라 상이한 서사 지점에 자리하면서 서로 다른 구문 속에 실려 전할 때가 많다.

따라서 (4)처럼 이야기의 도입부에 제시되는 인물 관련 정보들[102] 은 도입부의 유형적인 특징을 드러내는 요소로 작용하면서 주요 사건에 관여하는 주 인물에 관한 배경 정보를 이끈다고 볼 수 있다. 이들은 대개 '-더라'로 종결되는 문장 구문 속에 실려 전하는 경우가 많아 문체적으로 하나의 유형적인 특징을 이루고 있는 듯이 보인다.[103] 이야기 도입부에 '-더라' 종결 형태로 존재하는 인물 관련 구문은 주요 사건에 관여하는 주 인물이 아니라 배경 인물들에 관한 정보를 담고 있는 것이다. 주 인물에 관한 것이라고 하더라도 그에 관한 기본 정보를 담음으로써 이야기를 본격적으로 펼쳐 보이기 전에 배경화하는 경우가 많다.

그런데 '-더라'로 종결되는 문장 구문이 나타나는 위치를 면밀히 살펴보면 특정한 서사 문맥에 따라 당해 문장 종결 구문이 비교적 규칙적으로 출현하는 경향이 있다. 자의적인 해석의 문제점을 배제할 수는 없지만, 문제의 용례들에서 어떤 경향성을 발견할 수 있다는 것

---

event), 돋보이는(highlighted) 주요 장면, 예측할 수 없는 사건들을 포함하며, 배경은 전경적 사건을 도입하는 배경 설정, 전경적 사건에 수반되는 배경 설명이나 부차적 정보, 사건에 대한 해설과 논평들을 포함한다. 국어의 경우 '-었-'은 주 사건, 배경적 사건에, '-느-'는 돋보이는 장면 묘사와 해설, 논평에 주로 쓰인다고 보았다. 담화는 또한 정보의 중요한 정도에 따라 좀 더 중요하고(significant) 덜 중요한 보통의(ordinary) 대목으로 나눌 수 있다. 중요 대목은 주제와 관련된 사건이나 정보, 장면의 생생한 묘사, 주 인물의 심리적 갈등 묘사, 중대 사건을 예비하는 사건들을 포함하며, 보통 대목은 대개 배경적 사건, 정보가 해당된다. 이때 '-었-'은 보통의 정보에, '-느-'는 중요한 정보에 쓰인다.

102) 이전 시기 고전 소설을 포함한 많은 서사체들에서 도입부는 대개 이러한 인물 관련 정보 외에 주요 사건의 무대가 되는 배경 정보들로 짜여 있는 경우가 많았다.

103) 이런 관점에서 보면 '-니라'로 종결되는 (4ㄷ)은 예외적인 구문으로 파악될 수도 있다. 이 구문에서는 시공간이나 인물과 관련된 배경적 정보들이 연결형 '-으니'('가 더시니')로 마무리된 후 주요 사건을 예비하는 사건이 제시되면서 '-니라'로 종결되어 있기 때문이다. 그런데 '-더-'의 배경 제시 기능이나 연결어미 '-니'의 강한 종결성 등에 주목한 기존 논의를 참고하면 전적으로 예외적인 구문으로만 볼 필요는 없을 것이다.

만으로도 이들을 이야기 배열에 따른 문체적인 표지로 거론할 수 있을 것이다. 이와 관련하여 정진원(1993: 107)이 '-더라'의 '-더-'가 <석보상절>의 이야기 시작 부분에 주로 쓰이는 점을 강조한 점에 초점을 맞춰 보자. 이러한 주장은 '-더라'가 쓰이는 구문이 텍스트 내 서사 문맥 여하에 따라서 선별적으로 취택되어 쓰인다는 점에 착안한 것이다. 이는 결국 '-더라' 구문 속에 포함되어 있는 서사적인 정보들이 서사 문맥의 전개 과정 속에서 상대적으로 파악되어야 할 요소들임을 알려 준다.

'안락국태자전'에서 '-더라' 구문은 위의 (4ㄱ)을 포함하여 모두 여섯 군데에서 발견된다.[104] 이들을 아래 (5)로 제시한다.

(5) ㄱ. 녜 梵摩羅國 林淨寺애 光有聖人 五百 弟子 ᄃᆞ려 겨샤 大乘 小乘法을 니ᄅᆞ샤 衆生ᄋᆞᆯ 敎化ᄒᆞ더시니 그 數ㅣ 몯내 **혜리러라**<월석8: 89ㄴ~90ㄱ>

ㄴ. 王이 깃그샤 四百八 夫人ᄋᆞᆯ 다 브르샤 졈고 고ᄫᆞ니로 여듧 각시ᄅᆞᆯ ᄀᆞᆯ히샤 比丘ᄅᆞᆯ 주어시ᄂᆞᆯ 比丘ㅣ 바다 도라가니 光有聖人이 깃그샤 各各 金鑵子ᄅᆞᆯ 맛디샤 摩訶栴 檀 우믌 므를 ᄒᆞ라 五百 디위옴 길이더시니 三年이 ᄎᆞ니 八婇女 됴ᄒᆞᆫ 根源을 닷가 無上道理ᄅᆞᆯ 일우미 머디 **아니하더라**<월석8: 91ㄱ~91ㄴ>

ㄷ. 말 다 ᄒᆞ시고 슬하디여 우러 여희시니 王이 比丘와 ᄒᆞ샤 林淨寺애 가신대 光有聖人이 보시고 ᄀᆞ장 깃그샤 즉자히 金

---

104) 이는 설화자의 서술 지문에 해당하는 부분만을 합산한 것이다. 우리는 <월인석보>나 <석보상절> 등 훈민정음 창제 초기 언해 자료들의 산문 양식을 취하는 본문에서 인물들 사이에 대화가 번갈아 가며 진행되는 부분을 자주 목도하게 되는데, 이들 부분은 대개 설화 동사 '닐오ᄃᆡ, 이르되, 니ᄅᆞ샤ᄃᆡ, 슬ᄫᆞ(ᄫᆞᆫ)ᄃᆡ' 등으로 시작된다. 이렇게 설화 동사로 시작되는 인물 대화 장면의 인용 구문은, 인용 동사 'ᄒᆞ고, ᄒᆞ니, ᄒᆞ야, ᄒᆞ시고, ᄒᆞ시니, ᄒᆞ야ᄂᆞᆯ, ᄒᆞ야시ᄂᆞᆯ' 등으로 일차 휘갑되는 구문과 이러한 인용 동사 없이 곧장 다음 대화로 이어지는 구문 등으로 나뉜다. 후자의 경우 'ᄒᆞ고, ᄒᆞ니' 등과 같은 인용 동사가 출현하지는 않지만 해당 장면이 다른 장면으로 바뀌는 경우가 없기 때문에 이러한 인용 동사가 생략되었다고 보는 것이 자연스럽다. 논란의 여지가 없지 않지만, 우리는 인물 간 대화가 계속 이어지는 장면 대목은 특별히 하나의 문장 종결형으로 마무리되지 않는 한 이들 모두가 동일한 담화나 화제 내에 포함되는 것으로 보기로 한다.

貫子 둘흘 받ᄌᆞ바 찻믈 길이숩더시니 王이 金貫子를 나못 두 그테 ᄃᆞ라 메시고 믈 기르며 ᄃᆞ니실 쩌긔 왼 소내 往生偈를 자바샤 노티 아니ᄒᆞ야 **외오더시다**<월석8: 97ㄱ~97ㄴ>

ㄹ. 鴛鴦婦人이 長者ㅣ 지븨 이셔 아ᄃᆞᆯ를 나ᄒᆞ니 양ᄌᆡ 端正ᄒᆞ더니 長者ㅣ 보고 닐오ᄃᆡ……ᄒᆞ더라<월석8: 97ㄴ>

ㅁ. 後에 安樂國이 어머닚긔 다시 숣고 사긴 ᄂᆞᆺ란 ᄢᅵ리고 逃亡ᄒᆞ야 梵摩羅國으로 가더니 竹林國과 梵摩羅國과 두 나랏 ᄉᆞᅀᅵ예 큰 ᄀᆞᄅᆞ미 이쇼ᄃᆡ ᄇᆡ 업거늘 ᄀᆞᆯ 조차 바니다가 忽然히 싱각ᄒᆞ야 딥동 세 무슬 어더 ᄢᅵ로 어울워 ᄆᆡ야 므레 ᄯᅴ오고 그 우희 올아 안자 하ᄂᆞᆯ긔 비ᅀᆞᆸ보ᄃᆡ……ᄒᆞ고 合掌ᄒᆞ야 往生偈를 외온대 自然히 ᄇᆞᄅᆞ미 부러 믈 ᄀᆞᆺ새 건내 부치니 그 梵摩羅國 ᄯᅡ**히러라**(월석8: 98ㄴ~99ㄱ)

ㅂ. 그 딥도ᅌᆞ란 ᄀᆞ새 지혀 미오 林淨寺로 가ᄂᆞᆫ ᄆᆞ디예 대 수히 이쇼ᄃᆡ 東風이 불면 그 소리 南無阿彌陁佛ᄒᆞ고 南風이 불면 攝化衆生 阿彌陁佛ᄒᆞ고 西風이 불면 渡盡稱念衆生 阿彌陁佛ᄒᆞ고 北風이 불면 隨意往生 阿彌陁佛ᄒᆞ더니 (협주 생략) 安樂國이 듣고 ᄀᆞ장 **깃거ᄒᆞ더라**<월석8: 99ㄱ~99ㄴ>

(5)를 앞의 <표 1>로 정리한 담화·문장 구조와 <표 2>로 개괄한 서사 구조의 주요 내용을 토대로 그 서사 문맥적인 위치를 확인할 필요가 있다. 먼저 (5ㄱ)은 이야기 전체의 도입부에 위치하고 있으면서 서사 내 주요 인물인 '광유성인'과 '사라수왕'에 관한 정보를 내용으로 하고 있다. 인물들에 관한 일종의 배경적인 정보에 해당한다. 세부적인 인물 성격이나 심리와 관련된 내용이 아니라 각각 어디에서 무슨 일을 하는 인물인가 하는 내용을 보여 주고 있기 때문이다. (5ㄴ)은 '사라수왕'이 '광유성인'의 명령을 받은 '바라문'으로부터 물을 긷는 수행 공덕을 위해 채녀를 요청받자 기쁜 마음으로 팔채녀를 보낸 후 그 팔채녀들이 삼 년간 공덕을 쌓아 무상도를 얻게 되었다는 내용을 담고 있다. 전체 서사 문맥과 인물들 각각의 서사적인 비중을 고

려하면 이 대목 또한 배경적인 사건 혹은 주요 사건으로 나아가기 위한 부수 사건으로 보는 것이 타당하다. 주요 인물이라고 할 수 있는 '사라수왕' 부부가 왕궁을 떠나게 되면서 고난의 여정이 시작되는 대목 앞자리에 위치하고 있기 때문이다.[105]

(5ㄷ)은 '사라수왕'이 '자현장자'에게 종으로 팔린 '원앙부인'과 슬프게 헤어진 후 '임정사'에 도착하여 금관자를 메고 물을 길으며 부지런히 왕생게를 외웠다는 내용을 담고 있다. 주요 인물인 '사라수왕'에 관한 정보로서 구체적인 행동을 보여 주고 있는 바, <표 2>를 통해 보면 전반부의 마지막 부분에 위치하고 있는 대목이다. 서사 국면에 따른 전체 이야기 전개 과정을 보면 첫 번째 주요 인물의 행적이 끝나는 부분인 것이다. (5ㄹ)과 관련된 내용은 <월인천강지곡>에서 찾아볼 수 없다. 이러한 사실로 미루어 보면 (5ㄹ)이 담고 있는 내용은 기본적으로 서사 전개에서 필수불가결한 것은 아니라고 추정할 수 있다. 그런데 그 내용은, 주요 인물들 중에서도 실질적인 주인공이라고 할 수 있는 '안락국태자'의 출생과 외양, 그리고 그에 대한 '자현장자'의 예언적인 관상 등이다. 후행하는 서사 내용이, '안락국'이 아버지를 찾아 몰래 도망하는 것이므로 이 대목 후반부에서 확인되는 '자현장자'의 관상은 일종의 복선 구실을 하고 있는 셈이다. 결국 (5ㄹ) 또한 주요 사건을 예비하기 위한 서사적인 구문 장치로서 일종의 배경적 정보에 해당하는 것으로 보인다.[106]

---

105) 서사 내적인 인과율을 기준으로 말하면, '안락국태자전'에서는 '사라수왕'이 보낸 문제의 팔채녀가 수행 공덕을 쌓은 후 무상도를 얻었다는 내용 자체가 이어지는 사건의 인과성을 담보하는 것은 아니다. 그런 점에서도 이 대목의 배경적인 속성을 찾을 수 있을 것이다. 그런데 독자적인 소설 텍스트로 존재하는 '안락국전'에서는 팔채녀의 수행 공덕과 그러한 자신들의 행위에 대한 태도가 이어지는 이야기의 인과성을 밝히는 데 매우 중요한 단서로 작용한다. 그 수행 공덕이 자신들의 것이라고 밝힘으로써 '석가세존'이 '사라수왕' 부부를 다시 부르게 되는 근거를 갖게 되기 때문이다.

(5ㅁ)은 '안락국'이 신력의 도움을 받아 '죽림국'과 '범마라국' 사이에 있는 큰 강을 건너 '범마라국'에 당도하기까지의 전후 과정을 그 내용으로 한다. 이 대목은, '안락국'이 이미 모친인 '원앙부인'에게 부친을 찾아 가겠다고 이야기한 후 몰래 '자현장자' 집에서 도망쳤다가 하인에게 잡혀 돌아와 고초를 겪은 후의 상황에 이어지는 부분이다. '안락국'을 중심으로 그려지는 텍스트 후반부의 서사가 어느 정도 전개된 국면이라고 볼 수 있는 것이다. 그런데 <월인천강지곡>에서는 '안락국'이 최초로 도망쳤다가 잡혀 와 고초를 겪는 서사 내용은 발견되지 않고 (5ㅁ)으로 후반부 서사가 시작되고 있다. 이러한 사실은 (5ㅁ)이 이어지는 서사의 배경적 서사에 해당한다는 점을 말해 주는 것으로 풀이된다. '안락국'이 강을 건넘으로써 그 부친 '사라수왕'과 만날 수 있게 되기 때문이다. 따라서 이 대목은 일종의 서사적인 연결 장치에 해당한다. 이러한 관점에서 보면, '범마라국'의 '임정사'로 가는 길목의 대숲에서 게송 소리가 나는 것을 보고 '안락국'이 기뻐하는 장면을 담고 있는 (5ㅂ) 또한 배경적 정보의 관점에서 이해할 수 있다. 팔채녀를 만나 부친 '사라수왕' 이야기를 들은 후 드디어 그와 상봉하게 되는 후반부의 주요 서사를 예비하고 있기 때문이다.

'-더라'가 텍스트나 담화에서 차지하는 배경 정보의 제시 기능은 구문 내 서사 내용과도 관련되지만 기본적으로는 '-더라'의 '-더-'가 담화 내에서 보이는 상적(相的)인 쓰임새에 말미암은 바가 크다.

---

106) 김흥수(1991: 301)를 따라 구문 정보 자체의 중요성을 두고 말한다면 '안락국'에 대한 '자현장자'의 관상풀이 정보는 앞날의 중대 사건들을 암시하므로 중요한 정보에 해당한다고 볼 수도 있겠다. 그런데 어떤 정보가 더 중요한가 덜 중요한가 하는 문제와, 그것이 배경적인가 전경적인가 하는 문제는 차원을 달리하여 살펴보아야 할 문제다. 그렇다면 배경적인 정보가 더 중요한 정보로 인지될 수 있고, 전경적인 정보가 덜 중요한 정보로 인지될 수도 있는 것이다. 이때 우리는 문제의 구문들이 텍스트 내 어떤 서사적인 지점에 위치하는가 하는 점들을 참고할 수 있을 것이다.

상(相, aspect)은 서술어를 통해 묘사된 행위나 상태를 전체 담화의 문맥에서 어떻게 보아야 할 것인가를 나타내는 기능이 있다. 이와 관련하여 배경적 정보가 미완료 동사 형태로 표시되거나 이야기의 주된 흐름 속의 전경적 정보가 완료 동사 형태로 표시되는 점 등에 주목할 필요가 있다.[107] 담화의 흐름을 조절하는 메커니즘으로서의 상 개념에 기대면, 이야기에서 중심적인 플롯을 진전시키는 전경(foreground)에서는 완료상이 주로 사용되는 반면에, 플롯을 뒷받침해 주는 배경(background)에서는 비완료상이 사용된다.[108]

이와 같이 구별되는 상 범주는 당연히 시간과 관련된 서술 방식과도 관련되어 상이한 문장 구문으로 드러난다.[109] 예컨대 완료상으로

---

107) 예컨대 "어제 바람이 불었다"와 같은 문장의 완료상은, 화자(작자)가 '바람이 분 사태'를 하나의 완전한 사건 단위로 인식하여 제시함으로써 당해 사건 자체에 청자(독자)의 시선을 고정시키고, 결과적으로 그것에 대한 청자(독자)의 인지적인 태도를 강화함으로써 정보의 중요도를 높이는 전경화 효과를 얻을 수 있다. 반면에 "바람이 계속해서 불었다"와 같은 문장의 비완료상은, 기본적으로 '바람이 그치지 않고 계속 분 사태'를 기술함으로써 청자(독자)가 문제의 상황 자체에 주의를 기울이지 않게 하면서 이어지는 일련의 담화나 이야기에서 앞으로 진행될 사건 국면을 암시하거나, 주요 사건 장면을 '설정'하는 것과 같은 인상을 줌으로써 주요 사건에 대한 배경 제시 효과를 얻게 되는 것이다. 그렇다면 상은 문법적으로는 사건이나 상황의 시간적인 차원을 여러 가지 다른 관점으로 표시해 주는 범주라고 할 수 있다. 그렇지만 동시에 한 편의 이야기를 구성하는 크고 작은 문장, 담화가 그 속에서 어떤 서사적인 속성이나 비중을 가지면서 배열되는가, 그리고 그러한 배열상의 특징이 시대 조건이나 텍스트 유형에 따라 달라지는 이야기들 간의 문체적인 차이를 어떻게 풀 것인가 등의 문제에서 중요한 열쇠가 된다.

108) 상이 담화 내에서 담당하는 기능에 관한 이러한 견해는 Bybee, Joan L. 지음, 이성하 외 공역(2000: 64), 최동주(1995: 22) 등에서 확인할 수 있다. 정희자(1999: 250~4)는 시제의 선택 조건을 논하는 자리에서 전경 정보와 배경 정보 또는 신정보와 주어진 정보 등 구체적인 정보 유형 등을 시제의 선택 조건으로 제시하였다. 이어 전경 정보는 화자의 발화 의도와 직접적인 관계가 있기 때문에 현재 시제로, 배경 정보는 부수적이거나 간접적인 관계가 있기 때문에 과거 시제로 표현된다고 보았다.

109) 소설 문장은 서술 대상이나 그에 대한 화자의 태도 혹은 진술의 주체에 따라 여러 가지로 분류될 수 있다. 이 글에서는 대상 텍스트 내 문장 구문들의 서술 성격을 이야기할 때, 김천혜(1990: 130~61)를 따라 서술 대상을 기준으로 장면 묘사, 요약, 기술, 논평 등으로 구별하고자 한다. 이 중에서 장면 묘사(scenic method)와 요약(summary)은 서술 대상이 사건의 진행이나 인물 행동이라는 점, 소설 내의 시간인 '서술되는 시간'이 흘러간다는 점 등에서 본질적으로 같다. 그런데 전자가 대상과 관련된 모든 것을 자세하게 서술함으로써 대화나 행동 묘사가 생생해지고 흥미를 자극하여 생동감을 느끼게 해 주는 서술법임에 반하여, 후자는 사건 진행이나 인물 행동을 압축하거나 축약하여 독자에게 보고하거나 제시하는 식으로 서술함으로써 이야기 내용에 대한 과거성, 간접성을 좀 더 부각시키는 서술법이라는 점에 차이가 있다. 장면 묘사의 현재성, 직접성과 요약의 과거성, 간접성 등에 주목하면 이야기의 주요 장면이나 사건, 인물 행동 등에는 장면 묘사, 배경적 사건 정보나 부수적인 인물 행동 등에는 요약이 좀 더 적절한 서술 방식임을 알 수 있다. 기술(description)에서의 서술 대상은 풍경이나 정물, 나아가 인물 외모나

나타나는 전경적인 사건이 시간의 순차적인 흐름에 따라 서술되는 반면에 배경은 전경을 이루는 사건과 중첩되면서 시간 흐름이 일시 중단되는 경우가 많다. 이에 따라 전경적인 사건은 시간 순서에 따라 연결되면서 줄거리를 구성하는 인물 행위나 일화 등을 보여 주는 서술 방식으로 제시되는 경향을 보인다. 반면에 배경적인 사건은 선행하거나 후행하는 사건과 시간적으로 중첩하면서 인물 행위나 일화, 배경 등을 부연 설명하는 식으로 제시된다.

이러한 구별법에 따르면 위의 (5ㄱ, ㅁ)은 인물과 관련된 상황이나 공간에 관한 정보 등을 그 내용으로 하고 있는 기술(description) 문장으로 볼 수 있다. 이들 구문에서는 서술되는 시간의 흐름이 일시 정지하여 시간의 변화상을 파악할 수 없다. 그런 점에서 (5ㄱ, ㅁ)의 서사 내용은 전형적으로 배경 정보에 해당한다. (5ㄴ) 같은 경우는 구문 전반부에서 인물 행동을 중심으로 한 요약적 진술이 이루어지고 있어 서술되는 시간의 흐름이 상정되므로 (5ㄱ, ㅁ)과는 다른 것처럼 보인다. 그렇지만 후반부에서 인물 행동의 의의에 대한 설화자의 평가 부분이 문장 구문 전체의 핵심 화제로 판단되는 점을 고려하지 않을 수 없다. 이러한 점에 착안하면 (5ㄴ)은 시간 흐름과 무관하게 주요 인물이 중대 서사 국면에 얽혀 들게 되는 배경적인 사건과 관련된 구문이라는 점에서 (5ㄱ, ㅁ)과 크게 다르지 않다.

(5ㄷ, ㄹ, ㅂ)은 인물의 행동이나 행적의 변화 등을 압축하여 보고하는 요약(summary) 구문이다. 요약 구문이라는 점에서 서술되는 사

성격, 사건의 배경, 사물의 성격 등이다. 기술에서는 서술되는 시간이 흐르지 않는다. 논평(commentary)은 사건 서술과 직접적으로 관계가 없는 화자의 발언으로서, 사건이나 이야기 속 인물에 대한 화자나 작자의 견해나 비판, 인생관, 세계관 등을 화자가 독자에게 직접 전달하는 서술법이다. 논평 또한 서술되는 시간이 흐르지 않는다는 점에서 기술과 같다.

건 속의 시간 흐름을 상정할 수 있기 때문에 기본적으로 (5ㄱ, ㄴ, ㅁ)과 다른 것처럼 보인다. 그런데 전후 담화의 맥락을 따져 보면 행동을 통한 인물 성격이나 인물됨의 제시(5ㄷ), 앞으로 전개될 서사에 대한 전조(5ㄹ), 주요 인물이 겪게 될 사건 국면의 암시(5ㅂ) 등에 초점이 맞추어진 배경 정보로 이해하는 것이 더 타당하다. 따라서 (5ㄷ, ㄹ, ㅂ)도 (5ㄱ, ㄴ, ㅁ)과 견줘 봤을 때 그 성격이 크게 다르지 않음을 알 수 있다. 이와 관련하여 요약 구문의 서사 내용이 환기하는 과거성이나 간접성 등과 같은 특성에도 관심을 기울여야 할 것이다.

'목련전'의 '-더라' 구문은 (4ㄴ)을 포함하여 모두 열한 개가 있다.

(6) ㄱ. 녜 王舍城의 흔 長者ㅣ 이쇼딕 일후미 傅相이러니 그 지비 하 가ᅀᆞ며러 약대와 라귀와 象과 ᄆᆞᆯ왜 뫼히며 드르헤 차 ᄀᆞᄃᆞᆨᄒᆞ고 錦과 비단과 노와 깁과 眞珠ㅣ 庫애 ᄀᆞᄃᆞᆨᄒᆞ고 長利 노호미 數 **모ᄅ리러라**<월석23: 72ㄱ~72ㄴ>

ㄴ. 長者ㅣ 말ᄊᆞᄆᆞᆯ 호ᄃᆡ 샹녜 우ᅀᅥᄒᆞ야 ᄂᆞ미 ᄠᅳ들 거스디 아니ᄒᆞ고 六波羅密을 샹녜 **ᄒᆞ더라**<월석23: 72ㄱ~72ㄴ>

ㄷ. 그 어미 아ᄃᆞᆯ 나 니거ᄂᆞᆯ 죵ᄃᆞᆯ훌 모도아 닐오ᄃᆡ……ᄒᆞ야 됴히 쳐 슬ᄭᅵ거 ᄒᆞ야 두고 羊ᄋᆞᆯ 미야 둘오 모ᄀᆞᆯ ᄲᅵ틀어 더본 피 바ᄃᆞ며 도톨 둥여 두고 매로 티니 믈본 소리 긋디 아니ᄒᆞ얫거든 바ᄅᆞᆯ ᄲᅳ고 ᄆᆞᅀᆞᆯ ᄮᅢ혀 내야 鬼神을 이바ᄃᆞ며 즐겨 **락닥ᄒᆞ더라**<월석23: 73ㄱ~73ㄴ>

ㄹ. 羅卜이 어미 盟誓 重ᄒᆞᆫ돌 듣고 너러 지븨 도라오니 어미 忽然히 病을 어더 닐웨 몯 디내야 죽거ᄂᆞᆯ 羅卜이 뫼해 묻고 겨틔 草幕미야 守墓三年 살며 苦行ᄒᆞ야 나지어든 훍 메여다가 무덤우히 엱고 바미어든 大乘經典을 닐구ᄃᆡ 소리를 그치티 아니ᄒᆞ더니 아홉 비쳇 사ᄉᆞ미 삿기와 뵈며 힌 鶴이 祥瑞를 내며 가마괴 누네 피 내며 온가짓 새훌 굴므라다가 무더믈 **돕더라**<월석23: 75ㄴ~76ㄱ>

ㅁ. 目連이 그 말 듣ᄌᆞᆸ고 ᄯᅡ해 업더디여 우다가 너러 地獄애 가 도녀 보더니 흔 싸ᄒᆞ라 딛ᄂᆞᆫ 地獄을 보니 南閻浮提옛 衆生

이 ᄒᆞ와 소배 이셔 모딜 즈믄 무저긔 싸ᄒᆞ라 피와 고기왜
너르 듣더니 날마다 一萬 디위 죽고 一萬 디위 살옥 ᄒᆞ**더라**
<월석23: 78ㄴ>

ㅂ. 目連이 ᄯᅩ 가다가 ᄒᆞᆫ 물 餓鬼ᄅᆞᆯ 보니 머리ᄂᆞᆫ 大山 ᄀᆞᆺ고 빈
ᄂᆞᆫ 須彌山 ᄀᆞᆮᄒᆞ되 모기바ᄂᆞᆯᄀᆞ티 ᄀᆞᄂᆞᆯ오 거름 거를 時節에
五百 술위 ᄢᅳ어디ᄂᆞᆫ ᄃᆞᆺᄒᆞᆫ 소리 **나더라**<월석23: 79ㄴ~80ㄱ>

ㅅ. 目連이 ᄯᅩ 가다가 ᄒᆞᆫ 火盆地獄ᄋᆞᆯ 보니 南閻浮提옛 衆生이
火盆ᄋᆞᆯ 머리예 이니 ᄆᆞ딕ᄆᆞ딕마다 샛 그테셔 브리 **븥더라**
<월석23: 81ㄱ>

ㅇ. 目連이 ᄯᅩ 가다가 보니 ᄒᆞᆫ 큰 地獄이 이쇼되 담 노픠 一萬
丈이오 거믄 ᄇᆞᄅᆞᆷ 미 一萬 볼 두르고 쇠그므리 우희 두퍼잇
고 웃 面에 ᄯᅩ 큰 구리 가히 네히 이쇼되 이베 長常 모딘 브
를 ᄠᅳᆺᄒᆞ야 虛空ᄋᆞᆯ **스더라**<월석23: 82ㄴ~83ㄱ>

ㅈ. 말 몯다 닐엣거늘 獄卒이 긴 모두로 모매 박고 비ᄉᆞᆯᄒᆞᆯ **지지**
더라<월석23: 87ㄱ>

ㅊ. 獄中엣 罪人ᄃᆞᆯ히 서르 닐오되……ᄒᆞ**더라**<월석23: 87ㄱ>

ㅋ. 目連이 즉재 부텻 말 듣ᄌᆞᄫᅡ 버듨닙과 잣가지ᄅᆞᆯ 사 盂蘭盆
齋ᄅᆞᆯ ᄒᆞ니 어미 가히 모ᄆᆞᆯ 여희여늘 目連이 어미ᄅᆞᆯ 부텻 알
픠 ᄃᆞ려다가 五百戒ᄅᆞᆯ 受ᄒᆞᅀᆞᆸ게 ᄒᆞ야 願ᄒᆞᆫᄃᆞᆫ 어마니미 邪心
을 ᄇᆞ리고 正道에 가쇼셔 ᄒᆞ니 天母ㅣ ᄂᆞ려와 마자 어미 忉
利天宮에 나 快樂ᄋᆞᆯ **受ᄒᆞ더라**<월석23: 91ㄴ>

'목련전'은 전체 이야기의 도입부에서부터 주요 인물 '나복(목련)'
이 비중 있게 다루어진다. 따라서 (6)은 '나복'과 관련되는 주요 서사
적인 사건들을 기준으로 그 상대적인 위치나 서사적인 비중 등이 판
별될 필요가 있다. 전체 이야기의 도입부 첫 두 문장에 해당하는 (6ㄱ,
ㄴ)은 '나복'의 부친인 '부상장자'의 집안과 인물됨에 관한 정보를 내
용으로 하고 있다. 인물과 관련된 전형적인 배경 정보 구문이다. (6ㄷ)
은 '나복'이 돈을 벌기 위해 집을 나선 후에 그 모친이 내보이는 악행
이 주요 내용이다. 이 대목은 '나복' 모친의 악행 그 자체를 드러내는
구문으로서보다는 악행을 통해 파악되는 모친의 인물됨이나 성격을

드러내는 구문으로 이해하는 것이 더 자연스럽다. 실제 '나복' 모친의 이러한 모습은 뒤에 그녀가 거짓을 일삼아 지옥으로 떨어지게 되는 요인으로 작용한다. 따라서 (6ㄷ) 또한 부수적인 인물과 관련된 배경 정보를 담고 있는 구문으로 파악하는 것이 좋다.

(6ㄹ)은 '나복' 모친이 거짓 맹세로 죽은 후 '나복'이 삼 년 동안 무덤살이를 하며 지극 공양하는 장면과 금수들이 감화하여 '나복'을 돕는 내용을 담고 있다. 앞의 <표 4>를 따라 보면 전개부의 첫머리에 위치한다. 그런데 '목련전'의 전개부는 '나복'이 삼 년 간의 거상을 마칠 즈음 뜻한 바가 있어 출가하여 불문에 편입하는 사건이 주요 내용으로 되어 있다. 이러한 내용은 (6ㄹ) 직후에 곧장 이어지는 구문에서 확인할 수 있다. 결국 (6ㄹ)은 '나복'이 출가하게 되는 동기를 마련해 주는 계기적인 사건이나 정보 등에 해당한다는 점에서 배경과 관련된 구문으로 파악된다. 이어지는 네 구문에서는 여러 지옥에서 죄를 지은 중생들이 각기 다른 모습으로 고통을 당하는 참상(6ㅁ, ㅂ, ㅅ), 아비지옥을 지키는 네 마리 구리 개의 위력적인 모습(6ㅇ) 등이 그려져 있다. 이들 각 구문은 '목련'과 옥주의 대화와 같은 주요 장면이 펼쳐지기 직전에 위치한다. 이들 구문이 포함된 대목 전반의 주요 서사가 '목련'의 지옥 순례라는 점을 고려할 때, (6ㅁ, ㅂ, ㅅ, ㅇ)은 이러한 지옥 순례 장면을 펼쳐 보이기 위한 예비적인 배경 관련 구문으로 볼 수 있다.

(6ㅈ, ㅊ)은 '목련'이 지옥에 있는 모친과 만나 대화를 나누는 대목 중에 포함되어 있는 구문이다. (6ㅈ)은 '목련'의 모친이 지옥을 지키는 군졸로부터 고통을 당하는 장면을 그리고 있는 바, 지옥에서 겪는 형벌을 전해 주는 '목련' 모친의 직접 발화 구문 직후에 이어지고 있

어서 주요 장면에 부수한다. (6ㅈ)에 곧장 이어지는 (6ㅊ) 또한 '목련' 모자의 상봉 장면을 지켜보던 지옥 내 죄인들의 반응을 그 내용으로 하고 있다는 점에서 (6ㅈ)과 같은 성격의 구문으로 파악된다. 최후의 종결부에 위치하는 (6ㅋ)은 '목련'이 '우란분재'를 열어 모친을 개의 몸으로부터 벗어나게 한 후 부처 앞에서 오백계를 받게 하고 모친 제도의 소원을 빌어 '도리천궁'에서 쾌락을 누리게 되는 내용을 담고 있다. 이 대목은 '목련'의 지옥 순례와 지옥으로부터의 모친 구원과 같은 주요 서사가 모두 끝난 후에 해당하므로 인물들에 관한 일종의 후일담이다. (6ㅋ)에서 모든 이야기는 정지하고 줄거리는 더 이상 진전되지 않는다. 이러한 점에 주목하여 우리는 (6ㅋ)을 주요 서사와 관련된 전경적 사건을 최종적으로 마무리하는 배경 구문으로 파악하고자 한다.

'선우태자전'에서도 '-더라' 종결형이 모두 열한 개의 구문에서 확인된다. 이를 아래 (7)에 제시한다.

(7) ㄱ. 相師ㅣ 믜실씨 兄을 새와 샹녜 헐오져 ᄒᆞ야 일마다 兄을 거슯지 ᄒᆞ**더라**<월석22: 25ㄱ>

ㄴ. 한 사ᄅᆞ미 듣고 깃거 모ᄃᆞ니 五百이러니……ᄒᆞ**더라**<월석22: 35ㄱ>

ㄷ. 金山 디나가 靑蓮花ㅣ 싸해 차 쇨옛거늘 보니 蓮花 아래 靑毒蛇ㅣ 곳줄기예 가마셔 눈 브르뻐 太子ᄅᆞᆯ 보더니 그ᄢᅴ 善友太子ㅣ 즉재 慈心三昧예 드니 三昧力으로 곧 니러 蓮花ㅅ 니플 볼바가니 毒蛇ᄃᆞᆯ히 害ᄒᆞ디 몯ᄒᆞ**더라**<월석22: 42ㄱ~42ㄴ>

ㄹ. 慈心力으로 龍王 잇ᄂᆞᆫ 싸해 바ᄅᆞ 가니 그 城 네 ᄀᆞ쇄 닐굽 낯 毒龍이 서르 얼거 머리 겯딜어 城門을 자바 **잇더라**<월석22: 42ㄴ~43ㄱ>

ㅁ. 善友ㅣ 듣고 애ᄃᆞ라 셜버ᄒᆞ**더라**<월석22: 49ㄴ>

ㅂ. 그쁴 善友太子ㅣ 두 누네 대곳 박혀 쎄혀리 업슬씨 셜버 그
우녀 갈떠를 몰라 빅 골프고 목몰라 사도 몯ᄒ며 죽도 몯ᄒ
야 漸漸 거러 利師跋王 나라해 가니 利師跋王이 ᄯ를 뒤쇼ᄃᆡ
아래 波羅㮈王 善友太子를 **마초앳더라**<월석22: 50ㄴ~51ㄱ>

ㅅ. 善友ㅣ 筝을 잘 노더니 그 소리 和雅ᄒ야 모든 ᄆᆞᅀᆞ매 즐겁
게 홀씨 一切 衆生이 모다 飮食을 주니 利師跋 길 우흿 五
百 빌머글 아히 다 어더 빅 차 **먹더라**<월석22: 53ㄴ>

ㅇ. 利師跋王이 즉재 金銀 보배와 옷과 飮食과 제 맛댓던 五百
쇼를 조쳐 준대 그 사ᄅᆞ미 깃거 善友太子를 몯내 기려 닐오
ᄃᆡ……ᄒ고 大衆中에 된 모ᄀᆞ로 닐오ᄃᆡ……ᄒ야늘 그쁴 無量
大衆이 기꺼 布施홀 ᄆᆞᅀᆞᄆᆞᆯ 發ᄒ야 一切를 賑濟호ᄃᆡ 부텨
求호ᄆᆞ로 根源 사ᄆᆞ며 虛空一神天이 讚歎ᄒ야 닐오ᄃᆡ……ᄒ
더라<월석22: 60ㄱ~61ㄱ>

ㅈ. 그쁴 夫人이 손소 글왈 ᄠᅵᆼᄀᆞ르샤 그려기 모기 ᄆᆡ여시늘 그
그려기 ᄂᆞ라올아 바회 지서 갌도다가 나 니거늘 夫人이 보
시고 ᄆᆞᅀᆞ매 미더ᄫᅵ 그려기사 내 아ᄃᆞ릭 죽거나 살어나 一
定ᄒ 긔벼를 아라 오려다 **ᄒ더시다**<월석22: 62ㄱ~62ㄴ>

ㅊ. 利師跋王이 두려 즉재 太子를 빗여 나랏 ᄀᆞ새 보내오 太子
ㅣ 使者 브려 利師跋王쯰 닐오ᄃᆡ……ᄒ야늘 그저긔 利師跋
王이 픙류ᄒ고 쓰려 ᄠᅳ오 香 퓌우고 깁과 幡盖와 돌오 鐘鼓
티고 머리 나와 마자 宮中에 도라가 쫄로 얼이고 波羅㮈로
보내야 父母ㅣ 太子 오ᄂᆞ다 드르시고 몯내 깃그샤 큰 象 튜
시고 픙류ᄒ고 쓰려 ᄠᅳ오 香 퓌우고 깁과 幡盖와 돌오 머리
나와 맛거시늘 나랏 百姓도 다 나와 **迎逢ᄒ더라**<월석22: 63
ㄴ~64ㄴ>

ㅋ. 太子ㅣ 술보ᄃᆡ……세 번 니ᄃᆞ록 술바늘 王이 거스디 몯ᄒ샤
獄門을 여러시늘 그쁴 惡友ㅣ 손 바래 두드레 박고 모기 갈
메오 쇠줄 미윤 자히 善友를 가 보아늘 善友ㅣ 父母쯰 술바
다 벗겨 ᄇᆞ리고 나ᅀᅡ 드러 아나……安否 묻고……ᄒ니 세 번
무러ᅀᅡ……ᄒ야늘 善友太子ㅣ 도로 寶珠 어더 父母ㅅ 알ᄑᆡ
가 ᄭᅮ러 香 퓌우고 비러 盟誓ᄒ야 닐오ᄃᆡ……ᄒ니 즉재 녜
ᄀᆞᆮᄒ야 父母ㅣ 아ᄃᆞᆯ 보시고 歡喜踊躍ᄒ야 吉慶 ᄃᆞᆸ비며 幸호
미 그지 **업더시다**<월석22: 65ㄴ~66ㄴ>

(7ㄱ)은 주요 반동 인물인 '악우태자'의 행실을 내용으로 하고 있는

구문이다. 이와 같은 평소 행실과 태도를 통해 '악우태자'의 인물됨을 보여 주고 있다는 점에서 (7ㄱ)은 전형적인 배경 구문이라고 할 수 있다. (7ㄴ)은 '선우태자'가 보주를 구하기 위해 고국을 떠나는 대목 직전에 위치한다. 그 내용을 보면 오백 일행이 태자와 함께 길을 나서겠다는 것이다. 태자의 길 떠남과 같은 주요 사건을 예비하는 부수적인 사건이므로 배경적인 관점에서 파악해 볼 수 있다. (7ㄷ)은 '선우태자'의 보주 탐색담이 본격화하는 지점의 첫머리에 위치한다. 보주를 얻기 위한 '선우태자'의 여정과 여정 중에 겪는 여러 사건들로 구성되는 보주 탐색 이야기는 '선우태자전' 전체에서 매우 중요한 서사적 비중을 차지한다. (7ㄷ)은 '선우태자'의 조력자로서 보주를 찾는 일에 결정적인 정보를 제공하는 맹인 도사가 죽은 후 홀로 길을 나선 '선우태자'가 청련화 땅에 당도하여 '자심삼매력'으로 독사를 제압하는 내용을 담고 있다. 이 대목의 '자심삼매력'은 '선우태자'가 보주가 있는 용궁에 이르러 궁성의 못을 지키는 독룡들을 제압하는 데서도 결정적인 힘이 된다. 따라서 (7ㄷ)은 그러한 주요 사건으로 나아가기 위한 계기적인 사건으로서 배경 정보에 해당한다고 볼 수 있다. 이와 마찬가지로 네 마리의 독룡이 용궁 성문을 지키고 있는 상황을 서술하고 있는 (7ㄹ) 또한 (7ㄷ)과 비슷한 성격의 구문으로 판단된다.

(7ㅁ)은 '선우태자'가 자신의 보주를 빼앗은 도적이 동생 '악우태자'라는 말을 '수신'으로부터 들은 후 서러워하는 장면이다. 전체 서사 구조를 고려할 때, 이 대목은 이야기 전개부의 주요 서사라 할 수 있는 '보주 탐색담'이 일단락된 직후의 지점에 위치한다. 여기에 이어지는 부분의 주요 서사는 '선우태자'가 겪는 일련의 고행의 여정과 '이사발국' 공주와의 만남, 개안 등이다. 이러한 점을 감안하면 (7ㅁ)

은 주요 사건에 뒤따르는 부차적인 정보로서 앞으로 전개될 인물의 처지를 예시해 주는 배경 관련 구문으로 볼 수 있다. 앞부분에서는 동생 '악우태자'로 인한 '선우태자'의 절박한 처지와 힘든 여정을, 뒷부분에서는 '이사발국'의 공주와 '선우태자'와의 과거 인연을 서술하고 있는 (7ㅂ) 또한 인물들 간의 관계와 이에 따른 만남과 결연을 암시하는 전형적인 배경 제시 구문이다. 거문고를 타며 구걸의 고난을 겪으면서도 오백 걸동 중생을 음식으로 보시하는 '선우태자'의 모습을 그리고 있는 (7ㅅ)도 배경적인 정보를 담고 있는 구문이다. 고난의 상황 속에서도 굴하지 않고 난관을 이겨 내는 모습을 통해 '선우태자'의 영웅적인 면모나 성격이 자연스럽게 드러나기 때문이다.

(7ㅇ)에서는 '이사발국' 공주와의 재회 후 개안한 '선우태자'가 '이사발국왕'의 배려로 자신에게 은덕을 베푼 목동('유승')에게 재물로써 보은한 후, 이에 감동한 무량대중이 보시로써 진제(賑濟)하여 천신이 찬탄하는 상황이 그려져 있다. 이 대목이 두 눈의 개안으로 이루어지는 고난, 시련의 극복과 그러한 극복 과정 후의 상황에 해당하는 점, 그리고 뒤를 이어 유명한 '기러기 전언 주지'가 펼쳐지는 점 등을 고려하면 (7ㅇ)은 앞의 (7ㅁ)과 비슷하게 주요 사건에 뒤따르는 부차적인 사건 정보를 담고 있는 배경 관련 구분으로 해석할 수 있다. (7ㅈ)에서는 '선우태자'의 모친이 편지를 써서 기러기 목에 걸어 날려 보낸 후 그 자신의 내적 독백을 간접 인용의 형식으로 제시하고 있다. 이 부분은 기러기 전언을 통한 부모와의 연락과 만남이라는 전체적인 서사 내용에 비추어 볼 때 아직 본격적인 만남이 이루어지기 이전 단계에 해당하므로 배경적인 서사로 보아도 큰 문제가 없다.

이런 점에서 보면 (7ㅊ) 또한 '선우태자'와 부모가 만나기 직전의 상황에 해당하면서, 온 나라 백성이 '선우태자'를 성심으로 맞이하기 위해 준비하는 상황을 보여 주고 있으므로 주요 사건을 예비하는 부차적인 정보로 풀이된다. 마지막으로 (7ㅋ)을 구문의 끝부분에 주목하여 보면, 부모와 재회한 '선우태자'가 보주의 신력으로 부모의 두 눈을 밝게 하자 부모가 기뻐하는 장면을 그리고 있다. 이러한 내용이 귀국 후 부모와의 상면과 동생 '악우태자'로부터 보주를 되찾는 장면 등에 이어지는 부분에 있으므로 (7ㅋ)도 '선우태자'와 부모와의 만남이라는 주요 사건에 부수하는 사건 정보로 볼 수 있다.

이러한 사실을 종합할 때 '-더라' 구문은 텍스트 전체의 주요 국면에서 이야기나 사건이 본격적으로 시작하기에 앞서 주요 인물이나 상황과 관련된 배경 정보 혹은 주요 사건을 예비하거나 암시하는 전조적인 서사 내용을 드러내고 있다고 할 수 있다. 한편으로 특정의 주요 사건을 중심으로 짜이는 서사적인 지점의 끝부분에 위치하면서 주요 사건에 부수하는 인물 행동이나 심리, 배경과 관련된 정보 등을 담고 있는 경우도 발견된다. 이에 따라 문제의 구문들은 주요 서사의 도입부나 발단부 혹은 종결부에 위치하는 특징을 보이게 되는 것이다. 더불어 텍스트 내적인 기능의 측면에서 보면 주요 사건이나 이야기의 전환 대목에 자리하고 있으면서 서사적인 연결 고리 역할을 담당하기도 한다.110) 각 텍스트에서 '-더라' 종결 구문을 포함하는 담화 구조체가 많은 경우 하나나 두 개 정도의 문장으로 구성되어 있는 점도 이러한 측면에서 이해할 수 있을 것이다.

---

110) 정진원(1993: 107)의 각주에서도 언급한 것처럼, '-더라'에 있는 선어말어미 '-더' 자체의 의미 기능도 단일 문장 구문 차원에서 '회상, 객관적 전달, 앎' 등으로만 이해할 것이 아니라 텍스트나 담화 전체의 차원에서 이야기 도입이나 배경 정보 전달 등의 측면에서도 살펴야 할 것이다.

서술 대상에 따른 문장 분류와 관련해서 보면 '–더라' 구문은 사건의 진행이나 인물 행동, 배경이 되는 장면이나 정경, 분위기 등을 두루 담고 있어서 일률적으로 규정하기가 쉽지 않다. 대체적인 경향성의 차원에서 보면 장면 묘사 구문보다는 요약 구문이나 기술 구문 등이 좀 더 자주 등장한다. 이때 우리는 요약 구문이나 기술 구문이 각각 이야기의 과거성이나 직접성을 드러내는 데 좀 더 효과적이라는 점에 주목하려고 한다. 가령 요약 구문이 담고 있는 순차적인 사건 정보라 하더라도 사건 장면의 '묘사' 그 자체가 아니라 사건이 일어난 사실을 뭉뚱그려 총체적으로 '전달'하는 데에 주안점이 놓인 것으로 보인다. 이런 점에서 '–더라' 구문이 사건이나 인물 행동보다는 많은 경우 정경이나 분위기, 배경적인 인물 정보나 과거 사건의 요약 정보 등을 담고 있다는 점 등에 주목하여 그 배경적인 특성을 이해할 수 있다.

결국 문체론적인 관점에서 텍스트에 반복적으로 출현하는 '–더라' 구문의 문체적인 의의는 그 서사 내용이 담고 있는 배경적 속성이나 배경 정보 제시의 관점에서 살피는 것이 좀 더 효과적이다. 이러한 시각은 '–더라' 종결형의 '–더–'를 시제적인 관점을 바탕으로 한 양태(modality)[111]적 의미 측면에서 고찰했을 때 좀 더 설득력을 얻을 수 있을 것으로 판단된다. 이와 관련하여 우리는 현대국어에 관

---

111) 기존 논의를 보면 양상은 그 개념 정의상 서법이나 양태 등과 착종된 감이 없지 않다. 고영근(1995: 247~61)에 기대어 서법이 화자가 사태와 대결함으로써 나타나는 부수적 의미가 일정한 동사 형태로 구현되는 문법 범주로, 양태가 서법 범주나 기타 어휘적 수단을 통해 나타나는, 개연성이나 가능성 등과 같은 부수적인 의미 자체를 가리키는 의미 범주로 규정되는 점을 고려하면 두 개념 모두 화자의 인식이나 심리 태도가 개입하고 있다는 점에서 상호 관련되어 있음을 알 수 있다. 이들 관련 용어들을 명확하게 구분하는 일은 이 글의 논의 범위를 벗어나기 때문에 더 이상 자세한 언급은 하지 않기로 하겠다. 여기서는 다만 양상이든 양태든 화자가 일정한 사태에 대해 갖는 인식 태도가 문장 내 언어적 요소들을 통해 드러난다는 점, 나아가 문장 차원에서 확인되는 이러한 인식 태도가 이야기 배열에 관련된 설화자의 서술 태도를 드러낸다는 점에서 문체적으로 중요한 표지임을 강조하는 선에서 만족하기로 한다.

한 논의이긴 하지만 한동완(1996: 29)에서 '-더-'의 시제·양상적 의미가 문맥이나 화맥에서 어떤 식으로 산출되는가 하는 문제를 논급한 부분에 주목하려고 한다. 여기에서 '-겠-'은 [추정]과 같은 양상적 의미가 기본이고 시제적 의미는 여기에서 파생적으로 산출되는 의미라는 관점에서 이해된다. 그런데 '-었-', '-더-', '-느-' 등은 시제적 의미가 기본이고 이들에서 확인되는 양상적 의미는 문맥이나 화맥을 통해 산출되는 의미라는 관점에서 파악된다.

이러한 입장을 중시하면 '-었-'은 상황의 과거 발생을 지시하므로 과거적 상황이 존재론적으로 갖는 확정성, 실현성, 고정성, 확실성, 사실성, 기정성 등의 의미를 함축하게 된다. '-더-'에 대해서는 상황의 과거 인식을 부각하고 현재의 인식 판단을 유보하는 점에 착안하여 무의도성, 객관적 전달, 의식의 단절 등과 같은 양상적 의미가 부여될 수 있을 것이다. 따라서 흔히 '-더-'가 갖는 것으로 추정되는 객관적인 보도 기능은 위의 무의도성이나 객관적 전달과 같은 양상적 의미의 차원에서 자연스럽게 도출된다. 나아가 '-더-'가 갖는 과거 시제적인 기본 의미 기능에 따라 '-더라' 구문이 포함하고 있는 이야기 내용은 그 전체 구조를 문제 삼음으로써 완결된 하나의 덩어리처럼 제시된다.[112] 상기 예문들을 통해 보아도 문제의 '-더라' 구문은 장면 묘사와 같은 생동감 있는 서술 경향보다는 일련의 사건을 각각 완결된 전체로 인식하여 요약하거나 기술하는 식의 서술 경

---

112) 한동완(1996: 27)에서 현재 시제는 본질적으로 대상을 서술(narration)하는 것이 아니라 묘사(description: 이 글에서의 문장 구분법에 따르면 'description'은 '묘사'가 아니라 '기술'로 번역됨)하는 것이며, 과거 시제는 사건의 전체 구조를 문제 삼기 때문에, 가령 국어의 '-었-'이 그 전체의 덩어리를 외부로부터 바라보게 된다는 점 등이 지적되고 있다. 현대국어의 '-었-'을 배경이나 주 사건 진전에 자주 쓰이는 것으로 본 김흥수(1991: 301)와 이러한 '-었-'의 쓰임을 그것이 갖는 완료성이 일련의 사건을 완결된 전체로 인식하여 서사하는 데 걸맞기 때문이라고 해석한 한동완(1996: 27)을 종합해 보면 중세국어 문헌의 서사체에서 자주 쓰이는 '-더라' 구문은 현대국어의 '-었다' 구문에 그대로 대응시킬 수 있다.

향을 보여 주고 있다.

'-더라'와 더불어 문장 종결형으로 자주 나타나는 '-니라' 구문의 출현 양상과 담화상의 기능을 '-더라' 구문과 대비하여 살펴보자. '-니라'와 '-더라'는 중세국어 문헌의 서술 지문에서 발견되는 대표적인 문장 종결 표현들로서 이야기 배열상의 문체 특징을 잘 보여 주는 요소들이다. 앞에서도 언급한 것처럼 이들 종결 구문은 서사적인 성격이 강한 텍스트에서 두드러지게 나타나고 있다.

먼저 '안락국태자전'에서는 '-니라' 구문의 예가 모두 다섯 곳에서 보인다.

(8) ㄱ. 長者ㅣ 그 마롤 從ᄒ야 金 四千 斤을 내야 王ᄭ의와 比丘ᄭ의와 **받ᄌᆞᆸ니라**<월석8: 95ㄱ>
ㄴ. 安樂國이 바미 逃亡ᄒ야 돋다가 그짓 ᄭᅩᆯ 븘 죠올 맛나니 자바 구지조ᄃᆡ……ᄒ고 ᄉᅕᆍ로 두 소ᄂᆞᆯ 미야 와 長者ㅣ 손ᄃᆡ 닐어늘 長者ㅣ 怒ᄒ야 손소 安樂國의 ᄂᆞᄎᆞᆯ 피좃고 벗돐 므를 **ᄲᆞ르니라**<월석8: 98ㄴ>
ㄷ. 太子ㅣ 그 말 듣고 깃기 獅子座애 올아 虛空올 타 極樂世界로 **가니라**<월석8: 103ㄱ>
ㄹ. 光有聖人은 이젯 釋迦牟尼佛이시고 沙羅樹大王은 이젯 阿彌陀佛이시고 鴛鴦 부인은 이젯 觀世音菩薩이시고 安樂國은 이젯 大勢至菩薩이시고 勝悅婆羅門은 이젯 文殊ㅣ시고 八婇女ᄂᆞᆫ 이젯 八大菩薩이시고 五百弟子ᄂᆞᆫ 이젯 五百 **羅漢이시니라**[7]<월석8: 103ㄱ~103ㄴ>
ㅁ. 子賢長者ᄂᆞᆫ 無間地獄애 드리 **잇ᄂᆞ니라**<월석8: 103ㄴ>

(8ㄱ)은 '원앙부인'이 금 사천 근에 '자현장자'에게 종으로 팔리는 장면으로 서사 구조상 이야기 전반부의 종결 지점에 위치한다. (8ㄴ)은 부친을 찾아 '자현장자' 집에서 도망한 '안락국'이 종에게 잡혀 와

고초를 당하는 장면으로, 이야기 후반부가 본격적으로 시작되는 서사 지점이라고 할 수 있다. (8ㄷ~ㅁ)은 이야기 후반부의 대단원에 위치하고 있는 구문들이다. 이들 구문은 각각 '안락국'이 사자좌에 올라 극락세계로 승천하는 장면, 과거세의 '광유성인' 이하 여러 인물들이 각각 현재세의 어떤 인물들에 대응하는지를 지정하는 설화자의 설명, 반동 인물 '자현장자'에 관한 짧은 후일담 내용을 담고 있다. 불경 본생담의 유형적인 틀에 맞추어 이야기하면 전체 구조 중 결분 정도에 해당한다고 볼 수 있다.

이들 구문에 공통적으로 쓰이는 '-니라'는 기존 논의에서 15세기 국어의 시상 체계나 문장 종결어미 등을 밝히는 자리에서 언급된 경우가 많았다.[113] 그런데 이들 논의가 대체적으로 '-니라' 자체의 의미 기능을 규명하는 차원에서 이루어진 만큼 문제의 구문이 텍스트 내적으로 어떤 담화적인 기능을 가지며, 그때의 문체적인 효과나 특징은 어떠한지에 대해서는 거의 다루어지지 못했다. 이와 관련하여 '-니라'의 의미 기능에 관한 기존의 논의 몇 가지를 살핌으로써 우리 논의의 단서를 찾아보도록 하자.

고영근(1981: 95)은 지문의 '-더라'를 포함하여 부정법의 '-다', '-니라' 등을 지문에 쓰이는 특수한 형태로 처리하고 있다. 이 중에서 단독적 장면인 지문에 쓰이는 '-니라'에 대해서, 보편적 평서형 어미 '-다'에 대비하여 보수적인 평서형 어미로 규정하였다. 최동주(1995: 46~51)에서는 '-으니라'를 하나의 설명법 어미로 간주한 후, 부정법(∅)을 시상형태소가 결합하지 않은 형식이라고 할 때 [-상태

---

113) 최동주(1995), 장윤희(1998) 등을 참고할 수 있다.

성] 상황의 경우 '과거'를 의미한다고 보았다.[114] 또한 '-ᄂᆞ-'가 포함되는 'ᄒᆞᄂᆞ니라'가 구문 용례에 따라 현재의 시간 관계를 나타내기도 하고, 발화 시점에서 '참'인 일반적인 사실이나 관례적인 상황을 나타내므로 현재로 볼 수 있다고 하였다.

최동주(1995: 89~98)에서는 시상형태소가 결합하지 않은 부정법 형식이 '-더-'와 대립하면서 완료상 대 비완료상으로 대응한다고 보고 있다. 그리고 전자가 과거의 상황을 표현하되 그 상황을 바라보는(제시하는) 화자의 시점(viewpoint)이 상황의 내부가 아니라 외부(발화 시점)에 위치하고 있어서 완료상(perfective)을 나타내는 반면에, 후자는 과거 상황을 제시하는 화자의 위치(시점의 위치)가 상황의 내부에 있어서 상황의 내적 시간 구성을 언급하는 방법으로서의 비완료상(imperfective)을 나타낸다고 보았다. 이에 따라 특히 지문 서술에서 부정법(완료상)은 상황을 일어난 순서대로 서술하면서 줄거리를 구성하는 담화상의 기능을 담당하게 된다.

장윤희(1998: 109~21)에서는 15세기 국어의 설명법 어미를 다루면서 '-다'와 '-니라'를 대비 고찰하고 있다. 이 논의에서 '-다'는 불변하는 진리에 가까운 글자의 개념적 의미를 설명하거나 동일한 의미를 가지는 다른 말을 제시하는 등의 의미해석구문과 간접 인용문 등의 관념적 문장 서술에 사용된 종결어미로 규정되었다. 반면에 '-니라'는 화자가 구체적인 청자를 상대로 하거나 적어도 의식의 전면에 청자를 내세운 문장에서 사용되던 통보성·실용성이 강한 종결어미

---

114) "그 衆生이 머거 보고 맛내 너겨 漸漸 머그니 모매 光明도 업스며 ᄂᆞ라 돌놈도 ᄒᆞ고 만히 머그닌 양지 셩가싀더니 그제ᅀᅡ 희드리 처섬 나니라. 그 侯에ᅀᅡ 외니 올ᄒᆞ니 이긔니 계우니 홀 이리 <u>나니라</u>"(월석 1: 42)가 예문으로 제시되었다.

라고 보았다. 이러한 점에서 '－니라'는 화자가 청자를 고려하는 적극적인 태도가 표시된다고 주장하였다. 이는 '－다'를 화자의 주관적 요소가 최소로 반영되면서 명제를 그 자체로 서술하는 종결어미로 보는 점과 대비된다.

앞에서도 언급한 것처럼 '－니라'는 '－더라'와 더불어 중세국어 자료 전반에서 확인되는 문장 종결형이다. 이들 형태가 번갈아 가며 나타나는 중세국어의 구문 특징은, 문제의 구문들이 실린 문헌의 성격에 따라 달라진다는 점이 앞선 연구에서 지적되기도 했기 때문에,[115] 그 문체적 의의를 밝히는 일이 무척 중요하다는 것을 깨닫게 된다. '－니라'와 '－더라'가 이야기 배열이나 서사 전개에 따라 구별되어 사용된다는 점을 전제로 그 구체적인 양상을 살핀 후 문체적인 연관성을 밝히려는 이유가 여기에 있다.[116] 우리가 앞서 개괄한 몇몇 기존 논의만을 놓고 보면 '－니라'로 종결되는 구문 전체가 담화나 이야기 배열에서 어떤 기능을 담당하고 있는가 하는 점을 명시적으로 파악하기가 쉽지 않다. 담화 기능적인 측면과 관련하여 우리는 '－니라' 자체가 보수적이라는 사실[고영근(1981)의 경우] 또는 '－니

---

115) 이지영(1999: 12)을 참고할 것.

116) 소설과 같은 서사 텍스트를 대상으로 문장 종결형의 담화적인 기능을 살핀 기존 논의의 틀에서는 시상 형태소들을 형태론적인 계열 관계를 비교적 엄격하게 적용하여 과거의 '－었-', '－더-' 계와 현재의 '－느-' 계로 나누어 살피고 있다[신현숙(1986), 김흥수(1991) 등 참고]. 그런데 이들 논의에서 주로 다루고 있는 자료가 개화기 이후 현대국어 자료에 국한되어 있다는 점에 유념하지 않으면 안 된다. 이 글에서 다루는 자료를 포함하여 개화기 이전의 서사 텍스트에 대해서는 시상 자체의 논리로써 문장 종결형의 담화 기능을 살피는 데 일정한 한계가 있다. 예컨대 고영근(1997: 150)에서 ᄒ라체의 평서형 종결어미로 대별한 '－다'와 '－니라' 계열의 'ᄒ더라', 'ᄒ더니라' 등에 대해서, 우리는 단순한 시상 논리만으로는 그 담화 내적인 기능을 구별해 이야기하기가 쉽지 않다. '－다(라)'나 '－니라'가 갖는 분명한 어감의 차이나 텍스트 내에서의 변별적인 쓰임새 등을 고려하지 않을 수 없기 때문이다. 따라서 특히 지문의 문장 종결 표현에 관한 한 기본적으로 시상 자체의 논리를 살피되 그 담화적인 기능과 관련해서는 이야기 자체나 청자(독자) 등에 대한 화자(작자)의 심리적인 태도나 그러한 문장 종결 표현의 효과 등의 측면에도 주의를 기울여야 할 것이다. 이때에는 당연히 전경과 배경 정보나 위계적인 정보 중요도, 서사 전개상의 위치 등을 살피는 일이 중요하게 부각된다.

라'가 청자를 전면에 내세웠거나 이들을 구체적으로 상정한 통보성, 실용성이 강한 종결어미라는 주장[장윤희(1998)의 경우] 등에서 그 직접적인 연관성을 찾기는 어렵다.

그런데 가령 지문에 나타나는 보수적인 '－니라'라는 것도, 그 자체의 특징이 '보수적'이라기보다는 '보편적인' 평서형 어미 '－다'에 대비되는 '특수한' 종결 요소라는 점에 착안하여 그 특징을 논급할 만하다. 그리고 이때의 특수성이 지문이라는 특별한 환경에서 배태되는 것이라고 본 만큼 '－니라'가 과연 어떤 지문 환경(혹은 위치)에서 왜 출현하는가 하는 점을 역추적해 볼 수 있을 것이다. '－니라'를, 구체적인 발화 맥락에서 청자를 적극적으로 상정하는 것으로 보는 주장도 이와 비슷한 맥락에서 살필 필요가 있다. 전언(message)의 수신자인 '청자'를 문장 차원에서가 아니라 전체 텍스트 차원에서 달리 규정하면 텍스트 수용자로서의 독자에 해당한다고 볼 수 있다. 이때 우리는 특히 지문 서술 부분에서 '청자'에 상당하는 독자를 적극적으로 고려한 구문 형태를 어느 정도 상정할 수 있다. 나아가 이러한 구문들의 내용 성격은 그대로 '－니라'의 담화 내 기능을 살피는 데 중요한 단서가 될 수 있을 것이다.

그런 점에서 최동주(1995)가 눈길을 끈다. 구체적인 논의가 '－니라' 자체를 중심으로 한 것은 아니지만, 예컨대 부정법 'ᄒ니라'와 'ᄒ더니라'를 제기된 시상적 관점에서 대비하면 '완료상 : 비완료상'으로 파악될 수 있다고 본 점, 그리고 이때 부정법(완료상)이 상황을 일어난 순서대로 서술하면서 줄거리를 구성한다고 본 점 등은 우리에게 시사하는 바가 크다. 아쉬운 점은 '－니라'를 시상의 관점에 기반 하여 그 담화상의 기능을 논할 때 몇몇 예문 중에 시상 개념을 적용하기 힘든 경우가 있어서 논란의 여지가 없지 않다는 점이다.

예를 들어 앞의 (8ㄱ)은 '자현장자'가 금 사천 근을 '사라수왕'과 '바라문비구'에게 바치는 장면을 서술하는 대목으로서 인물의 실제 행위를 나타내고 있다. 따라서 이 구문은 서사 텍스트에서 확인되는 주요 구문 유형 중 장면 묘사에 해당한다. (8ㄴ, ㄷ) 또한 구체적인 장면 속의 인물의 연속되는 행동이나 대사를 보여 주는 구문이라는 점에서 (8ㄱ)과 크게 다르지 않다. 이들 구문은 시간 순서에 따라 펼쳐지는 인물 행동을 묘사하고 있다는 점에서 '-니라'의 담화상 기능을 확인할 수 있는 좋은 예가 된다. 발생하는 사건 순서를 따라 이야기가 구성되는 대목은 인물이 구체적으로 행동하는 장면 묘사 구문이나 요약 구문으로 자연스럽게 드러나며, 이러한 인물 행동은 사건이나 줄거리를 진전시킨다는 점에서 전경적 정보로 파악될 수 있기 때문이다. 이런 점에서 (8ㄱ, ㄴ, ㄷ)은 상 범주 측면에서 완료상으로서 담화상으로는 전경을 구성하는 사건 서술 구문이라고 할 수 있다.

그런데 (8ㄹ~ㅁ)은 앞의 세 구문과는 성격이 조금 다르다. 서술격의 '-이-'에 결합하는 '-니라'와, 존재 동사 '잇-'과 어미 '-ᄂ-'에 결합하는 '-니라'라는 차이점을 제외하면 이들 구문은 전체적으로 인물들에 관한 정보를 담고 있다는 점에서 비슷하다. (8ㄹ)은 시간성의 차원과는 무관한 정보 내용을 담고 있어서 전형적인 기술 문장에 해당한다는 점에서, 비완료상으로 문맥적으로 지속의 속성을 담고 있는 요약(summary) 문장인 (8ㅁ)과 구별된다. 현재와 완료가 전경에, 과거와 미완[117]이 배경에 대응하는 국어 시상의 일반적인 담화 기능

---

117) 상 범주에서의 관련 개념 규정과 관련하여 '완료'와 '미완, 비완료' 등을 구별할 필요가 있다. 최동주(1995: 22~3)에서 '완결' 및 '미완, 지속, 진행, 습관, 반복' 등의 개념은 각각 '완료상'과 '비완료상'이

에 비추어 보면 (8ㄹ, ㅁ)은 설명하기가 쉽지 않다.

우선 (8ㅁ)은 비완료상으로 지속의 속성을 담고 있어서 배경적 정보로 간주될 수 있다. 그런데 한 이야기 속의 배경 정보라는 것이 후행하는 사건과 시간적으로 중첩하면서 줄거리에 대해 부연 설명하는 특징을 갖는 점에 주목하면 (8ㅁ)은 일반적인 배경 정보의 차원에서만 이해해서는 안 된다. 이 구문이 시상의 관점에서는 비록 비완료상으로 지속의 의미 특성을 보이고 있지만, 서사적으로는 최후 종결 지점에 위치하고 있으면서 이야기나 사건이 대단원으로 휘갑되는 부분이라는 점에 유의해야 한다. 또한 주요 반동 인물인 '자현장자'의 후일담을 언급함으로써 악행(악인)의 종말을 청자(독자)에게 주의 환기하려는 화자(작자)의 주관적인 의도 등에 대해서도 주목해 보면 단순한 배경 정보라고는 할 수 없는 것이다.

이 시기 '-ᄂᆞ-'는 시상적으로는 화자가 시점(視點)을 발화 지점에 위치시킨 채 그 시점에서의 상황을 나타내는 비완료상적 속성을 갖고 있었다.[118] 따라서 그 구문의 내용 성격도 발화 시점의 구체적인 상황을 가리키는 것이 아니라 '참'으로 인정되는 일반적인 사실이나 관례적인 상황을 나타내는 경우가 많았다.[119] (8ㅁ)의 구문 성격도 기본적으로는 '-ᄂᆞ-'의 이러한 시제 특성에 초점을 맞추어 이해해야 할 것이다. 그런데 시제 범주상 현재를 의미하는 '-ᄂᆞ-'는 전경 정보 제시와 같은 담화적 기능을 갖는다. 상 범주의 측면에서는 미완을

가질 수 있는 문맥적 의미들이기 때문에 동일한 차원에서 이해할 성질의 것이 아니라고 본 점에 주목하여 우리는 상 범주를 지칭하는 기본 개념어로 '완료상'과 '비완료상'을 사용하기로 한다. 구체적인 문맥 의미를 지칭할 때는 '완료'와 '미완, 지속……' 등으로 사용하도록 하겠다.

118) 최동주(1995: 150) 참고.

119) 이와 관련하여 특정 어휘에 대한 의미 해석 구문에 '-ᄂᆞ니라'가 집중적으로 분포하는 점을 주목할 만하다.

의미하면서 담화적으로는 배경 정보를 제시하는 기능을 담당한다.

이와 관련하여 우리는 국어의 상 범주가 시제와는 달리 '현재, 완료→전경', '과거, 미완→배경'의 대응 구조를 일률적으로 따르지 않는다는 김흥수(1991: 302)의 지적을 참고할 만하다. 시제 측면에서는 서술 구문이 현재와 배경, 과거와 전경 식의 대응 관계에 준하는 데 반해 상은 달리 나타날 수 있는 것이다. 이러한 사실은 비완료상으로서 배경 정보를 제시하고 있는 듯한 (8ㅁ)의 구문 성격을 이해하는 데 한 단서가 될 수 있다. 앞에서도 언급한 몇몇 이유 때문에 (8ㅁ)은 단순한 배경으로서보다는 설화자가 자신의 의도를 적극적으로 텍스트 수용자에게 전달하려는 대목의 주요 전경 정보로 보는 것이 타당하다. 이와 같은 설화자의 태도는 텍스트 수용자를 좀 더 의식하는 종결형인 '-니라' 구문을 통해 좀 더 효과적으로 드러난다.

(8ㄹ) 또한 이와 비슷한 맥락에서 이해할 필요가 있다. (8ㄹ)은 일종의 지정 구문으로서 발화 시를 기준점으로 이야기 세계 내에서 참인 사실을 보여 주고 있으므로 현재를 나타낸다고 할 수 있다. 따라서 시제 관점에서는 현재에 해당하므로 국어 시상의 일반적인 대응 관계인 '현재→전경'의 틀에 따라 해석될 수 있다. 그렇다면 (8ㄹ)에서 확인되는 정보 내용은 전경적인 것으로 보는 것이 좋다. 물론 (8ㄹ)에 제시된 인물 정보를 단순한 배경 정보로 볼 여지도 없지는 않다. 그러나 문제의 구문이 위치하는 지점이 주요 서사가 '종결된' 이후라는 점, 이야기 세계 속 주요 인물들에 대한 현재적인 정보를 담고 있다는 점 등을 고려하면 전경적인 정보를 담고 있는 구문으로 보는 것이 자연스럽다.

다음은 '목련전'에 나타나는 '-니라' 종결 구문의 예들이다.

(9) ㄱ. 長者ㅣ 病ᄒᆞ야 업거늘 다ᄆᆞᆫ ᄒᆞᆫ 아ᄃᆞ리 이쇼ᄃᆡ 일후미 羅ᅡ
이러니 아비 무더메 三 年 타 살오 와 어미ᄃᆞ려 닐오ᄃᆡ……
ᄒᆞ고 益利라 홇 죵ᄋᆞᆯ 보내야 도ᄂᆞᆯ 가져 내야오니 三千貫이
것거늘 세 기제 ᄂᆞ호아 ᄒᆞᆫ 기ᄌᆞ란 어미 주어 지븨셔 쓰게
ᄒᆞ고 ᄒᆞᆫ 기ᄌᆞ란 어미 주어 三寶供養ᄒᆞ야 아비 爲ᄒᆞ야 날마
다 五百僧齋 ᄒᆞ고라 ᄒᆞ고 ᄒᆞᆫ 기ᄌᆞ란 제 가져 金地國에 흥졍
ᄒᆞ라 **가니라** <월석23: 72ㄴ~73ㄱ>
ㄴ. 世尊이 니ᄅᆞ샤ᄃᆡ……ᄒᆞ시고 즉재 阿難이ᄅᆞᆯ 시기샤 머리 갓
기시고 世尊이 머리 ᄆᆞ녀 受記ᄒᆞ시고 일후믈 ᄀᆞ라 지ᄒᆞ샤ᄃᆡ
大目健連이라 ᄒᆞ시고……ᄒᆞ**시니라** <월석23: 76ㄴ~77ㄱ>
ㄷ. 그저긔 獄主ㅣ 쇠슬히로 ᄠᅳᆯ어 니ᄅᆞ혀니 바깻던 모디 ᄧᅡ해
디고 터럭 구무마다 피 흐르거늘 다시 쇠갈 메오고 갈잠개
자바애 ᄒᆞ야 내야다가 目連일 **뵈니라** <월석23: 86ㄱ~86ㄴ>

(9ㄱ)은 주인공 '나복'이 부친 '부상장자'의 무덤에서 삼 년 시묘살
이를 하고 돌아와 집안의 재산을 나누어 일부는 가용하게 하고, 또
다른 일부는 삼보 공양하게 한 후 나머지를 들고 '금지국'으로 가 흥
정하기 위해 집을 나서는 장면이다. 전체 서사 구조 속에서 보았을
때 '나복'의 첫 번째 출가 장면에 해당하는 이 대목은 발단부의 주요
사건에 해당되는 지점에 자리 잡고 있다. (9ㄴ)은 '나복'이 세존으로
부터 '대목건련'이라는 이름을 받은 후 제일의 신통력을 가진 제자가
되는 장면을 서술하고 있는 부분이다. 이는 '나복'이 모친 무덤에서
삼 년간 시묘한 후 불문에 들어선 직후 대목에 해당하는데, 전체 서
사 구조에서는 전개부가 본격적으로 시작되는 지점이라고 할 수 있
다. 서사의 주요 전환이 이루어지고 있는 대목으로 볼 수 있는 것이
다. (9ㄷ)은 지옥 옥주가 처참한 형상의 '목련모'를 '목련'에게 보이는
대목으로서, '목련'과 그 모친이 극적으로 상봉하는 장면의 상황을 그
내용으로 하고 있다. 이 (9ㄷ) 또한 앞의 (9ㄴ)과 마찬가지로 전국적

서사 구조의 주요 전환점에 위치한다.

(9ㄱ)은 주요 서술 대상이 사건 진행이나 인물 행동으로 파악된다. 그런데 전·후반부를 자세히 살펴보면 약간의 차이점이 감지된다. 구문 전반부가 삼 년 간 시묘살이를 했다는 정보가 압축적으로 제시된 전형적인 요약 구문임에 반하여 집에 돌아온 후의 일련의 상황을 서술하고 있는 후반부는 하나의 장면 속에서 대화하고 행동하는 인물의 모습을 그대로 보여 주면서 생동감을 살리고 있는 전형적인 장면 묘사 구문에 해당한다. (9ㄱ, ㄴ)도 이와 크게 다르지 않다. 세부적인 내용의 성격이 약간의 차이가 없지 않지만 (9ㄱ, ㄴ)은 모두 장면의 현재성과 직접성이 감지되는 장면 묘사 구문이라는 점에서 본질적으로 그 성격이 같다. (9) 전체를 보면 (9ㄱ)의 앞부분을 제외한 나머지 대부분이 특정 장면 속의 인물 대화나 행동 등이 주된 내용으로 제시되어 있어서 담화상의 전경적인 속성이 두드러진다. 나아가 이들 장면들은 모두 주요 서사적인 사건들이 본격화하는 지점에 위치하면서 사건이나 이야기 줄거리를 진전시킨다는 점에서 전형적인 전경 정보로 파악된다.

마지막으로 '선우태자전'의 경우를 보자.

> (10) ㄱ. 디나건 뉘예 無量千歲예 혼 나라히 일후미 波羅㮈러니 毗婆尸如來ㅅ 像法 後에 波羅㮈王ㅅ 일후믄 摩訶羅사ㅣ러시니 어디르샤 正法으로 나라홀 다스리샤 百姓 보차디 아니ᄒ더시니 여쉰 小國과 八百 ᄆᆞᅀᆞᆯ홀 가졧더시니 二萬夫人이 다 아ᄃᆞ리 업슬씨 王이 손소 神靈의 두루 비르샤 열두 히 차거늘 第一夫人과 第二夫人괘 아기를 ᄇᆡ여시ᄂᆞᆯ 王이 깃그샤 손소 供養ᄒ더시니 열둘 차거늘 太子ㅣ 나니 양ᄌᆡ 端正ᄒ더니 第二夫人도 아ᄃᆞᆯ **나ᄒ니라**<월석22: 22ㄴ~23ㄴ>

ㄴ. 王이 ᄎ마 거스디 몯ᄒ샤 그리ᄒ라 ᄒ신대 善友太子ㅣ 즉재
니러 父王ㅅ 바래 **禮數ᄒᅀᆞᆸ니라**<월석22: 34ㄱ>

ㄷ. 父母ㅣ 드르시고 니ᄅ샤ᄃᆡ……**ᄒ시니라**<월석22: 37ㄱ>

ㄹ. 그ᄢᅵ 道師ㅣ 말 다ᄒ고 命終ᄒ거늘 善友太子ㅣ 낫ᄃ라 아나
목노하 울오 싸해 묻고 올ᄒ녀그로 닐굽 볼 값돌오 머리 조
ᅀᅡ 禮數ᄒ고 **가니라**<월석22: 42ㄱ>

ㅁ. 善友ㅣ 즉재 寶珠 내야 惡友 주고 警戒호ᄃᆡ……ᄒ고 兄이 자
거늘 대곳 둘흐로 兄의 두 누네 박고 구슬 아ᅀᅡ **가니라**<월
석22: 48ㄴ~49ㄱ>

ㅂ. 父母ㅣ 드르시고 목 노하 우르시고 것므ᄅ 주거 싸해 디거
시늘 춘믈로 ᄂᆞ치 ᄲ려 오라거ᅀᅡ ᄭᆡ샤 니ᄅ샤ᄃᆡ……ᄒ실ᄊᆡ
惡友ㅣ 츠기 너겨 그 寶珠를 싸해 **무더ᄇ리니라**<월석22: 50
ㄱ~50ㄴ>

ㅅ. 利師跋王ㄱ 쇼 치ᄂᆞᆫ 사ᄅᆞᆷ 일후미 留承이라 호리 五百 쇼를
노하 水草 됴ᄒᆞᆫ ᄃᆡ로 모라 가더니 善友太子ㅣ 긼 가온ᄃᆡ 안
잿거늘 쇼ㅣ 무리 ᄒ마 넓긔 다 와 댓더니 그 中에 牛王이
네 발로 太子ㅅ 우희 타셔고 한 쇼ㅣ 다 디나게코ᅀᅡ 바ᄅᆞᆯ
옮겨 올ᄒ녀그로 도라 머리를 도ᄅ혀 혀로 太子ㅅ 두 누늘
할ᄒ대 고즐 쌔혀 **내니라**<월석22: 51ㄱ~51ㄴ>

ㅇ. 그ᄢᅵ 主人이 ᄠᅳᆮ다히 발바다 利師跋城의 **보내니라**<월석22:
53ㄴ>

ㅈ. 그ᄢᅵ 東方ᄋᆞ로셔 大風이 니러나 雲霧를 부러ᄇ리니 虛空이
ᄀᆞᆺᄀᆞ지 조코 閻浮提옛 더러본 거시 다 조차 업거늘 구슰 威
德으로 閻浮提예 골오 自然粳米를 비호ᄃᆡ 무루피 티긔 싸히
고 버거 됴ᄒᆞᆫ 옷과 구슬와 골회와 붊쇠와 곳과를 비코 버거
金銀 七寶와 여러 가짓 풍류를 비호니 모도아 니르건댄 一
切 衆生이 맛드ᄂᆞᆫ 거시 다 ᄀᆞᄃᆞ기 **足ᄒ니라**<월석22: 67
ㄱ~68ㄱ>

ㅊ. 菩薩이 大慈悲 닷가 檀波羅蜜行ᄒ야 衆生의게 一切 즐기ᄂᆞᆫ
것 足게 주미 그 이리 **이러ᄒ니라**<월석22: 68ㄱ>

(10ㄱ)은 이야기의 도입부에 자리 잡고 있다. 그렇다면 구문의 문장
종결 형태도 이야기의 최초 도입 구문에서 상투적으로 발견되는 배
경 제시의 '-더라'로 나타날 것이 예상되는데, (10ㄱ)에서는 '-니라'

로 나타난다. 사실 (10ㄱ)은 시공간적인 배경이나 인물에 관한 배경적인 정보로 구성되어 있어서 전형적인 배경 관련 구문으로 분류하는 것이 타당하다. 필연적이지는 않지만, 위치하는 대목이 이야기의 최초 도입부라는 점도 그런 관점에서 이해되어야 할 것이다. 그런데 우리는 구문 내 정보들의 속성이나 이들 상호 간의 관계, 그리고 후행하는 이야기 사건에 이어지면서 연관되는 방식 등을 따져 볼 필요가 있다.

가령 구문을 자세히 살펴보면 여러 정보들이 '-더니' 연결 형태로 이어지면서 시공간이나 인물과 관련된 직간접적인 정보 형태('波羅㮈러니, 摩訶羅사ㅣ러시니, 아니ᄒ더시니, 가젯더시니')로 제시되어 있거나 주요 사건이 전개되기에 앞서서 부수하는 인물 행동이나 사건, 인물 관련 정보('차거늘, 빅여시ᄂᆞᆯ, 供養ᄒ더시니, 차거늘, 端正ᄒ더니') 등으로 제시되고 있다. 이때 '가젯더시니' 앞의 문장들은 주로 이야기의 기본적인 배경이나 배경의 속성, 인물의 성격 등에 관한 것들로서 전형적인 기술 문장으로 분류될 수 있다. 반면에 '가젯더시니' 이후 문장들은 시간의 흐름 속에서 행해지는 인물 행동이나 주요 인물인 '선우태자' 형제의 출생과 관련된 사건 정보 등이 압축적으로 제시되어 있어서 요약 문장으로 분류된다.

따라서 이들 두 부류만을 놓고 보면 전자는 배경 정보에, 후자는 전경 정보에 귀속시킬 수 있을 것이다. 시간이 흘러감에 따라 인물 행동이나 대화가 제시되면서 사건을 전개시키고 줄거리를 구성하는 장면 묘사나 요약 문장이, 흐름이 정지된 시간 속에서 정경이나 인물, 대상의 성격과 속성 등을 주요 내용으로 하는 기술 문장에 비해 서사를 추동하는 힘이 더 크다고 보기 때문이다. 나아가 전체 문장을 휘갑하는 대목인 '第二夫人도 아두를 나흐니라'도 후행 사건, 즉 왕이 '상점복(相占卜)'과 작명을 명하는 사건에 부수하는 단순한 배경 사건으로서보다는 후행 사건과 시간적으로 직결되면서 이야기가 본격적으로 전개된 이후의 상황에 해당하므로 전경적인 장면으로 처리하는 것이 낫다. 그렇다면 (10ㄱ)은 '가젯더시니'를 기준점으로 앞뒤의 내용 정보들이 각각의 의미 단락을 이루면서 배경과 전경적인 속성을 동시에 보여 주는 셈이 된다.

(10ㄴ~ㅇ)은 모두 장면 묘사 구문이라는 점에서 공통적이다. 구문 내용이 시간의 흐름 속에서 파악되면서 구체적인 인물 행동이나 사건 등으로 줄거리를 이루는 정보들로 구성되어 있기 때문이다. 세부적으로 살펴보면 특정 장면 속의 인물 행위(10ㄴ, ㅂ, ㅇ)나 대화(10ㄷ), 일련의 사건(10 ㄹ, ㅁ, ㅅ) 등이 그것이다. 특히 (10 ㄴ~ㅇ)은 각각 이야기 전체의 서사 구조 속에서 발단부와 전개부의 주요 사건들에 해당한다는 점에서 그 전경적인 속성이 두드러지는 구문들이라고 할 수 있다. (10ㅈ)에서는 인물 행동이나, 이러한 일련의 행동으로 이루어지는 사건에 관한 정보를 확인하기가 어렵다. 제시된 정보들을 통해서 시간의 흐름을 감지할 수도 없기 때문에 전형적인 기술 문장으로 파악할 수 있을 것이다. 그러나 정보 중요도의 측면에서 보면 '선우태자'가 우여곡절 끝에 구해 온 보주의 신이한 능력을 보여 주는 장면이기 때문에 전경적인 장면으로 보아도 큰 무리가 없다.

그런데 (10ㅊ)은 이야기의 대단원 지점에 위치하고 있으면서 사건 서술과 직접적으로 관계가 없는 설화자의 발언에 해당한다는 점에서 특이하다. 구체적으로는 바로 앞부분까지 전개된 이야기의 성격을 규정하는 구문이라고 할 수 있다. 결국 (10ㅊ)은 인물 행동이나 사건 등과는 직접적으로는 연관되지 않으면서 이야기 자체의 성격이나 의미 등을 이야기하고 있어서 독자를 적극적으로 의식하는 설화자의 의도가 반영된 구문으로 파악된다. 이들 구문을 정보 중요도나 속성의 측면에서 보았을 때 전경의 차원에서 파악할 수 있는 근거를 이러한 사실에서 찾아볼 수 있다.

이상의 사실을 종합해서 보면, 서사 텍스트 내 설화자의 서술 지문에 나타나는 '-니라'는 그것이 이끄는 서사적인 장면과의 연관성을 토대로 그 담화·텍스트적인 기능을 이해해야 할 것이다. 기본적으로 '-니라'는 그에 선접하는 시상 형태들의 의미 기능에 따라 완료상에서는 사건을 시간 순서대로 전개시키면서 줄거리를 구성하는 전경 정보를 제시하는 역할을 주로 담당한다. 담화나 화제의 구체적이고 특정적인 장면 속에서 행동하는 인물의 모습을 이끌거나, 인물 간 대화 장면을 펼쳐 보인 후 그것을 휘갑하는 서술 대목에 '-니라' 종결 구문이 자주 나타나는 점도 이러한 측면에서 이해할 수 있다. 서사 텍스트에서 인물 행동이나 대화 장면의 구체적인 내용은 대체로 극적 비중이 높기 때문이다.

비완료상에서는 표면적인 배경 정보 이면에 독자를 적극적으로 의식하면서 설화자 자신의 태도를 강하게 담고 있는 서사 내용이 제시되는 점에 주목할 필요가 있다. 이때에는 완료상과 마찬가지로 문장 구문 내 정보들의 서사적인 비중이나 속성, 중요도 등을 고려할 때 주요 전경적인 정보를 이끄는 역할을 담당한다고 볼 수 있다. 특히 그 출현 지점이 대단원의 종결부인 '-니라' 구문은 독자를 서술 발화의 전면에 있는 것으로 상정하면서 작자나 설화자 자신의 적극적인 개입 의지나 이야기에 관한 종교적이거나 교훈적인 전달 의도를 간접적으로 드러내는 한 방편으로 이해된다.

(3) 담화 표지(discourse marker)[120]와 이야기 배열

이야기 배열과 관련하여 주목해야 할 또 다른 요소로 흔히 화제나 담화 단위의 지표[121]로 이해되는 '그쁴'류의 시간 부사어 표현이 있다. 훈민정음 창제 초기의 불경 언해류에는 저경 원문의 '爾時'에 이 끌린[122] '그쁴', '그저긔' 등이 자주 등장하여 일찍이 많은 연구자들이 관심을 기울여 왔다.[123] 이 '그쁴'류의 시간 부사어는 주로 담화나 화제의 경계 지점에 출현하여 이들 간의 전환을 알려 주는 동시에, 이들 담화나 화제를 하나로 묶어 한 편의 텍스트로 통합[124]하는 기능

---

120) 엄밀하게 말하면 담화 표지는 문어 내러티브보다는 구어 내러티브와 좀 더 큰 관련성을 갖는 개념이다. 담화 표지는 "말단위를 묶는 연속적으로 의존하는 요소(sequentially dependent elements which bracket units of talk)"[Schiffrin, Deborah.(1987: 31), Discourse Markers, Cambridge University Press; 송경숙(2003: 230)에서 재인용함]를 말한다. 그런데 우리는 이들 담화 표지의 기능이나 효과를 구술성의 차원에서 살피려고 하기 때문에 담화론적인 담화 표지의 특성을 논의에 최대한 원용할 것이다.

121) 고영근(1990), 배현숙(2001) 등을 참고할 것. 배현숙(2001)은 '그쁴'를 담화의 최소 단위 지표로, '그저긔'를 중간 화제 단락 지표로 보았다. 배현숙(2001)에서는 특히 '그저긔'를 매개로 전혀 새로운 정보가 도입되거나 이야기의 중심 정보가 제공되는 것으로 보고 있다.

122) 저본 원문에는 이 밖에도 '於時', '時' 등이 있다. 이들이 언해 과정에서 어떠한 기준에 따라 '그쁴'나 '그저긔'로 표현되는지에 대해서는 명확하게 이야기하기가 힘들다. 대체적인 경향성의 차원에서 말하면 '爾時'는 '그쁴'로, '於時'는 '그저긔'로 언해되지만 '時'가 '그쁴'나 '그저긔'로 또는 '爾時'가 '그저긔'로 출현하는 경우도 없지 않기 때문이다. 드물게 '爾時'가 '쏘'로 언해되는 경우도 있다. 아래 ㄱ~ㄹ은 〈석보상절〉 권23에서 뽑은 용례들이다.

   ㄱ. '時'→'그쁴': <u>그쁴</u> 쏘 遮頰國과 羅摩伽國과……摩竭王 阿闍世왜 다 四兵 니르바다 와 (**時** 遮頰國 羅摩伽……及摩竭王 阿闍世 嚴四種兵)〈석상23: 52ㄴ~53ㄱ〉

   ㄴ. '時'→'그저긔': <u>그저긔</u> 파파국에서 부텨 滅度ᄒ시다 듣고(**時** 波波國 聞佛滅度)〈석상23: 52ㄱ〉

   ㄷ. '爾時'→'그저긔': <u>그저긔</u> 쏘 제석이 여듧 王의 닐오ᄃᆡ(**爾時** 帝釋桓因 卽現爲人語諸王言)〈석상23: 55ㄱ〉

   ㄹ. '爾時'→'쏘': <u>쏘</u> 阿褥達龍王과 文隣龍王과 伊那鉢龍王이 여듧 王의 닐오ᄃᆡ(**爾時** 阿褥達龍王 文隣龍王 伊那鉢龍王 語八王言)〈석상23: 55ㄱ~55ㄴ〉

123) 전체 텍스트 차원에서 이들의 기능을 밝히고자 한 논의로 고영근(1990), 박금자(1995) 등을 들 수 있다. 김진수(2000)는 고대소설에 등장하는 '화설, 차설, 각설' 등을 화제 전환의 관점에서 살피고 있는데, 텍스트 내에서 담당하는 화제 전환의 기능에 초점을 맞춰 논의가 이뤄지고 있다는 점에서 앞의 두 논의와 그 맥락이 같다고 할 수 있다.

을 하고 있다는 점에서 담화 표지적인 특성을 보인다. '안락국태자전'에서는 '그쁴'류의 시간 부사어가 모두 여섯 군데에서 발견된다.

(11) ㄱ. 녜 梵摩羅國 林淨寺애 光有聖人 五百 弟子 드려 겨샤 大乘 小乘法을 니른샤 衆生을 敎化ᄒ더시니 그 數ㅣ 몯내 혜리러라. **그쁴** 西天國 沙羅樹大王이 四百 小國 거느려 겨샤 正ᄒᆞᆫ 法으로 다ᄉ리더시니 王位를 맛드디 아니ᄒ샤 妻眷이며 子息이며 보빅를 貪티 아니ᄒ시고 샹녜 됴ᄒ 根源을 닷ᄀ샤 無上道를 求ᄒ더시니 光有聖人이 沙羅樹大王이 善心을 드르시고 弟子 勝熱婆羅門比丘를 보내샤······ᄒ야시ᄂᆞᆯ 比丘ㅣ 王宮의 와 뜰해 드러 錫杖을 후ᄂᆞᆫ대 王이 드르시고 四百八 夫人ㅅ 中에 第一 鴛鴦夫人을 브리샤······ᄒ야시ᄂᆞᆯ 鴛鴦夫人이 말 듳 金바리예 힌 뿔 ᄀ득기 다미(마?) 비구ㅅ 알픠 나ᅀᅡ 니거ᄂᆞᆯ 比丘ㅣ 솔보ᄃᆡ<월석8: 89ㄴ~90ㄴ>

ㄴ. 王이 드르시고 四百八 夫人ㅅ 中에 第一 鴛鴦夫人을 브리샤······ᄒ야시ᄂᆞᆯ 鴛鴦夫人이 말 듳 金바리예 힌 뿔 ᄀ득기 다미(마?) 비구ㅅ 알픠 나ᅀᅡ 니거ᄂᆞᆯ 比丘ㅣ 솔보ᄃᆡ······**그저긔** 鴛鴦夫人이 도라 드러 王ᄭᅴ 솔본대 王이 드르시고 즉자히 禮服 니브시고 ᄃᆞ라 나샤 比丘ㅅ 알픠 나ᅀᅡ가샤 세 번 절ᄒ시고 請ᄒ야 宮中에 드르샤 比丘란 노피 안치시고 王은 ᄂᆞᆺ가비 안ᄌᆞ샤 무르샤ᄃᆡ······比丘ㅣ 對答호ᄃᆡ······王이 깃그샤 四百八 夫人을 다 브르샤 졉고 고ᄫᆞ니로 여듧 각시를 ᄀᆞᆯ히샤 比丘를 주어시ᄂᆞᆯ 比丘ㅣ 바다 도라가니 光有聖人이 깃그샤 各各 金鑵子를 맛디샤 摩訶栴檀 우믌므를 ᄒ라 五百 디위옴 길이더시니 삼年이 ᄎ니 八婇女 됴ᄒ 根源을 닷가 無上道理를 일우미 어디 아니ᄒ더라<월석8: 90ㄴ~91ㄴ>

ㄷ. 王이 깃그샤 四百八 夫人을 다 브르샤 졉고 고ᄫᆞ니로 여듧 각시를 ᄀᆞᆯ히샤 比丘를 주어시ᄂᆞᆯ 比丘ㅣ 바다 도라가니 光

---

124) Tannen(1983)은 응집성 가설(cohesion hypothesis)에 따라 문어 내러티브 담화의 응집성이 접속사와 같은 어휘적 장치나 어휘화에 의존한다고 보고 있다[Tannen, Deborah.(1983), Oral and literate strategies in spoken and written narratives, Language 58(I) 1~21; 송경숙(2003: 227)에서 재인용함]. 이와 같은 언급은 '그쁴'류의 시간 부사어가 많은 경우 여러 담화의 앞머리에 반복적으로 출현하면서 텍스트를 구성하는 사실을 이해하는 데 하나의 참조점으로 활용할 수 있다.

有聖人이 깃그샤 各各 金鑵子를 맛디샤 摩訶栴檀 우믌 므를 길라 五百 디위옴 길이더시니 삼年이 ᄎ니 八婇女 됴ᄒᆞᆫ 根源을 닷가 無上道理를 일우미 어디 아니ᄒᆞ더라. **그저긔** 光有聖人이 勝熱婆羅門比丘ᄃᆞ려 무르샤ᄃᆡ……對答ᄒᆞᅀᆞᆸ보ᄃᆡ……聖人이 니ᄅᆞ샤ᄃᆡ……ᄒᆞ야시ᄂᆞᆯ<월석8: 91ㄱ~91ㄴ>

ㄹ. 夫人이 ᄆᆞ디ᄃᆞᆺ 울며 모골 메여 닐오ᄃᆡ……**그저긔** 安樂國이 어마님ᄭᅴ 술보ᄃᆡ……夫人이 닐오ᄃᆡ……安樂國이 닐오ᄃᆡ<월석8: 98ㄱ~98ㄴ>

ㅁ. 安樂國이 닐오ᄃᆡ……**그저긔** 夫人이 어엿븐 ᄠᅳᆮ들 몯 이긔여 門 밧긔 내야 보내야ᄂᆞᆯ 安樂國이 바미 逃亡ᄒᆞ야 ᄃᆞᆮ다가 그짓 ᄭᅩᆯ 뷿 죠ᄋᆞᆯ 맛나니 사(자?)바 구지조ᄃᆡ……ᄒᆞ고 스ᄎᆞ로 두 소ᄂᆞᆯ 미야 와 長者ㅣ 손ᄃᆡ 닐어늘 長者ㅣ 怒ᄒᆞ야 손ᅀᅩ 安樂國의 ᄂᆞ출 피좃고 븟돐 므를 ᄲᆞ리니라<월석8: 98ㄴ>

ㅂ. 王과 太子왜 슬픈 ᄠᅳᆮ들 몯 이긔샤 오래 겨시다가 여희싫 저긔 王이 놀애를 브르샤ᄃᆡ……**그저긔** 太子ㅣ 울며 저ᅀᆞ바 여희ᅀᆞᆸ고 도로 ᄀᆞᄅᆞᆶ ᄀᆞᇫ애 와 ᄃᆞᆸ비 ᄐᆞ고 往生偈를 브르니 ᄇᆞᄅᆞ미 부러 竹林國으로 지블여늘 무틔 올아 오ᄂᆞᆫ ᄆᆞᄃᆡ예 쇼 칠 아ᄒᆡ 놀애를 블로ᄃᆡ……ᄒᆞ야ᄂᆞᆯ 安樂國이 듣고 무로ᄃᆡ……對答호ᄃᆡ<월석8: 101ㄱ~102ㄱ>

'그ᄢᅴ'와 같은 시간 부사어는 기본적으로 사건이 발생하는 특정 시간대를 가리키는 기능보다는 주요 서사 국면이 전환하는 대목에 출현함으로써 그 쓰임새 면에서 담화 내적인 기능의 속성을 강하게 내포하고 있는 것으로 파악된다.[125] 이 글은 이들이 담화의 시작 지점에 놓이면서 텍스트 내 전체 이야기를 하나로 묶는 데 일정한 역할을 담당하거나 하나의 담화 단위 내 선·후행하는 화제들을 경계 짓는

---

125) 이러한 점에 주목하여 신지연(2000: 163)에서는 '그ᄢᅴ'나 '그저긔' 등 시간 표현에서 확인되는 대용어 '그'가 가리키는 내용이 불분명하여 필연적이라고 볼 수 없기 때문에 텍스트 경계 표지로서만 유용하다고 보았다. 이와 같은 텍스트 경계 표지로서의 시간 표현은 사건 변화가 있을 때 유효하게 쓰이고 있다고 하였다. 고영근(1990)이나 박금자(1995)에서도 이와 같은 막연한 시간 표시어 '녜', '그ᄢᅴ', '그저긔' 등을 주로 텍스트 경계 표지나 텍스트 도입자 등으로 보았다.

기능을 하는 점에 주목하여 담화 표지로 이해하고자 한다. 이들은 '그ᄢᅵ', '그저긔' 식으로 그 형태가 차이가 나기 때문에 기본적으로 사용되는 문맥이 어느 정도 구별될 것으로 예상된다. 실제 텍스트 내 특정한 화제 유형이나 이들 화제가 실려 있는 서사적인 맥락에 따라서 사용되는 구체적인 형태가 선택되는 것으로 보이기 때문이다.[126]

(11ㄱ)을 예로 들어 보자. (11ㄱ)은, '광유성인'에 관한 배경적 정보로 시작되는 '안락국태자전' 전체 텍스트의 도입 문장 다음에 이어지는 구문이다. 그 내용은 '사라수대왕'에 관한 간접적인 정보들로 구성되어 있다. 전체 담화 구조의 차원에서 보면 D2의 시작 지점에 해당한다. 이러한 출현 위치상의 특징을 통해 '그ᄢᅵ'는 텍스트 내 이야기가 본격적으로 시작되는 담화를 도입하고 있다고 주장할 수 있다. 이렇게 '그ᄢᅵ'가 텍스트 도입부의 담화 시작 지점에 위치하면서 이야기가 본격적으로 시작되는 화제를 이끄는 경우를 '담화 도입 표지'로 부르기로 하자. 이와 같은 담화 도입 표지로 쓰이는 예로 (11ㄷ)의 '그저긔'를 추가할 수 있다. (11ㄷ)의 '그저긔'는 D3의 첫 번째 문장 구문인 S6 첫머리에 자리 잡고 있다.

(11ㄴ, ㄹ~ㅂ)의 '그저긔'는 대체적으로 담화 중간의 문장 사이에 위치한다. 이들이 이끄는 문장 구문은 인물의 실제 행동이나 대사와 관련된 경우가 많다. 또한 '그저긔'를 전후한 구문에서 주요 서사 주체인 등장인물이 바뀌거나 시공간적인 배경이 변화하는 경우가 많은

---

126) 이와 관련하여 한문 저경의 원문에 나타나는 유사한 표지들이 어떻게 존재하고 있는가 하는 문제를 생각해 볼 수 있다. 이 글에서 우리는 이 문제와 관련된 정보들은 원칙적으로 참고 사항 정도로 다루고자 한다. 선텍스트와 후텍스트 사이에 일률적인 대응 관계가 유지되는 것이 기본적인 원칙이겠지만 후텍스트의 내외적인 산출 과정이나 새롭게 갖게 된 텍스트 존재 형태 등에 따라 차이가 드러난다고 보기 때문이다.

것도 확인할 수 있다. 공간적인 배경 전환과 등장인물의 전환 대목 중간에 쓰이는 (11ㄴ)('王宮의 뜰'→궁중 안 / '원앙부인', '승열바라문 비구'→'원앙부인', '사라수대왕')과 (11ㄹ)('원앙부인'→'안락국'), (11 ㅁ)('안락국'→'원앙부인'), (11ㅂ)('범마라국 임정사'→'강가' / '사라수 대왕'→'안락국') 등에서 그 구체적인 모습이 확인된다. 그런데 배경 이나 인물의 전환은 결국 새로운 사건에 견인되는 새로운 화제의 시 작을 의미한다고 볼 수 있다.127) 따라서 우리는 이들 대목의 '그쁴' 류를 '화제 도입 표지'로 부를 수 있을 것이다.

(12) ㄱ. 羅卜이 듣고 깃거 머리셔 어미 向ᄒ야 머리 조ᅀᅡ 一千 디
위나마 절 ᄒ거늘 **그쁴** 이웃 ᄆᆞᄉᆞᆯ힛 사ᄅᆞᆷ들히 羅卜이 오ᄂᆞ
다 듣고 城 밧긔 마ᄌᆞ라 나가 무로ᄃᆡ<월석23: 74ㄴ~75
ㄱ>

ㄴ. 世尊이 니ᄅᆞ샤ᄃᆡ……ᄒ시고 **그쁴** 世尊이 혼 사ᄅᆞᆷ 롤 거느리
샤 比丘比丘尼優婆塞優婆夷無數億萬을 앒뒤헤 圍繞ᄒ시고
虛空身을 펴 노ᄒ시니 (협주 생략) 닐굽 多羅樹ㅅ노ᄑᆡ러시
니 眉間앳 五色 毫光을 펴샤 地獄을 비취여 ᄒ야 ᄇᆞ리시니
쇠床이 蓮花座ㅣ ᄃᆞ외오 갈즘게 白玉ᄃᆞ리 ᄃᆞ외오 鑊湯이
芙蓉모시 ᄃᆞ외거늘 閻羅大王이 讚嘆ᄒ야 닐오ᄃᆡ<월석23:
88ㄱ~89ㄱ>

ㄷ. 獄主ㅣ 드러가 그 어미ᄃᆞ려 닐오ᄃᆡ……그 어미 對答호
ᄃᆡ……**그저긔** 獄主ㅣ 쇠슬히로 ᄢᅥ 니르혀니 바갯던 모디
싸해 디고 터럭 구무마다 피 흐르거늘 다시 쇠갈 메오고
갈잠개 자바에 ᄒ야 내야다가 目連일 뵈니라<월석23: 86
ㄱ~86ㄴ>

---

127) 예를 들어 (11ㄴ)의 '그저긔'를 전후로 '승열바라문비구'의 '서천국' 도착과 '사라수대왕'과의 담화 후 팔채녀 동행과 공덕 수행이라는 시공의 변화에 따른 사건 전개 등을 통해 화제 전환의 양상을 확인할 수 있다. (11ㄹ, ㅁ)의 '그저긔'를 전후한 구문에서도 이와 같은 서사의 진행 양상이 파악되기 때문에 별 개의 화제로 처리할 수 있다.

(12)는 '목련전'에 나오는 '그쁴'와 '그저긔'의 용례들이다. (12ㄱ, ㄴ)의 '그쁴'는 각각 'ㅎ거늘', 'ㅎ시고' 식의 연결형 뒤에 위치한다는 점에서 눈길을 끈다. 이렇게 '그쁴'가 문장이 종결되는 지점이 아니라 연결되는 지점에 나타난다는 점에서 보면 '그쁴'를 기준으로 전후 구문의 내용을 분리하여 이해하는 것이 부적절해 보인다. 그런데 (12ㄱ)을 자세히 보면 '그쁴'를 기준으로 한 앞뒤 구문에서 인물 전환이 이루어지고 있다. '그쁴' 앞 구문은, 시종으로부터 그 모친이 승재를 지내고 있다고 보고받은 '나복'이, 그것이 거짓인 줄도 모른 채 모친이 있는 곳을 향해 절하는 장면으로 일단락되고 있다. '그쁴' 이후에 이어지는 구문에서는 이웃 마을 사람들로 인물이 전환하면서 '나복'이 그 모친에 관한 사태의 진실을 깨닫게 되므로 새로운 사건 국면이 펼쳐진 것이라고 할 수 있다. 결국 문장 구문 중간에 나타나고 있음에도 불구하고 충분히 새로운 화제를 도입하는 표지로 이해할 수 있는 것이다.

(12ㄴ)의 '그쁴'도 연결형으로 끝나는 점이 (12ㄱ)과 흡사하다. 그런데 우리는 '그쁴' 앞 구문에서 '목련'이 대지옥을 순례한 끝에 모친을 만나고도 구해 내지 못하고 모친의 죄업을 대신 받겠다는 제안을 하지만 옥주로부터 거절당하여 부처에게 도움을 요청하는 장면을 목격하게 된다. 이에 부처가 화답하는 대사가 이어지고, '그쁴'를 기점으로 부처 세존이 신력을 발휘하여 대지옥을 깨뜨리는 장면이 서술된다. 이로 인해 대지옥의 모든 죄인들이 하늘로 풀려나면서 '목련'의 모친도 소지옥으로 옮아가게 되는 사건이 이어진다. 전반적으로 부처 세존의 신력 발휘에 관련된 내용으로 묶어 볼 수 있기 때문에 (12ㄴ)의 '그쁴'에서는 새로운 화제 국면으로의 전환을 감지하기가 쉽지 않다.

(12ㄷ)은 옥주가 주선하여 '목련'과 그 모친이 상면하는 대목이다. '그저긔' 바로 앞부분에는 옥주가 '목련' 모친에게 '나복'이 문 앞에 와 있음을 알리자 그 모친이 '나복'을 자신의 자식으로 확인하는 내용이 실려 있다. 이어 '그저긔'를 기준으로 옥주가 '목련'의 모친을 칼을 씌운 채 끌고 와 '목련'과 상봉시키는 장면으로 연결된다. '목련'이 여러 지옥을 순례했으면서도 그 모친을 만나지 못했다가 드디어 만나게 되는 새로운 국면으로 서사가 진전하고 있는 것이다. 결국 이러한 일련의 상황은 거의 동일한 배경 속에서 펼쳐지는 장면들이지만 '그저긔'를 기준으로 했을 때 인물이 전환하면서('목련'의 모친→옥주) 사건 국면이 새롭게 펼쳐지고 있다는 점에서 (12ㄱ)과 비슷하게 새로운 화제 도입의 양상을 언급할 수 있다.

(13) ㄱ. 王이 무르샤ᄃᆡ……對答ᄒᆞᅀᆞᄫᅩᄃᆡ……㉮그ᄢᅴ 大王이 出令ᄒᆞ샤ᄃᆡ……한 사ᄅᆞ미 듣고 깃거 모ᄃᆞ니 五百이러니……ᄒᆞ더라 ㉯그ᄢᅴ 波羅㮈國에 ᄒᆞᆫ 海師ㅣ 大海예 여러 번 녀러 와 길흘 잘 아로ᄃᆡ 나히 여드니오 두 누니 머더니 王이 道師ᄋᆡ손ᄃᆡ 가샤 니ᄅᆞ샤ᄃᆡ……道師ㅣ 즉재 목 내야 울오 닐오ᄃᆡ……ᄒᆞ더니 王이 니ᄅᆞ샤ᄃᆡ……ᄒᆞ야시ᄂᆞᆯ 道師ㅣ 닐오ᄃᆡ……㉰그ᄢᅴ 善友太子ㅣ 五百 사ᄅᆞ미 결속ᄒᆞ야 大海ㅅ ᄀᆞ새 니거ᄂᆞᆯ 그 아ᅀᆞ 惡友太子ㅣ 너교ᄃᆡ……ᄒᆞ야 父母ᄢᅴ 술ᄫᅩᄃᆡ<월석22: 34ㄱ~37ㄱ>
ㄴ. ᄯᅩ 닐오ᄃᆡ……ᄒᆞ고 결속 다 ᄒᆞ야ᄂᆞᆯ 한 사ᄅᆞᆷ과 여희며 닐오ᄃᆡ……그ᄢᅴ 善友太子ㅣ 道師와 ᄒᆞ야 알ᄑᆞ로 길 녀ᄒᆞ 닐웨ᄅᆞᆯ 가니 ᄆᆞ리 무루페 티거ᄂᆞᆯ ᄯᅩ 알ᄑᆞ로 ᄒᆞᆫ 닐웨ᄅᆞᆯ 가니 ᄆᆞ리 모기 티거ᄂᆞᆯ ᄯᅩ 알ᄑᆞ로 ᄒᆞᆫ 닐웨ᄅᆞᆯ 가니 헤여 걷나가사 바ᄅᆞᆳ고대 달셔니 그 ᄯᅡ히 고른 銀몰애러니 道師ㅣ 무로ᄃᆡ <월석22: 38ㄴ~39ㄴ>
ㄷ. 그저긔 道師ㅣ ᄀᆞᆺ가 ᄯᅡ해 그우러디여 太子ᄭᅴ 닐오ᄃᆡ……㉮그ᄢᅴ 道師ㅣ 말 다ᄒᆞ고 命終ᄒᆞ거ᄂᆞᆯ 善友太子ㅣ 낟ᄃᆞ라 아

나 목노하 울오 싸해 묻고 올흔녀그로 닐굽 볼 값돌오 머리 조사 禮數ᄒ고 가니라. 알ᄑ로 金山 디나가 靑蓮花ㅣ 싸해 차 실엿거늘 보니 蓮花 아래 靑毒蛇ㅣ 곳 줄기예 가마셔 눈 브르ᄠᅥ 太子ᄅᆞᆯ 보더니 ㉯그ᄢ 善友太子ㅣ 즉재 慈心三昧예 드니 三昧力으로 곧 니러 蓮花ㅅ 니플 볼바가니 毒蛇ᄃᆞᆯ히 害ᄒ디 몯ᄒ더라<월석22: 40ㄱ~42ㄴ>

ㄹ. 善友ㅣ 즉재 寶珠 내야 惡友 주고 警戒ᄒ오ᄃᆡ……ᄒ고 兄이 자거늘 대곳 둘흐로 兄의 두 누네 박고 구슬 아사 가니라. ㉮그ᄢ 善友ㅣ 앗ᄋᆞᆯ 블러 닐오ᄃᆡ……ᄒ니 惡友ㅣ 맛굶디 아니홀씨 善友ㅣ 안답쌔……ᄒ야 된 모ᄀᆞ로 부르니 소리 神祇ᄅᆞᆯ 뮈우더니 오라오ᄃᆡ 맛굶디 아니커늘 ㉯그ᄢ 樹神이 소리내야 닐오ᄃᆡ……善友ㅣ 듣고 애ᄃᆞ라 셜버ᄒ더라<월석22: 48ㄴ~49ㄴ>

ㅁ. 父母ㅣ 드르시고 목 노하 우르시고 것ᄆᆞᆯ 주거 싸해 디거시늘 춘믈로 ᄂᆞ치 ᄲᅳ려 오라거사 ᄭᆡ샤 니ᄅᆞ샤ᄃᆡ……ᄒ실씨 惡友ㅣ 츠기 너겨 그 寶珠ᄅᆞᆯ 싸해 무더 ᄇᆞ리니라. 그ᄢ 善友太子ㅣ 두 누네 대곳 박혀 ᄲᅢ혀리 업슬씨 셜버 그우녀 갈 ᄠᅵ를 몰라 비 골ᄑᆞ고 목몰라 사도 몯ᄒ며 죽도 몯ᄒ야 漸漸 거러 利師跋王 나라해 가니 利師跋王이 ᄯᆞ를 ᄯᅥ쇼ᄃᆡ 아래 波羅㮈王 善友太子ᄅᆞᆯ 마초앳더라<월석22: 50ㄱ~52ㄱ>

ㅂ. 利師跋王ㄱ 쇼 치ᄂᆞᆫ 사ᄅᆞᆷ 일후미 留承이라 ᄒᆞ리 五百 쇼ᄅᆞᆯ 노하 水草 됴ᄒᆞᆫ ᄃᆡ로 모라 가더니 善友太子ㅣ 긼 가온ᄃᆡ 안잿거늘 쇠 무리 ᄒᆞ마 넓고 다 와 뎃더니 그 中에 牛王이 네 발로 太子ㅅ 우희 타셔고 한 쇠 다 디나게코사 바ᄅᆞᆯ 옮겨 올흔녀그로 도라 머리ᄅᆞᆯ 도ᄅᆞ혀 혀로 太子ㅅ 두 누늘 할하대 고졸 ᄲᅢ혀 내니라. 그ᄢ 쇼치ᄂᆞᆫ 사ᄅᆞ미 뒤헤 오다가 보고 무로ᄃᆡ 네 어썬 사ᄅᆞᆷ민다<월석22: 51ㄱ~52ㄱ>

ㅅ. 善友ㅣ 닐오ᄃᆡ……㉮그ᄢ 主人이 ᄠᅳ다히 발바다 利師跋城의 보내니라. 善友ㅣ 等을 잘 노더니 그 소리 和雅ᄒᆞ야 모ᄃᆞᆫ ᄆᆞᅀᆞ매 즐겁게 홀씨 一切衆生이 모다 飮食을 주니 利師跋 긼 우흿 五百 빌머글 아히 다 어더 비 차 먹더라. ㉯그ᄢ 國王이 ᄒᆞᆫ 果園을 뒷더니 東山 딕ᄒᆞᆫ 노미 善友ᄃᆞ려 닐오ᄃᆡ……善友ㅣ ᄒᆞᆫ 나모 아래 안자 새 놀이ᄂᆞᆫ 방올 ᄃᆞᆫ주ᄅᆞᆯ 후ᄂᆞᆯ며 ᄯᅩ 第을 노라 제 즐겨 터니 ㉲그ᄢ 利師跋王 ᄯᆞ리 죵ᄃᆞᆯ 더블오 東山 구경ᄒᆞ다가 善友를 보고 나ᅀᅡ가 무로ᄃᆡ

<월석22: 53ㄱ~54ㄴ>

ㅇ. 利師跋王이 즉재 金銀 보배와 옷과 飮食과 제 맛댓던 五百
쇼룰 조쳐 준대 그 사루미 깃거 善友太子룰 몯내 기려 닐
오듸……ᄒ고 大衆中에 된 모ᄆ로 닐오듸……ᄒ야ᄂᆞᆯ **그쁴**
無量大衆이 기써 布施홀 ᄆᆞᅀᆞᆯ 發ᄒ야 一切룰 賑濟호듸
부텨 求호ᄆᆞ로 根源 사ᄆᆞ며 虛空一神天이 讚歎ᄒ야 닐오
듸……ᄒ더라<월석22: 60ㄱ~61ㄱ>

ㅈ. 그 그려기 이 말 듣줍고 슬피 우러 횟돌오 눉믈 흘려 술보
듸……**그쁴** 夫人이 손소 글왈 ᄆᆡᇰᄀᆞᄅᆞ샤 그려기 모기 미여
시ᄂᆞᆯ 그 그려기 ᄂᆞ라올아 바회 지서 갌도다가 나 니거ᄂᆞᆯ
夫人이 보시고 ᄆᆞᅀᆞ매 미더이……ᄒ더시다<월석22: 61ㄴ~62
ㄴ>

ㅊ. 太子ㅣ 술보듸……세 번 니두록 술바ᄂᆞᆯ 王이 거스디 몯ᄒ
샤 獄門을 여러시ᄂᆞᆯ ㉮**그쁴** 惡友ㅣ 손 바래 두드레 박고
모기 갈 메오 쇠(쇠?)줄 미ᄇᆞᆫ 자히 善友를 가 보아ᄂᆞᆯ 善友
ㅣ 父母ᄭᅴ 술바 다 벗겨 ᄇᆞ리고 나사 드러 아나……安否 묻
고……ᄒ니 세 번 무러ᅀᅡ……ᄒ야ᄂᆞᆯ 善友太子ㅣ 도로 寶珠
어더 父母ㅅ 알ᄑᆡ 가 ᄲᅮ러 香 퓌오고 비러 盟誓ᄒ야 닐오
듸……ᄒ니 즉재 녜 ᄀᆞᆮᄒ야 父母ㅣ 아ᄃᆞᆯ 보시고 歡喜踊躍
ᄒ야 吉慶 ᄃᆞ빅며 幸호미 그지 업더시다. ㉯**그쁴** 善友太子
ㅣ 보름낤 아ᄎᆞ미 조히 沐浴 ᄀᆞᆷ고 조흔 옷 닙고 貴흔 香
퓌우고 노ᄑᆞᆫ 樓 우희 손소 香爐 바다 摩尼寶珠ᄭᅴ 머리 조
ᅀᅡ 禮數ᄒ고 誓願ᄒ야 닐오듸……㉰**그쁴** 東方ᄋᆞ로셔 大風
이 니러나 雲霧를 부러ᄇᆞ리니 虛空이 ᄆᆞᆺᄆᆞ지 조코 閻浮提
옛 더러븐 거시 다 조차 업거ᄂᆞᆯ 구슰 威德으로 閻浮提예
골오 自然粳米룰 비호듸 무루피 티긔 싸히고 버거 됴흔 옷
과 구슬와 골회와 ᄇᆞᆯ쇠와 곳과룰 비코 버거 金銀七寶와 여
러 가짓 풍류룰 비호니 모도아 니르건댄 一切 衆生이 맏드
논 거시 다 ᄀᆞᄃᆞ기 足ᄒ니라<월석22: 65ㄴ~68ㄱ>

ㅋ. 그 山애 다ᄃᆞ라 가니 道師ㅣ 닐오듸……ᄒ고 **그저긔** 道師
ㅣ ᄌᆞ가 ᄶᅡ해 그우러디여 太子ᄭᅴ 닐오듸<월석22: 40ㄱ~42
ㄱ>

ㅌ. 利師跋王이 두려 즉재 太子룰 빗여 나랏 ᄀᆞ새 보내오 太子
ㅣ 使者 브려 利師跋王 ᄭᅴ 닐오듸……ᄒ야ᄂᆞᆯ **그저긔** 利師
跋王이 풍류ᄒ고 ᄡᅥ러 ᄣᅳ오 香 퓌우고 깁과 幡盖와 들오
鐘鼓 티고 머리 나와 마자 宮中에 도라가 ᄶᅩᆯ로 얼이고 波

羅檏로 보내야 父母 ｜ '太子 오ᄂᆞ다.' 드르시고 몯내 깃그
샤 큰 象 ᄐᆞ시고 풍류ᄒᆞ고 쓰려 ᄠᅳ오 香 퓌우고 깁과 幡盖
와 ᄃᆞᆯ오 머리 나와 맛거시ᄂᆞᆯ 나랏 百姓도 다 나와 迎逢ᄒᆞ
더라<월석22: 63ㄴ~64ㄴ>

　(13ㄱ~ㅊ)과 (13 ㅋ~ㅌ)은 각각 '선우태자전'에서 확인되는 '그쁴'
와 '그저긔' 구문의 용례들이다. (13ㄱ)의 사건들은 '선우태자' 이야기
전체의 발단부에 포함되면서 '선우태자'가 보주를 얻기 위해 길을 떠
나기 직전에 펼쳐지는 일련의 상황을 담고 있다. 부왕인 '바라내대왕'
과 '선우태자'가 보주에 관한 문답을 주고받은 후에 출현하는 (13ㄱ)
－㉮ 구문은 대왕이 출령하여 '선우태자'와 동행할 일행을 구하는 장
면, 오백 명의 일행이 '선우태자'를 따르겠다고 이야기하는 장면 등으
로 구성된다. 그런 점에서 인물 전환에 따라 사건이 진전하고 있는
부분이라고 할 수 있다. 보주를 찾는 여정을 떠나기 위한 준비가 본
격적으로 시작되고 있기 때문이다. 따라서 이곳의 '그쁴'는 배경 변화
는 수반하지 않았지만 인물 전환과 사건 진전에 따라 새로운 화제를
이끄는 화제 도입 표지로 볼 수 있다. (13ㄱ)－㉯, ㉰는 D5에 속한다.
이 중에서 (13ㄱ)－㉯는 D5의 첫머리에 나타나면서 맹인 해사와 '악
우'의 동행 결정이라는 새로운 담화를 이끌고 있어서 담화 도입 표지
로서의 쓰임새가 확인된다. (13ㄱ)－㉰로 이끌리는 구문은 '악우'의
동행 요청과 부왕의 허락 등의 내용을 담고 있다. D5의 하위 화제를
이끌고 있기 때문에 이곳의 '그쁴'는 화제 도입 표지로 이해된다.
　(13ㄴ)에서는 보주를 얻기 위해 고국을 나선 '선우태자' 일행이 '진
보산'에 이르러 보물을 구한 후 나머지 일행을 고국으로 먼저 돌려보
내는 장면이 나오고 '그쁴'가 출현한다. '그쁴' 이후 부분은 '선우태

자'가 도사와 일행이 되어 21일 동안 겪은 고난의 여정이 자세하게 그려져 있다. 여기에서는 특별한 인물 전환은 이루어지고 있지 않지만 배경이 급격하게 변화하면서 시간 흐름에 따라 사건이 빠르게 전개되고 있다. 이런 관점에서 보면 이 대목은 '보주 탐색'이라는 서사 국면이 좀 더 본격화하는 지점이라고도 말할 수 있다. 따라서 우리는 (13ㄴ)의 '그쁴'에 화제 도입 표지의 기능을 부여할 수 있다.

(13ㄷ)은 '은산'에서 도사와 사별한 '선우태자'가 임종 시 도사가 알려 준 길을 따라 '금산'을 거쳐 연꽃이 깔린 곳을 지나면서 독사들을 '자심'과 '삼매력'으로 제압하는 장면이다. (13ㄷ)-㉮를 기준으로 보면 그 앞뒤 구문에서 배경이나 인물이 바뀌지 않고 있다. 그런데 이 '그쁴' 이후 도사의 죽음에 관한 정보가 나오는 점, 원문을 보면 '命終ᄒ거늘'과 "善友太子ㅣ 낫ᄃ라 아나 목노하 울오" 사이에 '爾時'가 출현하는 점[128] 등을 고려할 때 사건이 새로운 국면에 접어들고 있는 대목이라고 할 수 있다. 도사가 죽은 후 '선우태자'는 고난에 처하게 되지만 신통력이나 자비심 등을 발휘하여 그러한 고난의 상황을 극복한 후 보주를 획득하는 내용으로 이어지는 대목의 첫 지점에 위치하기 때문이다. (13ㄷ)-㉯는 '보더니'와 같은 연결 표현 뒤에 나타난다는 점에서 저 앞의 (12ㄱ, ㄴ)과 같다.

(13ㄹ)에서도 두 개의 '그쁴'가 발견된다. 이 부분은 '선우태자'가 보주를 획득한 후에 서로 번갈아 가며 보주를 지키기로 한 약속을 동생 '악우태자'가 어기고 대꼬챙이로 형의 눈을 찌른 후 보주를 훔치는 장면, '선우태자'의 절규 소리를 듣고 '수신'이 '악우태자'의 악행

---

128) "爾時導師作是語已 氣絶命終 爾時善友太子 卽前抱持導師 擧聲悲哭"(《大正新修大藏經》 卷第三 '本緣部' 上, 〈大方便佛報恩經〉 卷第四 '惡友品' 第六).

을 말해 주자 '선우태자'가 애달프게 서러워하는 장면 등으로 구성되어 있다. '그쁴'를 기준으로 한 (13ㄹ) 구문은 모두 동일한 배경에서 일어나는 사건들을 담고 있다. 그런데 (13ㄹ)-㉮는 '악우태자'→'선우태자' 식의 인물 전환을 보여 주면서 D10의 첫머리에 위치하기 때문에 담화 도입 표지의 쓰임새를 언급할 수 있다. (13ㄹ)-㉯에서는 '선우태자'→'수신'의 인물 전환이 이루어지고 있다. (13ㄹ)-㉯는 '아니커늘'이라는 연결형 뒤에 출현하고 있어서 앞의 (13ㄷ)-㉯와 비슷하다. 전체적으로 보면 사건이 급박하게 전개되면서 주요 인물, 특히 주인공인 '선우태자'의 운명이 극적으로 반전되는 대목 중간에 위치하고 있다는 점에서 새로운 화제로 전환하고 있다. 화제 도입 표지의 기능을 언급할 수 있는 것이다.

(13ㅁ)의 '그쁴'를 기준으로 한 전후 구문에서는 이야기 국면이 크게 바뀌고 있다. '바라내국'을 배경으로 보주를 훔쳐 들고 고국에 돌아온 '악우태자'가 보주를 땅에 묻는 '그쁴' 선행 구문은 '그쁴'를 지나 '선우태자'로 인물이 전환하면서 그가 정처 없이 길을 나선 후 '이사발국'에 이르는 고행의 여정을 개략적으로 담고 있는 후반부로 이어진다. (13ㅂ)에서는 배경 변화 없이 인물만 바뀌면서 목동 '유승'과의 대화 장면이 '그쁴' 이후에 펼쳐져 있다. (13ㅁ, ㅂ)은 전체 이야기 전개부의 후반에 포함되는 주요 서사를 담고 있는 대목들이다. '그쁴'를 기준으로 (13ㅁ)에서는 배경이나 인물의 전환과 함께 '선우태자'의 고행괴 '우왕'을 통한 개안이라는 새로운 서사 국면으로 이어지고 있는 점, (13ㅂ)에서는 인물 전환과 함께 목동 '유승'과의 만남이 이루어지고 있는 점 등을 고려할 때 '그쁴'의 담화 전환 기능을 파악해 볼 수 있다. 이 둘은 단독적인 문장 구문으로 이루어진 담화 구조체의

첫머리에 출현하는 공통점도 있다. 이러한 사실들을 통해 우리는 이들 '그쁴'를 담화 도입 표지로 이해할 수 있다.

(13ㅅ)은 '선우태자'가 거문고를 연주하며 구걸 수행을 하다가 '이사발국'의 한 과원에서 '이사발국' 공주와 만나는 장면을 담고 있다. '그쁴'를 기준으로 인물은 '선우태자'→[(13ㅅ)-㉮ 주인('유승')]→'선우태자', 오백 거지 아이들→[(13ㅅ)-㉯ '이사발국왕', 동산지기, '선우태자']→(13ㅅ)-㉰ '이사발왕'의 딸 등으로 전환한다. 배경은 '유승'의 집→'이사발성'→과원 등으로 바뀌고 있다. 이 대목에서는 인물과 배경이 비교적 활발하게 교체하면서 전체적으로는 '선우태자'가 겪는 일련의 고행 여정과 극복, 회운(공주와의 혼인과 개안) 등 전개부의 핵심적인 서사가 두루 펼쳐지고 있다. 특히 (13ㅅ)-㉯는 '이사발국' 공주와의 본격적인 만남과 관계 진전, 부부 언약과 개안 등을 주요 화제로 하는 D16의 첫머리에 위치하고 있어서 새로운 담화를 이끄는 표지로서의 쓰임새를 엿볼 수 있다. 나머지 (13ㅅ)-㉮, ㉰는 인물이나 배경의 전환과 더불어 새로운 화제 국면으로 진입하고 있기 때문에 화제 도입의 기능이 파악된다.

(13ㅇ)의 '그쁴' 앞부분에서는 '선우태자'가 '이사발국왕'의 도움으로 자신을 도와준 목동에게 보은하는 장면이 그려지고 있다. 이곳의 '그쁴'는 연결형의 '흐야늘' 뒤에 이어지고 있는데, 이어지는 구문에는 '선우태자'의 보은 공덕에 감명을 받은 대중들이 보시할 마음을 내자 하늘에 있는 여러 신들이 찬탄하는 장면 등이 담겨 있다. '흐야늘'을 기준으로 목동('쇼치던 사룸')에서 무량 대중으로의 인물 전환도 이루어지고 있으므로 새로운 화제 도입의 쓰임새를 확인할 수 있다. (13ㅈ)에서는 '선우태자'가 궁궐에 있을 때 기르던 기러기의 대사

가 끝나는 지점에 '그쁴'가 등장한다. 인물이 '그려기'에서 '夫人'('선우태자'의 모친)으로 전환하는 것과 더불어, '그쁴'를 기준으로 앞부분은 '그려기'가 '선우태자'를 찾아 길을 나서기 전의 상황을, 뒷부분은 '부인'이 직접 쓴 편지를 목에 맨 '그려기'가 막 하늘로 날아오르는 장면 등을 담고 있어서 새로운 화제가 도입되는 것으로 보인다.

'선우태자'가 본국에 돌아온 후에 펼쳐지는 일련의 상황을 담고 있는 부분이 (13ㅊ)이다. (13ㅊ)-㉮를 기준으로 (13ㅊ)의 앞부분 전후에서는 전체적으로 '선우태자'와 그 부모가 장면의 중심에 놓인다. 내용은 주로 인물 간 상면 직후의 상황과 관련되는 것들로서, 형인 '선우태자'가 동생 '악우태자'의 소식을 묻고 방면해 줄 것을 부왕에게 간청하는 장면 등을 통해 드러난다. '그쁴' 이후에서는 '악우태자'가 처참하게 옥에 갇혀 있는 모습과 '선우태자'의 도움으로 풀려나는 장면 등이 이어진다. 인물과 배경이 전환하면서 서사적인 내용 또한 '선우태자'가 잃어버린 보주를 찾아 신력을 내보이는 장면 등으로 이어지므로 화제 도입 표지로서의 기능을 파악해 볼 수 있다.

(13ㅊ)-㉯는 D20의 첫머리에 출현하고 있다. 이곳의 '그쁴'는, 보주의 위력 덕분에 '선우태자'의 부모가 두 눈을 뜨게 되면서 기뻐하는 장면으로 문장이 종결되는 지점 직후에 출현하는 점, '선우태자'가 목욕재계 후 보주 앞에서 서원하는 이어지는 장면이 일정한 시간 경과 후의 상황이라는 점 등으로 미뤄 볼 때 새로운 담화를 이끄는 표지로 이해된다. (13ㅊ)-㉰에서는 인물 전환은 나타나지 않지만 '선우태자'가 서원한 이후에 부수하는 배경 상황이 기술되고 있다. 서술되는 대상에 따른 구문의 성격상 그 바로 앞의 장면 묘사 구문과 구별되어 별개의 화제 내용으로 보는 것이 자연스럽다. 이런 점에서 (13

츠)-⒣는 화제 도입 표지로 해석된다.

(13ㅋ)에서는 '그저긔' 전후 구문의 주체가 동일하게 도사로 설정되어 있고 배경 변화 또한 크게 감지되지 않는다. 서사적인 국면도 보주를 얻기 위해 길을 떠난 '선우태자'에게 동행자인 맹안의 도사가 '백은산'과 '금산', '청련화지'와 '적련화지', '칠보성' 등 앞으로의 여정지를 설명하는 대목으로서 본격적인 사건 진행이나 전개 양상을 확인할 수 없다. 물론 '그저긔' 이후에서 도사가 땅에 쓰러지면서 여의보주가 있는 곳에 이르는 여정과 '선우태자'에게 전하는 당부 등이 담겨 있어서 미약하나마 서사적인 국면 전환이 감지되지 않는 것은 아니다. 그러나 주체가 변화하지 않은 채 거의 동일한 배경 속의 상황을 기술하고 있기 때문에 우리는 (13ㅋ)의 '그저긔'를 단순한 시간 표현의 부사어로 보고자 한다.129)

(13ㅌ)에서는 '그저긔' 전후에서 배경('나랏 ㄱ'→'이사발국')과 인물('선우태자'→'이사발왕')의 전환이 이루어지고 있어서 그 양상이 (13ㅋ)과 사뭇 다르다. 전체적으로는 문장이 종결되는 '迎逢ᄒᆞ더라'에 이르기까지 주로 '이사발왕'이 내보이는 행적을 주요 서사로 하고 있지만 '선우태자'가 '이사발국' 공주와 혼인하고 귀국하기까지의 전후 과정이 '그저긔'로 구별되고 있기 때문에 별개의 화제로 볼 수 있다. 따라서 (13ㅌ)의 '그저긔'도 화제 도입 표지로서의 쓰임새를 보이는 것으로 파악할 수 있다.

---

129) 이런 점에서 (13ㅋ)의 '그저긔'는 (12ㄴ)의 '그ᄢᅵ'와 매우 흡사하다. 그런데 이들은 모두 연결형의 '-고-'('ᄒᆞ시고', 'ᄒᆞ고') 뒤에 나타나는 점에서 다른 연결 표현[(12ㄱ)의 'ᄒᆞ거늘', (13ㄷ)-⒠의 '보더니', (13ㄹ)-⒣의 '아니커늘', (13ㅅ)-⒣의 '즐겨더니', (13ㅇ, ㅌ)의 'ᄒᆞ야ᄂᆞᆯ', (13ㅊ)-⒤의 '여러시ᄂᆞᆯ' 등] 뒤에 출현하는 여타의 '그ᄢᅵ'나 '그저긔'와 대조되어 흥미롭다. 이와 관련하여 우리는 '-고-'가 계기적이거나 동시적인 행동, 사실을 나열하면서 문장을 접속하는 반면에 '-으니, 거늘' 등은 의미 단락의 기능을 보이는 경우가 있다는 사실에 착안하여[이현희(1992: 27) 참고] 후자에 대해 새로운 화제나 사건의 도입과 같은 담화적인 쓰임새를 언급할 수 있을 것이다.

'그쯰'나 '그저긔'는 새로운 담화나 화제를 도입하면서 전체 텍스트를 구성하는 데 일정한 역할을 담당한다. 특히 서술 지문에서 '-더라'나 '-니라'와 같은 평서의 종결 형태로 구문이 휘갑된 후에 나타나는 '그쯰'나 '그저긔'는 이와 같은 담화, 화제의 도입이나 텍스트 구성의 기능 등이 좀 더 명시적으로 드러난다. '-으니'나 '-거늘'과 같은 연결 표현 이후에 위치하는 '그쯰'류 또한 종결형 이후의 '그쯰'류에 비해 덜 명시적이긴 하지만 담화나 화제의 도입이나 전환의 기능을 충분히 언급할 수 있다. 반면 '-고' 직후에 출현하는 '그쯰' 유는 연결 표현 이후에 나타나면서도 '-고' 자체의 의미 기능에 견인되어 담화나 화제의 전환 양상을 일률적으로 파악하기가 쉽지 않다. 이때에는 특정 시간대의 지시와 같은 본래적인 의미 기능의 측면이 좀 더 강하다고 볼 수 있다.

이러한 점들에 유의하면서 '그쯰'와 '그저긔'의 담화적 쓰임새와 관련한 대체적인 경향을 정리해 보도록 하자. 우선 하나의 큰 사건이 본격적으로 펼쳐지는 담화의 도입부에 출현하면서 이야기의 본격적인 시작을 알리는 담화 도입 표지로 쓰일 경우에는 '그쯰'가 주로 나타난다. 이야기 전개에 따라 주요 서사나 화제 국면의 전환을 알려 주는 표지로는 '그쯰'와 '그저긔'가 함께 쓰인다. 따라서 이들 '그쯰'와 '그저긔'는 화제 도입 표지로서의 쓰임새를 가지고 있다고 볼 수 있다. 그런데 '그쯰'가 '그저긔'에 비해 좀 더 상위의 담화 간 경계 지점에 나타나는 반면에 '그저긔'는 단위 화제 내에서 배경이 전환하거나 인물이 변화하는 대목 등에 나타나는 경우가 많다. 이러한 점 때문에 '그쯰'는 선행 화제의 마지막 구문이 문장 종결형으로 명시적으로 마무리되는 지점에 자주 나타난다. 연결형 뒤에 나타나는 경우라도 선행 화제와 후행 화제가 각각의 의미 단락으로서 별개로 파악되는 문맥에서는 '-더니'나 '거늘'과 같은 연결 표현으로 마무리되는 경우가 대부분이다.

서사 국면의 급격한 변화 없이 거의 동시적인 시간대에 펼쳐지는 인물 행동이나 대사가 연접될 경우에도 '그쁴'나 '그저긔'가 쓰인다. 이와 관련하여 '그쁴'와는 달리 '그저긔'는 특별한 인용 표지 없이 인물 대사만으로 휘갑되는 대목 직후에 집중적으로 출현하는 점이 주목된다.130) 일부 '그쁴'나 '그저긔'는 '-고'로 휘갑되는 연결 표현에 후접하는 경우가 있다. 이때의 '그쁴'류는 특정 시간대를 가리키는 시간 부사어로서의 성격이 좀 더 강하다. 이들 대목에서는 '그쁴'나 '그저긔'를 기준으로 한 앞뒤 이야기가 하나의 단위 화제 안에 포섭될 가능성이 커질 수밖에 없다. 그러나 어떤 경우든지 두 형태 모두 텍스트 내 여러 화제와 화제를 경계 짓거나 구별하면서 하나의 담화 구조체를 형성하고, 이들 담화 속의 이야기를 하나로 수렴하여 텍스트를 구성하고 있다는 점에서 미약하나마 담화 표지적인 쓰임새를 확인할 수 있다.

---

130) 언해류 서사체 유형 텍스트에서 '그쁴'와 '그저긔'의 위치에 따른 출현 빈도수를 정리해 보면 다음과 같다.

ㄱ. '그쁴': 21회
    ㉮ 종결형 뒤: 7회('-더라' 뒤: 4회, '-니라' 뒤: 3회)
    ㉯ 연결형 뒤: 7회('-고' 뒤: 1회, '-더니' 뒤: 2회, '-거늘' 뒤: 4회)
    ㉰ 인물 대사 뒤: 7회
ㄴ. '그저긔': 8회
    ㉮ 종결형 뒤: 1회('-더라' 뒤: 1회)
    ㉯ 연결형 뒤: 2회('-고' 뒤: 1회, '-거늘' 뒤: 1회)
    ㉰ 인물 대사 뒤: 5회

3.1.2. 시점

서사체 연구에서 시점(視點, point of view) 개념은 기본적으로 '누가 보는가'의 문제와 관련된다. 동시에 시점은 시점 주체로서의 화자가 사건을 '어떻게 보는가'의 문제와도 연관된다. 그렇기 때문에 시점 연구에서는 화자의 시각을 문제 삼지 않을 수 없게 된다. 이런 몇 가지 기본적인 관점에서 보자면 시점은 화자가 어떤 위치에서 사건을 보는가 하는 시공간적인 위치의 문제, 어떤 인물이나 사태에 시각이 맞춰지는가 하는 초점(focalization)의 문제 등을 포괄하게 된다. 결국 시점은 '누가, 언제, 어디서, 무엇을, 어떻게 보는가' 하는 서사체의 주요 문제에 두루 걸쳐 있는 개념이라고 할 수 있겠다. 이와 같은 이유 때문에 어학이나 문학의 논리와 관점을 각기 중시하는 논의들에서 시점은 공통적으로 중요하게 취급된다.

어학적인 관점에서 시점은 필연적으로 시제와 같은 발화 상황의 시간적 위치에 관한 문법 범주에서 중요하게 부각된다. 그런데 이때의 시점은 상황을 바라보거나 조망하는 화자의 위치, 즉 화자의 시점(視點)이다. 따라서 이때에는 그 화자의 시점(視點)이 어느 시점(時點, a point of time)에 위치하는가 하는 문제가 중점적으로 다루어진다. 결국 어학적인 측면에 치중한 시점 논의는 시점 자체를 구명하기 위한 것이라기보다는 시제 범주를 고찰하기 위한 보조적인 수단에 불과한 것일 때가 많다. 또한 시제나 시점 논의에서 다루는 대상 언어 자료가 문장 차원을 크게 벗어나지 않는 경우가 많은 만큼 서사체와 같은 대단위 텍스트에 대해서는 순수하게 어학적인 시점이나 시제 논리를 적용하는 데 일정한 한계가 있을 수밖에 없다.

이와는 대조적으로 문학 방면에서의 시점 논의는 오랜 기간 동안 많은 연구자들이 다양한 연구 결과를 내놓으면서 그 이론 체계가 일찍부터 정교하게 다듬어졌다. 특히 문학 텍스트의 주제 구현에 시점이 기여하는 과정이 여러 측면에서 밝혀지면서 그 이론적인 타당성도 얻게 되었다. 문학적인 관점에서 시점은 일인칭, 삼인칭 등과 같은 인칭 기준에 따른 문제, 작자나 화자, 등장인물 등의 바라보는 주체에 관한 문제, 그리고 객관적인가 주관적인가 하는 서술 태도나, 제한적인가 전지적인가 하는 서술 범위의 문제 등을 포괄한다. 그런데 이 경우에도 시점이 일률적으로 파악되지 않는 경우가 많아 경향성이나 정도성이 중요한 판별 기준이 되기도 한다. 그 때문에 시점 논의가 자의적이거나 주관적인 방향으로 흐를 가능성도 없지 않다.

이 글에서는 시점을 시제 범주와 관련되는 시점(時點), 즉 설화자의 시간적[131]인 위치 문제를 그 밑바탕에 깔고 있는 개념으로 이해하고자 한다. 즉 서사물 속의 이야기 세계를 기준으로 상대적으로 결정되는 설화자의 시간적인 위치에 따라 현재 시점과 과거 시점으로 나누어 보자는 것이다. 그리고 이때의 설화자의 위치는 사건이나 상황, 대상에 대한 주관적인 심리 태도를 일정하게 반영하는 것으로 전제한다. 이러한 관점은 시점이라는 개념을 시점(時點)과 시점(視點)의 두 차원에서 동시에 이해하는 것과 관련된다. 이를 통해 우리는 시점에 따른 서술 문체의 특징을 파악할 수 있는 단서를 확보할 수 있다.

예컨대 이야기 정보가 과거 세계 속에 있음에 반하여 그것을 바라보는 설화자의 위치가 서술의 현재에 있을 경우, 해당 정보와 설화자

---

131) 여기서 시간적인 위치는 필연적으로 공간적인 측면과 결부될 수밖에 없다[오충연(2006: 35~42) 참고]. 우리는 시간적인 위치의 문제를 살피면서 필요할 경우 공간의 문제에 관한 언급도 병행하기로 한다.

의 거리는 멀어질 수밖에 없다. 이 때문에 설화자는 그와 같은 거리감 속에서 취택된 서사 정보를 서술 지문으로써 제시하게 된다. 그런데 이와 같은 서술 지문 속의 정보들은 설화자를 통해 선택을 받은 것들이기 때문에 설화자 입장에서는 물리적인 거리감이 있더라도 심리적인 친연도는 높다고 할 수 있다. 설화자의 개입 여지나 가능성이 커지는 대목이기도 하다.[132] 서술의 현재 위치로부터 이야기가 펼쳐지는 과거 속의 한 장면으로 옮아갈 경우 설화자는 해당 장면 속의 대상들에 근접한 특정한 한 위치를 점한 채로 그 장면을 보이는 그대로 전달해 줄 가능성이 커진다. 이와 같은 대목들에서는 특히 인물들 간의 대화 텍스트가 주류를 이루는데, 그만큼 이야기 세계에 대해 설화자가 개입할 여지가 줄어들게 된다. 심리적인 친연성의 크기도 당연히 작아질 것이다.

이와 같은 설화자의 심리적인 태도는 구체적인 서술 국면에 관련되면서 영향을 미치는 중요한 단서로 전제할 수도 있다. 이러한 입장은 필연적으로 이야기의 서사적인 전개 국면에 따른 시제 추이, 이를 바탕으로 한 시점 변화 등을 언급하지 않을 수 없게 한다. 앞장에서 살핀 이야기 배열에 관한 논의와 자연스럽게 연결되는 지점도 바로 이 부분이다. 이와 동시에 우리는 시점과 관련되는 설화자의 서술 태도나 구체적인 서술 방식을 주요 논의 대상으로 삼아 서술 지문의 구현 양상, 지문과 대화의 교체 등에 주목하고자 한다. 서술 지문의 구체적인 형태나, 그것이 대화와 번갈아 가면서 출현히는 양상 등을 통해 시점 변환이나 시제 추이에 따른 텍스트 구조나 서술 문체의 특징

---

132) 이러한 대목에서 설화자의 주관적 논평이나 감정 토로 구문이 자주 등장하는 것도 이 때문이다. 이 점에 대해서는 시점과 서술 방식의 상관관계를 살피는 부분[3.1.2.(2)]에서 좀 더 상론할 것이다.

을 구체적으로 살펴보자는 것이다.

시제와 시점 논리를 바탕으로 텍스트의 특징을 밝히고 있는 기존 논의는 그다지 많은데, 그중에 김흥수(1991)가 주목된다. 김흥수(1991: 306~10)에서는 현재와 과거의 반복되는 시제 추이가 이야기의 극적 긴장을 고조시킨다고 보며, '-었었-'이 주 사건 이전의 시제 표시에 그치지 않고 지난 정황과의 심리적인 시차를 명시함으로써 주 사건의 배경과 위상을 동시에 조명한다고 보고 있다. 또한 '-었-'이 배경과 주 사건 진전에, 이에 대비되는 '-느-'나 '-고 있-'이 '-었-'으로 요약된 같은 상황을 구체적으로 묘사하는 데 쓰이는 점 등을 언급하면서 시제와 상의 담화 기능을 상술하고 있다.

현대 소설을 대상으로 한 것이긴 하지만, 김흥수(2004: 35~52)와 김흥수(2006: 53~64) 등에서는 시점 유형과 그 추이에 따른 담화·텍스트적인 해석이나 시점과 관련된 문법 현상 등을 고찰하였다. 특히 김흥수(2004: 49~50)에서 시계(視界)의 범위나 거리, 시점 주체의 위치나 시선 등과 같은 공간적 요인, 인지적 관점에서 공간 지각의 심리적 전이가 적용될 수 있는 시간적 요인 등을 주요 시점 요인의 하나로 고려하고 있다. 과거-현재, 외부-내부, 서술의 현재-이야기의 현재 등 다양한 시공간적인 지각의 차원에서 시점 문제를 바라보고 이를 문체론적으로 해석하려는 이 글의 관점은, 시계의 거시적·미시적 관점, 멀고 가까움 등 공간 차원의 심리적 거리 두기와 밀착, 시점 주체와 대상의 이동, 담화 내에서 회상과 같은 시간 추이에 따라 결정되는 심리적 거리의 양상, 서사나 배경에서의 '-었다'와 묘사나 전경화에서의 '-는다'의 교대 등에 관한 김흥수(2004)의 관점과 크게 다르지 않다.

한편 김흥수(1991: 310~16)에서는 시점 논의를 시제의 담화 기능과 관련된 시간 문제 차원에서 다음과 같이 세 가지로 요약, 설명하였다. 첫째, 작중 사건의 시간과 발화(서술) 시간의 관계는 화자(설화자)의 사건 세계에 대한 심리적·이념적 태도를 반영하여 사건 시와 발화 시가 가까울수록 직접적·현장적이고 멀수록 거리 의식이 조성된다. 해설이나 논평의 현재는 과거로 표시되는 사건으로부터 화자를 구별 지음으로써 평가의 장을 마련해 주며, 같은 논평이라도 심리적인 개입이 두드러질 때는 즉각적 반응으로서의 현장감이 느껴진다고 보았다. 둘째, 사건 시간을 발화의 시간 구조 속에 어떻게 배치하는가에 따라 장면의 담화 기능이 달라진다. 셋째, 일인칭 작중 화자가 아닌 경우 과거 시제의 과거성이나 시제의 추이는 시제보다 심리적 거리, 인물의 반성적 분위기, 그러한 거리의 조절이나 분위기의 전환이라는 양태의 관점에서 해석되어야 한다.

이러한 논의는 전체적으로 시제 추이가 사건 서술에 어떻게 관여하는가 하는 문제를 중심으로 이루어지고 있기 때문에 시제 추이와 병행하는 시점 변화, 그리고 서술 방식의 변화 등을 일괄적으로 살피기에는 한계가 있다. 물론 시제 추이를 심리적 개입의 양상과 관련된 시점의 이동이나 장면 전환에 상응한 것으로 본 대목이 없는 것은 아니다. 예컨대 시제의 추이와 관련된 경험 시점의 조정은 시점의 이동을 수행하는 효과적인 방법으로서, 시점 이동이 작품의 내적인 움직임이나 다성적 어조, 극적 분위기, 입체적 구성에 기여한다고 본 점 등이 그것이다. 그런데 그 논의가 전체적으로 소략한 수준에서 그치고 있어 이들 상호 간 관계의 전모를 살피기에는 부족하다는 점이 아쉽다.

시제 추이에 따른 시점 변환을 살피기 위해서는 우선 설화자가 사건이나 대상을 대할 때 갖게 되는 심리적인 태도나 사건, 사태에 대한 지각의 정도를 밝혀야 한다. 예컨대 설화자가 주요 서사가 시작되기 전에 배경133)을 설정하거나 인물을 묘사하고자 할 때는 문제의 서술 대상들에 관한 과거 세계 속의 기정적(既定的)인 정보 내용에 바탕을 둘 수밖에 없다. 한 편의 이야기 속에서 확인되는 크고 작은 인물, 사건들의 배경 정보가 과거 시제로 표현되는 이유가 여기에 있다. 이때 설화자는 객관적인 보고자의 입장에서 관련 정보를 제시할 가능성이 높다. 그런데 우리는 이 경우 대상 정보에 대한 설화자의 인지적인 지각도나 심리적인 친연성 또는 서사적인 개입 의도가 비교적 크다고 보는 것이 타당할 것이다. 그러한 정보의 선택이나 배치는 진행되는 서사에 견인되어 '불가피하게' 이루어지는 것이 아니라 순전히 '자의적으로' 이루어지기 때문이다.

이렇게 현실 세계 속에 존재하는 이야기 전달자로서의 설화자가 과거에 일어난 사건을 기술하거나 혹은 서술이 시작되는 현재의 현실 세계 속 바로 그 지점에 이르기 이전의 한 인물의 행적이나 관련 정보를 제시할 경우에 서술의 시점은 당연히 설화자의 시점이 된다. 설화자는 관련된 사건이나 인물들에 관한 정보로부터 이격(離隔)되어 있으므로134) 간접적인 위치에서 정보들을 대할 수밖에 없게 된다. 이

---

133) 우리는 이들을 배경 정보나 구정보, 既知 정보 등으로 부를 수 있다. 이들은 기본적으로 전경 정보, 신정보, 미지 정보 등을 보충 설명하여 이들 정보가 효과적으로 전달되어 이해되도록 하는 기능을 담당한다. 또한 이들은 대개 이야기 세계 속의 주요 인물이나 앞으로 펼쳐질 사건을 뒷받침하는 부수적이거나 간접적인 정보로서 기능하게 된다. 이를 통해 한 편의 이야기 속의 인물 행동의 타당성이나 개연성 혹은 사건의 서사적인 인과성이 살아나게 된다.

134) 들어서 알게 된 정보든 직접 개입했거나 관찰해서 얻은 정보든 간에 설화자가 위치하는 현재 세계 속 바로 그 시간대에서 인지하거나 지각하는 정보들로부터 떨어져 있다는 의미에서 그렇다.

때 정보 수용자인 독자는 과거 시제로 제시된 사건이나 인물과 관련된 정보들로부터 거리감을 느끼게 된다. 나아가 서술 방식 또한 간접적인 위치에 있는 설화자의 태도를 그대로 반영하여 객관화하거나, 정보 제시의 효율성과 같은 서술 의도에 치중함으로써 요약적 진술 등과 같은 문장 구문으로 드러나게 된다.

(1) 시제 추이와 시점 변환

우리는 앞에서 시점을 기본적으로 화자의 위치 문제와 관련되는 개념으로 이해하였다. 이와 함께 화자의 시간적인 위치 여하는 사건이나 상황, 대상에 대한 화자의 주관적인 심리 태도와 일정한 연관성을 갖는다고 보았다. 이러한 논리에 따르면 이야기 세계 속의 설화자의 시점은 포괄적으로는 설화자 자신의 관점이나 위치에 따라 결정된다는 것을 추리할 수 있다. 그런데 Chatman, Seymour B.(1990: 142~49)은, 일반적인 의미의 시점은 스토리 세계 내부에 있지만 서술자의 관점은 스토리나 담화의 경계 바깥에 존재하기 때문에 이 두 가지를 구별할 필요성이 있다고 주장하였다. 서술자가 비록 자기 자신의 관점이나 개념적인 지각 내용을 바탕으로 이야기를 서술하거나, 특정 인물의 의식 세계 속으로 들어가 서술한다고 할지라도 그 인물이 지각한 시점을 공유하는 것은 아니기 때문이다.[135] 채트먼이 주장한 '인물의 시점(filter)'과 '서술자의 시점(slant)'이라는 개념은 바로 이러한 문제의식을 바탕으로 출현한 것이다.[136]

---

135) 박진(2005: 57~64) 참고.

136) 이와 같은 새로운 용어 사용법에 대해 비판적으로 접근하고 있는 논의로 한용환(2002: 76~7)을 참고할 수 있다.

고소설과 같은 근대 이전의 서사물에 관한 논의에서 시점 문제가 중점적으로 다루어진 경우는 그다지 많지 않다. 시점을 주요 항목으로 다루고 있는 논의라고 하더라도 서술자가 적극적이고 노골적으로 개입하여 자신의 태도를 드러내거나 그러한 개입을 통해 얻는 주제 측면에서의 효과 등을 살피는 데 하나의 단서로 활용하는 정도가 고작이다. 이는 신태수(2002: 193)에서도 지적한 것처럼 많은 논자들이 고소설을 삼인칭 전지적 시점에 입각하여 개략적으로만 다루면서 말하는 이와 보는 이를 구별하지 않거나 고소설 화자 특유의 특성을 간과한 데서 비롯된다.

그런 점에서 인물의 시점과 서술자의 시점을 구별하자는 채트먼식의 문제의식을 따라 고소설 화자의 시점을 다루고 있는 신태수(2002) 정도가 비교적 고소설 화자의 특성에 주목하고 있는 논의라고 할 수 있다. 신태수(2002)는 고소설의 서술자가 현대소설의 서술자에 비해 그 서사적인 역할이 강하고 이념 지향적이라는 점에 착안한다. 이에 따라 서술자의 지각이 투사되기 이전의 대상이 이념의 유무나 시점과 통념의 관계 양상에 따라 다양하게 나타난다고 보았다. 이를 통해 서술자의 서술 방식을 역으로 추적하여 지각이 투사되는 과정을 검토한 후 집단적·개인적인 시점 유형, 통념의 표출 정도, 시점 층위에 따른 사물 인식의 상이성 등을 밝히고 있다.

이 글에서는 먼저 인물의 시점과 설화자의 시점을 동시에 고려하기는 하되 '누가 보는가'의 측면보다는 '어디에서 어떻게 보고 말하는가'의 측면을 좀 더 비중 있게 다루고자 한다. 서술자로서의 설화자의 위치가 사건이나 상황, 대상에 대한 주관적인 심리 태도를 결정하는 데 일정하게 기여하면서 그 구체적인 양상이 실제 서술 국면에서 드러날 수 있다는 앞서의 가정을 고려하기 위함이다. 따라서 시점에 관한 논급은 이야기의 서사적인 전개 국면에 따라 달라지는 시제 추이 양상을 중심으로 이루어질 수밖에 없다.

먼저 '안락국태자전'의 이야기 순서와 이에 따른 문장 종결의 양상을 다음 (14)로 정리해 제시한다.

(14) '안락국태자전'의 이야기 순서와 문장 종결
ㄱ. 배경 제시 및 인물 소개('혜리러라')
ㄴ. '사라수왕'의 선심, 팔채녀의 공덕 수행('아니ᄒ더라')
ㄷ. '사라수왕' 부부와 '승열바라문'이 함께 길을 떠난 후 '원앙부인'이 '자현장자'에게 종으로 팔림('받ᄌ바니라')
ㄹ. '원앙부인'에게 왕생계를 배운 '사라수왕'이 '범마라국' '임정사'에 와서 왕생계를 외우며 물 긷는 공덕을 쌓음('외오더시다')
ㅁ. '원앙부인'이 장자집에서 아들 '안락국'을 낳은 후 장자가 '안락국'의 관상을 보고 앞일을 예언함('ᄒ더라')
ㅂ. '안락국'이 일곱 살 되던 몰래 아버지를 찾아 나섰다가 잡혀 돌아와 고초를 겪음('ᄇᄅ니라')
ㅅ. '안락국'이 다시 도망하여 범마라국에 이름('싸히러라')
ㅇ. '안락국'이 '임정사' 가는 대숲에서 계송 소리를 듣고 기뻐함('ᄒ더라')
ㅈ. '안락국'이 팔채녀를 통해 부친과 기쁘게 재회한 후 집에 돌아와 모친의 시신을 수습한 후 용선을 타고 극락세계로 감('가니라')
ㅊ. 인물들에 관한 후일담('이시니라', '잇ᄂ니라')

한 편의 이야기 속에 등장하는 일련의 연대기적 사건들이 배치되는 방식은 작자나 설화자의 서사적인 시간 계획에 따라 달라진다. 일반적으로 근대 이전의 서사물들은 한 인물의 연대기를 따라 사건이 순차적으로 배치되는 경우가 많다. 이러한 연대기 속에 등장하는 여러 구체적인 사건들은 순행적인 시간 질서 속에서 연쇄적으로 배열된다. (14)도 '사라수대왕'의 공덕과 '원앙부인'의 고난, 공덕 쌓기 등의 과정이 전반부에서 그려지고 후반부에서 '안락국태자'의 부친 상봉과 인물들의 극락왕생이 그려지고 있는 것처럼 전체적으로 시간의 순차적인 흐름에 따른 연쇄적인 사건 질서 속에 이야기들이 배열되어 있다. 그런데 사건들의 세부적인 시간 위치와 배열은 실제 이야기의 전개 국면과 사건 내용 자체의 성격 여하에 따라 달라진다.

(14ㄱ)에서는 인물 '광유성인'이 소개되고 있다. 그런데 그 구체적인 정보들은 문장 첫머리에 제시된 '녜'라는 시간 부사어를 통해서 알 수 있는 것처럼 인물의 과거 세계 속의 행적이나 사실과 관련된 것들이다. 반면에 이때 설화자의 시간적인 위치는 서술의 현재 시점에 있게 된다.[137] 설화자는 현재의 특정한 어느 시점에서 인물과 관련된 과거 사실 속의 행적을 조망하고 있는 것처럼 보이기 때문에 설화자의 시간적인 위치는 인물의 시간적인 위치와 일치하지 않다.[138] 이에 따라 대체로 설화자의 시각과 의식의 흐름을 따라가는 텍스트 수용자는 제시된 정보들이 서사가 본격적으로 펼쳐지기 위한 조건이나 배경과 관련된 정보라는 식으로 인식하게 되는 효과가 발생한다.[139] 일종의 배경화 효과를 낳고 있는 것이다.

(14ㄴ) 또한 이와 동일한 논리를 따라 그 시점상의 특징과 서사 국

---

137) 이와 관련하여 우리는 한재영(1986: 262~7)에서 '-더-'를 완료되지 않은 지나간 사건이나 인지된 명제 내용에 대한 화자의 인식 위치가 현재임을 나타내는 '시점형태소'로 본 사실에 주목할 필요가 있다.

138) 보리스 우스펜스키 저, 김경수 역(1992: 119~21)에 따르면 현재 시제가 사용되는 순간 작자(서술자)의 시간적인 위치는 인물들의 시간적 위치와 일치한다는 점에서 공시적이다. 이러한 논리에 기대 서술이 과거 시제로 표현된 부분의 동사들은 서사물 속의 공시적인 부분들 간의 전이를 제공한다.

139) 보리스 우스펜스키 저, 김경수 역(1992: 124) 식으로 말한다면, 공시적인 장면들이 인지되어야 하는 '맥락'을 형성하는 것이다.

면 속의 이야기 속성을 분별해 볼 수 있다. (14ㄱ)에서 '혜리러라'로 구문이 종결된 후 이야기를 이끌어 가는 설화자의 시점은 과거 이야기 세계 속의 한 지점으로 이동한다. 이동한 후의 설화자의 시점은 인물들의 시점과 공시적으로 일치하는 지점에 고정된다. 이에 따라 '광유성인'이 보낸 제자 '승열바라문비구'가 '사라수왕'이 있는 '서천국'의 궁궐에 와서 '제일원앙부인'과 '사라수왕'을 대면하는 상황이 인물들 간의 대화로 구성되는 일련의 장면 제시 구문으로 자연스럽게 서술되고 있다. 제시된 장면 속 일련의 이야기들은 이야기 세계 속의 과거에 위치하지만 서사된 구문 자체는 그 과거 세계 속의 현재 시점의 한 장면에 해당하는 것이다.

그러다가 (14ㄴ)의 '아니ᄒᆞ더라'로 종결되는 구문에 이르러서는 '사라수왕'이 팔채녀를 뽑아 '승열바라문비구'에게 인계하는 장면, '임정사'에 온 팔채녀가 삼 년 동안 우물물을 길으며 무상도리를 깨우쳤다는 사실이 압축적으로 요약, 서술된다. 시간 흐름 또한 급속히 진행되어 '아니ᄒᆞ더라'에 이어지는 구문 속의 이야기는 그 앞의 이야기와 시간적으로 삼 년의 격차를 가짐으로써 자연스럽게 하나의 조그만 이야기와 또 다른 이야기가 구별되도록 해 준다. 이 대목의 팔채녀에 관한 이야기가 배경적인 속성을 띠고 있다는 점은 앞에서도 언급했거니와, 이러한 배경적인 이야기는 수용자로 하여금 이야기 세계 속의 현재 위치에서 과거 사건들을 조망하거나 조감하듯이 인지하게 함으로써 본격적인 이야기의 맥락을 자연스럽게 형성하도록 해 준다. (14ㄹ)이나 (14ㅁ)도 이와 같은 관점에서 이해된다는 점에서 비슷하다.

(14ㅁ, ㅅ, ㅇ)은, (14ㄱ, ㄴ, ㄹ)과 동일하게 '-더라'로 종결되면서도 그 구문의 성격이 판이하여 우리 눈길을 끈다. (14ㅁ, ㅅ, ㅇ)의 구

문 전체 상황은 과거 세계 속의 어떤 한 장면과 관련될뿐더러 일부는 인물의 대화나 독백으로서 그 상황의 부면이 제시되고 있기 때문에 설화자는 과거 속의 그 장면을 현재적인 시제로 인식하고 이야기하고 있는 것처럼 보인다. 표면적으로 보면 인물의 시점과 설화자의 시점 각각의 시간적인 위치가 차이가 나지 않는 듯이 보이는 것이다. 그렇다면 우리는 그 구문의 종결형도 '-니라'형으로 구성될 가능성을 예측해볼 수 있겠으나 실제로는 '-더라'형으로 종결되고 있다. 그런데 자세히 살펴보면 설화자는 현재의 시간 위치 속에서 이들 구문 전체의 내용 정보를 과거 세계 속의 사실로 인식하면서 조망하고 있음을 알 수 있다.

이러한 사실은 구문 내 이야기의 주요 연결부에 쓰이는 연결형의 쓰임새를 통해 알 수 있다.[140] (14ㅁ, ㅅ, ㅇ)의 연결형들은 각각 '나ᄒᆞ니', '端正ᄒᆞ더니'(이상 14ㅁ), '숨고', '쯰리고', '逃亡ᄒᆞ야', '가더니', '이쇼ᄃᆡ', '업거늘', '바니다가', '싱각ᄒᆞ야', '미야', '쯰오고', '안자', '비ᄉ보ᄃᆡ', 'ᄒᆞ고' '合掌ᄒᆞ야', '외온대', '부러', '부치니'(이상 14ㅅ), '미오', '이쇼ᄃᆡ', 'ᄒᆞ고', 'ᄒᆞ고', 'ᄒᆞ더니', '듣고'(이상 14ㅇ) 등으로 확인된다. 이때 구문 내 주요 사건과 관련된 배경 요소나 이야기 정보의 변화, 예컨대 인물(14ㅁ)이나 시공간의 변화(14ㅅ) 또는 서술 대상의 변화(14ㅇ) 지점에 쓰인 연결 표현들이 주로 '-더니'와 같은 형태로 제시되고 있음이 확인된다. 이때 우리는 '-더니'의 '-더-'를 설화자의 인식과 관련해서 현재 위치에서 과거 사실을 전달하면서 주요 사건을 예비하거나 담화의 배경이 되는 인물 행적이나 정경, 장면

---

140) 뒤의 3.1.3.에서 문장을 잇는 연결어미의 담화 내적인 쓰임새와 이에 따라 문장 구문이 실현되는 양상의 특징을 살펴본다.

등의 배경 정보를 견인하는 형태로 해석할 수 있다. 이러한 설화자의 인식은 매우 자의적이고 의도적인 것으로 보인다.

　이러한 주장의 근거는 이들 구문과 동일한 이야기 대목에 대응하는 '월인부' 각 곡의 종결부에서도 찾아볼 수 있다. 예를 들어 '월인부'에서 내용이 확인되지 않는 (14ㅁ, ㅇ)[141]을 제외하면 (14ㄱ, ㄴ, ㄹ) 각각의 종결부에 상응하는 '월인부'의 종결부는 '敎化터시니', '갓갑더시니', '외오더시니' 등의 '-더니' 형태로 처리되고 있다.[142] 반면 설화자가 과거 세계 속으로 직접 들어가 그 세계 속의 현재 장면을 옆에서 관찰하는 듯이 묘사하고 있는, 인물 간 대화 등으로 구성되는 장면 묘사 구문에서는 '-니라'로써 종결되는 양상을 보여 준다. 각각 '받ㅈ텅니라'와 'ㅂㄹ니라', '가니라'로 종결되는 (14ㄷ)과 (14ㅂ), (14ㅈ)[143] 등이 그런 경우다. 이들 구문에서는 짤막한 시간 동안 한 장면에서 거의 동시적인 계기 관계를 보이는 인물들의 행동[144]이 묘사되고 있다.[145] 이때 설화자가 바라보고 이야기하는 사건들은 그 자신에게뿐만 아니라 독자의 시선에도 부각되면서 일종의 전경화 효과를 얻는다.

---

141) 3.1.1.의 (1) 참고.

142) 그런데 (14ㅅ)은 이들과는 조금 다르게 이해되어야 할 것 같다. (14ㅅ)의 종결부 '싸히더라'는 '월인부'의 당해 대목에서 '니르르시니'로 되어 있기 때문이다. 이는 존재나 지정의 '이다' 구문이 인물 행동 중심의 동사 구문으로 변용된 데서 그 이유를 찾을 수 있다.

143) (14ㅈ)에 상응하는 '월인부' 또한 "其二百四十八 極樂世界옛 四十八龍 船이 空中에 ㄴ라오시니 / 接引 衆生ᄒ시ᄂᆞᆫ 諸大菩薩ᄃᆞᆯ히 獅子座로 마자 가시니"〈월석8: 88ㄱ~88ㄴ〉에서 볼 수 있는 것처럼 '-더니'가 아니라 '-으니'로 처리되어 있다.

144) '-더라'나 '-니라'의 담화상 쓰임새에 관한 명시적인 언급은 아니지만 이지영(1999: 13)에서는 〈삼강행실도〉에서 인물의 행적을 다루는 부분에서는 대체로 '-더라'로 종결되고 '-니라'는 그 인물에 대한 국가의 포상이나 하늘의 보답 부분을 서술할 때 사용되고 있다고 보고 있다. 그런데 언해류 서사체 유형이나 고소설류 서사체 유형과 같이 전반적으로 서사적인 성격이 강한 텍스트에서는 인물의 구체적인 행동을 나타내는 구문에서 '-니라'가 집중적으로 사용되고 있다.

145) 이 대목에 대응하는 '월인부'는 '받자텅니', 'ㄴ라오시니' 등으로 종결 처리되어 있다.

이들 대목에서 설화자의 눈과 사고와 의식은 과거 세계 속의 행동하는 특정 인물들이 위치하는 바로 그 지점에 고정된다. 달리 말하면 설화자의 서술의 입각점(기준점)이 과거 속의 현재에 위치하므로 당해 인물들과 동일한 지점에 위치하게 되는 것이다. 그러다가 설화자가 사건이나 인물을 바라보는 위치가 다시 현재로 돌아오면서 전달되는 이야기 장면은 과거 세계 속의 것이 된다. 이러한 점은 특히 (14ㅂ)에서 '브르니라'로 종결되는 구문에 이어지는 구문이 '後에'라는 특정의 부사어 표현을 통해 시간적으로 이격되는 지점에 위치하는 점, 그리고 이때의 사건이 현재의 시간적 위치 속에 있는 설화자를 통해 전달되는 과거 세계 속의 한 장면이라는 점에서도 드러난다. 과거 세계 속의 장면이라는 사실은 당해 구문의 주요 이야기 정보들이 '가더니'와 같은 연결형으로 이어지는 점이나 '싸히더라'와 같은 종결형으로 끝맺어지는 점 등에서 확인된다.

(14ㅊ)은 설화자의 시간적인 위치뿐만 아니라 구문 내 이야기 정보의 시간대가 현재와 관련되어 있다. 이러한 점은 동일하게 '-니라'로 종결되는 (14ㄷ, ㅂ, ㅈ) 등과 구별되는 사실이다. 특히 '안락국태자전' 전체의 맨 마지막 문장인 "子賢長者ᄂᆞᆫ 無間地獄애 ᄃᆞ리 잇ᄂᆞ니라"<월석8: 103ㄴ>는 문장 종결의 '-니라' 형태를 통해 설화자의 적극적인 의도를 드러내고 있다는 점[146]에서도 앞의 '-니라' 종결 구문과 구별해 이해할 수 있다. 이야기 종결부에서 발견되는 '-니라' 구문은 현재 시점에서의 설화자 논평이나 해설에 해당한다고 할 수 있다. 이러한 논평이나 해설의 현재 시점은 김흥수(1991: 315)에서도 논급된

---

146) 이러한 점에 관해서는 3.1.1.의 (2)에서 이미 간단하게 살펴보았다.

것처럼 화자—설화자와 과거 세계 속의 사건을 서로 구별 짓는 효과가 있다. 이를 통해 텍스트 수용자는 앞에서 펼쳐진 서사를 회고하며 평가할 수 있게 된다. 특히 설화자의 심리적인 개입이 강하게 느껴지는 마지막 문장 같은 경우는 텍스트 수용자가 특정한 태도와 관점으로 인물의 행적을 평가하고 판단할 수 있는 바탕이 된다.

다음으로 '목련전'을 보도록 하자.

(15) '목련전'의 이야기 순서와 문장 종결
　　ㄱ. 배경 제시 및 인물 소개('모ᄅ리러라')
　　ㄴ. '부상장자'의 인물됨과 공덕 수행('ᄒ더라')
　　ㄷ. '나복'이 재산을 나눈 후 돈을 벌기 위해 집을 나섬('가니라')
　　ㄹ. '나복' 모친의 악행('락닥ᄒ더라')
　　ㅁ. 거짓 맹세로 인한 '나복' 어미의 죽음과 삼 년 시묘('돕더라')
　　ㅂ. 출가한 '나복'이 '목련'이라는 이름을 받고 신통 제일의 부
　　　　처 제자가 됨('ᄒ시니라')
　　ㅅ. 수행 공덕을 화제로 한 '목련'과 부처의 대화, 모친이 지옥
　　　　에 있다는 것을 안 '목련'이 지옥을 돌아다니다 '남염부제'
　　　　의 한 지옥에서 중생들의 처참한 모습을 목도함('ᄒ더라')
　　ㅇ. '목련'이 '劍樹地獄'과 '石合地獄'을 지나며 옥주와 대화를
　　　　나눔('나더라')
　　ㅈ. '목련'이 '灰河地獄'과 '鑊湯地獄', '火盆地獄'을 지나며 옥
　　　　주와 대화를 나눔('븓더라')
　　ㅊ. 어미를 찾지 못한 '목련'이 절규한 후 지옥문 옥주와 대화
　　　　를 나눈 후 '阿鼻地獄'에 당도함('ᄉ더라')
　　ㅋ. 옥문을 열지 못한 '목련'이 석가의 가사와 석장에 힘입어
　　　　어미를 만남('뵈니라')
　　ㅌ. '목련'과 어미가 이야기를 나누는 사이 옥졸이 어미의 몸
　　　　을 부젓가락으로 고통을 줌('지지더라')
　　ㅍ. 지옥의 다른 죄인들이 불평하고 탄식함('ᄒ더라')
　　ㅎ. '목련'이 잿밥으로 '흑암지옥'에 든 어미를 이바지하나 밥
　　　　이 불이 됨('ᄃ외더라')

a. '목련' 救母 후 '우란분재'를 열어 '도리천궁'에 가서 쾌락
   을 누림('受ᄒ더라')

'목련전'에서는 (15ㄷ, ㅂ, ㅋ)에서만 '—니라' 종결 표현이 나타나
고 나머지는 모두 '—더라'로 종결되어 있다. 우선 (15ㄱ, ㄴ)은 '목련
전' 전체의 발단부에 위치해 있으면서 각각 '부상장자'의 인물됨과
공덕 수행을 이야기하고 있는 전형적인 배경 제시 구문이다. 이때 설
화자는 앞의 '안락국태자전'의 (14ㄱ, ㄴ)에서와 마찬가지로 과거 세
계 속의 인물에 관한 정보를 현재 위치에서 조망하면서 객관적으로
전달하는 자세를 취한다. 그런데 이들 구문에서 이야기되고 있는 인
물에 관한 정보 자체는 이어지는 구문의 사건 정보와는 직접적인 관
련성이 크지는 않다. 왜냐하면 후행 구문이 '나복'이라는 인물에 관한
이야기로 전환하면서, 그가 앞서 말한 '부상장자'의 아들이며 삼 년
거상을 치렀다는 식의 전혀 새로운 정보로 구성되어 있기 때문이다.
이렇게 등장하는 '나복'은 전체 이야기에서 핵심적인 역할을 차지하
는 주요 인물로 기능한다. 대개 도입부의 인물이나 상황이 배경적인
정보의 차원에서 이해되는 이유가 여기에 있다.

시점과 관련해서 보면 이야기 전체의 도입부에서 설화자는 배경적
인 인물에 관한 정보를 객관적인 자세를 취하면서 전달하는 입장을
보인다. 배경적인 인물이므로 심리적·지각적인 차원에서 설화자의
의식이나 감정의 초점이 해당 인물에게 전이된 정도는 크지 않다. 다
른 식으로 말하면 설화자와 인물 간의 물리적인 거리가 매우 크다고
할 수 있는 것이다. 이후 화제의 인물이 전환하면서 설화자의 시간적
인 위치는 급속하게 과거 세계 속으로 이동한다. 특히 그 화제의 인
물이 이야기 전체에서 중요한 비중을 차지하는 주인공이거나 그에

버금가는 인물인 경우 설화자와 인물 간의 심리적·물리적인 거리는 매우 근접하게 된다. 인물에 대한 설화자의 감정 전이의 가능성이 커지는 만큼 그 구문은 구체적인 사건 장면이 설화자나 독자의 바로 눈앞에서 펼쳐지고 있는 듯한 양상을 띠게 된다. 구체적인 장면 속의 인물 행동을 이끌고 있는 (15ㄷ)의 '-니라' 구문이 바로 이러한 맥락에서 나오고 있는 것이다.

그런데 이때에도 그 새로운 인물에 관한 정보가 처음으로 제시되는 대목에서는 그에 관한 기본 정보가 배경적으로 주어지기 때문에 설화자의 위치가 완전하게 과거 세계 속으로 이동했다고 볼 수는 없다. 이러한 점은 (15ㄷ)에서도 그대로 확인된다. (15ㄷ)을 보면 '羅卜이러니'를 기준으로 한 전후 구절은 각각 '나복'이라는 인물 소개와 그의 첫 번째 출가 상황을 이야기해 주고 있다. 이때 설화자의 위치는 '羅卜이러니'에 이르러서야 과거를 조망하는 현재에서 과거 속의 한 지점으로 이동하며, 이때 이어지는 해당 구문의 양상도 인물 대사나 행동 등과 같은 구체적인 장면 묘사로 이루어지고 있음을 볼 수 있다.

'-니라'로 종결되는 (15ㅂ, ㅋ) 또한 각각 '목련'에게 제일 제자의 지위를 선언하는 부처의 대사나 '목련'에게 쇠사슬에 묶인 처참한 형상의 모친을 보여 주는 지옥 옥졸의 구체적인 행위 등이 구문을 구성하고 있는 장면 묘사 대목이다. 이들 장면은 바로 눈앞에서 펼쳐지고 있는 광경인 것처럼 제시되고 있기 때문에 설화자가 시공간적으로 그 장면이 펼쳐지고 있는 과거 속의 한 지점에 위치하고 있는 것으로 보는 것이 자연스럽다. 지각의 차원에서도 설화자와 독자는 사건을 가까운 거리에서 좀 더 직접적이고 구체적으로 인식하게 되는 효과를 얻을 수 있다. 사건 시와 발화 시 간의 거리나 간격이 최소화해 있기 때문에 직접적이고 현장적인 분위기가 조성되는 것이다.

'-더라'형으로 종결되는 나머지 구문 중 (15ㄹ, ㅁ, ㅅ, ㅇ, ㅈ, ㅊ, ㅌ, ㅍ, ㅎ) 등은 이야기의 중간에 위치하고 있다는 점에서 하나로 묶어 살펴볼 수 있다. 이들 구문은 이러한 출현 위치에서뿐만 아니라 설화자가 서술하는 주요 대상이나 상황 등이 이야기 속에서 차지하는 비중이나 속성 면에서도 비슷하다. 이들 각 구문의 서술 내용을 차례대로 살펴보면 '나복' 모친의 악행(15ㄹ), '나복'이 무덤 만드는 일을 돕는 온갖 새들(15ㅁ), 생사를 고통스럽게 거듭하는 '남염부제'의 중생들(15ㅅ), '아귀지옥' 중생들의 처참한 모습(15ㅇ), '화분지옥' 중생의 처참한 모습(15ㅈ), '아비지옥'의 구리 개의 모습(15ㅊ), 옥졸이 '나복' 모친을 고문하는 광경(15ㅌ), 지옥 죄인들의 한탄(15ㅍ), '목련'이 모친에게 이바지로 드린 밥이 불이 되는 외적 정경(15ㅎ) 등이다. 모두 담화나 화제 차원에서 부수적인 인물이거나 이야기 상황, 공간적 배경의 정황 묘사 등과 관련되는 것들이다.

특히 이들 각 구문에서는 '-더라'형으로 문장이 끝맺어지기에 앞서 주요 인물인 '나복(목련)'의 대화나 행동과 관련되는 이야기가 제시되는 경우가 많다. (15ㅁ, ㅅ, ㅇ, ㅈ, ㅊ, ㅍ) 등이 그것이다. 이때 설화자의 위치는 그 대화가 진행되는 과거 세계 속으로 이동하며, 설화자의 중개를 통해 제시되는 인물 간 대화는 설화자가 바라보는 바로 눈앞의 광경처럼 펼쳐짐으로써 설화자와 인물, 독자와 인물의 거리가 좁혀진다. 그러다가 종결부에 이르면서 담화나 화제는 부수적인 인물이나 이야기 상황과 관련되면서 설화자는 서술하는 현재의 위치에서 인물이나 상황을 조망하게 된다. 이에 따라 인물에 대해 갖게 되는 설화자와 독자의 물리적·심리적인 거리는 다시 멀어진다.

(15a)는 이야기 전체의 맨 마지막 대목에 해당한다. 이 구문은 '목련'이 '우란분재'를 열어 개로 변한 모친을 구원한 후 '도리천궁'에 가서 쾌락을 누리게 되는 내용을 중심으로 짜여 있어 인물의 후일담에 해당한다. 이러한 후일담은 대개 모든 사건이 마무리되어 사건이 더 이상 진전하지 않는 대목에 위치하기 마련이다. 이 때문에 이 대목의 설화자는 현재의 위치에서 인물들과 관련된 제반 상황을 조망하는 모습을 취하게 된다. 따라서 비록 본 사건 속의 주요 인물이나 상황에 대해 서술하고 있다고 하더라도 설화자와 인물, 독자와 인물 사이의 거리는 멀 수밖에 없게 된다. 이를 통해 텍스트 수용자는 이야기 세계를 다시 조명해 보면서 이야기의 내용과 의미를 해석하고 평가할 수 있는 기회를 갖게 된다. 그만큼 서술되는 현재 위치에서의 설화자의 인식 태도가 텍스트 수용자에게 전이될 가능성이 커진다고도 볼 수 있다.

마지막으로 '선우태자전'을 보자.

(16) '선우태자전'의 이야기 순서와 문장 종결
　　ㄱ. 배경과 인물 소개, 제일·제이 부인이 각각 태자를 낳음 ('나ᄒᆞ니라')
　　ㄴ. 두 부인의 회임 전후의 변화와 '선우' 작명, '악우'의 악한 품성('ᄒᆞ더라')
　　ㄷ. '선우'의 선행과 중생 보시, 보주를 구하러 나갈 것을 청해 허락을 받고 부왕에게 禮數함('禮數ᄒᆞᅀᆞᆸ니라')
　　ㄹ. 부왕의 배려로 일행 오백이 함께 가겠다고 함('ᄒᆞ더라')
　　ㅁ. 부왕의 명령으로 맹인 도사가 동행하기로 하고 '악우'도 자청하여 동행키로 함('ᄒᆞ시니라')
　　ㅂ. 나라를 떠난 후 '진보산'에서 많은 보배를 얻어 먼저 보낸 후 '은산'에서 도사가 命終하여 '선우'가 슬퍼함('가니라')
　　ㅅ. '선우'가 홀로 '금산'을 지나며 三昧力으로 독사를 피함('몯

ᄒᆞ더라')

ㅇ. 독룡이 성문을 붙잡고 지킴('잇더라')

ㅈ. 독룡들을 설득해 용궁에 들어선 후 용왕의 청으로 칠 일간 공양하고 '마니보주'를 얻어 '악우'에게 돌아왔으나 잠든 사이 '악우'가 댓가지로 눈을 찌르고 보주를 훔침('가니라')

ㅊ. '선우'가 '악우'를 불러도 대답이 없는 사이 '수신'이 '악우'가 도적이라고 말해 주자 '선우'가 서러워함('셜버ᄒᆞ더라')

ㅋ. '악우'의 거짓말과 부모의 실신, '악우'가 보주를 땅에 묻음 ('ᄇᆞ리니라')

ㅌ. '선우'의 고행 길, '이사발왕'의 딸과 '선우태자'의 혼약 정보('마초앳더라')

ㅍ. 목동 '留承'의 소 무리 중 牛王이 혀로 '선우' 눈에 있는 못을 뺌('내니라')

ㅎ. '유승'의 호의로 한 달 간 그의 집에 머문 후 주인이 鳴等을 챙겨 '이사발성'에 보냄('보내니라')

a. '선우'가 명등을 잘하여 일체중생과 오백 아이들을 배부르게 먹임('먹더라')

b. 과실 동산지기와의 인연으로 '이사발국' 공주와 만난 후 두 눈을 뜨고 대중에게 보시함('ᄒᆞ더라')

c. '선우' 모친이 편지를 써 기러기 편에 보냄('ᄒᆞ더시다')

d. '선우'가 기러기에게 답장을 써 보낸 후 '선우'가 귀국함('迎逢ᄒᆞ더라')

e. 부모와 상면한 후 '선우'가 '악우'를 풀어 주고 보주의 신력으로 부모의 눈을 밝게 하자 기뻐함('업더시다')

f. '선우'가 보주에 맹세를 고하자 쌀과 보화가 일체 중생에게 족하도록 내림('足 ᄒᆞ니라')

g. 보살이 중생에게 주는 대자비의 배경(유래?) 설명('이러ᄒᆞ니라')

h. 인물들에 관한 후일담, 부처 설법과 대중 교화('니르니라')

'선우태자전'의 도입부는 앞의 두 이야기와 그 양상이 사뭇 다르다. 우선 이야기의 최초 도입부에서 상투적으로 발견되는 배경 제시의 '−더라' 구문 대신 '−니라' 구문이 출현하고 있기 때문이다. 위의 (16ㄱ)이 바로 그것이다. 그런데 이것은 문장 종결과 이야기 배열을 살피는 자리에서도 말한 것처럼,[147] 구문 내 정보들의 속성이나 관계, 후행 사건에 이어지면서 연관되는 방식을 고려해서 살필 문제다. 문장 종결형만을 기준으로 놓고 본다면 (16ㄱ)은 도입부의 최초 문장이기 때문에 '–더라' 종결형으로 끝날 가능성이 높은 대목임에도 '–니라' 종결형으로 구문이 끝맺어지고 있다. 그런데 자세히 보면 구문이 담고 있는 이야기 내용들은 시공간적인 정보나 부수적인 인물들에 관한 직간접적인 정보들로 이루어져 있어서 전형적인 배경 정보들로 짜여 있다. 나아가 그러한 정보들은 첫머리의 '디나건 뉘예'와 같은 구절을 통해 알 수 있는 것처럼 과거 세계 속에 포함되어 있기 때문에 설화자는 관련되는 전체 정보를 한 덩어리로 인식하여 외부 세계, 즉 서술의 현재 위치에서 객관적으로 전달하는 모양새를 취한다.

이러한 점은 연결형의 쓰임새를 통해서도 알 수 있다. (16ㄱ)을 보면 인물에 관한 배경적인 화제 정보를 서술의 현재 위치에서 객관적으로 전달하는 한편 이들 정보와 현재 세계와의 단절성을 함축하는 '–더니'로 연결되고 있다. 따라서 (16ㄱ)에서는 인물에 관한 직간접적인 정보를 중심으로 짜이는 '가졧더시니'까지는 이야기에 대한 인식 판단을 보류하는 현재 위치의 설화자가, 시간 흐름 속의 사건이나 행동 정보를 담고 있는 '端正ㅎ더니'까지는 의식의 차원에서 과거 세계 속으로 좀 더 근접한 설화자가 서술하고 있는 것으로 파악할 수 있다. 그리고 구문을 휘갑하는 마지막 구절인 "第二夫人도 아득를 나ㅎ니라"에서부터 설화자는 이야기기 펼쳐지는 괴기 세계의 내부로 들어가 그 내부로부터 인물과 상황을 관찰하고 묘사하는 것으로 이

---

147) 앞 3.1.1.의 (2)를 참고할 것.

해할 수 있다. '나ᄒ니라'로 종결되는 구절에 후행하는 담화의 첫 번째 화제 장면이 시간적으로 '제이부인'이 아들을 출산한 후의 장면과 직결되는 '상점복'이나 '작명' 등으로 이루어져 있기 때문이다.

배경적인 정보를 전달하는 대목에서 설화자가 과거 세계 속의 그 정보들을 하나의 전체로 인식하는 듯한 모양새를 취하는 것은 '−더라'로 종결되는 나머지 구문들(16ㄴ, ㄹ, ㅅ, ㅇ, ㅊ, ㅌ, a, b, c, d, e)에서도 마찬가지다. 이때 현재 위치의 설화자의 시선에서 초점화하는 화제 대상들은 '악우태자'의 성품과 평소 행실(16ㄴ), '선우태자'와 동행하기를 자청하는 오백 무리의 모습(16ㄹ), 독사와 관련된 배경 정보(16ㅅ), 용궁 성문의 모습(16ㅇ), '선우태자'가 서러워하는 광경(16ㅊ), '선우태자'와 '이사발국' 공주의 혼약 정보(16ㅌ), '선우태자'의 명등 보시를 받은 오백 거지 아이들에 관한 정보(16a), '虛空─神天'이 찬탄하는 광경(16b), '선우태자' 모친의 내적 독백(16c), 온나라 백성들이 '선우태자'를 영봉(迎逢)하는 광경(16d), '선우'의 부모가 보주 신력으로 눈이 밝아지자 기뻐하는 장면의 정경 설명(16e) 등이다.

반면에 현재 위치로부터 사건이 펼쳐지는 이야기 세계 속으로 들어가 그 내부로부터 인물과 상황을 관찰하고 그 관찰 결과를 그대로 묘사하는 대목의 구문들은 '−니라'로 종결되고 있다(16ㄷ, ㅁ, ㅂ, ㅈ, ㅋ, ㅍ, ㅎ, f, g, h). 이들 구문들은 주로 인물 행동(16ㄷ, ㅂ, ㅈ, ㅋ, ㅍ, ㅎ)이나 인물의 대사를 휘갑하는 대목(16ㅁ), 설화자의 주관적인 논평(16f, g, h) 지점 등에서 발견된다. 이때 인물 행동이나 대사 휘갑 부분에서 설화자와 인물 사이의 거리는 최대한 좁혀지며, 상황은 바로 눈앞에서 연출되고 있는 것처럼 그려진다. 이야기 시간과 서술 시간이 공시적으로 일치하면서 현장성을 강하게 함축하게 되는 것이다. 설화자가 주관적으로 논평하는 대목(16f, g, h)에서는 사건이나 이야기의 성격이 적극적인 설화자의 목소리를 통해 드러나고 있다. 이러한 사실은 현재 시점에서 텍스트 수용자(독자)를 좀 더 의식한 데서 나온 것으로 이해된다.

이러한 점을 종합해 볼 때, 시간적인 위치와 관련된 설화자의 시점 교체는 크게 과거와 현재로 대별된다고 말할 수 있다. 과거 시점으로 제시되는 구문에서 설화자와 인물의 시간적인 위치는 일치하지 않다. 좀 더 엄밀하게 구분하면 설화자와 서술 대상－인물이나 사건, 상황 등과 관련된 제반 정보－의 시공간적인 위치는 각각 '서술의 현재'－'과거 이야기 세계 속의 현재'에 위치하게 되는 것이다. 이때 설화자는 자신의 의식과 사고 속에 존재하는 서사 내용이 바탕에 깔리면서 그들 중에서 취사선택된 것들을 객관적으로 보고하는 자세를 취한다. 또한 이야기의 화제 대상이 되는 인물이나 상황과 설화자 사이의 거리가 멀어짐에 따라 설화자는 대상 인물이 속하는 세계나 상황의 외부로부터 조망하는 모양새를 취하게 된다. 그러나 이때 서사 정보의 선택과 배치는 자의적이고 의식적인 차원에서 이루어지기 때문에 이들 정보에 대한 설화자의 심리적인 친연성은 크다고 할 수 있다. 이때 서술되는 구체적인 내용들은 인물이나 상황, 사건 장면에 관한 배경적인 정보, 부수적인 사건 자체인 경우가 대부분이다.

반면에 현재 시점으로 파악되는 구문에서는 설화자와 인물의 시간적인 위치가 일치하면서 공시적인 것이 된다. 설화자와 서술 대상의 시공간적인 위치가 과거 이야기 세계 속의 한 장면으로 특정되는 것이다. 그리고 이때에도 설화자는 눈에 보이는 상황을 그대로 보여 주는 자세를 취한다. 심리적·지각적인 차원에서 설화자는 자신이 초점화하는 인물이나 상황에 좀 더 근접하게 되기 때문에 화제 대상이 더 직접적이고 구체적으로 드러난다. 시공간적인 차원에서는 설화자와 서술 대상이 거의 일치하는 것으로 보이기 때문에 그가 속하는 세계 내부, 곧 사건이 펼쳐지는 이야기 속의 특정한 한 지점에서 서술이 이루어지고 있는 것처럼 보인다.

이러한 사실 때문에 현재 시점으로 파악되는 구문에서는 서술되는 구체적인 내용들도 특정적인 장면 속 인물(들)의 행동이나, 이들 인물 간 대화 장면 속의 대사를 휘갑하는 경우가 대부분이다. 이들 대목에서 특정된 장면은 서술 전개의 국면에 따라 자연스럽게 펼쳐진 것이기 때문에 서술의 현재 대목에서와는 달리 설화자의 자의성이나 의도성은 상대적으로 낮은 것으로 보인다. 설화자는 특정화한 장면에 근접한 거리에서 관찰된 사실 그대로를 전달할 뿐이기 때문이다. 이와는 달리 이야기 전체를 마무리하는 지점에서는 서술 시점의 현재 위치에서 파악되는 인물의 행적이나 후일담, 사건이나 이야기의 성격 등이 그 구체적인 내용을 이룬다. 특히 이러한 부분에서는 설화자의 적극적인 서술 의도가 드러나고 있다고 볼 수 있다. 텍스트 수용자로서 독자의 해석이나 평가, 감상의 장도 이와 같은 대목에서 마련된다.

(2) 시점과 서술 방식
서사체의 이야기 서술은 크게 설화자의 지문과 인물의 대화, 독백 등으로 대별된다. 그런데 그 구체적인 방식은 이야기 자체의 성격이나 일련의 담화, 화제 배열을 통해 짜이는 텍스트 구조, 작자－설화자의 서술 의도, 시제 변환에 따른 시점의 교체 등에 따라 달라질 수 있다. 이를 통해 인물 내면에 관한 설화자의 설명이나 시간과 공간, 사건의 요약적인 제시, 배경이나 인물의 직접적인 묘사, 스토리에 관한 주석적인 설명, 소설 쓰기나 이야기하기와 같은 서술이나 담화 상황 자체에 대한 설화자의 메타 주석적인 언술 등으로 그 구체적인 양상이 다르게 나타난다. 여기에서는 일련의 화제 배열을 통해 짜이는 담화, 텍스트 구조 속의 시점 교체와 이에 따른 서술 방식을 살펴보기로 한다.

일반적으로 서사체의 도입부는 이야기의 시공간적인 배경이나 과거 세계 속의 인물에 관한 배경적 정보로 구성된다. 논의 대상인 '안락국태자전'이나 '목련전', '선우태자전' 또한 시공간 배경 정보에 이어 인물에 관한 배경적 정보가 제시되면서 이야기가 시작되고 있다. 이러한 대목의 정보들은 대개 한 덩어리로 묶여 전달됨으로써 외부 세계로부터의 객관적인 조망이 좀 더 용이해지는데, 이러한 효과는 설화자가 시공간이나 인물에 관한 정보를 자신의 언어로 직접 서술함으로써 얻어지는 것이다. 이때의 설화자는 일종의 권위 있는 설화자에 해당한다. 이러한 권위적인 설화자를 통해 제시되는 이야기 정보는 텍스트 수용자인 독자에게 중개성이 큰 정보로 받아들여질 가능성이 크다. 물론 텍스트 수용자는 기본적으로 그러한 정보를 지각하거나 인식할 때 많은 부분을 권위 있는 설화자에게 의지한다. 그렇지만 그들은 이야기 세계 속으로 본격적으로 들어가지 않고 설화자가 이야기를 중개하는 바로 그 지점에서 사건을 조망하면서 주 사건의 전개 방향을 짐작하거나 배경 정보와의 관련성 속에서 앞으로 펼쳐질 사건들 간의 관계를 추리하게 된다.

그런데 이야기 도입부의 시공간 배경이나 주요 사건과 관련된 예비 사건, 인물에 관한 정보 제시 대목에서 주로 보이는 서술 지문은 시간 흐름과 무관한 관련 정보를 중심으로 기술되거나(17ㄱ), 시간 흐름과 관련되더라도 전체 사건 정보가 하나의 덩어리로 요약 제시되는 경우(17ㄴ)가 많다. 이때 설화자는 이야기 세계 내부가 아니라 이야기가 전달되는 외부, 즉 서술의 현재에 위치해 있는 것처럼 보인다.

(17) ㄱ. 녜 梵摩羅國 林淨寺애 光有聖人 五百 弟子 드려 겨샤 大乘 小乘法을 니ᄅ샤 衆生ᄋᆞᆯ 敎化ᄒᆞ더시니 그 數ㅣ 몯내 혜리러라. 그ᄢᅴ 西天國 沙羅樹大王이 四百小國 거느려 겨샤 正훈 法으로 다ᄉᆞ라(리?)더시니 王位ᄅᆞᆯ 맏ᄃᆞ디 아니ᄒᆞ샤 妻眷이며 子息이며 보ᄇᆡᄅᆞᆯ 貪티 아니ᄒᆞ시고 샹녜 됴훈 根源을 닷ᄀᆞ샤 無上道ᄅᆞᆯ 求ᄒᆞ더시니<월석8: 89ㄴ~90ㄱ>
ㄴ. 二萬夫人이 다 아ᄃᆞ리 업슬ᄊᆡ 王이 손소 神靈ᄭᅴ 두루 비ᄅᆞ샤 열두히 차거늘 第一夫人과 第二夫人괘 아기ᄅᆞᆯ 빅여시ᄂᆞᆯ 王이 깃그샤 손소 供養ᄒᆞ더시니 열ᄃᆞᆯ 차거늘 太子ㅣ 나니 양직 端正ᄒᆞ더니 第二夫人도 아ᄃᆞᄅᆞᆯ 나ᄒᆞ니라<월석22: 23ㄱ~23ㄴ>

주요 사건이 진전하는 이야기의 중간 대목에서 인물 행적에 큰 변화가 있거나 시공간 배경이 급격하게 변하는 대목들에서도 설화자의 서술 지문이 발견된다. 삼 년 거상을 치른 '나복'이 출가하여 불문에 편입하는 식으로 그 행적이 크게 바뀌는 아래 (18ㄱ)에서 '목련전' 전체의 서사는 발단부에서 전개부로 진행한다. '이사발국'에서 '바라내국'의 대궐로 배경이 변함과 아울러 주요 인물 또한 '선우태자'에서 그의 모친으로 바뀌면서 전체 서사가 전개부에서 종결부로 진전하는 (18ㄴ)에서도 서술 지문의 구체적인 모습을 확인할 수 있다.

이들 대목에서 설화자의 시공간적인 시점 위치는 미묘하게 변화한다. 예컨대 인물의 행적이 크게 변화하는 (18ㄱ)의 첫 번째 문장 구문을 보면 상호 간 시간 간격이 큰 여러 사건들이 한 구문 속에 들어가 있다. 이때 설화자는 이들 사건이 펼쳐지는 이야기 세계 내부보다는 외부에 있으면서 전체 사건들을 조망한다. 이어 '羅卜이'로 시작하는 구문이 이어지면서 설화자는 이야기 세계 내부에 직접 참여하여 인물과 함께 이동, 관찰하면서 그 결과를 보고하는 자세를 취한다. (18 ㄴ)에서는 과거 이야기 세계 속의 현재에 있던 설화자의 시공간적인 위치가 '善友太子ㅣ'에 이르면서 이야기 세계의 공간 변화와 더불어 서술되는 현재로 옮아간다. 우리는 이때 설화자의 위치 변화에 따라 과거 속 장면의 내부에서 외부로 이동하는 것을 경험하게 된다. 시간 축과 관련해서 보면 이야기 시간의 현재에서 서술 시간의 현재로 옮아가고 있는 것이다.

(18) ㄱ. 羅卜이 뫼해 묻고 겨틔 草幕미야 守墓 三年 살며 苦行ᄒ야 나지어든 ᄒᆞᆰ 메여다가 무덤우히 엱고 바미어든 大乘經典을 닐구듸 소리를 그치티 아니ᄒᆞ더니 아홉 비쳇 사ᄉᆞᆷ 삿기와 뵈며 흰 鶴이 祥瑞를 내며 가마괴 누네 피 내며 온 가짓 새 ᄒᆞᆯᄀᆞᆯ 므러다가 무더믈 돕더라. **羅卜이** 새둘히 ᄒᆞᆰ 므러오거늘 보고 갓븐 ᄠᅳ들 내아 匠人 請ᄒ야 ᄒᆞᆰ 부텨를 밍ᄀᆞ라 두고 三年을 供養ᄒᆞᆸ다가 居喪 ᄒ마 ᄆᆞᄎ 저긔 무더메 하딕ᄒ고 耆闍崛山애 가 世尊을 보ᅀᆞ방 슬ᄫᅩ듸<월석23: 76ㄱ~76ㄴ>

ㄴ. 그ᄢᅴ 無量大衆이 기꺼 布施홀 ᄆᆞᅀᆞᄆᆞᆯ 發ᄒ야 一切를 賑濟호듸 부텨 求호ᄆᆞ로 根源 사ᄆᆞ며 虛空一神天이 讚歎ᄒ야 닐오듸……ᄒ더라. **善友太子ㅣ** 바ᄅᆞ래 아니 가 大闕에 이실 쩌긔 ᄒᆞᆫ 흰 그려기를 츄듸 長常 더브러 ᄃᆞ니더니 善友太子ㅅ 어마니미 그 그려긔 손듸 가샤 니ᄅᆞ샤듸<월석22: 60 ㄴ~61ㄴ>

그런데 이야기 세계 외부에서 전체 사건들을 조망하기 위해서는 매우 폭넓은 공간적 지평이 상정되어야 한다. 따라서 우리는 이때의 시점을 조감 시점으로 부를 수도 있을 것이다. 이러한 조감 시점[148]은 일반적으로 특정한 담화, 화제 장면의 첫 부분이나 끝부분, 전체 텍스트의 도입부나 종결부에서 빈번하게 사용된다. 이들 부분에서는 대체로 특정 장면이나 대상이 총괄적으로 묘사되는 경향을 확인할 수 있다. 그런데 설화자가 외부에서 조망할 때는 어떤 장면이나 대상이 하나의 시공간에 고정되지 않는 경우가 많다. (18ㄱ)이 그런 경우인데, 이때 이야기 세계를 조망하는 설화자는 시간적·공간적·지각적인 차원에서 매우 폭넓은 사고와 인식의 지평을 요구받게 된다. (18ㄱ)을 보면 삼 년간의 수묘(守墓)와 불공 등 여러 사건들이 하나의 구문으로 처리되고 있다. 단일 장면이나 대상뿐만 아니라 거의 동시적인 사건들의 연쇄 부분에서 조망하거나 조감하는 설화자를 상정할 수 있는 이유를 여기서 찾을 수 있다.

대상이나 장면을 조망하거나 조감하는 설화자의 시점은 이야기가 본격적으로 펼쳐지는 중에도 발견된다. 그런데 이때에는 설화자가 이야기 세계의 내부에 위치해 있는 경우가 많아 그 시선에 포착되는 장면이나 대상은 단일한 것으로 제한되는 경우가 대부분이다. 그런데 이때 설화자는 이야기 세계 속에서 행동하는 인물의 바로 옆이나 위에 위치한다. 이러한 대목에서 서술되는 장면이나 대상은 설화자를 통해 중개되기는 하지만 설화자의 눈이 아니라 인물의 눈을 통해 그려지는 것과 같은 느낌을 갖게 한다. 또한 특정한 시공간 속의 인물을 통해 대상이나 장면이 그려지는 듯한 부분의 서술 지문은, 비록

---

148) 조감 시점은 보리스 우스펜스키 저, 김경수 역(1992: 112~14) 등을 참고하면 주로 공간적인 측면과 관련되는 상황에서 파악된다. 그런데 조감은 비단 공간적인 차원에서뿐만 아니라 심리적·지각적인 차원에서도 행해질 수 있기 때문에 일련의 사건을 연쇄적으로 개관하는 장면에서도 조감 시점이 쓰일 수 있다.

그것이 설화자의 언어라 하더라도 인물의 진술인 듯한 착각을 불러오기도 한다. 아래 (19)를 보자.

> (19) ㄱ. 目連이 또 가다가 흔 물 餓鬼톨 보니 머리는 大山 곧고 비는 須彌山 곧호 뒤 모기 바늘 ㄱ티 ㄱ놀오 거름 거를 時節에 五百 술위 글어디는 둧흔 소리 나더라<월석23: 79ㄴ~80ㄱ>
>
> ㄴ. 金山 디나가 靑蓮花ㅣ 싸해 차 츨옛거늘 보니 蓮花 아래 靑毒蛇ㅣ 곳줄기예 가마셔 눈 브르떠 太子톨 보더니 그쯰 善友太子ㅣ 즉재 慈心三昧예 드니 三昧力으로 곧 니러 蓮花ㅅ 니플 볼바가니 毒蛇둘히 害ᄒᆞ디 몯ᄒᆞ더라<월석22: 42ㄱ~42ㄴ>

(19ㄱ)은 '목련'이 모친을 찾아 지옥을 순례하는 대목 중의 일부다. 그런데 구문 중간의 '보니' 이하 부분은 본 주체인 '목련'의 시선에 포착된 대상과 상황을 서술한 것인데, 설화자가 아니라 '목련' 자신의 언어인 듯한 느낌을 준다. '용왕궁'의 보주를 찾으러 가는 '선우태자'가 독사를 만나 자비심으로 제압하는 장면을 그리고 있는 (19ㄴ)에서는 인물의 눈에 포착된 대상이 그대로 전달되고 있다. 그 어떤 경우든지 서술 지문은 이야기 세계 외부에서 바라보며 서술할 때와는 달리 대상이나 장면이 좀 더 구체적이고 세부적으로 묘사되는 경향을 보인다.

권위적인 설화자를 통해 전달되는 정보들은 이야기의 들머리에서뿐만 아니라 주요 사건이 진전하거나 시공간의 배경이 변화하는 텍스트 중간의 주요 대목에서 서술 지문의 형태로 자주 발견된다. 앞서 제시한 (14)의 내용을 참고하면서 살펴보도록 하자. '안락국태자전'에서 (14ㄹ, ㅁ)은 이야기 전체의 전·후반부를 가르는 대목에 해당한다. 이들 중 (14ㄹ)은 인물의 행동을 그 내용 정보로 하고 있다. 그런데 (14ㄹ)에서 설화자의 서술 초점은 인물이 움직이는 특정한 한 순간의 행동이 아니라 행동이 이루어지는 전후 상황을 중심으로 짜이는 전체 화제 구조에 맞춰져 있다. 결과적으로 이 대목은 인물 행동의 직접적 묘사로서보다는 특정한 행동을 중심으로 한 사건의 요약적 설명에 해당하는 것으로 보는 것이 타당하다.

(14ㅁ)은 부수 인물의 암시적인 대화를 통해 앞으로 펼쳐질 주요 사건을 예비하는 내용으로 구성되어 있다. (14ㅁ)은 표면적으로는 인물의 대화를 휘갑하는 식으로 구문이 종결되어 있어서 일종의 복사된 텍스트[149]로 이해될 수도 있다. 그러나 본질적으로는 앞으로 펼쳐질 이야기를 암시하는 구문의 차원에서 바라보는 것이 더 나을 듯싶다. 이어지는 바로 다음 대목에서 이야기는 (14ㅁ)에서 암시되는 서사 구조를 따라 전개되기 때문이다. 이 두 경우 모두 현재의 위치에서 과거 세계를 조망하는 권위적인 설화자의 서술 지문으로 구성되어 있어서 독자는 그의 지각권에 기대 이야기 세계를 바라볼 수밖에 없게 된다.

우리는 이야기의 종결부에서도 권위적인 설화자가 서술하는 지문을 볼 수 있다. 종결부의 서술 지문은 인물이나 사건의 후일담이나 이야기 자체에 관한 주석으로 짜이는 경우가 많은데, 이러한 서술 지문은 텍스트 수용자를 의식하는 설화자의 의도가 강하게 드러나는 부분이라고 할 수 있다. '안락국태자전'의 이야기 종결부(14ㅈ, ㅊ)나

---

149) 복사된 텍스트는 숨어 있는 설화자가 자신의 존재를 드러내는 언어적 단서는 최소화하면서 사건이나 상황을 직접 복사하듯이 그대로 제시하는 경우를 말한다. 인물 간 대화나 인물의 독백만으로 이루어지는 대목 등이 그런 경우다.

'목련전'의 마지막 구문인 (15a), '선우태자전'의 이야기 종결부(16f, g, h) 등이 바로 그런 경우다. 그런데 '안락국태자전'이나 '선우태자전'은 마지막 서술 지문에서 인물의 최후 행적(14ㅈ, ㅊ)이나 설화자의 주석적 논평(16f, g) 등의 내용이 '-니라'로 종결되는 구문을 통해 드러나는 반면에 '목련전'은 인물의 후일담(15a)에 관한 정보가 '-더라' 종결 구문 속에 들어가 있다.

이를 통해 이야기 도입부나 종결부, 주요 담화나 화제의 전환 대목에서 주로 보이는 서술 지문150)은 권위적인 설화자를 통해 중개된다고 말할 수 있다. 이때 설화자의 시점은 서술의 현재에 위치한다. 따라서 이와 같은 대목에서 과거 이야기 세계 속의 정보가 설화자를 통해 전달될 때, 이들 정보는 그 자신들이 속해 있는 과거 세계의 외부, 즉 현재에서 조망될 수밖에 없게 되므로 정보들은 전체적으로 하나의 완결된 구조로 인식될 가능성이 크다. 이들 서술 지문이 장면 묘사나 인물 간 대화보다 이야기 배경이나 인물(성격)에 관한 직간접적인 정보 또는 사건이나 인물에 관한 설화자의 설명적이고 해설적인 발언으로 구성되는 이유가 여기에 있다.151)

한편 설화자의 지문은 사건 진행이나 인물 행동을 압축적으로 요약하여 보고하거나 배경이나 상황을 직접 묘사하는 대목에서도 찾을 수 있다. 이들 대목은 대개 주 사건을 예비하는 배경적인 사건, 상황

---

150) 서사체의 시작과 끝 지점에서 인물 간 대화보다는 서술 지문이 많이 나타나는 것은 이전 소설들의 한 특징으로도 볼 수 있다[Stanzel, F. K. 저, 김정신 옮김(1988: 109~22, 274) 참고].

151) 과거 시제로 제시되는 담화·화제 정보는 광범위한 시공간적 차원에 걸쳐 있기 때문에 설화자는 회고적으로 조망하는 태도를 취할 수밖에 없다. 그리고 이와 같이 제시된 정보는 이야기의 현재, 즉 설화자와 인물의 시간적인 위치가 공시적으로 일치하는 지점에서 펼쳐지는 담화나 화제 장면을 인지하거나 이해하는 조건이 된다. 일종의 배경적인 기능을 담당하게 되는 것이다. 나아가 이때에는 설화자 자신의 언어로써 서사 정보가 전달되기 때문에 그의 관념이나 심리적인 관점이 드러날 가능성도 커진다.

이나 부수적인 인물 행동, 주 인물의 심리 묘사 등과 관련되는 경우
가 많다. 이에 따라 아래 (20)에서 볼 수 있는 것처럼 연속되는 하나의
사건 국면 속에서 주요 장면이 묘사된 지점 다음에 이어지거나, 이들
대목을 통해 예비된 주요 사건 장면이나 인물 행동이 바로 뒤따르기
도 한다. 이때 설화자는 과거 세계 외부의 한 지점에서 과거를 조망
하다가 과거 이야기 세계 속으로 직접 들어가는 식으로 급격하게 이
동하면서 그 위치가 변화하는 양상을 보인다.

> (20) ㉠[鴛鴦夫人이 듣줍고 比丘ㅅ긔 닐오ᄃᆡ "내 몸도 좃ᄌᆞᄫᅡ 갏 짜힌
> 가 몯 갏 짜힌가?" 比丘ㅣ 닐오ᄃᆡ "아래 가신 八媬女 니거시기
> 므스기 쩔ᄫᅳ리잇고?" 夫人이 닐오ᄃᆡ "그리커든 나도 大王 뫼ᅀᆞ
> ᄫᅡ 比丘 좃ᄌᆞᄫᅡ 가리이다"] ㉡[王이 夫人ㅅ 말 드르시고 깃거
> ᄂᆞ소사 나라ᄒᆞᆯ 아ᅀᆞ 맛디시고 夫人과 ᄒᆞ샤 比丘 조ᄎᆞ샤 西天
> 國을 여희여 竹林국애 가샤 ᄒᆞᆫ 너븐 드르헤 드르시니 나리 져
> 므러 ᄒᆡ 디거늘 세 분이 프서리예셔 자시고 이틄날 아ᄎᆞᄆᆡ 길
> 나아가싫 時節에] ㉢[鴛鴦夫人이 울며 比丘ㅅ긔 닐오ᄃᆡ] <월석8:
> 93ㄱ~93ㄴ>

(20)에서 보이는 일련의 사건들은 시간적으로 상호 간격의 크기가
그리 크지 않아 하나의 연속선 위에 있는 것처럼 보인다. 따라서 설
화자의 서술 시점도 동일한 것으로 파악해 볼 수도 있을 것이다. 그
런데 자세히 살펴보면 설화자는 (20)-㉠에서 과거 세계의 내부로 들
어간 특정한 지점에서 바로 옆에 있는 듯한 인물들이 서로 대화하는
장면을 그대로 보고하고 있는 듯이 보인다. 이어 (20)-㉡으로 오면서
자신의 존재를 강하게 암시하면서[152] 사건과 행동이 펼쳐지는 과거

---

152) 이 대목은 서술 지문으로 구성되는 바, 이러한 서술 지문은 곧 설화자 자신의 언어이기 때문에 그렇다.

세계의 외부 어느 지점에서 인물들의 움직임과 상황을 조망한다. 그러다가 (20)-ⓒ에 이르러 설화자는 과거 세계 속의 특정 장면이 펼쳐지는 곳으로 다시 옮겨 가서 (20)-㉠ 부분에서와 같은 자세를 취한다. 이때 지문으로 서술되는 (20)-ⓒ에서 사건 정보는 집약적으로 압축되어 보고된다. 그리고 비교적 다양한 시간대에 걸쳐 있는 일련의 사건은 이와 같이 요약적으로 개괄되어 서술됨에 따라 주요 사건의 진행에 속도감이 붙게 된다.

> (21) ㉠[獄卒이 그 말 듣고 머리를 수겨 쇠슬히 노하 브리고 머리
> 조사 一千디위나마 절ᄒᆞ고 讚嘆ᄒᆞ야 닐오ᄃᆡ……ᄒᆞ고 무로
> ᄃᆡ……ᄒᆞ고 드러갯다가 나와 닐오ᄃᆡ "相考ᄒᆞ니 일후미 업거니
> 와 알ᄑᆡ ᄯᅩ 大阿鼻地獄이 잇ᄂᆞ니이다"] ⓒ[目連이 ᄯᅩ 가다가
> 보니 ᄒᆞᆫ 큰 地獄이 이쇼ᄃᆡ 담 노ᄑᆡ 一萬丈이오 거믄 브ᄅᆞ미 一
> 萬블 두르고 쇠 그므리 우희 두퍼 잇고 웃 面에 ᄯᅩ 큰 구리 가
> 히 네히 이쇼ᄃᆡ 이베 長常 모딘 브를 吐ᄒᆞ야 虛空을 ᄉᆞ더라.]
> ⓒ[目連이 즈믄 디위를 워겨 블로ᄃᆡ 對答ᄒᆞ리 업거늘 도라와
> 獄主ᄃᆞ려 무로ᄃᆡ]<월석23: 82ㄴ~83ㄱ>

사건 시간의 흐름이 거의 감지되지 않는 (21)은 (20) 식의 구체적인 사건 진행보다는 인물 간 대화로 구성되는 장면들 사이에 인물이 위치하는 공간 배경을 묘사하는 서술 지문이 끼어들어 있다. 시점과 관련해서도 우리는 (21)에서 (20)과는 다른 양상을 보게 된다. (21)-㉠에서 (21)-ⓒ, ⓒ으로 옮아가기까지 설화자의 물리적인 위치 변화는 거의 간지되지 않는다. 이때 설화자는 인물에 근접한 거리에서 눈앞의 광경을 관찰하고 있는 인물의 시선을 따라 이동해 가면서 그 눈에 보이는 대상이나 장면의 세부를 자세하게 그려 보이고 있다.

인물들 간 대화로 이루어지는 담화는 이야기나 장면 자체의 생동

감을 살리는 데 매우 효율적이다. 이뿐만 아니라 사건이나 상황의 현
재성과 직접성을 살려 준다는 점에서 대화 장면 구현을 통한 담화 구
성은 문체적으로도 매우 중요한 기법이라고 할 수 있다. 그런데 이들
인물의 대화 구문은 서술 대상을 기준으로 이야기할 때 그 대화가 펼
쳐지는 장면 자체가 서술 대상이 되기 때문에 장면 묘사 구문이라고
할 수 있다. 이때 중개하는 설화자는 자신의 존재를 최대한 숨긴 채
인물들이 대화하는 장면을 그대로 보여 주는데, 이야기 전개 국면에
따라서는 구문의 구체적인 서술에 미묘한 차이가 발견되기도 한다.

> (22) 그쁴 西天國 沙羅樹大王이 四百 小國 거느려 겨샤 正ᄒᆞᆫ 法으
> 로 다ᄉᆞ라(리?)더시니 王位를 맛드디 아니ᄒᆞ샤 妻眷이며 子息
> 이며 보비를 貪티 아니ᄒᆞ시고 샹녜 됴ᄒᆞᆫ 根源을 닷ᄀᆞ샤 無上
> 道를 求ᄒᆞ더시니 光有聖人이 沙羅樹大王이 善心을 드르시고
> 弟子 勝熱婆羅門比丘를 보내샤 '**차믈 기룷 姝女를 비러오라.**'
> ᄒᆞ야시ᄂᆞᆯ 比丘ㅣ 王宮의 와 뜰해 드러 錫杖을 후ᄂᆞᆫ대 王이 드
> 르시고 四百八 夫人ㅅ 中에 第一 鴛鴦夫人을 브리샤 '**齋米 받
> ᄌᆞᄫᅧ라.**' ᄒᆞ야시ᄂᆞᆯ 鴛鴦夫人이 말 듣ᄌᆞ방 金바리예 ᄒᆡᆫ ᄡᆞᆯ ᄀᆞᄃᆞ기
> 다미(마?) 비구ㅅ 알ᄑᆡ 나ᅀᅡ 니거ᄂᆞᆯ 比丘ㅣ 술보ᄃᆡ<월석8: 90
> ㄱ~90ㄴ>

(22)의 밑줄 친 두 부분은 각각 '광유성인'과 '사라수대왕'의 대사
들이다. 그런데 이들 인물의 대사가 설화자의 서술 지문 속에 끼어들
어 있음으로써 설화자를 통해 간접적으로 중개 서술되는 효과가 있
다. 위 (22)는 '안락국태자전'에서 두 번째 담화의 도입부에 해당한다.
이렇게 이야기 속 인물들의 대사가 설화자의 서술 지문 안에 끼어들
어 있는 대목은 대개 연쇄적으로 일어나는 일련의 부수적인 사건을
압축적으로 보여 줌으로써 주요 사건을 예비하거나 틀 짓는 부분에

서 발견된다. 반면에 주요 사건이 본격적으로 펼쳐지거나 서사 전개와 관련하여 중요한 장면을 살피는 자리에서는 설화자의 서술은 극도로 줄어들고 순수하게 인물 간의 대화로 장면이 짜이는 경우가 대부분이다. 아래 (23)을 보자.

> (23) 그쁴 國王이 흔 果園을 뒷더니 東山 딕흔 노미 善友ᄃ려 닐오
> 디……善友ㅣ 흔 나모 아래 안자 새 놀이ᄂ 방올 ᄃ주를 후늘
> 며 쏘 等올 노라 제 즐겨 터니 그쁴 利師跋王 ᄯ리 죵돌 더블
> 오 東山 구경ᄒ다가 善友를 보고 나ᅀᅡ가 ㉠[무로ᄃ| "네 어쩐
> 사ᄅ민다?" 對荅호ᄃ| "빌머긂 盲眼이로이다."] ㉡[그 ᄯ리 사ᄅᆼ
> ᄒ욜 ᄆᅀᆞ믈 내야 ᄇ리고 ᄠᅥ나믈 몯ᄒ야 ᄒ더니 王이 사ᄅᆷ ᄇ
> 려 ᄯᆯ 블러늘 그 ᄯ리 닐오ᄃ|……ᄒ야 善友와 어우러 먹고 王
> 믜 술보ᄃ|]<월석22: 53ㄴ~55ㄱ>

(23)을 보면 '이사발성'의 동산지기가 동산의 새들을 날려 주기를 권유한 것이 계기가 되어 '선우태자'가 '이사발국'의 공주와 첫 대면을 하게 된다. 이 두 인물은 '선우태자전'의 전체 서사에서 매우 중요한 비중을 차지한다. 이들이 처음으로 대면한 직후 상황에서 설화자는 자신의 존재를 최대한 숨기면서 인물들 간의 대화로써 장면을 구성하고 있다[(23)−㉠ 참고]. 주요 인물 간 첫 결연의 계기가 되는 대화인 만큼 장면 자체를 부각하는 서술 방식이 좀 더 효과적이라고 할 수 있다.

반면 (23)−㉡에 이르러 설화자는 인물의 대사를 자신의 서술 지문 속에 끼워 놓은 채 구문을 구성하고 있다. 이때 (23)−㉡에 포함된 인물 대사는 특정한 장면 속에서 부각되는 것이라기보다는 주요 서사를 추동하는 데 필요한 매개적이거나 부수적인 요소로 보는 것이 자

연스럽다. 일종의 배경적인 인물 대사인 것이다. '이사발국' 공주가
부왕에게 맹안의 '선우태자'를 자신에게 줄 것을 요청하여 허락을 받
고 '선우태자'와 대화를 나누는 일련의 후행 화제 대목을 보면, 구체
적인 장면 속의 인물 간 대화가 그대로 그려지고 있기 때문이다.

　언해류 서사체 유형의 전체 텍스트에서 순수하게 인물 간 대화로
이루어지는 대목은 주요 사건이 펼쳐지는 담화나 화제의 전경적인
장면 대부분에서 발견된다. 시점과 관련해서 보면, 이때의 설화자는
이야기 세계 내부에 위치하는 것으로 파악된다. 그런데 비록 이야기
세계 내부의 한 지점에 위치하더라도 설화자는 그 지점에서 보이는
인물이나 서사적인 상황, 장면에 대하여 일정한 거리를 유지한다. 그
내부의 시점에서 장면 속 인물들의 말을 번갈아 가며 중개하는 역할
만을 하고 있는 것이다. 그런 점에서 서사 텍스트에서 인물 간 대화
로 화제나 담화가 구성되는 부분에서의 설화자의 서술 태도는 중립
적이거나 객관적이라고 할 수 있다. 이러한 대화부-인물 간 대화-와
서술부-설화자의 서술 지문-의 교체는 서술 과정의 역동성을 살리
는 중요한 요인으로서 서사 텍스트의 문체 특징을 드러내는 데 중요
한 역할을 담당한다. 이와 같은 서술부와 대화부는 각각 설화자가 중
심이 되는 외부 시점과 인물이 중심이 되는 내부 시점과 관련된
다.153) 그렇다면 대화부와 서술부의 교체는 곧 내부 시점과 외부 시
점의 교체154)로 볼 수 있다.

　서사체에서 내부 시점과 외부 시점의 교체는 일정한 서술 패턴을

---

153) 공간적인 층위에서 서술자와 인물의 공간적인 위치 관계를 중심으로 시점의 문제를 다루고 있는 논의로
　　보리스 우스펜스키 저, 김경수 옮김(1992: 103~15)을 참고할 수 있다.

154) 이렇게 외부 시점과 내부 시점이 번갈아 가며 나타날 때의 유형이 이념적 견지에서 중요하다고 이야기
　　하는 논자도 있다[Stanzel, F. K. 저, 김정신 옮김(1988: 191) 참고].

이룬다. 언해류 서사체 유형의 서사 텍스트들은 서술부와 대화부가 각각 하나의 큰 덩어리를 이루면서 거듭 교체하는 양상으로 짜여 있다. 앞에서 살핀 것처럼 외부 시점은 전체 이야기의 도입부, 인물 행적이나 시공간 배경의 변화 등에 수반되는 주요 담화나 화제의 전환 대목, 이야기의 종결부 등에서 발견된다. 도입부의 외부 시점은 시공간 배경이나 주요 사건과 관련된 예비적인 부수 사건, 인물에 관한 직간접적인 정보 제시와 관련된다. 종결부의 외부 시점은 인물이나 사건의 후일담이나 이야기에 관한 주석적인 해설, 설명, 논평 등의 대목에서 확인된다. 특히 도입부와 종결부의 외부 시점은 설화자가 권위적인 속성을 띠고 있다는 점에서 하나로 묶어 볼 수 있다. 주요 담화나 화제 전환 대목 또한 인물 행적의 급격한 변화나 시공간 배경의 전환 등으로 이루어지기 때문에 권위적인 외부 설화자의 시점으로 구성된다.

반면에 내부 시점은 설화자의 중개성이 최대한 줄어듦으로써 설화자 자신의 존재감이 극히 미약하게 드러난다. 그 결과 시점의 초점이 담화나 화제 장면 내부의 인물에게로 옮아가 그의 행동이나 대사, 그의 눈에 보이는 대상 등이 그대로 그려지게 된다. 그런 점에서 내부 시점은 사건이나 상황의 현재성이나 직접성, 이야기 자체의 생동감을 살려주는 한 단서로 작용하기도 한다. 이와 같은 내부 시점은 도입부에서 제시된 배경이나 부수적인 담화·화제 정보들에 힘입어 서사가 본격적으로 펼쳐지는 이야기의 본체부에서 빈번하게 발견된다. 또한 종결부에서 인물들의 최후 행적이나 후일담이 외부 시점으로 드러나기 전에 주요 사건이 마무리되는 장면에서도 인물에 초점을 맞춘 내부 시점에 의한 대화부가 전개된다.

그런데 외부 시점에 의한 설화자의 보고적인 서술 지문과 내부 시점의 인물 간 대화로 구성되는 장면 제시의 변환이 텍스트 수용자에게 어떤 영향을 끼치고 문체적으로 어떤 효과를 가져 오는가를 단정적으로 논급하기는 무척 힘들다. 이를 위해 우리는 외부 시점과 내부 시점에 따른 서술 지문과 대화의 교체를 명시적인 수치나 비율로 명세화할 수는 있을 것이다. 이렇게 해서 얻어진 비율 여하에 따라 우리는 어떤 텍스트가 역동적이랄지 정적이랄지 하는 텍스트의 개략적인 특징을 이야기할 수도 있다. 그런데 이러한 역동적인 변환 작용이 텍스트 수용에 따른 내용 이해나 텍스트 의미 해석의 과정에서 텍스트 수용자의 정서적 감응이나 상상력, 인식 태도에 어떤 식으로 작용하는가 하는 문제에 대해서는 우리가 갖고 있는 답이 거의 없다. 이들에 대해 좀 더 깊은 천착이 필요한 까닭이다.

3.1.3. 문장 연결과 종결

우리는 15세기 초반 한글이 창제된 이후에 한문이나 구결의 전통이 당대 국문 자료들에서 국어 문장이 문자로 정착하는 과정에 많은 영향을 끼쳤음을 부인할 수 없다. 이와 같은 역사적인 배경 때문에 이 시기의 국어사 자료들에 보이는 문장 구문이나 이들의 형식·구조적인 특징은 특히 한문 구결의 자장권 내에서 파악되는 경우가 많았다. 한글 창제 초기 국어사 자료의 긴 문장 특성을 언해와의 상관관계 속에서 이해하려는 논의도 이러한 사정에서 비롯된 것으로 보인다. 그런데 앞에서도 지적한 것처럼 이러한 접근 방식은 국어 문장이 문자에 의한 기술 텍스트로 정착하던 시대의 제반 사회·문화적인 여건을 간과하게 할 우려가 있다는 점에서 신중하게 받아들일 필요가 있다. 나아가 텍스트 유형이나 내용과 같은 내적 요인 또는 텍스트 산출 과정이나 수용에 따른 여타의 외적 요인을 소홀히 보게 되는 난점 또한 무시할 수 없다.

그런 점에서 문장 연결이나 종결은 문장 길이가 길고 짧다는 문제와 관련해서뿐만이 아니라 당해 문장들을 포함하는 텍스트 전체의 짜임새라든지 내용 여하에 따른 문장 배열이나 문장 길이의 차이 등의 측면에서 살펴보는 것이 더 타당하다. 이와 관련하여 이 글에서는 문장 연결과 종결을 구문론적인 특성에 입각해서가 아니라 구술성이나 기술성과 같은 텍스트 창작과 수용에 관련된 속성 차원에서 살펴보고자 한다.[155] 한글 창제 초창기의 언해 자료들은 문어 텍스트여서 기본적으로 문자성이나 기술성의 특징을 담고 있지만 창작과 수용 과정에 구술성이나 구어성이 개입했으리라는 점도 충분히 짐작할 수 있기 때문이다. 이러한 점을 고려하여 우리는 여기에서 일반적인 구문 분석의 절차나 과정에 지나치게 얽매이지 않는 태도를 취하면서 구체적인 논의를 진행할 것이다.

문장 연결이나 종결과 관련하여 제시할 수 있는 가장 큰 원칙은 문장 내 여러 정보들이 연결되다가 종결될 때의 기준이 담화나 화제의 전환[156]이라는 사실이다. 이러한 원칙은 하나의 문장이나 담화 구조체가 하나의 중심 화제를 중심으로 짜인다는 점과 관련된다.

---

155) 이에 대해서는 3.1.2.를 참고할 것.

156) 정진원(1993)에서는 화제 전환의 기준을 행위 참여자인 인물이나 시공간적인 배경이 바뀌는 것 등으로 보았다. 이 글에서도 화제가 전환하는 양상을 살필 때 기본적으로 이 세 기준을 고려하였다. 그런데 이들 기준은 개별적으로가 아니라 통합적으로 적용됨을 유의할 필요가 있다. 행위 참여자나 시공간이 바뀌더라도 이들이 하나의 문장 속에 들어가 있는 경우도 있기 때문이다. 장문 구성을 보이는 화제를 담화 구조체의 관점에서 보고 문장이 종결되는 양상을 살피려는 이유가 여기에 있다.

(24) ㄱ. 目連이 그 말 듣줍고 싸해 업더디여 우다가 니러 地獄애
가 도녀 보더니 흔 싸 흐라 딛는 地獄을 보니 南閻浮提옛
衆生이 흐와 소배 이셔 모뤁 즈믄 무저긔 싸흐라 피와 고
기왜 너르 듣더니 날마다 一萬 디위 죽고 一萬 디위 살옥
흐더라<월석23: 78ㄴ>

ㄴ. 目連이 쏘 가다가 흔 물 餓鬼를 보니 머리는 大山 곧고 빈
는 須彌山 곧호디 모기 바놀ㄱ티 ㄱ놀오 거름 거를 時節에
五百 술위 믈어디는 듯흔 소리 나더라<월석23: 79ㄴ~80
ㄱ>

ㄷ. 目連이 쏘 가다가 흔 火盆地獄을 보니 南閻浮提옛 衆生이
火盆을 머리예 이니 ㅁ딘ㅁ딘마다 썟 그테셔 브리 븓더라
<월석23: 81ㄱ>

ㄹ. 目連이 쏘 가다가 보니 흔 큰 地獄이 이쇼디 담 노픠 一萬
丈이오 거믄 ㅂ룸미 一 萬 볼 두르고 쇠그므리 우희 두퍼
잇고 웃 面에 쏘 큰 구리 가히 네히 이쇼디 이베 長常 모딘
브를 吐흐야 虛空을 ᄾ더라<월석23: 82ㄴ~83ㄱ>

(24)는 '목련'이 모친을 찾아 여러 지옥을 순례하는 서사 대목에 있
는 구문들로서 하나의 담화 단위에 포함된다. 각 구문들을 보면 '(쏘)
目連이⋯⋯보(더)니⋯⋯흐더라' 식의 유형적인 틀로 짜여 있음을 알 수
있다. 이렇게 유형적인 틀로 제시되는 이들 구문들의 중심 화제는
'목련'이 목격한 각 지옥의 형상으로서 서로 동일하다. 그런데 (24) 각
각의 문장 길이는 91자, 60자, 46자, 77자 등에 걸쳐 있어 상당한 차이
가 난다. 이러한 차이는 기술되는 지옥의 정경이나 상황 여하에 따라
결정된다. 이를 통해 보면 문장 길이는 그 문장이 담고 있는 화제 자
체와도 연관되지만 기본적으로는 화제와 관련된 구체적인 구문 내
정보들에 따라 상대적으로 결정됨을 알 수 있다. 당연하게도 구문 내
정보들이 다양할수록 문장 길이가 길어지는 것이다.

이상의 기본적인 논급에 근거하여 언해류 서사체 유형 텍스트들의 담화와 문장 구조를 도표화해 보자. 다음은 '안락국태자전'의 경우다.

〈표 7〉[157) '안락국태자전'의 담화,[158) 문장 구조

담화(문장)	담화표지	공간 배경	인 물	문장 종결	화 제
D1 (S1)	'녜'	'林淨寺'	'光有聖人'	'혜리러라'	인물 소개
D2 (S2~S5)	'그쁴'—'그 저긔'	'西天國' 외	'沙羅尌大王' 외	'아니ᄒ더라'	'사라수왕'의 선심, 팔채녀의 공덕 수행
D3 (S6~S25)	'그저긔'	'임정사' 외	'광유성인' 외	'받자ᄫᅵ니라'	'바라문'의 재방문, 왕의 길 떠남, 부인이 종으로 팔림.
D4 (S26~S31)		장자 집 외	'사라수왕' 부부 외	'외오더시다'	부인의 왕생게 전수, 태중아기 작명, 부부 작별, 왕의 공덕수행
D5 (S32)		장자 집	'원앙부인' 외	'ᄒ더라'	'원앙부인'의 출산, '자현장자'의 예언
D6 (S33~S40)	'그저긔'—'그저긔'	장자 집	'안락국' 외	'ᄇᆞ르니라'	'안락국'의 일차 도망, 고초
D7 (S41)	'後에'	'梵摩羅國'	'안락국'	'싸히러라'	이차 도망, '범마라국' 도착
D8 (S42)		'임정사'도중	'안락국'	'ᄒ더라'	'안락국'이 게송 소리에 기뻐함.
D9 (S43~S53)	'그저긔'	'임정사' 외	'안락국' 외	'가니라'	부친상봉, 모친구원과 극락왕생
D10 (S54)			'광유성인' 외	'羅漢이시니라'	인물 후일담(1)
D11 (S55)		'無間地獄'	'자현장자'	'잇ᄂᆞ니라'	인물 후일담(2)

---

157) 〈표 7〉과 이하 〈표 9〉, 〈표 11〉은 앞의 〈표 1〉, 〈표 3〉, 〈표 5〉에 기초하되 '담화표지', '공간 배경' 등 몇 개 항을 덧붙인 것이다.

158) 담화 표지와 관련하여, 언해류 서사체 유형 텍스트에서는 담화나 화제 경계 사이에 있는 시간 부사어류를 중심으로, 다음 장의 고소설류 서사체 유형 텍스트에서는 화두사나 시간 부사어류를 중심으로 확인하였다. 표에는 특정 담화 단위에 포함되어 있는 담화 표지를 모두 명기하였다.

'안락국태자전'은 모두 11개의 담화로 구성된다. 각 담화는 하나 이상의 문장으로 이루어진다. 예컨대 D1, D5, D7, D8, D10, D11은 하나의 문장만으로, 나머지는 둘 이상의 문장으로 구성된다. 인물 '광유성인'에 관한 배경적인 정보를 담고 있는 D1은 하나의 문장으로 구성되어 있다. 구문 요소들의 연결과 종결은 "(녜……광유성인)~겨샤~니ᄅ샤~敎化ᄒ더시니~(그 數ㅣ)~혜리러라" 등으로 확인된다. 담화의 첫머리에는 시간 부사어 '녜'가 출현한다. '겨샤, 니ᄅ샤' 등에서 석출되는 '-아'는 주동사의 동작보다 선행한 동작의 양태를 나타내는 기능을 하는바, 앞 문장의 내용을 통해 후행 문장 내용이 일어남을 나타내면서 문장을 접속한다.[159] 이것은 곧 계기성과 관련되는데,[160] '겨샤~니ᄅ샤~교화ᄒ더시니' 대목의 '오백 제자를 거느림→대승소승법을 강설함→중생을 교화함' 등과 같은 내용 정보를 통해서 확인할 수 있다. 이에 따르면 '-아'로 접속되는 절의 정보는 주동사 부분의 인물 정보인 '광유성인이 중생을 교화함'의 전제격에 해당한다고 볼 수 있는데, 제시되는 방식은 동일한 인물의 행적과 관련된 정보를 계기적으로 연결 짓고 있는 것으로 볼 수 있다. '교화ᄒ더시니'에 후행하는 절은 그러한 전제 내용에 대한 설화자의 주관적인 부연 설명에 해당한다.

D2는 모두 네 개의 문장으로 구성되는데, '승열바라문비구'의 '서천국' 방문, '사라수왕' 부부와의 대면, 팔채녀의 삼 년 공덕 수행 등의 사건이 순차적으로 배열되어 있다. 첫 번째 S2는 '그ᄢ'로 시작하며, 그 밖에 S2와 S3의 경계 지점에 시간 표현의 부사어 '그저긔'가 출

---

159) 이하 어미들의 의미 기능에 관한 기본적인 설명은 주로 安秉禧·李珖鎬(1990)에 기댔다.
160) 이와 같은 견해는 황선엽(1995: 19~21)에서도 확인된다.

현한다. D2의 구문 요소들은, '(그쁴……사라수왕)~겨샤~다스리더시니~아니ᄒᆞ샤~아니ᄒᆞ시고~닷ᄀᆞ샤~求ᄒᆞ더시니~(광유성인)~드르시고~보내샤~ᄒᆞ야시ᄂᆞᆯ~(비구)~와~드러~후는대~(왕)~드르시고~브리샤~ᄒᆞ야시ᄂᆞᆯ~(원앙부인)~다마~니거ᄂᆞᆯ~(비구)~ᄉᆞᆯᄫᅩᄃᆡ[인물 대사]~(그저긔……원앙부인)~드러~ᄉᆞᆯᄫᆞᆫ대~(왕)~드르시고~니브시고~나샤~나ᅀᅡ가샤~절ᄒᆞ시고~請ᄒᆞ야~드르샤~안치시고~안ᄌᆞ샤 무르샤ᄃᆡ[인물 대사]~(비구)~對答ᄒᆞᄃᆡ[인물 대사]~(왕)~깃그샤~브르샤~굴ᄒᆡ샤~주어시ᄂᆞᆯ~(비구)~도라가니~(광유성인)~깃그샤~맛디샤~길이더시니~(삼 년)~ᄎᆞ니~(팔채녀)~닷가~아니ᄒᆞ더라' 등으로 연결되고 종결된다.

D2에서는 인물 대사가 인용절로 안기며 구성되는 문장이 다섯 군데에서 발견된다. 이 중에서 S2의 인물 대사 두 개는 설화 동사 없이 간접 화법 형식으로 인용되고 있다. 여기서는 대사가 끝나는 지점에 똑같이 'ᄒᆞ야시ᄂᆞᆯ'과 같은 인용 동사가 출현한다. 나머지 세 개는 모두 설화 동사 'ᄉᆞᆯᄫᅩᄃᆡ, ᄉᆞᆯᄫᆞᆫ대, 對答ᄒᆞᄃᆡ'로 시작하며, 인용 동사 없이 문장이 휘갑된다. 인물 대사가 간접 화법 형식으로 제시되는 대목은 본격적인 서사를 예비하는 내용에 해당한다. 일종의 배경적인 사건 장면인 것이다.[161] 따라서 이들 대목에서는 시공간의 변화가 급격하

---

161) 배경적인 속성을 갖는 사건 장면 속의 인물 대사가 간접 화법 형식으로 설화자의 서술 지문 속에 안기는 점은 원문과의 대비를 통해서도 알 수 있다. 예컨대 '안락국태자전'의 도입 부분에서 '서천국 사라수대왕'의 인물됨과 관련된 배경 정보는 "그쁴 西天國 沙羅樹大王이 四百 小國 거느려 겨샤 正ᄒᆞᆫ 法으로 다ᄉᆞ리더시니 王位ᄅᆞᆯ 맏디 아니ᄒᆞ샤 妻眷이며 子息이며 보빅ᄅᆞᆯ 貪티 아니ᄒᆞ시고 샹녜 됴ᄒᆞᆫ 根源을 닷ᄀᆞ샤 無上道ᄅᆞᆯ 求ᄒᆞ더시니"(월석8: 90ㄱ)에서처럼 설화자의 언어로 실려 있으나, (비록 현토본이긴 하지만) 한문 원문에서는 "一日은 聖人이 告弟子曰 西天國 娑羅樹大王은 本是成王이라 所治에 有四百 小國ᄒᆞ고 天下民商이 不責賦稅ᄒᆞ며 以正法으로 理國ᄒᆞ고 妻孥及珍寶를 皆不貪養ᄒᆞ며 修諸善種ᄒᆞ야 求無上道라 ᄒᆞ고"(釋迦如來十地修行記: 78) 식으로 '광유성인'이라는 인물의 언어(밑줄 친 구절)로 실려 있다. 한편 이와 관련하여 텍스트 산출자는 특정의 인물 대사를 임의로 추가하여 장면의 구체적인 현장성을 살리기도 한다. '바라문비구'와 '사라수왕'이 첫 대면한 후 담화를 나누는 장면에서 원문은 "王이 卽着禮服而出迎比丘於榻ᄒᆞ니 比丘ㅣ 告日 我는 卽梵摩羅國林淨寺光有聖人之弟子也라……(중략)……

게 이루어지며, 서사 진행 속도도 빨라진다.

동일 화제 내에서 인물이 전환하는 대목은 연결어미 '-으니, -거늘, -ㄴ듸(대)' 등이, 동일 인물의 연속되는 행동이나 행적을 연쇄적으로 연결하는 대목에서는 '-아, -고' 등이 사용된다. '-아'와 '-고'는, 그 각각의 원래적인 의미 기능에 걸맞게 전후 절 사이에서 일정한 시간 간격이 확인되는 대목에 쓰인다. 특히 연결어미 '-고'는 계기적·동시적으로 벌어지는 인물 행동이나 사건 정보를 나열할 경우에 나타난다. '-으니'와 관련해서는 과거 시상의 '-더-'가 있고 없음에 따라 이끌리는 구문 정보가 상이하다. '-더-'가 출현하는 대목은 비교적 긴 시간대에 걸친 인물의 행적이나 이와 관련된 배경적인 정보, 인물 자체의 간접적인 정보, 과거 사실과 관련된 시공간 정보 등으로 구성된다. 반면 '-더-'가 출현하지 않는 대목은 실제 사건이 벌어지면서 이야기가 펼쳐지는 현재적인 장면의 인물 행동이나 시간 경과, 공간 정보 등과 관련된 배경적인 내용으로 구성된다.

D3은 20개의 문장으로 길게 이루어져 있다. 이 부분은 '승열바라문비구'가 '서천국'을 재방문하여 '사라수왕' 부부가 함께 길을 떠난 후 '죽림국'의 '자현장자'에게 '원앙부인'이 팔리는 대목까지에 해당한다. D3 시작 부분의 S6은 시간 부사 표현 '그저긔'로 시작하는데, 이 표현은 이하 부분에서는 나타나지 않는다. 인물 대사는 모두 스물 다

以爲汲水奉茶水任也하노니 伏乞採而施之하소서 王이 於四百八夫人中에 選出可任者而勅送한대"〈釋迦如來十地修行記: 79〉에서처럼 '사라수왕'의 질문 없이 '바라문비구'의 발화(밑줄 친 구절)로 곧장 시작하는 데 반해, '안락국태자전'에서는 "比丘란 노피 안치시고 王은 눗가비 안즈샤 무르샤듸 <u>어드러셔 오시니잇고 比丘ㅣ 對答호듸 梵摩羅國 林淨寺애 겨신 光有聖人ㅅ 弟子ㅣ로니……(중략)……찻믈 기룷 媤女를 비슥바 오라 흐실쎄 오ᄉ보이다 王이 깃그샤 四百八夫人ᄋ 다 브르샤 졈고 고봉니로 여듧 각시를 굴히샤 比丘를 주어시눌"〈월석8: 90ㄴ~91ㄱ〉에서처럼 '사라수왕'의 질문(밑줄 친 구절)으로 담화가 시작되고 있다. 결국 이러한 대사 처리 방식의 변화나 임의의 인물 대사 추가 등은 텍스트 구성과 서사 흐름을 고려한 바탕 위에서 텍스트 산출자의 의도나 전략과 관련하여 해석하는 것이 자연스럽다.

섯 곳에서 발견된다. 이 중 설화 동사 없이 간접 화법 형식으로 인물 대사가 인용되는 부분이 네 곳, 인물 대사가 설화 동사로 시작되고 인용 동사로 마무리되는 곳이 두 곳이다. 나머지 열아홉 곳은 모두 인용 동사 없이 휘갑되는 직접 화법 형식으로 구성됨으로써 장면의 생생함과 구체성이 살아나고 있다. 이야기 장면의 현장성이 강하게 드러나고 있는 것이다.

그런데 D2에서도 언급했지만 간접 화법 형식의 인물 대사가 쓰이는 대목에서는 시공간이 급속하게 이동, 경과하며 서사의 진행 속도가 매우 빨라진다. 이러한 점은 설화 동사로 인물 대사가 시작되지만 특정의 인용 동사로 휘갑되면서 연결되는 대목에서도 마찬가지다. 이들 대목을 보면 인물 간 대화가 정지하고 인물 행동에 따른 서사 진행이 빨라지고 있음을 확인할 수 있기 때문이다.[162] 시공간의 급격한 변화가 부수함은 물론이다. 다음 (25)를 보자.

> (25) ㄱ. 聖人이 **니르샤디**……호야시놀 比丘ㅣ 누비 닙(닙?)고 錫杖
> 디퍼 竹林國 디나아 沙羅樹 王宮의 가 錫杖을 후는대<월
> 석8: 91ㄴ~92ㄱ>
> ㄴ. 夫人이 王끠 **솔 ᄫ 디**……호야놀 王과 比丘왜 夫人ㅅ 말 드
> 르시고 ᄆ ᅀ ᄆ 롤 더욱 셜 ᄫ 너기샤 눉므를 비 오닷 흘리시고
> 比丘와 王괘 夫人올 뫼샤 長者ㅣ 지븨 가샤<월석8: 94
> ㄱ~94ㄴ>

(25)는 모두 '니르샤디, 솔 ᄫ 디' 등의 설화 동사로 대사가 시작되고

---

162) 인물들 간에 대화가 이루어지는 부분의 서사는 거의 정지 상태의 것으로 보아도 무방하다. 대화가 진행되면서 시간이 흐르기는 하지만, 그 시간의 흐름 속에서 구체적인 '사건'이 발생하고 있다는 것을 대화 장면만을 통해서는 확인할 수 없기 때문이다. 그럴 경우에는 인물 간 대화와 같은 서술이 아니라 설화자의 지문 서술로 바뀌게 될 것이다.

'ᄒᆞ야시ᄂᆞᆯ, ᄒᆞ야ᄂᆞᆯ'과 같은 인용 동사로 마무리된다는 점에서 비슷하다. 그런데 인용 동사에 후행하는 서사를 살펴보면 인물 간 대화가 아니라 인물 행동이 중심을 이룬다. 이에 따라 이야기 세계 속에서 인물이 행동하는 일련의 시간대가 확장되며, 이때의 공간적인 위치 변화 또한 (25ㄱ)에서는 ('梵摩羅國' '林淨寺')→'竹林國'→'沙羅樹王宮'으로, (25ㄴ)에서는 ('竹林國'의 넓은 들)→長者의 집 등으로 급격하게 이루어진다.

D3에서도 다양한 연결 표현들이 확인되고 있는데, 그 구체적인 쓰임새는 D2에서와 크게 다르지 않다. D3에서 특기하고 싶은 사실은 '-아'와 '-고' 등에 관한 것이다. 앞에서 우리는 '-아'가 선후 정보 관계 차원에서 일정한 시간 간격이 감지되는 대목에 주로 쓰이면서 선·후행하는 사건 정보 간에 계기적인 의미가 발견되는 지점에 나타나는 점을 살펴보았다. 이러한 점과도 관련되겠지만 이때의 '-아'는 공간의 이동이 현저하게 이루어지는 부분에서도 자연스럽게 쓰이는 경향을 보여 준다. 일정한 간격만큼의 해당하는 시간 동안 인물이 공간을 이동하며 행동할 수 있는 여지가 충분하기 때문이다. 다음 (26)은 D3의 S9에 해당한다.

(26) 부인이 도라 드러 술ᄫᅳᆫ대 王이 ㉠드르시고 ①깃그샤 ᄠᅳᆯ헤 ② 나샤 比丘ㅅ 알ᄑᆡ 세 번 ㉡절ᄒᆞ시고 ③講ᄒᆞ야 宮中에 ④드르샤 比丘란 노ᄑᆡ ㉢안치시고 王ᄋᆞᆫ ᄂᆞᆺ가ᄫᅵ 안ᄌᆞ샤 무르샤ᄃᆡ<월석8: 92ㄱ~92ㄴ>

(26)은 '사라수왕'이, '광유성인'의 명을 받은 '승열바라문비구'가 자신의 왕궁에 온 사실을 '원앙부인'의 전언을 통해 알게 된 후 그를

극진하게 맞아들이는 상황이다. '－아'를 중심으로 구문이 전개되는 양상을 공간적인 배경의 이동에 따라 정리하면, ①~④ 각각을 기준 점으로 정전(궁실안)→궁전 뜰, 궁전 뜰→비구ㅅ 앞, 비구ㅅ 앞→궁중 (안), 궁중(안)→정전(궁실안) 등으로 바뀌고 있음이 확인된다. 그러나 이처럼 배경이 바뀌기는 하지만 동일한 인물의 계기적인 행동을 순 차적으로 나열하고 있는 점은 앞서 살핀 D1에서의 '－아'와 다르지 않다.

'－고'로 나타나는 ㉠~㉢의 상황은, '－고' 이하에서 '－아'로써 공 간이 바뀔 때, 해당 인물이 이동하기 전의 공간과 동일한 장소에서 펼쳐지고 있다. '－고'가 계기적·동시적으로 정보들을 나열하는 의 미 기능이 있다는 사실을 이런 점에서 확인할 수 있다. 그런데 '－고' 가 항상 동일한 공간 장소에서 거의 동시적으로 나타나는 계기적인 내용 정보를 연결하는 부분에서만 쓰이는 것은 아니다. D3의 S16은 '(왕)~드르시고~ㄴ소사~맛디시고~ㅎ샤~조ㅊ샤~여희여~가샤~드 르시니~져ᄆ러~디거늘~자시고~(이틄날   아ᄎᆷ……원앙부인)~닐오 ᄃᆡ' 등으로 연결된다. 여기서 앞의 두 '－고'('드르시고', '맛디시고') 는 이야기가 펼쳐지는 상황을 고려할 때 '(길떠나기) 전날'에 '궁중 (안)'에서 펼쳐지는 상황과 관련되는 데 반하여 마지막 '－고'('자시 고')를 전후해서는 '전날→이튿날'로의 시간 경과가 이루어지고 있기 때문에 이때의 '－고' 전후 상황을 거의 동시적인 계기 정보 차원에 서 파악하기는 힘들다. 그러나 우리는 '－고'로 연결되는 정보들이 동 일한 인물의 연속되는 행동과 관련되는 것들이라는 점에서 시간적인 간격이 큰 대목에서도 전후 절이 '－고'로 연결되는 이유를 찾을 수 있을 것이다.

D4는 S26~S31에 해당한다. D4에서는 여섯 곳에서 인물 대사가 발견된다. 그 중 첫 번째는 '원앙부인'이 '사라수대왕'에게 왕생게를 외울 것을 권하는 내용의 말인데, 설화 동사 '슬ᄫᅩ듸'로 시작된 후 인용 동사 'ᄒᆞ고'로 휘갑되면서 왕생게를 직접 읊조리는 '원앙부인'의 두 번째 대사로 이어진다. 'ᄒᆞ고'로 연결되는 이유는 동일 인물의 대사가 거의 동시적으로 연이어 나타날뿐더러 전후 대사 내용이 왕생게에 관한 것으로 동일하기 때문인 것으로 해석된다. 나머지 다섯 개의 인물 대사는 '슬ᄫᅩ듸', '니ᄅᆞ샤듸' 등의 설화 동사로 시작하고 휘갑하는 인용 동사 없이 제시된다. D4의 연결 표현들은 그 쓰임새가 앞선 화제들에서의 그것과 크게 다르지 않다. 앞에서 시간 간격이 비교적 큰 계기적인 사건이 '-고'로 연결되는 예를 살펴보았는데, 이러한 사례를 D4의 S26에서도 볼 수 있다. S26의 '(왕과 비구)~자시고~(이튿날 아츰……문 밧……세 분)~머므더시니~(부인)~슬ᄫᅩ듸'에서 '자시고' 전후 상황을 보면 '전날→이튿날'로의 시간 경과와 '집안→문밖'으로의 공간 이동을 확인할 수 있기 때문이다.

D4에서 특기할 점은 '머므더시니'의 '-더-'와 관련된 것이다. 표면적으로 보면 '머므더시니'가 쓰인 대목은, 현재 눈앞에서 펼쳐지고 있는 인물들의 행동을 묘사하고 있는 것처럼 보이기 때문에 '-더-'가 없는 '머므시니' 정도가 예상되는 곳이다. 아래 (27)을 보자.

(27) ㄱ. 王이 夫人ㅅ 말 드르시고 깃거 ᄂᆞ소사 나라홀 아ᅀᆞ 맛디시고 夫人과 ᄒᆞ샤 比丘 조차샤 西天國을 여희여 竹林국애 가샤 ᄒᆞᆫ 너븐 드르헤 **드르시니** 나리 져므러 히 디거늘<월석 8: 93ㄴ>

ㄴ. 王과 比丘왜 그 지븨 자시고 이튿날 아ᄎᆞ미 세 븐이 門 밧

긔 나샤 여희실 쩌긔 몯내 슬허 우러 **오래 머므더시니** 夫
人이 王끠 술보딕<월석8: 95ㄱ>

　(27)은 각각 D3의 S16, D4의 S26의 일부로서 사건이 전개되는 양상
이 매우 흡사하다. (27ㄱ)의 밑줄 친 '드르시니'는 전형적으로 현재적
인 장면의 인물 행동을 보여 주는 대목에 해당한다. 이러한 점은 (27
ㄴ)의 '머므더시니'에도 그대로 적용된다. 그런데 (27ㄴ)의 '머므더시
니'에는 과거 시상의 '-더-'가 붙어 있다. 이와 관련하여 우리는 바
로 앞의 시간 부사 '오래'를 통해 알 수 있는 것처럼 '머문' 시간으로
부터 후행절에서 '부인'이 발화하는 시간까지의 간격이 크다는 것을
확인할 수 있다. '부인'이 발화하는 장면을 이야기 세계 속의 현재로
상정할 때, 인물들이 머무르는 행위는 서사적인 과거의 사건으로 인
식되면서 현재 사건과 일정한 거리감이 조성되고 있는 것이다.

　반면에 (27ㄱ)의 '드르시니'를 보면 후행절에서 서술되는 정보("나
리 져므러 히 디거늘")의 시간대가 인물들이 "너븐 드르헤 드른" 시
간대와 일치하면서 거의 동시적으로 파악된다. '사라수왕' 일행이 들
판에 당도한 시간이나 그러한 상황 전체가 이야기 세계 속의 현재 장
면과 관련된 것으로 인식되고 있는 것이다. 이러한 점 때문에 (27ㄱ)
에서 '-으니'를 전후로 한 서사 상황은 내적으로 강하게 결속되어
인과성·계기성을 드러내고 있는 듯하다. 이 점은 (27ㄴ)에서 '-으
니' 전후의 상황이 별개의 맥락 속에서 파악되어 (27ㄱ)에서와는 달리
직접적인 인과성이나 시간적인 계기성이 약한 것으로 보이는 사실과
대비된다.

　D5는 한 개의 문장 구문으로 구성된 담화 구조체로서, '안락국태자

전'의 전·후반부를 가르는 대목에 해당한다. 여기서는 또한 인물 대사가 인용절로 안기면서 문장 종결형 'ᄒᆞ더라'로 휘갑되는데, 이 인물 대사는 앞으로 펼쳐질 사건을 예비하는 일종의 배경적인 정보에 해당한다. 인물 대사가 인용절로 안겼다가 표면에 드러난 문장 종결 표현으로 마무리되거나 화제의 주요 연결 대목이 '-더니'로 나타나고 종결부가 '-더라'로 구성되는 이유도 이러한 관점에서 이해할 수 있다. D6은 '안락국'이 부친을 찾아 '자현장자'의 집에서 도망쳤다가 종에게 잡혀와 고초를 당하는 내용 등으로 구성되어 있다. 전체 이야기 구조를 고려할 때 서사적인 비중이 높고 극적 긴장감이 고조되는 대목이다. 이에 따라 사건 장면이 주로 인물 간 대화 등으로 구성되면서 극적인 현장감을 잘 보여 주고 있다. 이와 같은 극적인 현장감은 속도감 있는 장면 전환을 통해서도 볼 수 있다. D6에서 두 번에 걸쳐 나타나는 담화 표지 '그저긔'(S37, S40)를 통해 그 구체적인 양상이 확인된다. 전체 화제를 종결짓는 마지막 문장 구문도 특정화한 장면 속의 인물 행동과 관련된 서술어로 되어 있기 때문에 '-니라' 종결 표현으로 나타난다.

D6에서는 인물 대사가 모두 여덟 곳에서 확인된다. 이 중에서 앞의 일곱 개 대사는 '닐오ᄃᆡ, 술보ᄃᆡ' 등의 일반적인 설화 동사로 시작하고 인용 동사 없이 마무리되는 데 반하여 마지막 여덟 번째 대사는 '구지조ᄃᆡ'라는 설화 동사와 'ᄒᆞ고' 인용 동사로 구성된다. 이 대목은 'ᄒᆞ고'를 전후로 인물 대사와 행동이 거의 동시적으로 이어지고 있기 때문에 '-고' 연결형으로 나타난다. 위에서 잠깐 살핀 것처럼 D6에서는 담화 내 하위 화제의 경계 사이에 시간 부사 표현 '그저긔'가 두 군데서 발견된다. 이들은 담화를 구성하는 여러 화제들을 내적으로

통합하면서 각각의 화제 장면이 속도감 있게 전환하거나 서사가 빠르게 진행되는 느낌을 갖게 한다.163) 부친의 소재를 알게 된 '안락국'이 부친을 찾아 나설 수 있도록 모친에게 허락을 구하는 장면이 첫 번째 '그저긔'를 전후로 나타나며, 두 번째 '그저긔'를 전후로 해서는 '안락국'이 '자현장자' 집에서 나와 문밖으로 이동하는 공간의 변화가 확인되기 때문이다. 또한 이 대목은 실제 '안락국'이 부친을 찾아 '자현장자' 집에서 도망하는 장면으로 구성되기 때문에 서사 진행이 매우 빠른 속도로 이루어지고 있다.

D7, D8은 모두 D5와 비슷한 속성을 갖는 구문이다. 여기서도 인물 대사가 인용절로 안기고 인용 동사로 휘갑되는 점이나, 주요 연결부나 종결부에 '-더-'가 붙은 '가더니', '阿彌陀佛ᄒᆞ더니', '싸히러라', '깃거ᄒᆞ더라' 등이 출현하는 점 등이 그대로 확인된다.164) D9는 본 서사의 마지막 담화에 해당한다. D9의 첫 문장 S43을 보면 '(임정사)~잇더니~(안락국)~맛나니~(팔채녀)~브르며~가거늘~(안락국)~무로ᄃᆡ' 등으로 구성되는데, 화제 시작 부분의 배경을 제시하는 대목에서 '-더니'가 쓰이는 점('잇더니')이나 인물이 전환하는 부분에서 '-으니'('맛나니')나 '-거늘'('가거늘')이 쓰이는 점 등은 앞서 살핀 담화 구조체나 문장 구문들의 경우와 같다. D9에서는 시간 부사 표현 '그저긔'도 발견된다. 앞에서 살핀 것처럼 동일 화제 내에서 발견되는 이와 같은 시간 부사 표현은 장면 전환이나 서사 진행의 속도감을 갖

---

163) 고소설류 서사체 유형을 다루는 4장에서도 다시 언급하겠지만, 서사적인 갈등이나 대립이 점점 고조되면서 극적 긴장감이 높아지는 대목에서는 장면 전환의 속도도 빨라지고, 이에 따라 담화 표지의 출현 횟수도 늘어나는 경향을 보인다.

164) D7은 "安樂國이……가더니……비ᅀᆞ보ᄃᆡ 내 眞實ㅅ ᄆᆞᅀᆞᄆᆞ로……건내쇼셔 ᄒᆞ고……싸히러라"로, D8은 "그 소리……阿彌陀佛ᄒᆞ더니……安樂國이……깃거ᄒᆞ더라"로 나타난다.

게 해 준다.

D9에서는 모두 열두 곳에서 인물 대사가 출현한다. 이들 대사의 대부분은 설화 동사로 시작하고 인용 동사 없이 마무리되는 양상을 보인다.

> (28) ㄱ. 쇼 칠 아히 놀애를 블로ᄃᆡ……ᄒᆞ야ᄂᆞᆯ 安樂國이 듣고 무로ᄃᆡ
> <월석8: 101ㄴ>
> ㄴ. 그 龍船 가온ᄃᆡᆺ 굴근 菩薩들히 太子ᄃᆞ려 닐오ᄃᆡ……ᄒᆞ야시
> ᄂᆞᆯ 太子ㅣ 그 말 듣고 깃기 獅子座애 올아 虛空ᄋᆞᆯ 타 極樂
> 世界로 가니라<월석8: 102ㄴ~103ㄱ>

(28)은 D9에서 인용 동사로 인물 대사가 휘갑되는 사례들로서 각각 여덟 번째, 열두 번째 대사에 해당한다. 이들은 발화 주체가 '쇼 칠 아히, 굴근 菩薩들' 등으로 부수적인 인물군에 속한다. 발화 내용 또한 주요 서사를 추동하는 데 기여하는 배경적이거나 매개적인 정보 속성을 갖기 때문에 인용 동사로 휘갑되면서 더 큰 문장 구문의 부분 요소로 나타나는 것으로 파악된다. 특히 이들 인물의 발화에 이어지는 장면에서 대화가 계속 이어지는 것이 아니라 배경 이동에 수반하는 인물 행동이 주로 그려지고 있는 점도 해당 대사가 인용 동사로서 더 큰 문장에 안기게 된 요인으로 보인다.

'안락국태자전' 전체의 종결 지점에 나타나는 D10, D11은 인물 후일담이다. 먼저 D10은 '갑은 을이다' 식의 지정 구문 일곱 개가 나열의 '-고' 어미를 통해 연결되어 있고, D11은 한 개의 단위 문장으로 구성된다. 같은 인물 후일담이면서도 별개의 화제와 문장으로 처리한 점이 자못 흥미롭다. 우리는 그 이유를 각각의 문장 구문에서 화제

대상이 되는 인물이 주동 인물과 반동 인물의 두 부류로 구별되는 점에서 비롯한 것으로 풀이하고자 한다. 특히 이러한 사실은 설화자나 텍스트 산출자의 주관적인 의도의 차원에서도 이해할 수 있을 것이다.

아래 <표 8>에 '안락국태자전'의 각 담화별 문장 처리 양상을 인물의 대사 중심으로 살피되, 인물 간 대화는 설화 동사나 인용 동사 출현 여부 등에 주목하여 정리해 보기로 한다. <표 8>을 통해서 알 수 있는 것처럼, 인물 대사가 출현하지 않는 담화들은 시공간이나 인물 정보에 관한 도입부의 배경 제시(D1)나 본격적인 서사 국면에서 주요 사건을 암시하면서 예비하는 배경적인 정황과 관련되는 이야기 중간의 전환부(D8), 인물 후일담으로 구성되는 종결부(D10, D11) 등에서 발견된다.

<표 8> '안락국태자전'의 인물 대사 처리 방식

구 분		화제 내용	대사	설화 동사	인용 동사165)	설화 동사+ 인용 동사
D2 (S2~S5)	전반부	'사라수왕'의 선심, 팔채녀의 공덕 수행	5	3	2(S2)	
D3 (S6~S25)		'바라문'의 재방문, '사라수왕'의 길 떠남, '원앙부인'이 '자현장자'에게 종으로 팔림.	25	19	4 2(S8, 21), 2(S20)	2 2(S8, 20)
D4 (S26~S31)		부인의 왕생게 전수, 태중아기 작명, 왕 부부의 작별, 왕의 공덕 수행	6	5		1(S26)
D5(S32)	후반부	'원앙부인'의 출산, '자현장자'의 예언	1			1(S32)
D6 (S33~S40)		'안락국'의 일차 도망, 고초	8	7		1(S40)
D7(S41)		'안락국'의 이차 도망, '범마라국' 도착	1			1(S41)
D9 (S43~S53)		부친 상봉, 모친 구원과 극락왕생	12	10		2 2(S50, 53)

다음으로 '목련전'을 보자. '목련전'은 모두 9개의 담화와 101개의
문장 구문으로 이루어져 있다.

〈표 9〉 '목련전'의 담화, 문장 구조

담화(문장)	담화표지	공간 배경	인 물	문장 종결	화 제
D1 (S1~S2)	'녜'	'王舍城'	'傅相長者'	'ᄒ더라'	인물 소개
D2 (S3)		'왕사성' 외	'羅卜' 외	'가니라'	'나복'의 재산 분배, 장사 출가
D3 (S4)		'왕사성(집)'	'나복' 모친	'락닥ᄒ더라'	'나복' 모친의 악행
D4 (S5~S15)	'그쁴'	'금지국' 외	'나복' 모자	'돕더라'	'나복' 귀가, 모친 죽음, 삼 년 거상
D5 (S16~S17)		'耆闍堀山'	'目連' 외	'ᄒ시니라'	'나복'의 출가와 개명
D6 (S18~S25)		'기사굴산' 외	'목련' 외		'목련'과 세존의 담화, 천상 순례
D7 (S26~S49)		鐵床地獄 외	'목련' 외		'목련'의 지옥 순례
D8 (S50~S78)	'그저긔'	阿鼻地獄 외	'목련' 외		모자 상봉과 담화, 모친의 受苦
D9 (S79~S101)	'그쁴'	아비지옥 외	모자 외	'受ᄒ더라'	'목련'의 救母와 후일담

'목련전'은 발단부에 있는 D2, D3이 모두 한 개의 문장으로 구성되
어 있다. D1은 인물에 관한 정보로 구성되는 전형적인 배경 제시 대
목이다. 그런데 '안락국태자전'의 도입부에서는 인물에 관한 배경 구
문이 행적 중심으로 짜여 있어 계기적인 '－아'로 연결되고 있는 데

---

165) 본문에서도 잠깐 언급한 것처럼 이렇게 인용 동사만으로 인물 대사가 처리되면 설화자의 서술 지문 속
에 포함되면서 간접 화법 형식으로 전달되는 효과가 있다. 이와 같은 간접 화법 형식은 대개 주 사건을
예비하는 배경적인 사건과 관련된 대목에서 나타나는데, 서사를 빠르게 진행하여 주 사건에 본격적으로
진입할 수 있도록 해 준다. 이뿐만 아니라 서술 자체도 속도감을 얻게 되어 이야기의 박진감이나 생동감
을 살리는 데 일정하게 기여하는 것으로 보인다.

반해 '목련전'의 D1에서는, '(장자)~이쇼딕~(일홈)~傳相이러니~(약대와 라귀와 象과 물)~▽득ᄒ고~(錦과 비단과 노와 깁과 珍珠)~▽득ᄒ고~모ᄅ리러라'에서 볼 수 있는 것처럼 가세(家勢)에 관한 정보가 나열의 '-고'로 연결되고 있다. 이는 '행적'과 '가세'라는 정보 자체의 속성 차이에서 비롯된 것으로 볼 수 있다. D2는 인용 동사 'ᄒ고'로 휘갑되는 두 개의 인물 대사를 포함하고 있다. 두 번째 인용절은 설화 동사 없이 인용되어 간접 화법의 형식을 띤다. 이들은 모두 인물 대사에 후행하는 내용이 동일 인물의 행동과 관련되는 지점에 나타나는 모습을 보인다.

D3은 '(아둘)~니거늘~(그 어미)~닐오딕~ᄒ야~두고~돌오~삐틀어~바ᄃ며~두고~티니~(소리)~아니ᄒ얫거든~(어미)~ᄠ고~내야~이바ᄃ며~락닥ᄒ더라' 등으로 되어 있다. 인물이나 대상이 바뀌는 부분에서 '-거늘'이나 '-으니'가 쓰이는 점은 앞서 본 '안락국태자전'의 경우와 크게 다르지 않다. 이들 D1~D3은 모두 전체 이야기의 발단부 중에서도 이야기가 도입되는 대목에 해당한다. 인물 관련 정보나 주요 사건을 예비하는 부수적인 사건이 하나의 문장 구문 속에 들어가 있는 점, 인물 대사가 간접 화법의 형식이나 인용절로 안겼다가 인용 동사로 휘갑되면서 더 큰 문장의 한 구성 요소로 나타나는 점 등은 이러한 출현 위치와 밀접하게 관련된다. 이러한 구문 형식은, 하나의 문장 속에 긴 시간대에 걸쳐 있는 여러 사건들을 압축적으로 보여 줌으로써 서사 진행 속도를 빠르게 하는 부수적인 효과가 있다. 전반적으로 담화 구성이 설화자의 지문 위주로 이루어진 점도 이런 측면에서 이해할 수 있다.

D4는 모두 11개의 문장으로 구성되는데, 서사 구조의 차원에서 보

면 발단부의 본 이야기에 해당한다. 열다섯 곳의 인물 대사 중 직접 인용된 부분이 열 곳을 차지하는 이유도 본 사건을 자세하게 펼쳐 보이려는 텍스트 산출자의 의도와 관련된 것으로 해석할 수 있다. 간접 화법 형식으로 인용되거나 인용 동사로 휘갑되는 인물 대사는 D2, D3에서와 마찬가지로 인물의 연속되는 대사나 행동을 서사하는 대목에서 나타남으로써 이야기를 빠르게 진전시킨다. 이와 동시에 후행하는 본격적인 담화 장면에 대해 배경적인 정보로도 기능하는 것으로 보인다. D4에서 특기할 점은 연결어미 '-거늘' 뒤에 나타나는 시간 부사 표현 '그쁴'에 관한 것이다. (29)를 보자.

(29) ㄱ. 羅卜이 듣고 (중략) 머리 조사 一千 디위나마 **절ᄒᆞ거늘 그쁴** 이웃 ᄆᆞᅀᆞᆳ 사ᄅᆞᆷ돌히 羅卜이 오ᄂᆞ다 듣고 城 밧긔 마ᄌᆞ라 나가 무로ᄃᆡ<월석23: 74ㄴ>

ㄴ. 世尊이 니ᄅᆞ샤ᄃᆡ……ᄒᆞ시고 그쁴 世尊이 ᄒᆞᆫ 사ᄅᆞᆷᄃᆞᆯ 거느리샤 比丘比丘尼優婆 塞優 婆夷無數億萬을 앏뒤헤 圍繞ᄒᆞ시고 虛空身ᄋᆞᆯ 펴 노ᄒᆞ시니<월석23: 88ㄱ>

(29ㄱ)은 D4에 (29ㄴ)은 D9에 포함된다. 비록 정도의 차이는 있지만 (29)에서 발견되는 '그쁴'는 연결형 '-거늘, -고' 등의 뒤에 나타나면서도 새로운 서사 국면을 이끄는 측면이 있다. 구체적으로 (29ㄱ)에서는 인물이나 공간적인 배경이 바뀌면서 새로운 화제로 바뀌고 있다. (29ㄴ)은 인물은 그대로이되 새로운 서사 국면으로의 전환을 보여준다. 이는 일종의 하위 화제 전환이라고 할 만한데, 그러한 전환의 양상은 (29ㄴ)에서보다는 (29ㄱ)에서 특히 두드러진다. 이때의 '-거늘'이나 '-고'는 서사 문맥을 고려했을 때 의미 단락을 만드는 기능이 있는 것으로도 볼 수 있다.[166]

D5는 '나복'이 '기사굴산'의 세존에게 출가하여 '대목건련(목련)'으로 개명한 후 부처의 제일 제자가 되는 과정을 주요 내용으로 한다. 담화 전체는 두 개의 문장으로 구성되어 있다. 여기에는 세 개의 인물 대사가 인용되고 있다. 앞의 두 개가 모두 설화 동사로 시작하는 점은 같다. 그런데 첫 번째 대사가 인용 동사 없이 휘갑되는 데 반하여 두 번째 대사는 인용 동사 'ᄒ시고'로 휘갑되면서 상위 문장에 안겨 있는 형국이다. 두 번째 인물 대사 직후에는 동일 인물의 연속되는 행동과 관련된 서술 지문이 나타나고 있다. 전반적으로 D5는 '목련전' 전개부의 도입 지점에 위치한다. 따라서 전개부의 주요 담화 화제인 출가 후 '목련'의 지옥 순례나 구모(求母) 과정과 관련하여 배경적인 정보가 제시될 필요가 있다. 긴 시간대에 걸쳐 있는 인물의 여러 행적이 하나의 구문으로 수렴되거나 인물 대사가 설화자의 서술 지문에 안겨 있는 점도 이러한 측면에서 이해할 수 있다.

D6, D7은, '목련'이 세존과 더불어 그 모친에 관한 담화를 나눈 후, 각각 천상과 지옥을 순례하는 장면을 그리고 있다. 특히 D7에서는 '목련'이 여러 지옥을 순서대로 방문하면서 옥졸과 얘기를 나누는 정경이 자세하게 그려져 있다. 이에 걸맞게 서사의 많은 부분이 유형적인 문장 구문의 반복을 통해 제시되어 있다. 그 유형적인 문장 구문은 예컨대, '갑이⋯⋯가(다가)⋯⋯을을 보(더)니⋯⋯(을이)⋯⋯어떠하다'

---

166) 비록 '-고'에 관한 것은 보이지 않지만 이와 비슷한 논급이 이현희(1992: 34)에서 시도된 바 있다. 그런데 '-거늘'이 의미 단락을 만드는 기능을 갖는 것은 과거 시상의 선어말어미로 기능하는 '-거-'에 말미암은 것이 아닌가 한다. '-거늘'의 '-늘'이 중세국어에서 하나의 어말어미와 같은 용법을 보이고 있기는 하지만[安秉禧·李珖鎬(1990: 251) 참고] 기원적으로는 과거 시상의 '-거-'의 의미가 어느 정도 살아 있다고 볼 수 있기 때문에 담화상 '-거늘'로 일차 휘갑되는 구문이 후행하는 사건 내용에 대해 배경적인 담화 정보로 파악될 수 있다. 과거에 이미 이루어진, '-거늘'로 이끌리는 정보가 후행 사건의 전제가 되면서 계기적으로 연결되는 것으로 보이기 때문이다. 많은 경우 '-거늘'이 사건의 배경적인 정경이나 정황을 이끌고 있는 점, 인물 행동이나 대사를 이끄는 경우라도 후행 사건을 본격적으로 펼쳐 보이기 위한 계기 정보를 이끄는 대목에 쓰이는 점도 이런 관점에서 이해할 수 있다.

식으로 구성된다.

(30) ㄱ. 目連이 그 말 듣줍고 싸해 업더디여 우다가 니러 地獄애
가 도녀 보더니 흔 싸 ᄒᆞ라 딜느 地獄을 보니 南閣浮提옛
衆生이 ᄒᆞ와 소배 이셔 모믈 즈믄 무저긔 싸ᄒᆞ라 피와 고
기왜 너르 듣더니 날마다 一萬 디위 죽고 一萬 디위 살옥
ᄒᆞ더라. 目連이 슬허 獄主ᄃᆞ려 무로ᄃᆡ<월석23: 78ㄴ>

ㄴ. 目連이 쏘 가다가 흔 갈즘게 地獄을 보니 南閣浮提옛 衆生
이 갈즘겟 그테 이셔 소ᄂᆞ로 갈즘게를 자브니 ᄆᆞᄆᆡᄆᆞᄆᆡ마
다 글희 듣거든 발로 갌 山을 드듸니 즈믄 ᄆᆞ듸 다 글희여
디거ᄂᆞᆯ 目連이 슬허 獄主ᄃᆞ려 무로ᄃᆡ<월석23: 79ㄱ>

ㄷ. 目連이 쏘 가다가 흔 돌매 地獄을 보니 두 딱돌ᄒᆞ로 罪人
을 ᄀᆞ니 피 **ᄲᅳ곗더니** 目連이 슬허 獄主ᄃᆞ려 무른대<월석
23: 79ㄴ>

ㄹ. 目連이 쏘 가다가 흔 물 餓鬼를 보니 머리ᄂᆞ 大山 ᄀᆞ고 비
ᄂᆞ 須彌山 ᄀᆞ호ᄃᆡ 모기 바늘 ᄀᆞ티 ᄀᆞ늘오 거름 거릃 時節에
五百 술위 글어디ᄂᆞ 둣흔 소리 **나더라**. 目連이 餓鬼ᄃᆞ려
무로ᄃᆡ<월석23: 79ㄴ~80ㄱ>

ㅁ. 目連이 쏘 가다가 흔 火盆地獄을 보니 南閣浮提옛 衆生이
火盆을 머리예 이니 ᄆᆞ듸ᄆᆞ듸마다 샛 그테셔 브리 **블더라**.
目連이 슬허 獄主ᄃᆞ려 무른대<월석23: 81ㄱ>

ㅂ. 目連이 쏘 가다가 보니 흔 큰 地獄이 이쇼ᄃᆡ 담 노픠 一萬
丈이오 거믄 브ᄅᆞ미 一萬 볼 두르고 쇠그므리 우희 두퍼잇
고 웃 面에 쏘 큰 구리 가히 네히 이쇼ᄃᆡ 이베 長常 모딘
브를 ᄠᅡᄒᆞ야 虛空을 **ᄉᆞ더라**. 目連이 즈믄 디위를 워겨 블
로ᄃᆡ 對答ᄒᆞ리 업거늘 도라와 獄主ᄃᆞ려 무로ᄃᆡ<월석23:
82ㄴ~83ㄱ>

위 (30)은 문장 연결이나 종결의 유형에 유의하지 않고 표면에 드
러난 순서대로 제시한 것이다. (30)은 그 개략적인 틀이 비슷하기는
하지만 실제 문면으로 드러나는 형태는 조금씩 다르다. (30ㄱ, ㄹ, ㅁ,
ㅂ)은 문장 종결의 '－더라'형으로 구문이 휘갑되고 인물 대사를 인

용하는 설화 동사를 앞세운 인물 대사 구문이 나타난다. 반면에 (30 ㄴ, ㄷ)은 연결의 '－더니, －거늘' 형으로 구문이 마무리되고 인용절이 나타나는 차이가 있다. 그런데 (30ㄱ, ㄹ, ㅁ, ㅂ)에서 설화자가 문장 종결형으로 구문을 휘갑함으로써 굳이 앞뒤 문장을 서로 구별한 이유가 무엇일까? 그 앞에 열두 곳에서 인물 대사가 출현하는 (30ㅂ)을 제외하면 나머지 (30ㄱ, ㄹ, ㅁ)은 일곱 지옥('鐵床·劍樹·石闕·餓鬼·灰河·鑊湯·火盆地獄')의 도입('철상지옥'), 중간('아귀지옥'), 종결('화분지옥') 지점에서 문장 종결형 '－더라'로 마무리되고 나머지 지점에서는 문장 연결형 '－더니, －거늘'로 처리되고 있다. 이런 점에서 여러 지옥들을 하나의 화제나 문장 구문으로 처리함으로써 갖게되는 부담감을 줄이면서 적절한 문장 분절을 통해 지옥의 참상을 좀더 생동감 있게 전달하려는 의도가 있지 않았을까 추리해 본다.

D6, D7에서도 많은 인물 대사를 확인할 수 있다. D6, D7에서는 각각 8개, 23개의 인물 대화 장면이 그려지고 있다. 특별히 D7에서는 대화 장면이 '목련'과 각 지옥의 옥주 사이에 이루어지고 있다. 이들 장면의 대화 내용은 특정한 지옥을 본 '목련'의 지옥에 관한 질문과 이에 대한 옥주의 대답으로 짜여 있는데, 표면적으로는 이러한 주고받기 식의 대화가 규칙적으로 반복되는 양상을 보인다. 특기할 점은 D6에서 D7에 걸쳐 있는 인물 대사의 거의 대부분이 설화 동사로 시작되고 인용 동사 없이 마무리되는 양상을 보인다는 점이다. 상대적으로 인물 행동이나 장면 전환 등에 관한 정보는 최소화한 형태로 시술 지문을 통해 제시된다.

이에 따라 비록 이야기 세계 속에서 벌어지는 사건의 시간은 매우 느리게 진행되더라도 장면 자체는 좀 더 부각될 수 있다. 모두 31개의 인물 대사 중 셋은 '흐어놀'(S39), '흐고'(S46) 등 인용 동사의 연결 형태로 휘갑되면서 더 큰 문장 속에 안겨 있는 양상으로 처리되어 있다. 이들은 발화 주체가 위치하는 대화 공간이 바뀌거나 동일 인물의 연속되는 두 발화를 잇는 대목에서 발견된다. 구체적으로 청자를 특정하지 않은 내면 표출·감탄 구문 등으로 일방적인 발화문의 속성을 띠고 있거나(D7S39), 상관적인 장면에서 상대방에게 질문하는 내용의 대사(D7S46)라도 이어지는 대화 장면이 없이 곧장 인물 행동이 펼쳐짐으로써 서사의 진행 속도가 빨라지는 대목에 출현한다.

D8은 29개의 문장, 32개의 인물 대사로 구성되어 있다. 32개의 인물 대사 중 여섯 개는 설화 동사로 도입되고 인용 동사로 이끌리고 있다. D8은 '월인부'의 '其五百十五'에 해당하는데, '목련'이 세존의 조력에 힘입어 그 모친을 상봉하게 되는 내용이 핵심적인 주요 담화 화제로 파악되는 대목이다.[167] D8의 전반부에서는 '목련' 모자의 상봉을 위한 예비적인 상황들―'목련'의 모친 상봉을 위한 부처와 옥주의 조력 등―이, 후반부에서는 '목련' 모자의 실질적인 상봉과 대화가 본격적으로 펼쳐지고 있다. 따라서 전반부는 후반부의 전경적인 장면을 위한 배경적인 사건 장면으로 구성되어 있다고 볼 수 있다. D8에서 인용 동사로만 이끌리는 여섯 개의 인물 대사가 주로 전반부에서 집중적으로 나타나고 있는 이유도 이러한 담화 맥락에서 이해된다. 인용 동사 없이 휘갑되는 나머지 인물 대사는 전·후반부에서 '목련'과

---

167) 그러나 D8의 전반부에서는 아직 '목련'이 그 모친과 본격적으로 대화를 나누지 않고 있다. S68에서 옥주가 '목련'의 눈앞에 처참한 형상의 모친을 보여 준 후 '목련'이 실제 눈으로 확인한 후에서야 '목련' 모자의 대화가 이루어지고 있다. 전반부의 상황을 '뵈니라' 식으로 종결하여, 이와 동일한 공간에서 펼쳐지는 '목련'과 옥주, '목련'과 그 모친의 대화 장면을 구별한 이유도 이러한 서사적인 국면의 변화에서 이해해 볼 수 있다.

옥주, 모친 사이에 이루어진다. D8에서는 후반부 중간에 '지지더라'(S74)와 'ᄒ더라'(S75)로 처리되는 짧은 구문이 발견된다. 옥졸이 모친에게 고통을 가하는 장면과 옥중 죄인들이 '목련' 모자의 상봉 상황을 지켜보면서 자탄(自嘆)하는 장면 등인데, 주 인물인 '목련'을 기준으로 보면 일종의 배경적이거나 부수적인 장면이라고 할 수 있다.

D9는 모두 23개의 문장과 23개의 인물 대사로 구성된다. 인물 대사중 두 번째[168]는 세존의 발화에 이어지는 행동이 연속적으로 출현하는 대목인 까닭에 인용 동사 'ᄒ시고'로 처리되면서 인물 발화와 행동이 한 구문 속에 녹아들어 가 있다. 텍스트 전체의 마지막 문장인 S101에서도 인물 대사가 간접 화법 형식으로 안겨 있다. 서사 전개상 인물 대사가 펼쳐지는 장면 자체보다는 대사의 내용 전달이 좀 더 중요한 대목이라고 할 수 있다. D9는 전체 이야기의 마지막 담화에 해당한다. 그런데 D9는 최후 종결부를 구성하면서도 설화자의 서술 지문보다는 전체적으로 인물 간 대화로 구성되는 장면 묘사 구문으로 이루어져 있다. 이는 전체적으로 해당 대목이 서사 전개의 최절정부를 이루는 동시에 텍스트를 마무리 짓는 종결부로 기능하고 있기 때문인 것으로 보인다.

다음 <표 10>을 보면 '안락국태자전'에서와 마찬가지로 이야기 도입부의 D1에서는 인물 대사가 발견되지 않는다. 이는 인물과 관련된 배경적인 정보를 전달하는 구문 성격과 관련된다. 그런데 '목련전'에서는 '안락국태자전'에서와 달리 종결부에 포함되는 담화인 D8,

---

168) 해당 구절은, "世尊이 니ᄅ샤ᄃᆡ **目連아 내 네 어미를 救ᄒ오리라** ᄒ시고 그ᄢᅴ 世尊이 ᄒ 사ᄅᆞᆷ 거느리샤 比丘比丘尼優婆塞憂婆夷無數(億萬)을 뒤헤 圍繞ᄒ시고 虛空身을 펴 노ᄒ시니"(월석23: 88ㄱ)에 있다(특히 밑줄 친 부분).

D9에 인물 대사가 집중적으로 분포하고 있다. 앞에서도 잠깐 이야기한 것처럼 서사적인 절정부와 결말부가 한 담화 속에 묶여 있는 데에서 그 이유를 찾을 수 있다.

〈표 10〉 '목련전'의 인물 대사 처리 방식

구 분		화제 내용	대사	설화 동사	인용 동사	설화 동사 + 인용 동사
D2(S3)	발단부	'나복'의 재산 분배, 장사 가출	2		1(S3)	1(S3)
D3(S4)		'나복' 모친의 악행	1			1(S4)
D4 (S5~S15)		'나복' 귀가, 모친의 죽음, 삼 년 거상	15	10	1(S8)	4 / 2(S5, 14), 2(S8)
D5 (S16~S17)	전개부	'나복'의 출가와 개명	3	1	1(S17)	1(S17)
D6 (S18~S25)		'목련'과 세존의 담화, 천상 순례	8	8		
D7 (S26~S49)		'목련'의 지옥 순례	23	20		3 / 1(S39), 2(S46)
D8 (S50~S78)	종결부	모자 상봉과 담화, 모친의 受苦	32	26		6 / 3(S51, 75, 76), 3(S61)
D9 (S79~S101)		'목련'의 구모와 후일담	23	21	2(S80, 101)	

'선우태자전'의 담화, 문장 구조는 다음 〈표 11〉과 같다.

〈표 11〉 '선우태자전'의 담화, 문장 구조

담화(문장)	담화표지	공간 배경	인 물	문장 종결	화 제
D1(S1)	'디나건뉘예'	'波羅㮈國'	'波羅㮈王' 외	'나ᄒᆞ니라'	인물 소개, 두 부인의 출산
D2(S2~S5)		'바라내국'	'바라내왕' 외	'ᄒᆞ더라'	相占卜과 작명, '악우'의 인물됨
D3 (S6~S32)		'바라내국' 외	'선우' 외	'禮數ᄒᆞᆫ슥 ᄫᅵ니라'	'선우'의 성 밖 주유와 중생 보시, 求珠 여행 간청과 부왕의 허락

담화(문장)	담화표지	공간 배경	인 물	문장 종결	화 제
D4 (S33~S36)	'그쁴'	'바라내국' 외	'선우' 부자	'ᄒ더라'	여행 동기, 出令으로 오백 일행이 모임.
D5 (S37~S40)	'그쁴'–'그쁴'	'바라내국'	'海師' 외	'ᄒ시니라'	맹인 해사와 자청한 '악우'의 동행 결정
D6 (S41~S49)	'그쁴'–'그저 긔'–'그쁴'	'大海' 외	'선우' 일행	'가니라'	보배 획득, 도사의 죽음
D7(S50)	'그쁴'	'金山'	'선우' 외	'몯ᄒ더라'	금산 獨行, 독사 제압
D8(S51)		'龍王國'	'선우' 외	'잇더라'	용왕 성문의 정황
D9 (S52~S71)		'용왕궁'	'선우' 외	'가니라'	보주 求得과 '악우'의 강탈
D10 (S72~S73)	'그쁴'–'그쁴'	'利師跋國'	'선우' 외	'셜버ᄒ더라'	'선우'의 절규
D11 (S74~S75)		'바라내국'	'악우' 외	'ᄇ리니라'	'악우'의 귀국, 부모의 애통, 보주 暗埋
D12(S76)	'그쁴'	'이사발국'	'선우'	'마쵸앳더라'	'선우'의 '이사발국' 도착, 혼약 정보
D13(S77)		'이사발국'	'선우' 외	'내니라'	'우왕'이 혀로 '선우' 눈의 꼬챙이를 빼냄.
D14 (S78~S85)	'그쁴'–'그쁴'	'유승'의 집	'선우' 외	'보내니라'	'선우'의 留宿과 명등 공양 출발
D15(S86)		'이사발성' 도중	'선우'	'먹더라'	'선우'의 명등 보시
D16 (S87~S114)	'그쁴'	'이사발성'	'선우' 외	'ᄒ더라'	'선우'와 '이사발국' 공주의 혼인, 開眼, 대중 보시
D17 (S115~S117)	'그쁴'	'바라내국'	'선우' 모 외	'ᄒ더시다'	'선우' 모 기러기 전신
D18 (S118~S119)	'그저긔'	'이사발국'	기러기 외	'迎逢ᄒ더라'	'선우'의 답신, '악우' 징치, '선우' 귀국
D19 (S120~S124)	'그쁴'	'바라내국'	'선우' 형제	'업더시다'	'선우'의 부모 상면, '악우' 放免, 부모 개안
D20 (S125~S126)	'그쁴'–'그쁴'	'바라내국'	'선우'	'足ᄒ니라'	보주의 신력
D21(S127)			'보살'	'이러ᄒ니라'	대자비의 유래

'선우태자전'은 모두 21개의 담화와 127개의 문장으로 이루어져 있어 앞의 두 텍스트에 비하면 상대적으로 대분량의 텍스트라고 할 수

있다. 이에 따라 이야기의 유기적인 짜임새나 서사적인 치밀함, 이에 따른 이야기 자체의 흥미로움이 앞의 두 텍스트에 비해 좀 더 두드러져 보인다. 이러한 점 외에도 '선우태자전'은 그 전체 이야기 구조가 완벽한 폐쇄 액자 형태로 되어 있는 점도 눈길을 끈다. 이러한 구조를 통해 본체부의 이야기가 부처의 담화 형태로 제시되어 있다는 점, 종결 액자에서의 해설을 통해 본체부의 이야기가 석가세존의 본생담에 해당한다는 점 등을 자연스럽게 확인할 수 있다.[169]

D1은, 도입 액자[170] 부분에서 '아난'의 질문과 인물 발화를 표시하는 '부톄 니르샤딘'를 동시에 포함하고 있다. 이들 요소를 제외하고 보면 '선우태자전'의 본체는 시간 부사 표현인 '디나건 뉘예'로부터 시작된다. D1의 구문 연결이나 종결의 양상을 보면 '-으니', '-더니', '-아', '-거늘', '-ㄹ씨' 등을 통해 인물에 관한 간접적인 정보나 본 사건 전개를 위한 예비적인 부수 사건을 한 문장 구문 속에 포함하고 있다. 이것은 곧 사뭇 이질적으로 보이는 여러 정보들이 결국은 본 서사를 위해 펼쳐진 배경적인 속성을 가진 것들로서 하나로 묶일 수 있다는 점을 의미한다. 그런데 담화의 종결부가 '나흐니라' 식으로 처리되어 있는 점이 주목된다. D1을 배경적인 속성을 갖는 담화 구조체로 파악한다면 '-니라' 식의 종결보다는 '-더라'나 '-더니라' 식으로 처리되는 것이 좀 더 자연스러워 보이기 때문이다.

그런데 이어지는 D2의 첫 번째 문장 구문을 보면 '제이부인'이 아

---

169) 엄밀하게 말하면 '선우태자전'의 본 이야기는 도입 액자와 종결 액자를 제외한 나머지 부분만 해당한다고 볼 수 있다.

170) '선우태자전'의 도입 액자는 "그쁴 阿難이 모든 疑心을 보고 座애셔 니러 올흔 엇게 메밧고 올흔 무룹 꾸러 合掌흐야 술보딘 世尊하 디나건 뉘옛 이리 엇더흐니잇고 부톄 니라샤딘 디나건 뉘예"〈월석22:22ㄱ~22ㄴ〉로 구성되어 있다.

들을 낳은 직후의 상황, 즉 왕이 기뻐하면서 '상점복'과 작명을 명하는 장면 등에 시간적으로 직결된다. D1의 마지막 화제와 D2의 첫 번째 화제가 시간적으로 거의 중첩되고 있는 것이다. 이런 점에서 우리는 '나ᄒᆞ니라'를 통해 선후 화제 정보들 간의 시간 간격이 최소화하면서 화제 속의 사건들이 거의 같은 시간대에서 벌어지는 것과 같은 느낌을 갖게 된다. D2[171)는 네 개의 문장에 네 개의 인물 대사를 포함하고 있다. 네 개의 인물 대사 중 간접 화법 형식으로 안긴, 인물('바라내왕')의 일방적인 발화("일훔 지흐라") 부분을 제외한 나머지 세 개는 설화 동사로 대사가 나타나고 인용 동사 없이 문장이 마무리되고 있다. 간접 화법 형식으로 안긴 대사를 포함하는 S2는 '(왕)~깃그샤~브르샤~내야~히시고~ᄒᆞ야시ᄂᆞᆯ~(相師)~묻ᄌᆞ보ᄃᆡ' 등으로 연결된다. 동일 인물의 행위 연속('-아', '-고')과 인물 전환('-거ᄂᆞᆯ')에서의 연결 방식이 앞의 두 텍스트와 크게 다르지 않다.

D3은 모두 27개의 문장과 37개의 인물 대사로 구성되어 있다. D3은 '선우태자'가 보주를 얻으려고 결심하고 부왕에게 간청하여 허락을 받아내기까지의 과정이 그려져 있는데, 발단부의 핵심 서사에 해당한다고 볼 수 있다. 대화가 이루어지는 장면 묘사 구문이 대부분을 차지하고 있기 때문에 설화자의 서술 지문이 극도로 최소화하는 양상을 보인다. 인물 대사들 중에서 설화 동사 없이 인용 동사로만 휘갑되는 간접 화법적인 인용부는 인물 독백(S16)이나 다수를 향한 출

---

171) D2에는 〈월인석보〉 제22의 24장 뒷면과 25장 앞면이 포함되는데, 이 두 면의 연결이 "相師ㅣ: 물ㅣ실씨"〈월석22: 24ㄴ~25ㄱ〉 식으로 매우 특이하게 처리되어 있다[이 점은 金英培(1985: 8)의 각주 6번에서도 지적되었다]. 그런데 '보은경' 원문을 보면 연결부 중간에 130자 정도에 해당하는 본문 내용이 생략 혹은 결락되었음을 알 수 있다. 그 부분의 내용은, '제이부인'의 회임 전후 상황을 바탕으로 한 '相師'의 相卜과 '선우태자'와 대비되는 '악우태자'의 악행, 그에 대한 부모의 반감 등이다.

령(出令)처럼 청자를 특정의 단수 대상에만 국한하지 않는 발화 상황 (S22), 특정 시간대의 장면이나 연속되는 시간대 속에서 일방적으로 명령하는 발화 장면(S25, S31, S32) 등에서 출현한다.

D3에서 인물 대사가 설화 동사와 인용 동사 사이에 안긴 부분은 모두 여섯 군데다. 이들은 모두 배경 전환이 이루어지고 있는 대목에 서의 독백적인 발화(S14)나 복수 인물의 논의 장면(S24), 특정 대화 장면의 마지막 대사 후 인물이나 배경 전환이 이루어지는 대목(S25, S29) 등에서 발견된다. 연결형의 인용 동사들을 보면, 동일 인물·장면이 등장하거나 펼쳐지는 대목에서는 'ᄒᆞ고'(S14, S24, S25, S29, S31) 로, 다른 인물이나 장면으로 바뀌는 대목에서는 'ᄒᆞ야시ᄂᆞᆯ'(S25)로 처리되어 있음도 확인할 수 있다.

D4~D5는 '선우태자'가 보주를 구하기 위한 여행을 떠나기 직전의 배경적인 정황들을 담고 있다. 이들 담화에서는 각각 네 개, 일곱 개의 인물 대사가 발견된다. 이들 인물 대사가 처리되는 방식을 보면, 복수 화자의 발화 내용이 간접 화법적으로 처리되는(S36) 점 등은 앞선 담화들과 비슷하다. 특기할 점은 인물 간 대화 장면이 펼쳐지는 S37~S38에서의 대사 처리 방식이다.

> (31) 그ᄢᅴ 波羅㮈國에 ᄒᆞᆫ 海師ㅣ 大海예 여러 번 녀러 와 길흘 잘
> 아로ᄃᆡ 나히 여드니오 두 누니 머더니 王이 道師ᄋᆡ 손ᄃᆡ 가샤
> 니ᄅᆞ샤ᄃᆡ……道師ㅣ 즉재 목 내야 울오 닐오ᄃᆡ "大王하 大海ᄂᆞᆫ
> 어려ᄫᅳᆫ 受苦ㅣ ᄒᆞ나ᄹᅢᆫ 아니니 千萬 사ᄅᆞ미 가고도 ᄎᆞ마ᄎᆞ리
> 흔둘히니 大王하 엇뎨 太子ᄅᆞᆯ **보내시ᄂᆞ니잇고?**" **ᄒᆞ더니** 王이
> 니ᄅᆞ샤ᄃᆡ "어엿비 너겨 조차 가고라." **ᄒᆞ야시ᄂᆞᆯ** 道師ㅣ 닐오ᄃᆡ
> <월석22: 35ㄱ~36ㄱ>

(31)에서는 '바라내왕'과 '해사'가 주고받는 대사가 '호더니, 호야시
늘' 등의 연결 표현으로 한 문장 구문 속에 들어가 있다. 그런데 자세
히 보면 인물 간 대화 장면이 묻고 답하는 전형적인 담화 형식이 아
니라 수사적인 발화에 뒤이은 명령문 발화 등으로 구성되어 있음을
알 수 있다. 가령 '보내시ᄂ니잇고'로 종결되는 '도사'의 수사적인 발
화 내용(S38)은 결국은 '태자'를 보내지 말라는 완곡한 명령 표현으로
볼 수 있다. 그렇다면 이들 인물 대사는 모두 일방적인 발화 상황과
관련되는 것이 된다. 하나의 문장 구문 속에 이들 대사를 뭉뚱그려
넣은 이유를 이러한 점에서 찾을 수 있다. 한편 S39에서 볼 수 있는
것처럼 '너교ᄃ' 식으로 시작하는 사유 구문 속의 내적 독백[172]은 더
큰 문장 속에 인용절로 안겨 있다. 이러한 처리 방식 역시 특정 청자
를 상정할 수 없는 발화 상황에서 비롯된 것이다.

　　D6~D8은 오백 일행을 이끈 '선우태자'가 '진보산'을 거쳐 '용왕궁'
에 이르기까지의 여정을 그리고 있다. D6에서는 '진보산'에서 많은
보물을 얻은 '선우태자'가 일행들을 돌려보낸 후 도사와 동행하여
'백은산', '금산'을 거치면서 도사와 사별하고 홀로 여정을 이어 가는
대목에 해당한다. D6에서 설화 동사로 도입된 인물 대사 여덟 개는
인물 간 묻고 답하는 전형적인 대화 상황 속에서 출현하는 바, 인용
동사 없이 문장이 휘갑되는 양상을 보인다. 설화 동사와 인용 동사로
도입·종결되는 나머지 세 개는 '出令'과 같은 불특정 다수 청자를 향
한 발화(S41, S42), 인물 간 대화 장면에서의 마지막 대사 후 지점(S48)

---

172) "그ᄢ 善友太子ㅣ 五百 사ᄅ미 결속 ᄒ야 大海ㅅ ᄀ색 니거늘 그 아ᅀ 惡友太子ㅣ 너교ᄃ **善友太子
는 父母ㅣ 샹녜 各別히 ᄉ랑ᄒ시ᄂ니 이제 大海예 드러가 貴ᄒᆫ 보ᄇᆡ 어더 도라오면 부모
ㅣ 당다이 나ᄅᆞᆯ ᄇᆞ리시니라** ᄒ야 父母ᄭᅴ 숯보ᄃᆡ 나도 善友 조차 가 보ᄇᆡ 어더 오나지ᅌᅵ다."(월석22:
36ㄱ~37ㄱ)의 밑줄 친 부분 참고.

에서 발견된다. D7과 D8은 인물 대사 대신 설화자의 지문으로만 구성되어 있는, 전형적인 배경 제시의 담화 구조체다. 각 담화의 구문 종결형이 '－더라'형으로 처리되고 있는 점도 앞에서의 경우와 같다. D7에서는 문장 구문 중간에 시간 부사 표현 '그쁴'가 출현하는 점이 이채롭다.[173]

D9~D11은 '용왕궁'에서의 보주 구득(求得)과 '악우태자'의 보주 탈취 후 귀국, '선우태자' 부모의 애통과 보주 암장(暗葬) 등의 담화 화제를 담고 있다. D9에서 집중적으로 출현하는 인물 대사는 주로 '선우태자'와 '용왕' 사이에서 이루어지고 있다. 이들 각 담화에서 설화 동사와 인용 동사로 처리되는 대사는 모두 여섯 개다. D9에서는 '念호딕, 너교딕' 등의 사유 구문(S52, S60, S70)이나 '警戒호딕'로 도입되는 명령문 발화(S71) 등이 확인된다. D10과 D11에서는 각각 인물의 독백적 발화(S72)나 대답을 요구하지 않는 일방적인 발화(S75) 등의 대목에서 인물 대사문이 출현하고 있다.

D12, D13은 서술 지문으로만 이루어진 담화 구조체들이다. 이들 담화에서 대화가 나타나지 않는 것은 담화 화제 자체의 속성이나 기능의 측면에서 이해해야 할 것이다. D12는 인물 간 관계를 명시하는 혼약 정보로 구성되어 있다. 이후 담화에서 '유승'과의 인연 이후 '선우태자'와 '이사발국' 공주의 만남과 본격적인 결연이 이루어지는 점을 고려하면, D12의 담화 정보는 일종의 배경을 제시하는 기능을 하는 것으로 볼 수 있다. 서사의 진행을 일시 정지시키는 '－더라'로써 구문이 종결되는 것도 이러한 배경 정보의 차원에서 파악된다.[174]

---

173) 이에 관해서는 이미 3.1.1.의 (3)에서 언급하였다.

174) 이러한 점은 '선우태자'에 관한 간접적인 인물 정보와 긴 시간대에 걸친 '이사발국'에서의 명동 보시 관

D13은 담화 내 인물('우왕')의 행동 중심으로 구성되어 있다. 그렇기 때문에 대화가 끼어들 여지가 별로 없어 보이기는 D12와 같다. 넓게 보면 D13도 배경과 관련해서 이해할 수 있을 것이다. 그렇다면 구문이 '-더라'로 종결될 만한데, 실제로는 '-니라'로 처리되고 있다. 그런데 D13에서는 전반부에서 배경적인 정황이 '-더니'로 도입된 후 후반부에서 '우왕'이 '선우태자'의 눈에 박힌 대꼬챙이를 혀로 핥아 뽑아내는 D13의 주요 화제가 '-니라'로 이끌리고 있다. 이 주요 화제 장면은 후행하는 장면과 동일한 공간에서 거의 동시적으로 일어난다. 문장 구문이 '-니라'로 종결되는 이유를 이러한 측면에서 이해할 수 있다.175)

D14와 D16은 '선우태자전'의 전개부에서도 주요 서사 대목에 해당한다. '선우태자'가 '유승'의 집에서 유숙하게 된 것을 계기로 '이사발국' 공주를 만나 개안을 하기까지의 과정을 그리고 있기 때문이다. 특히 D16에서 집중적으로 발견되는 34개의 인물 대사는 대부분 '선우태자'와 '이사발국' 공주 사이에 이루어진 것들로서, 이러한 인물 대사를 통해 장면의 현재성과 현장성이 부각되고 있다. D14, D16에서 설화 동사와 인용 동사로 처리되는 아홉 개의 인물 대사는, '너교딕'로 시작하는 사유구문(S79)이나 인물 행동이 후행(S80)하는 대목, 그리고 장면 이동(S90), '맹세'나 이와 유사한 독백적인 발화(S101, S109, S112, S114), 불특정 다수 화자의 발화(S114) 대목 등에서 확인된다.

D17~D19는 서사 구조상 '선우태자전'의 종결부에 속한다. D19에서 상대적으로 많은 대사가 발견되는 것은 '선우태자'가 귀국한 후의

련 정보가 '-더니, -더라' 등으로 이끌리는 D15에서도 마찬가지다.

175) 우리는 이미 '선우태자전'의 도입 담화 부분(D1S1)에도 이와 비슷한 구문 구성 방식이 있음을 확인하였다.

일련의 상황—'악우태자' 방면과 부모의 개안—이 구체적인 장면을 통해 제시되고 있기 때문이다. D17, D18에서 인용 동사만으로 휘갑되는 간접화법 식의 두 대사는 인물('선우태자'의 모친)의 내적 독백(S117), 복수 인물의 행동을 서술하는 지문 속의, 장면을 특정하지 않은 단순한 전언(S119) 등에 해당한다. D19의 S124에 포함되는 간접화법적인 인물 대사 세 개 또한 인물 행동 중간에 나타나는 것들로서 안부, 세 번 연속되는 동일 질문, 특정 대화 장면의 마지막 대사 등이다. 설화 동사로 도입되고 인용 동사로 안기는 두 대사들도 인물들 간에 대화가 이루어지는 특정 장면 속의 대사가 아니라 사자(使者)의 전언(S119)이나 인물('선우태자')의 맹세(S124) 발화 등이다. 그런데 D20에서 유일하게 발견되는 인물 대사는 맹세와 비슷한 서원임에도 인용 동사 없이 휘갑되는 점이 이채롭다.

〈표 12〉 '선우태자전'의 인물 대사 처리 방식

구 분		화제내용	대사	설화 동사	인용 동사	설화 동사+ 인용 동사
D2 (S2~S5)	발단부	相占卜과 작명, '악우'의 인물됨	4	3	1(S2)	
D3 (S6~S32)		'선우'의 성 밖 주유와 중생 보시, 求珠 여행 간청과 허락	37	26	5 5(S16, 22, 25, 31, 32)	6 4(S14, 24, 29, 31), 2(S25)
D4 (S33~S36)		여행 동기, 出슈으로 오백 일행이 모임	4	3	1(S36)	
D5 (S37~S40)		맹인 도사와 자청한 '악우'의 동행 결정	7	3		4 2(S38), 2(S39, 40)
D6 (S41~S49)	전개부	보배 획득, 맹인 도사의 죽음	11	8		3 3(S41, 42, 48)

구 분		화제내용	대사	설화 동사	인용 동사	설화 동사 + 인용 동사
D9 (S52~S71)	전개부	보주 求得과 '악우'의 강탈	23	19		4 4(S52, 60, 70, 71)
D10 (S72~S73)		'선우'의 절규	3	1	1(S72)	1(S72)
D11 (S74~S75)		'악우'의 귀국, 부모의 애통, 보주 暗埋	2	1		1(S75)
D14 (S78~S85)		'선우'의 留宿과 명등 공양 출발	9	7		2 2(S79, 80)
D16 (S87~S114)		'선우'와 공주의 혼인, 開眼, 대중 보시	34	27		7 4(S90, 101, 109, 112), 3(S114)
D17 (S115~S117)	종결부	'선우' 모 기러기 전신	3	2	1(S117)	
D18 (S118~S119)		'선우' 답신, '악우' 징치, '선우' 귀국	3	1	1(S119)	1(S119)
D19 (S120~S124)		부모 상면, '악우' 放免, 부모 개안	8	4	3(S124)	1(S124)
D20 (S125~S126)		보주의 신력	1	1		

이상 담화를 단위로 문장 구문의 연결과 종결, 대사 처리 방식 등을 살펴보았다. 전체적으로 텍스트를 구성하는 여러 담화가 긴 문장 구문 속에 포함되는 경우가 많음을 알 수 있다. 이때 담화는 전체적인 서사의 짜임새와 관련하여 전경, 배경이나 중요도에 따라 몇몇의 하위 화제들로 이루어지는 위계적이고 계층적인 틀로 구성된다. 그 결과 이러한 구문들의 문장 길이가 근대 이후에 출현한 서사체에서 보이는 문장 구문과 대비할 때 길어진 경향을 보이는 것이다.[176] 이

---

176) 박갑수(1998: 191~233)에서 제시한 현대 소설 문장의 표준 길이는 31.15자다. 이 수치는, 춘원 이광수 이하 최근까지의 소설 109명의 작품 109개에 있는 5,450개의 문장을 대상으로 나온 결과다. 문장의 간단화(簡短化)는 근대 언어의 공통적인 특징이기도 하다. 전반적인 흐름의 차원에서 볼 때, 한국 소설

러한 경향은 이들 텍스트 내의 구문 특징을 장문성의 관점에서 이해하는 데 중요한 근거가 된다. 이제 앞서의 분석을 토대로 논의를 종합해 보자.

먼저 장문의 특징을 보이는 문장 구문들은 개별 화제가 중첩되어 있기 마련이어서 당해 구문 속에 있는 여러 정보들이 몇몇 연결어미를 통해 길게 이어진다. 이때 하나의 담화 구조체에 포함되는 화제는 한 명 이상의 주요 인물을 중심으로 연쇄적·계기적으로 일어나는 사건과 관련되는 경우가 많다.

(32) ㄱ. 長者ㅣ 病ᄒ야 ①**업거**늘 다믄 ᄒ 아ᄃ리 ②**이쇼**ᄃ 일후미 ③**羅卜이러**니 아비 무더메 三年 타 살오 와 어미ᄃ려 닐오ᄃ……ᄒ고 益利라 홇 죵올 보내야 도ᄂᆞᆯ 가져 ④**내야오**니 三千貫이 ⑤**겻거**늘 세 기제 ᄂᆞ호아 ᄒ 기ᄌ란 어미 주어 지븨셔 ᄡ게 ᄒ고 ᄒ 기ᄌ란 어미 주어……ᄒ고 ᄒ 기ᄌ란 제 가져 金地國에 흥정ᄒ라 가니라. 그 어미 아ᄃᆞᆯ 나 니거늘<월석23: 72ㄴ~73ㄱ>

ㄴ. 디나건 뉘예 無量千歲예 ᄒ 나라히 일후미 ①**波羅㮈러**니 毗波尸如來ㅅ 像法 後에 波羅㮈王ㅅ 일후믄 ②**摩訶羅闍ㅣ**러시니 어디르샤 正法으로 나라홀 다ᄉ리샤 百姓 보차디 ③**아니ᄒ더시**니 여쉰 小國과 八百 ᄆᆞᄉᆞᆯ홀 ④**가졧더시**니 二萬夫人이 다 아ᄃ리 ⑤**업슬ᄊᆞᆯ**씨 王이 손ᅀᅩ 神靈의 두루 비르샤 열두히 ⑥**차거**늘 第一夫人과 第二夫人괘 아기ᄅᆞᆯ ⑦**빅여시**늘 王이 깃그샤 손ᅀᅩ ⑧**供養ᄒ더시**니 열ᄃᆞᆯ ⑨**차거**늘 太子ㅣ ⑩**나**니 양지 ⑪**端正ᄒ더**니 第二夫人도 아ᄃᆞᆯ 나ᄒ니라. 王이 ᄀᆞ장 깃그샤<월석22: 22ㄴ~23ㄴ>

(32ㄱ)은 여러 개의 연결어미를 통해 길게 이어져 있어서 장문성을 보여 주는 전형적인 담화 구조체라고 할 수 있다. 이 구문에서는 '羅

문장이 현대로 접어들면서 단문화의 경향을 보인다는 점은 널리 알려진 사실이다[박갑수(1998: 219) 참고].

ㅏ’ 등이 중심인물로 파악되며, ‘나복’이 삼 년 부친상을 치른 후 ‘금지국’으로 돈을 벌러 나가기까지의 과정이 순차적으로 배열되어 있다. 구문의 첫 부분에 ‘장자’에 관한 정보가 제시되어 있기는 하지만 이것은 일종의 배경 정보로서 부수적인 이야기 내용의 차원에서 이해하는 것이 좋다. (32ㄴ)에서는 ‘波羅㮯王’과 ‘第一夫人’, ‘第二夫人’, ‘太子’ 등이 등장한다. 이때에도 여러 정보가 연쇄적으로 중첩되는 것을 볼 수 있다.

구문 내 개별 정보들은 장면이 바뀌는 것을 기준으로 전환하면서 연결된다. 이때 장면 전환은 인물 변화나 시공간의 변화 등에 따라 이루어지는 경우가 많다. 인물이 변화하는 경우라도, 하나의 문장 구문 속에 들어 있는 문제의 인물들이 대등하게 그려지는 경우가 있을 수 있겠지만, 이야기 전개에 따른 서사적인 비중과 관련하여 각 인물들을 배경이나 전경의 관점에서 파악하는 것이 자연스럽다. 그렇다면 동일한 인물의 행동이나 그 인물과 관련된 정보 내용으로 구문이 구성될 때에도 관련 정보들을 전경, 배경의 틀에 따라 파악하는 것이 좋을 것이다.

(32ㄱ)에서도 구문의 첫머리는 ‘傅相長者(‘羅ㅏ’의 부친)’에 관한 정보, 즉 그가 병으로 죽은 사실과 ‘나복’이라는 아들이 있다는 사실 등으로 시작된다. 이러한 정보들은 이어지는 부분에서 중심인물인 ‘나복’의 행적이나 행동의 동기를 자연스럽게 만들어 일종의 배경화 효과를 불러온다. (32ㄴ) 같은 경우는 ‘第一, 第二 부인의 출산’이 구문의 주요 화제라고 할 만한데, 이와 관련된 여러 정보가 구문 첫머리에서부터 순차적으로 나열되면서 담화 화제를 전경화하고 있다. 이때 배경이 되는 정보들은 몇몇 연결 표현을 통해 중첩되는 모양새를 취하

고 있다.

　먼저 화제 인물이 변화하는 대목은 '－더니' 형태로 연결된다[(32
ㄱ)－③, (32ㄴ)－④, ⑧, ⑪]. 이렇게 '－더니' 형태로 연결되면서 이어
지는 대목에서는 전경화를 통해 새롭게 부각된 인물 관련 사건이 연
쇄적으로 중첩되는 식으로 문장 구문이 이루어진다. (32ㄱ)에서는 장
자에서 '나복'으로 바뀌면서 '나복'의 삼 년 거상과 재산을 나눈 후
돈을 벌기 위해 집을 나서기까지의 상황이 연쇄적으로 중첩된다. (32
ㄴ)에서는 　'波羅㮈王'→'二萬夫人'→'波羅㮈王'→'第一夫人'→'第二夫人'
등으로 인물이 변화하면서 두 왕자가 출생하기까지의 사건이 '－더
니' 형태를 통해 연쇄적으로 중첩되고 있다. 이러한 '－더니' 형태는
전경화하고자 하는 인물에 관련된 배경적인 정보를 서술하는 대목
[(32ㄴ)－①, ②, ③]에서도 발견된다.

　그런데 '－더－'가 빠진 '－으니' 형태 또한 배경을 제시한다는 점
에서는 '－더니'와 큰 차이가 없다[(32ㄱ)－④, (32ㄴ)－⑩]. 다만 '－으
니'는 시간적인 공백 없이 곧장 이어지는 두 사건과 관련된 정보를
이어줄 때 사용된다는 점에서, 화제 초점의 인물이 바뀌거나 전후 사
건 사이에 시간적인 공백이 큰 부분에서 연결 형태로 쓰이는 '－더
니'에 비해 시간 관계에 따른 계기성이나 동시성이 좀 더 강하다.[177]
인물에 관한 배경 정보는 '－거늘'[178]을 통해 제시되기도 한다[(32ㄱ)

---

177) 물론 이러한 차이는 기본적으로 시상의 선어말어미 '－더－'의 영향에 말미암은 바가 클 것이다. 현대국
　　어에 관한 것이긴 하지만, '－더－'를 통해 제시되는 정보는 이어지는 정보와 견줄 때 단절의 크기가 매
　　우 크므로[임홍빈(1982: 374)] 과거의 인식 내용을 일단 전제[한동완(1996: 78)]하는 발화 상황에서 많
　　이 쓰인다. 이때 '단절'이나 '일단 전제' 등에서 '－더－'가 갖는 배경 제시의 담화 기능을 짐작해 볼 수
　　있다.

178) 국어문법론에서 중세국어 시기의 선어말어미 '－거－'는 '이미 일어난 사실을 주관적으로 확신하여 강
　　조하는 과거 시상의 선어말어미'[안병희·이광호(1990: 227)]나 '화자 자신의 주관적인 믿음에 근거하
　　여 사태를 확정적으로 판단하는 확인법 선어말어미'[고영근(1997: 276~7)] 등으로, 이에 후접하는 '－놀－'

-①, ⑤, (32ㄴ)-⑥, ⑦, ⑨]. 중세국어 문법에서 '-거늘'은 대개 '원인'의 의미 기능이 있는 접속 어미로 분류된다.[179] 그런데 이들 대목의 '-거늘'은 시간적인 선후 관계에 따른 원인·결과의 의미보다 '-는데' 정도로 해석되는 배경 제시의 의미 자질이 좀 더 강하게 나타난다.[180]

반면에 한 명의 중심인물이나 화제를 중심으로 구문이 짜이는 경우는 연결어미들을 통해 이어지는 구문 내 이야기 정보의 속성에 따라 구체적인 실현 양상이 다르게 나타난다. 먼저 한 명의 중심인물에 관한 배경적인 정보를 제시하는 대목에서는 출현하는 연결어미의 종류가 많지 않아 결과적으로 문장 구문이 짧아지는 경향을 보인다(33ㄱ). 그런데 담화 화제의 주인공은 한 명이더라도 그가 계기적이고 연쇄적인 행동을 보이는 이야기 대목에서는 그 행동의 과정과 결과가 순차적으로 나열되고 펼쳐짐으로써 문장 구문도 상대적으로 길어지는 모습을 보인다(33ㄴ).

(33) ㄱ. 녜 梵摩羅國 林淨寺애 光有聖人 五百 弟子 드려 겨샤 大乘

은 원인의 접속어미[안병희·이광호(1990: 308)]로 파악된다. 이 둘이 결합한 '-거늘'은 대체적으로 '원인'의 의미 기능이 있는 연결·접속어미로 분류된다.

179) 고영근(1981: 369)에서는 설명, 이유, 원인을 나타내는 연결어미로 '-니, -ㄹ씨, -어, -ㄴ대[-ㄴ즉], -거늘, -관디[-기에], -라[-기 때문에]' 등을, 안병희·이광호(1990: 251, 309)에서는 원인을 나타내는 어미 부류로 '-니, -매, -눌/늘 -ㄹ씨, -관디' 등을 제시하고 있는데, 기능적으로 반드시 연결어미라고 하기 어려운 것도 있다거나[고영근(1981: 369)], 이들 어미 사이의 구체적인 용법 차이는 밝혀져 있지 않다[안병희·이광호(1990: 309)]고 보았다. 우리는 이들 어미류에 대해 전체 담화의 차원에서 '원인' 이외의 다른 의미 기능의 가능성을 상정해 볼 수 있을 것이다. 이와 관련하여 '-으니' 등을 중심으로 강한 종결성의 기능에 초점을 맞춘 황선엽(1995)이 주목된다. 우리는 중세국어에서 이들 어미류가 담당한 담화·텍스트적인 기능에 대해서, 좀 더 치밀하고 자세한 고찰의 필요성을 제기하면서 차후의 과제로 남겨 두고자 한다.

180) 이와 관련하여 이래호(2005: 172~84)에서 '-늘'의 기본적 의미를 '상황 제시'에서 찾으면서, '-거늘'은 이와 같은 '-늘'의 기본적인 용법에 선어말어미 '-거-'가 갖는 특수한 의미가 더해진 것으로 보는 입장을 참고할 만하다.

小乘法을 니르샤 衆生을 敎化ㅎ더시니 그 數ㅣ 몯내 혜리
러라<월석8: 89ㄴ~90ㄱ>

ㄴ. 그저긔 鴛鴦夫人이 도라 드러 王끠 술뵨대 王이 드르시고
즉자히 禮服 니브시고 ᄃ라 나샤 比丘ㅅ 알픠 나사가샤 세
번 절ᄒ시고 請ᄒ야 宮中에 드르샤 比丘란 노피 안치시고
王ᄋᆫ ᄂᆺ가비 안ᄌ샤 무르샤ᄃᆡ<월석8: 90ㄴ~91ㄱ>

'혜리러라'로 종결되는 (33ㄱ)에서 담화 화제의 주인공은 '광유성
인' 한 명이다. 전경이나 배경의 관점에서 볼 때, '敎化ㅎ더시니'를 기
준으로 파악되는 전후 정보들은 모두 '광유성인'의 인물됨이나 성격
을 보여 주는 과거 세계 속의 배경적인 정보들로 보인다. (33ㄴ)에서
는 연결어미 '－고'를 통해 인물의 동선을 따라 관찰되는 왕('沙羅樹大
王')의 행동이 순차적으로 나열되고 있다. 이때 '－고'는 담화론적인
기능과 관련하여 시간적인 선후 관계에 바탕을 둔 계기의 의미 기능
보다는 한 화제 장면 속의 연속되는 인물 행동을 중첩적으로 병치하
거나 나열하는 의미 기능의 측면에서 이해하는 것이 더 타당해 보인다.
　하나의 담화 화제로 구문이 구성되는 담화 구조체의 경우도, 그 안
에서 인물 변화나 시공간의 변화에 따라 장면이 전환하거나 인물 행
동이 순차적으로 나열되는 이야기 구문에 비해 문장 구문이 비교적
짧게 구성된다. 이때 화제는 중심인물이나 사건 전개와 관련된 배경
적인 정보나 부수적인 인물의 행위와 정보, 배경이 되는 장면의 정황
등이다.

(34) ㄱ. 鴛鴦婦人이 長者ㅣ 지븨 이셔 아ᄃᆞᆯ 나ᄒ니 양ᄌ 端正ᄒ
　　더니 長者ㅣ 보고 닐오ᄃᆡ "네 아ᄃᆞ리 나히 열아홉만 ᄒ면
　　내 지븨 아니 이싫 相이로다." ᄒ더라<월석8: 97ㄴ>

ㄴ. 말 몯다 닐엣거늘 獄卒이 긴 모ᄃᆞ로 모매 박고 비슬홀 지

지더라. 獄中엣 罪人돌 히 서르 닐오듸……ᄒ더라<월석23: 87ㄱ>

ㄷ. 子賢長者ᄂ 無間地獄애 드리 잇ᄂ니라<월석8: 103ㄴ>

ㄹ. 慈心力으로 龍王 잇ᄂ 싸해 바ᄅ 가니 그 城 네 ᄀ새 닐굽 넚 모새 ᄀ득ᄒ 毒龍이 서르 얼거 머리 겯딜어 城門올 자바 잇더라<월석22: 42ㄴ~43ㄱ>

(34ㄱ)에 제시된 인물 정보나 장자의 대사는 앞으로 전개될 사건을 암시하는 배경적인 정보들이다. 실제 (34ㄱ)에 이어지는 서사는 '안락국'이 아버지를 찾아 장자의 집에서 도망갔다가 잡혀와 고초를 겪고 재차 도망하는 사건 등으로 구성되기 때문이다. (34ㄴ)은 '목련'의 지옥 순례 중 한 대목이다. 여기에 속하는 두 문장은 모두 옥졸이나 지옥 감옥 안의 죄인과 같은 부수적인 인물들의 행동이나 대화 장면으로 구성되어 있다. (34ㄷ)은 '안락국태자전'의 최후 문장으로서 설화자의 주관적인 서술 의도를 강하게 내포하고 있는, 부수 인물인 '자현장자'의 후일담에 관한 정보를 담고 있다. (34ㄹ)은 '선우태자전'에서 '선우태자'가 보주를 얻기 위해 '금산'을 지나 용궁성에 도착해서 목도한 장면을 기술하고 있다. 일종의 배경 장면인 것이다. 이들 구문은 그 자체의 속성이나 기능적인 측면과 관련하여 배경적인 특성이 강한 정보들로 구성되어 있다.

온전히 종결어미로 문장이 휘갑되는 경우는 주로 전체 이야기의 도입부나, 전개부의 서사적인 주요 국면 전환 대목, 종결부 등의 서술 지문에서 많이 발견된다. 도입부나 전개부 등에서 확인되는 구문들은 공통적으로 서사가 본격적으로 펼쳐지기 전에 서사의 기본 요소라 할 수 있는 인물, 시공간적인 배경, 주요 사건을 예비하는 부수적인 사건 정보 등을 통해 배경화하고 이야기의 틀을 짓는 역할을 담당한다.[181] 결과적으로 이러한 배경화 기능은 이야기 세계가 본격적으로 그려지면서 전경화하는 인물이나 사건을 강조하여 부각시키는 것과 관련되기도 한다. 종결부 등에 나타는 구문들은 주로 이야기 속 인물들의 최후 행적이나 후일담, 설화자의 해설 등으로 그 정보 내용이 구성된다.

인물 대사의 처리 방식도 매우 다양하다. 서사 텍스트의 대화 부분은, 서사 시간의 동적인 흐름이 정지하고 대화가 펼쳐지는 정적인 장면이 객관적으로 제시된다는 점에서 일종의 장면 묘사 구문에 해당한다. 대화가 펼쳐지면 서사 시간의 흐름이 정지하는 대신 장면이 그대로 제시되기 때문에 수용자 입장에서는 이야기 세계가 바로 눈앞의 장면인 것처럼 느껴지고, 생생하고 구체적인 현장성이나 현재성을 느끼게 될 것이다.[182] 그런데 어떤 텍스트가 설화자의 서술 지문이 우세한가 아니면 인물들 간의 대화가 우세한가 하는 점은 텍스트의 문체적인 특징을 밝히는 중요한 단서로 활용될 수 있다. 대상 텍스트들을 보면 서술 지문 대비 인물들 간 대화 장면의 비율[183]이 다음과 같다.

---

181) 이러한 점 때문에 대개 담화나 화제가 바뀌는 지점에서 '-니라'나 '-더라'와 같은 온전한 형태의 문장 종결 표현이 자주 등장하고 있는 것이다. 물론 모든 담화와 화제 경계 지점에서 문장 종결형으로 마무리되는 구문이 나타나면서 선·후행 담화나 화제가 구별되고 있는 것은 아니다. 우리가 분류한 결과에 따르면, '목련전'의 D5~D9에서는 인용 동사 없이 인물 대사만으로 마무리되는 구문이 담화나 화제가 나뉘는 부분에 나타나고 있다.

182) 서사 텍스트의 수용자가 구체적인 서술에서 서사 시간이 흘러가고 있는 것을 알게 되면 장면 몰입보다는 사건의 연쇄적인 계기에 더 관심을 갖게 되어 "다음은? 그 다음은?" 식으로 사건의 흐름과 연결에 초점을 맞추면서 서사(세계)와 일정한 거리를 유지할 것이다.

183) 서술 지문은 종결어미로써 문장이 온전히 종결되는 경우에 국한하여 헤아렸다. 따라서 연결형의 인용 동사로 서술 지문 속에 포함되는 인물 대사들은 인물 간 대화에 포함하지 않고 서술 지문의 구성 요소로 보았음을 유의하기 바란다.

〈표 13〉 언해류 서사체 유형의 서술 지문과 인물 간 대화 비율

구분	문장 수	서술 지문	인물 간 대화
'안락국태자전'	55개	20%	80%
		11개(S1, 5, 25, 31, 32, 40, 41, 42, 53, 54, 55)	44개
'목련전'	101개	14.9%	85.1%
		15개(S1, 2, 3, 4, 15, 17, 26, 32, 37, 47, 68, 74, 75, 83, 101)	86개
'선우태자전'	127개	16.5%	83.5%
		21개(S1, 5, 32, 36, 40, 49, 50, 51, 71, 73, 75, 76, 77, 85, 86, 114, 117, 119, 124, 126, 127)	106개

<표 13>을 통해서 알 수 있는 것처럼, 언해류 서사체 유형 텍스트
들은 서술 지문을 인물 간 대화 장면과 대비했을 때 최소 네 배에서
최대 다섯 배까지 인물 간 대화 장면이 압도적으로 우세하다. 이렇게
설화자의 서술 지문의 비중이 낮고 인물 간 대화 장면의 비중이 높은
것은 우선 바탕책에 실린 원문 이야기의 영향에 말미암은 바가 클 것
이다. 그런데 대화 장면 속의 인물 대사를 독자적인 문장 구문으로
처리할 것인가, 아니면 상위 문장 구문의 하위 요소(인용절)로 처리할
것인가 하는 것은 순전히 텍스트 산출자나 설화자의 몫일 수밖에 없
다. 앞에서도 잠깐 살펴본 것처럼[184] 실제로 언해 과정에서 독자적인
문장 구문으로 처리될 법한 원문 대목이 인용절로 처리되기도 하고
원문과는 사뭇 다른 대사를 새로 만들어 문장의 요소로 활용하는 경
우도 있기 때문이다. 아래에 '선우태자전'에서 뽑은 몇 대목을 제시해
본다.

(35) ㄱ. ㉮쏘 **가다가** 뵈빳노라 ᄌᆞ가ᄒᆞ거ᄂᆞᆯ 보고 太子ㅣ 무로ᄃᆡ "이

---

184) 앞의 각주 161번을 참고할 것.

논 므스거슬 짓ᄂᆞ뇨?" 對答호ᄃᆡ "이 사ᄅᆞᆷ들흔 질쌈ᄒᆞ야 뵈
ᄧᅡ 옷 ᄆᆡᇰᄀᆞ라 붓그러본 ᄃᆡ를 ᄀᆞ리오ᄂᆞ니이다." 太子ㅣ 닐
오ᄃᆡ "이도 受苦ㅣ 흔 잀분 아니로다." ㉯ᄯᅩ 가다가 사ᄅᆞᆷ들
히 쇼ᄆᆡ 약대ᄆᆡ 무리며 도티며 羊이며 주기거늘 보고 무로
ᄃᆡ "이ᄂᆞᆫ 엇던 사ᄅᆞᆷ고?" 對答호ᄃᆡ "이 사ᄅᆞᆷ들흔 즁ᄉᆡᇰ 주겨
고기 ᄑᆞ라 옷밥 어더 사ᄂᆞ니이다." 太子ㅣ 즈ᅀᅥ리 텨 닐오
ᄃᆡ ⓐ"荒唐홀쎠! 受苦ᄅᆞ빌쎠! 수믈 주겨 수믈 쳐 여러 劫앳
殃ᄋᆞᆯ 빗ᄂᆞᆫ다." ⓑᄒᆞ고 ㉰ᄯᅩ 가다가 사ᄅᆞᆷ들히 새 자ᄇᆞ며 고
기 낛거늘 보고 무로ᄃᆡ<월석22: 25ㄴ~27ㄱ>

ㄱ'. **小復前行** 見諸男女自共織作 來往顧動疲勞辛苦 太子問曰 此
作何物 左右答言太子 此諸人等紡織作諸衣服 以遮慙愧蔭覆
五形 太子言 此亦勞苦非一也 **轉復前行** 見諸人民屠牛駞馬剝
剝猪羊 太子問曰 此是何人 左右答言 此諸人等 屠殺賣肉以
自存活 以共衣食 太子皮毛動 而作是言 怪哉苦哉 殺者心不
忍 强弱相害傷殺生而養生 積結累劫殃 **轉復前行** 見諸人衆網
鳥餌魚 太子問言<大方便佛報恩經卷第四> '惡友品' 第六[185]:
25~26>

ㄴ. 善友太子ㅣ 즉재 臣下 브려 五百象애 보ᄇᆡ 시러 네 城門 밧
긔 내야 出令ᄒᆞ야 "므슴가장 가져가라." ᄒᆞ니 아니 한 ᄉᆞᅀᅵ
예 세 分으로 흔 分을 ᄡᅳᆫ대<월석22: 28ㄱ~28ㄴ>

ㄴ'. 善友太子 卽使傍臣開王庫藏 以五百大象負載珍寶 出四城門
外 宣令國土 其有欲得衣被飮食者 恣意自取而去 善友太子
名聲遠聞八方一切雲集未久之間三分用一<대방편불보은경
4: 28>

　　(35ㄱ)은 '선우태자'가 성문 밖에서 유관(遊觀)하면서 시종과 대화하
는 장면으로, 밑줄 친 '쏘 가다가'[(15ㄱ)─㉮~㉰]를 통해 알 수 있는
것처럼 대화의 전개 양상이나 문장 구문들의 배열 방식, 구체적인 실
현 양상이 동일할 것으로 예상되는 대목이다. (35ㄱ')의 원문에서도
'轉復前行' 식으로 되어 있기 때문이다. 그런데 (15ㄱ)─㉯의 '쏘 가다
가'로 시작하는 장면에서 태자가 발화하는 마지막 탄식조의 대사[(15

---

185) 이 '악우품' 원문은 〈大正新修大藏經〉 卷第三 '本緣部' 上에 있다.

ㄱ)-ⓐ는 연결형의 '호고'[(15ㄱ)-ⓑ]를 통해, (15ㄱ)-㉲의 '쏘 가다가'로 시작하는 구문에 이어져 하나의 문장 속에 끼어든 모습을 취하고 있는 점이 특이하다. (35ㄴ, ㄴ')의 경우는 원문의 대사가 텍스트 산출자를 통해 개작된 경우다. (35ㄴ')의 원문을 보면 본문의 '其有欲得衣被飮食者 恣意自取而去'가 '상절부'에서 'ᄆᆞᇘ가장 가져가라'로 언해되고 있다.

원론적인 이야기지만 결과적으로 서사 내용을 서술 지문으로 할 것인가 아니면 인물 간 대화 장면으로 구성할 것인가 하는 점은 텍스트 산출자나 설화자의 서사 전략으로부터 비롯된 것이라고 말할 수 있다. 대상 텍스트들에서 인물 간 대화 장면은 서사적인 비중이 큰 담화나 화제에서 주요 인물들의 행적에 중대한 변화의 계기를 마련하는 대화가 진행될 경우에 펼쳐진다. 예컨대 '안락국태자전'을 보면, D3에서 '승열바라문비구'의 재방문 후 '사라수왕' 부부가 '서천국'을 떠나기 직전의 상황, 그리고 길을 떠난 일행이 '죽림국'에 도착하여 '원앙부인'이 '자현장자'에게 종으로 팔린 후 이튿날 헤어지기 직전까지의 상황에서 인물 간 대화가 집중적으로 나타나고 있다. 모친과의 대화 장면 이후 '안락국'이 부친을 찾아 '자현장자' 집에서 도망치는 장면이 펼쳐지는 D6이나 부친과의 상봉이 이루어지는 D9 등에서도 많은 대사를 확인할 수 있다. 이들은 모두 이야기 내에서 차지하는 극적 비중이 높거나 주요 인물들의 행적의 변화를 견인하고 있는 장면들임을 알 수 있다.

이때 설화자의 언어는 일련의 대화 장면을 감싸고 있는 서술 지문에서 서사에 필요한 최소한의 정보 형태로 드러난다. 이에 따라 인물 간 대화로 구성되는 담화 장면 자체가 부각되고 이야기의 현장성이나 현재성, 생동감 등이 고조되는 부수적인 효과를 내게 된다. 각 담화에서 대화 장면에 앞서 그려지는 도입부의 서술 지문에서는 배경이나 예비적인 부수 사건 등을, 종결부에서는 인물의 최후 행적이나 후일담 등을 주요 내용으로 하는 경우가 많다. 그렇다면 언해류 서사체 유형 텍스트는 구체적인 서술 방식에 따른 전체 구성이 '서술 지문→인물 간 대화→서술 지문' 등으로 이루어져 있는 것으로 볼 수 있겠다. 텍스트를 구성하는 여러 담화 중 인물 간 대화를 포함하고 있는 담화의 경우에도, 담화 중간의 인물 간 대화 장면을 감싸고 있는 시작과 끝 지점에서 설화자의 지문을 확인할 수 있다.

3.2. 문체 특징과 효과

고소설을 포함하여 근대 이전에 출현한 서사물들은 거시 구조 차원에서 서사 내용이 일정하게 반복되는 정형적인 패턴을 보일 때가 많다. 이에 따라 이야기 전개와 관련하여 유사성이 있는 서사 단위가 반복적으로 출현함으로써 중첩적으로 연쇄되거나 병치되는 특징이 강하다는 점이 자주 지적되었다. 김현주(2003: 214~18)에서는 고소설의 이와 같은 특징을 구술성의 전통에서 생겨난 것으로 이해하고 있다. 통사적으로 비슷한 속성을 갖는 문장 구문들이 일정한 형태로 반복 제시되는 것 역시 구술성의 전통과 관련되는 것으로 이해할 만하다. 우선 유사한 통사 구문의 반복을 통한 텍스트 구성은 서사 내용을 이해하는 데 도움이 된다. 한편으로는 정형적인 일정한 패턴에 힘입어 운율감이 살아남으로써 텍스트의 구체적인 향유 방식들 중의 하나인 구술에도 적지 않은 영향을 준다.

이전 시대의 많은 문헌이 구송이나 구연과 같은 구술적인 방식으로 수용, 향유되었을 것이라는 점은 여러 갈래의 근거를 통해 확인할 수 있는 사실이다.[186] 텍스트를 구술적인 방식을 통해 좀 더 용이하게 향유할 수 있도록 하기 위해서 텍스트 산출자는 당연히 텍스트를 생성해 내는 과정에서도 이와 관련된 요소들을 고려하지 않을 수 없었으리라 추정할 수 있다. 이러한 노력은 텍스트의 내용이나 의미는 물론이고 형식이나 표현 등의 제반 측면에 걸쳐 이루어졌을 것이다. 앞서 살핀 이야기 배열의 양상과 시점 추이에 따른 서술 방식의 차이, 문장 연결이나 종결의 양상 등은 형식적인 측면과 관련된 것들이다. 우리는 이들 형식, 표현과 관련된 문체 요소들의 기능이나 효과를 아주 일반적인 차원에서 위와 같은 구술의 용이성이나 매끄러움 등에서 찾아보려고 한다.

먼저 이야기 배열과 관련된 문체 특징과 효과를 살펴보도록 하자. 대상 텍스트를 보면 전체 서사 구조에 따른 이야기 배열이 매우 규칙적이고 정형화한 양상을 띠고 있다. 앞서의 논의를 바탕으로 언해류 서사체 유형 텍스트의 이야기 배열 양상을 거칠게나마 정리해 보자. 언해류 서사체 유형의 이야기 배열 양상은 '배경 제시와 인물 소개 - 사건 장면 - 배경 제시 - 사건 장면 - 인물들의 최후 행적과 후일담' 등으로 정리된다. 구체적인 사건 장면을 배열할 때도 배경적이거나

---

186) 18, 19세기에 국한한 것이긴 하지만 임형택(1975)에서 이전 시대의 소설 향유 양상을 구체적으로 살필 수 있다. 강창, 강담, 강독 등이 그 구체적인 사례들이다. 한편 이전 시대의 이야기들은 문헌으로도 유통되었지만 좀 더 실질적이고 광범한 유통 방식은 구비 유통이었던 점이 기존 논의를 통해 확인되고 있기도 하다[김진영(1998: 174~209) 참고]. 따라서 이때에는 텍스트 독법도 시각 중심의 묵독보다는 청각을 자극하고 음감을 수반하는 낭독이나 낭송 등이 좀 더 보편적이었을 것으로 예측된다. 이러한 현상은, 보통 사람들이 문헌 텍스트를 구득할 여지 - 시대적·문화적 환경의 차원에서 - 가 크지 않았기 때문이기도 하겠지만 지금보다 상대적으로 높았을 것으로 추정되는 문맹률에서도 그 배경 요인을 찾을 수 있다. 문자 해독력을 갖춘 독자층이 그리 넓지 않았을 것임은, 가령 전기수(傳奇叟)들이 요전법(邀錢法)으로 돈을 벌어 생계를 유지한 사실 등에서도 간접적으로 추리할 수 있다.

부수적인 사건, 인물 행동 등을 먼저 보여 주고 주요 사건과 관련된 장면을 연출하는 식으로 이루어진다. 그런데 언해류 서사체 유형은 텍스트 전개가 최소의 서사 내용을 전달하는 것에 초점을 두고 이루어지는 양상을 보인다. 이에 따라 전반적으로 서사 국면 간의 치밀한 인과율보다는 주요 서사의 전개에 필요한 사건 연쇄에 좀 더 치중하고 있다.

이러한 점은 문장 서술 방식이나 구문 배열 등에 그대로 반영되어 나타난다. 문장 서술을 보면 이야기 배경이나 인물의 심리, 정서, 태도, 사건 내용 등에 초점을 맞춘 장황한 서술보다는 전체 서사를 이루는 데 필요한 최소한의 정보들을 중심으로 간명하고 경제적인 서술 방식이 주류를 이루고 있다. 따라서 특정한 텍스트 대목에서 서사 내용을 전달하는 문장 구문의 정보 속성도 매우 비슷하게 나타난다.

(36) ㄱ. 녜 梵摩羅國 林淨寺애 光有聖人 五百 弟子 ᄃ려 겨샤 大乘
　　　小乘法을 니ᄅ샤 衆生을 敎化ᄒ더시니 그 數ㅣ 몯내 혜리
　　　러라<월석9: 89ㄴ~90ㄱ>
　　ㄱ'. 太子ㅣ 그말듣고 깃기 獅子座애 올아 虛空을 타 極樂世界
　　　로 가니라<월석9: 103ㄱ>
　　ㄴ. 녜 王舍城의 ᄒᆞᆫ 長者ㅣ 이쇼ᄃᆡ 일후미 傳相이러니 그 지비
　　　하 가ᅀ며러 약대와 라귀와 象과 ᄆᆞᆯ왜 뫼히며 드르헤 차
　　　ᄀᆞ독ᄒ고 錦과 비단과 노와 깁과 眞珠ㅣ 庫애 ᄀᆞ독ᄒ고 長
　　　利 노호미 數 모ᄅ리러라<월석23: 72ㄱ~72ㄴ>
　　ㄴ'. 目連이 즉재 부텻 말 듣ᄌᆞᄫᅡ 버듨닙과 잣가지를 사 盂蘭
　　　盆齋를 ᄒ니 어미 가히 모물 여희여늘 目連이 어미를 부
　　　텻 알ᄑᆡ ᄃ려다가 五百戒를 受ᄒᆞᆸ게 ᄒ야……ᄒ니 天母
　　　ㅣ ᄂᆞ려와 마자 어미 忉利天宮에 나 快樂을 受ᄒ더라<월
　　　석23: 91ㄴ>
　　ㄷ. 디나건 뉘예 無量千歲예 ᄒᆞᆫ 나라히 일후미 波羅㮈러니 毗
　　　波尸如來ㅅ 像法 後에 波羅㮈王ㅅ 일후믄 摩訶羅闍ㅣ 러시

니 어디르샤 正法으로 나라홀 다ᄉ리샤 百姓 보차디 아니
ᄒ더시니 여쉰 小國과 八百 ᄆᆞ슬홀 가졧더시니<월석22:
22ㄴ~23ㄱ>

ㄷ'. 그ᄢᅴ 東方ᄋᆞ로셔 大風이 니러나 雲霧를 부러ᄇᆞ리니 虛空
이 ᄀᆞᆺᄆᆞ지 조코 閻浮提옛 더러본 거시 다 조차 업거늘 구
슰 威德으로 閻浮提예 골오 自然粳米를 비호ᄃᆡ 무루피 티
긔 싸히고 버거 됴ᄒᆞᆫ 옷과 구슬와 골회와 붏쇠와 곳과를
비코 버거 金銀 七寶와 여러 가짓 픙류를 비호니 모도아
니르건댄 一切 衆生이 맏드논 거시 다 ᄀᆞ᷈ᄃᆞ기 足ᄒᆞ니라
<월석22: 67ㄱ~67ㄴ>

(36ㄱ~ㄷ)은 각각 '안락국태자전', '목련전', '선우태자전'의 첫머리
에 해당한다. 이들을 보면 '시간 배경→공간 배경→인물 소개→인물
관련 정보' 등의 순서로 구문이 짜여 있는 것을 볼 수 있다. (36ㄱ'~
ㄷ')은 각 대상 텍스트의 본 이야기 종결부에 속한다. 보주의 신력을
보여 주고 있는 (36ㄷ')의 '선우태자전' 종결부만 제외하면 모두 인
물의 최후 행적에 관한 내용 정보들이 구문을 구성하고 있다.

이렇게 특정한 대목에 나타나는 문장 구문들은 내용이나 정보 속
성이 비슷하기 때문에 문장의 구체적인 양상도 유사하게 실현된다.
가령 도입부나 전개부 등에서 이야기나 사건이 본격적으로 시작하기
전에 드러나는 배경적인 정황이나 사건 정보 등은 '－더라' 종결형으
로 나타나는 반면에 전경적이거나 연속되는 사건 장면 등이 그려지
는 대목에서는 '－니라' 종결형이 나타나는 것 등이 그것이다. 이때
'－더라' 종결 구문으로 제시되는 정보들은 인물 행적과 관련된 과거
세계 속의 정보들이거나 배경적 공간의 정황이나 분위기를 총괄적으
로 제시하는 것들이기 때문에 한 문장 구문 속에 전체의 덩어리 형태
로 제시될 수밖에 없게 된다. 특정적인 한 장면이 아니라 사건이나

정보의 전체적이고 포괄적인 구조를 문제 삼게 되는 것이다. '－니라' 종결 구문은 사건을 시간 순서대로 전개시키면서 이야기의 줄거리를 구성하는 전경 정보나, 특정적인 장면 속에 등장하는 인물의 구체적인 행동, 서사의 마지막 종결 지점에서 인물 후일담이나 최후 행적 등을 드러내는 대목에서 주로 발견된다. 이때는 특정적인 한 장면 속의 여러 대상이나 상황이 서술의 초점이 된다.[187] 서술 지문만을 놓고 보았을 때 대상 텍스트들은 이러한 '－더라' 종결 구문과 '－니라' 종결 구문의 교체로 구성된다.

　대상 텍스트들은 본체 이야기의 중간에 '그쯱'나 '그저긔'와 같은 시간 부사어를 다수 포함하고 있다. 이러한 시간 부사어류는 <석보상절>이나 <월인석보>와 같은 중세 시기 불경의 언해 자료에서 자주 발견됨으로써 당대의 특징적인 문체 표지의 하나로 자주 거론되어 왔다. 이들은 공간 변화나 사건 시간의 경과, 인물 전환, 사건 국면의 일대 전환 등이 확인되는 대목에서 쓰임으로써 텍스트 내 담화나 화제를 바꾸면서 서사를 진행시키고 나아가 전체 텍스트를 구성하는 역할을 한다. 이들이 텍스트의 한두 대목이 아니라 전편에 걸쳐서 반복적으로 쓰이고 있는 점에도 주목할 필요가 있다. 전체 텍스트에 걸친 특정한 언어 표지의 반복 사용은 서술 구문의 리듬감이나 동적인 느낌을 자아내면서 텍스트의 구술성을 조성하는 데 기여하기 때문이다.

---

187) 이러한 서술 방식의 교체나 변화는 한문 원문의 문체적인 특징과 관련해서도 이야기할 수 있다. 과거세의 배경이나 인물 등을 의식의 차원에서 조감하듯이 그림으로써 이야기를 도입한 후에 본격적으로 이야기 세계에 들어가 좀 더 구체적인 장면을 그리는 식의 서사 기법은 한문 문체에서 서사체 산문의 기본 필법 중의 하나인 '총분결합법(總分結合法; 총술과 분술을 결합하는 방법)'과 비슷하다. 장면이나 대상의 서술에는 통상 조감(鳥瞰), 유괄(類括), 보이(步移), 凸聚(철취), 條擧(조거) 등의 방법이 사용되는데, 첫 번째 조감은 총술에, 나머지는 분술에 해당한다. 여러 사건들의 서사적인 비중과 관련하여, 주요 전경 사건을 펼쳐 보이기 전에 배경적인 관련 사건이나 상황을 서술하는 식의 이야기 배열도 한문 서사체의 '망리투한법(忙裏偸閑法; 바쁜 가운데 여유를 부리는 방법)'의 관점에서 이해할 수 있을 것이다[진필상 지음·심경호 옮김(2001: 69~84) 참고].

그런데 이들 '그쯰'나 '그저긔'가 그 쓰임새 면에서 뚜렷한 차이점을 보인다고 확언하기는 쉽지 않다. 다만 이들이 쓰이는 대목의 전후 문맥과 전체 서사를 감안하면 출현 위치상의 개략적이고 경향적인 특징을 조금은 언급할 수 있다. 대체적으로 '그쯰'는 새로운 담화를 이끄는 표지로서의 기능이 강하고 '그저긔'는 담화 구조체 내의 여러 화제를 도입·전환하는 기능이 두드러진다. 이때 담화나 화제의 '도입'은 이야기가 시작되어 본격적으로 펼쳐진 후에 새로운 담화나 화제가 출현하는 대목에 대해서도 말할 수 있을 텐데, 이러한 대목의 '그쯰'는 담화와 담화, 화제와 화제를 '경계'짓는 언어적 표지로도 해석할 수 있다. 이때에는 '-더니', '-거늘' 등으로 휘갑되는 연결 표현 뒤에 나타나는 경우가 많다. '그저긔'는 최소한의 공간 배경의 변화 속에서 사건 국면이 새롭게 펼쳐지는 대목에서 주로 쓰여 화제 전환에 따른 서사 진행과 사건 전개 기능을 동시에 수반한다.

이런 점 때문에 이들 시간 부사어는 화제들 간의 위계성이나 순차성을 명시적으로 드러내는 데는 한계가 있다. 출현 위치의 개략적인 특징은 이야기할 수 있겠지만 '그쯰'와 '그저긔'가 쓰임새 면에서 어떤 유의미한 차이점을 가지고 있다고 단정적으로 이야기하기 쉽지 않기 때문이다. 그런데 이렇게 '그쯰'나 '그저긔'가 뚜렷하게 의미 있는 차이점을 보여 주지 않은 채로 거듭 출현하고 있는 모습은, 선행 화제의 종결부와 후행 화제의 도입부가 중첩적으로 맞물리면서 연쇄되는 것이 아니라 선행 화제 위에 후행 화제가 덧붙여지면서 누적되는, 혹은 선행 화제와 후행 화제가 선조적으로 길게 나열되는 특징을 보여 준다. 이러한 특징은, 후술할 고소설류 서사체 유형이 몇몇 화두사와 다양한 시간 부사어 등을 통해 중첩적으로 연쇄되면서 표면적인 텍스트 구조를 완성해 나가는 사실과 대비된다.

시제 추이에 따른 시점 변환이나 서술 방식도 전체적인 이야기 배열과의 연관성 속에서 파악할 수 있다. 설화자의 시점은 시간적인 위치 차원에서 과거와 현재로 대별되면서 교체된다. 과거로 제시되는 대목에서 설화자는 화제 인물이나 대상, 상황과의 심리적·지각적인 거리가 멀어지게 된다. 이때 서술되는 내용들은 인물이나 상황, 장면에 관한 배경 정보들인 경우가 많다. 현재로 제시되는 대목에서 설화자는 자신이 초점화하는 인물이나 상황에 좀 더 근접하게 된다. 이에 따라 서술 대상이 좀 더 직접적이고 구체적으로 드러난다. 이야기 세계 내부의 특정 지점에서 서술이 이루어지는 양상도 확인할 수 있다.

이와 같은 시점 변환은 구체적인 서술 방식에도 영향을 주고 있다. 도입부나 담화·화제 전환 대목의 배경 제시, 인물 소개, 인물의 행적 변화나 시공간 배경의 변화 등은 그 관련 정보가 하나의 문장 구문 형식으로 권위적인 설화자의 지문을 통해 이끌린다. 이야기 종결부에 실리는 인물의 최후 행적이나 후일담, 이야기 자체에 관한 주석적인 설명 등도 서술 지문으로 구성된다. 서술되는 정보의 속성상, 설화자는 사건이 펼쳐지는 이야기 세계 내부가 아니라 서술하는 현재에서 관련 정보들을 조망할 수밖에 없기 때문에 이와 같은 권위적인 설화자 진술이 이루어지는 것이다. 인물들 간 대화를 통한 서술 방식은 이야기 자체의 생동감이나 상황의 직접성, 현재성, 현장성을 살려 준다. 이 때문에 인물 간 대화식의 서술 방식은 극적인 장면이나 서사적인 긴장감이 고조되는 장면에서 자주 발견된다. 이때 설화자는 이야기 세계 내부로 진출하여 인물들의 말을 그대로 중개해 주는 역할을 맡게 된다.

그런데 실제 텍스트 내에서 지문이나 대사가 실려 있는 구체적인 양상은 다양하게 나타난다. 지문의 경우 문장 내 여러 정보들이 연결되다가 종결될 때의 기준은 담화나 화제의 전환이다. 그런데 하나의 담화는 다양한 하위 화제 정보로 짜이면서 장문성의 특징을 보이는 경우가 많다. 이때에는 하나의 문장이 하나의 담화 구조체로 구현된다. 이들 담화 구조체 내의 여러 화제는 다양한 연결어미를 통해 이어지는데, 대체적으로 '-더니'를 통한 배경 제시, '-으니', '-거늘', '-ㄴ디' 등을 통한 인물 전환, '-아', '-고'로써 이루어지는, 인물 행동에 따른 사건 연쇄 등을 확인할 수 있다. 반면 예컨대 한 명의 중심인물이나 배경과 관련된 정보로 구성되는 단일 화제의 경우에는 연결어미의 쓰임새는 비슷하더라도 출현 횟수가 많지 않아 결과적으로 문장 길이가 짧아진다. 물론 단일 화제라고 하더라도 계기적이고 연속적인 행동과 관련된 사건 연쇄를 보여 주고자 할 때는 행동의 과정과 결과가 순차적으로 나열되면서 문장이 길어지게 된다.

인물들의 대사가 실려 있는 양상을 보면 전체적으로 규칙적이고 유형적인 특징을 보여 준다. 인물 대사는 인물 간 대화, 독백, 내적 사유, 일방적 발화 등으로 구분해 볼 수 있다. 인물 간 대화는 묻고 답하는 전형적인 담화 상황이나 주요 사건과 관련된 장면에서 찾아볼 수 있다. 극적 재미가 고조되는 장면에서도 자주 발견된다. 반면에 인물의 독백이나 내적 사유, 대답을 요구하지 않는 일방적인 발화 상황, 명령문 등의 인물 대사는 거의 모두가 한결같이 설화자의 서술 지문 속에 안겨 있는 모양새를 취한다. 특히 주요 사건을 펼쳐 보이기 위해 필요한 예비 사건이나 배경적 사건 등의 장면에서도 인물 대사는 연결형의 인용 동사로 설화자의 지문 속에 안겨 전달된다. 이때 서사는 급속하게 진전하면서 서술에 속도감이 붙게 된다. 언해류 서사체 유형의 전체 텍스트에서 이러한 서술 지문과 인물 간 대화의 교체는 매우 규칙적으로 이루어진다.

이렇게 설화자의 지문과 인물 간 대화가 교체 출현하면 텍스트는 정적 국면에서 동적 국면으로, 다시 동적 국면에서 정적 국면으로 옮아가며 고유의 역동성(dynamism)과 리듬감을 자아내는 효과를 발휘한다. 묻고 답하는 전형적인 담화 상황의 장면은 인물 간 대화로 구성되기 때문에 극적인 장면 묘사나 장면 극화의 측면에서 이해할 수 있다. 이때 우리는 설화자가 장면이나 인물 행동에 관한 최소한의 정보를 제시하는 대목 등에서만 미약하게 드러나고 전반적으로는 서술의 전면에서 최대한 후퇴해 있는 모습을 보게 된다. 직접 화법적인 인물 대사를 길게 인용함으로써 장면을 연극적으로 보여 주는 것이다. 슈탄첼 식으로 말하면 이때의 설화자는 중개성을 회피하는, 따라서 통상적인 서술 상황과는 크게 독립되어 있는 상황에 있다고 볼 수 있다.[188] 장면 자체가 부각될 수밖에 없는 이유가 여기에 있다.

서술 지문과 극적인 장면 묘사는 서술부와 대화부로 구별해 볼 수 있다. 앞서 이야기한 것처럼, 이와 같은 서술부와 대화부의 빈번하고 규칙적인 교체는 텍스트 수용자에게 어떤 리듬감을 갖게 한다. 일종의 서술 리듬을 형성하는 것이다. 특히 이러한 서술 리듬은, 후술할 고소설류 서사체 유형의 텍스트처럼, 외부에 위치하는 작자-설화자적인 시점을 통한 서술 상황에서 좀 더 강하게 나타난다. 이에 따라

---

188) Stanzel, F. K. 저, 김정신 역(1990: 107~08)은 소설 속의 대화 장면을 외래적인 것으로 보고 있는데, 직접 화법의 긴 인용은 중개성의 회피, 즉 설화자에 의한 전달 양상의 회피로 보아야 하기 때문이라고 주장하고 있다.

이야기가 도입부에서 본체부로 진입하면서 이야기 세계 속의 인물이 전면에 나서는 대목이나, 본체부 내에서 담화나 화제 장면의 바뀜이 급격히 이루어지면서 새로운 담화나 화제가 본격적으로 펼쳐지는 대목 등에서 '서술부-대화부'의 교체가 일어나는 것이다.

거칠게 뭉뚱그려 말하면 도입부와 종결부, 주요 담화나 화제 장면의 전환 대목 등에서 대화부가 줄어드는 대신 서술부가 지배적으로 출현한다. 이야기 세계 속의 장면을 그릴 때는 일종의 '회피된 중개성' 식의 서술 상황 때문에 인물 대사가 최소의 서술 표지를 통해 인용·도입되어 텍스트 표면이 대화부 중심으로 짜이는 모습을 보여주고 있다. 이에 따라 언해류 서사체 유형 텍스트들은 전반적으로 '서술부+대화부+서술부'로 이루어지는 담화 단위가 반복적·주기적으로 나타나는 문체 특징을 드러낸다.[189]

이야기의 배열이나 시제 추이에 따른 시점 변환, 그에 따른 구체적인 서술 방식이나 구문의 양상, 그리고 담화 표지적인 쓰임새를 보이는 '그쁴'류의 시간 부사어나 서술부-대화부의 교체 등 특별한 언어적 표지나 서술 태도, 방식 등이 유형적인 패턴을 이루면서 이렇게 규칙적이고 반복적으로 나타나는 까닭은 어디에 있을까? 우리는 이를 텍스트 산출과 수용에 있어서의 구술적인 성격에서 살펴보고자 한다. 근대 이전의 많은 문헌들은 텍스트 산출과 수용의 양 측면에서 구술성과 강한 친연성을 갖는다. 이와 관련하여 한문 불경을 언해할 때 마지막 단계에서 번역된 문장을 소리 내어 읽는 것으로 언해가 마

---

189) Stanzel, F. K. 저, 김정신 역(1990: 116)은 장면 제시 및 대화로 된 문단과 보고가 가득 찬 문단들의 계속적인 교체를 18, 19세기의 일인칭 소설과 함께 작자적 소설들의 전형적인 모습으로 보고 있다. 이러한 주장은 비록 서구 소설에 관한 것이긴 하지만, 이야기 배열이나 지문과 대화의 구성 방식 등을 통해 우리 고전 서사체의 문체 특징이나 효과를 살피려는 우리 논의에 시사하는 바가 많다.

무리되는 점, 이렇게 국문화한 불서들이 대중적인 집회에서 한 사람의 낭독자를 통해 구술되면 청중들이 봉청하는 식으로 수용되었던 점 등을 그 구체적인 근거로 들 수 있을 것이다.

언해류 서사체 유형 텍스트들은 기본적으로 인쇄된 문헌 자료에 속하기 때문에 기술성의 차원에서 이해해야 할 것이다. 그런데 앞에서도 언급한 것처럼 이들 텍스트는 실제 창작과 산출, 그리고 활용이나 수용 단계에서 구술성의 영향으로부터 자유로울 수 없었다. 어떤 식으로든지 텍스트 내에 구술성의 특징을 가지고 있을 수밖에 없는 것이다. 기술적이면서 동시에 구술적인 성격을 내포하는 이들 자료의 구술성을 유사구술성이라는 개념으로 살펴보도록 하자. 언해류 서사체 유형의 텍스트에서 유사구술성은 먼저 이야기 배열이나 구체적인 구문 서술에서 찾아볼 수 있다. 배경이나 인물 소개와 같은 총체적인 서술과 이에 뒤따르는 인물 간 대화로 이루어지는 장면 묘사 식의 서술이 번갈아가며 이루어짐으로써 이야기는 역동적인 리듬감을 형성하게 되고 구술이 좀 더 매끄럽게 진행될 수 있다.[190]

서사 전개 국면에 따라 문장 종결에서 '—더라'와 '—니라'와 같은 종결 표현들을 교체하며 활용하는 것도 이야기 세계에 대한 수용자의 심리적인 태도 결정에 영향을 끼치는데, 이러한 점 또한 유사구술성의 차원에서 이해할 수 있다. 개괄적인 배경 정보들이 '—더라' 구문을 통해 상당한 거리감을 조성하면서 전달됨으로써 이야기 세계에

---

190) 신지연(2000: 164~69)에서는 이렇게 설화자의 지문과 대화가 번갈아 나타나거나 인물들의 대사가 설화자의 개입(연결형의 인용 동사) 없이 집중적으로 나타나는 생생한 주요 사건 장면 등이 다수 발견되는 점을 근거로 연극 대본과 같은 구조를 가진다고 논의한 바 있다. 이러한 논의는 대상 텍스트의 강창 문학적 성격을 밝히기 위한 것이긴 하지만 이 글의 구술성에 관한 입장과도 상통하는 면이 있다. '강'이든 '창'이든 혹은 '대본'이든 이들은 모두 구술 등과 같은 구술성의 구체적인 국면들과 연관될 수밖에 없을 것이기 때문이다.

대해 소극적인 이성의 태도를 견지하는 텍스트 수용자는 이야기 자체의 논리를 객관적인 입장에서 조명해 보는 기회를 갖게 될 것이다. 반면에 이야기 세계 내의 생생한 현장성이나 설화자의 주관적인 태도가 드러나기도 하는 '-니라' 구문을 통해 텍스트 수용자는 이야기 세계에 대해 좀 더 적극적으로 감정을 이입하게 되고 정서적인 공감대를 형성할 수 있게 된다. 이렇게 논리적이고 객관적인 이성과 주정적이고 주관적인 감성, 그리고 이야기 세계에 대한 소극적인 관조와 적극적인 정서 몰입 등이 잇달아 교체함으로써 텍스트 수용자는 적당한 긴장과 이완에 따르는 극적인 흥분감을 맛보는 효과를 갖게 된다. 이와 같은 정서적인 감응은 구술의 장에서 매우 중요한 요소라고 할 수 있다. 구술 주체와 대상 사이의 적극적인 상호 작용의 토대는 이런 정서적인 교류에 바탕을 두고 있을 수밖에 없기 때문이다.

종결어미의 '-라', 특히 '-니-, -더-' 등이 선접하는 '-더라, -니라' 등이 발화 상대방인 청자를 적극적으로 의식하는 종결 표현들이라는 사실은 앞선 연구들에서도 자주 거론되었다. 김미형(1997a: 11~3)은 '-더라'를, 작자가 마치 그 장면을 직접 지각한 것처럼 받아들인 후 독자에게 전달하는 문장 종결 방식의 하나로 보았다. 이에 따라 '-더라'는 청자가 직접 듣고 있는 듯한 효과를 줌으로써 구연조의 분위기를 지닌다고 하였다. 장윤희(1998: 109~21)는 화자가 구체적인 청자를 상대로 하거나 의식의 전면에 청자를 내세운 문장에서 사용되던 통보성, 실용성이 강한 종결어미를 '-니라'로 보았다. 어느 경우든지 '화자-발화 내용-청자'로 구성되는 구체적인 발화 상황과 관련된 언급들이라고 할 수 있다. 이러한 언급들은 결국 기술된 텍스트 내에서 '-더라'나 '-니라'로 전달되는 이야기들을 유사

구술적인 측면과 강한 친연성을 갖는 것으로 해석하게 하는 근거가 된다.[191]

일종의 담화 표지(discourse marker)처럼 기능하는 '그찍'류 시간 부사어에 대해서도 유사구술성의 차원에서 살펴볼 수 있다. 무엇보다 담화 표지는 기본적으로는 구어적인 서사와 관련되기 때문에 구술성과의 연관성을 쉽게 짐작해 볼 수 있다. 송경숙(2003: 232~34)을 참고하면 구어 내러티브에서 담화 표지는 의미 전달에 필수적인 요소는 아니다. 그러나 담화 표지는 후행 발화를 준비할 때의 발화 공백을 채우면서 청자의 참여나 적극적인 호응을 이끄는 기능을 한다. 발화자에게는 시간적 여유를 가지고 자신의 입장이나 정보의 발화 순서를 조정하는 식의 기회를 갖게 해 준다. 이러한 점 때문에 이들 표지는 일회적으로만 사용되기보다는 반복적으로 사용되는 경우가 많다. 이렇게 보면 담화 표지는 실제 발화 현장에서의 담화·화용적인 효과나 기능을 염두에 둔 개념이라고 할 수 있는 것이다.

이러한 논의들을 토대로 담화 표지로서의 '그찍'류 시간 부사어의 특징과 구어적인 기능, 구술성과의 관련성을 살펴보기로 하자. 우선 '그찍'류 시간 부사어는 특별히 구체적인 시간 범위를 지시하는 지점보다는 시공간적인 배경이나 인물이 바뀌면서 이야기에 일대 전환이 이루어지는 지점에 더 많이 나타난다. 한정적인 시간 직시의 의미 기능보다는 별다른 의미 없이 담화 직시적으로 쓰이면서 담화나 화제들을 경계 짓는 식으로 쓰이고 있는 것이다. 이들 표지가 출현하는

---

191) 그렇다면 '-더라'에 관한 통시적인 설명은, 애초 기술된 문장체의 텍스트에 쓰이다가 구어적인 발화 상황에 국한되어 쓰이는 것으로 변화했다는 식의 기술보다는 원래부터 청자를 적극적으로 상정하기 마련인 구어적인 통보 상황에 쓰였다는 식의 기술이 더 나을지 모르겠다.

대목에서는 서사가 순간적으로 중단되면서 텍스트 주체들이 후행 서사를 떠올리며 화맥을 조절할 수 있는 여지가 커진다. 우리는 이러한 화맥 조절 국면이 텍스트를 둘러싼 여러 주체들에게 심리적·지각적인 영향력을 발휘할 것임을 어렵지 않게 짐작할 수 있다.

이와 같은 기능은 서사체를 구술할 때 매우 효과적이다. 담화 표지 '그씩'류가 나타나는 담화나 화제 경계 지점에서 구술 주체는 일시적인 이야기 중단과 화맥 조절의 과정을 거치면서 선행 서사를 바탕으로 이어지는 후행 서사를 좀 더 자연스럽게 머릿속에 떠올릴 수 있을 것이기 때문이다. 일단 정지한 선행 담화나 화제가 후행 담화나 화제와 구별되면서 다음 단계의 구술 내용을 점검해 보는 식으로 이야기가 자연스럽고 매끄럽게 진행될 수 있도록 예비하는 기회를 갖게 되는 것이다. 피화자—청자에 해당하는 텍스트 수용자 또한[192] 이와 같은 일시적인 중단 국면에서 앞으로 펼쳐질 이야기를 미리 예상해 보기도 하고 이미 펼쳐진 이야기들을 정리해 보는 식으로 이야기가 구술되는 상황에 좀 더 적극적으로 호응하고 참여할 수 있게 된다. 이들 표지가 텍스트의 한두 대목에서만 나타나는 것이 아니라 전편에 걸쳐 주요 서사 국면에 반복적으로 출현하고 있는 점도 구어적인 내러티브에서 반복 출현하는 담화 표지의 모습과 매우 흡사하다.

대상 자료들은 서술 지문과 주요 사건 대목에서의 인물 간 대화와 같은 극적인 장면 묘사 등이 번갈아 가며 텍스트를 구성한다. '서술부＋대화부＋서술부'로 이루어지는 담화 구조체가 반복적이고 주기

---

192) 이지영(1999: 3, 11)은 중세국어 문헌의 지문에 나타나는 '-더-'의 의미 기능을 구어적인 대화 장면에서처럼 '화자-청자' 구조를 전제로 한 '설화 구조'의 차원에서 살피고 있다. 우리는 이러한 설화 구조가 구송과 같은 구술적인 텍스트 향유 방식에 편리하다고 한 언급에 전적으로 동의하면서, 텍스트 수용자를 '청자'로 보는 관점에도 적극적인 관심을 기울이고자 한다.

적으로 나타나는 문체 특징을 보이는 것이다. 우리는 앞에서 이러한 구문들이 주기적으로 반복됨으로써 텍스트가 일정한 서술적 리듬을 형성한다고 보았다. 이러한 점 외에도 그 내용의 성격상 주기 단위인 담화 구조체들은 '처음-중간-끝'이 있는 장면이나 사건 정보들로 이어지면서 마무리되는 하나의 담화 화제나 담화 주제로 수렴되기 때문에 기억하는 데 좀 더 많은 도움을 준다. 구술성과 관련해서 보면 이러한 서술 리듬은 텍스트의 발화-구술 주체에게 자연스러운 구술의 토대를 마련해 준다. 뿐만 아니라 텍스트 수용자에게는 그와 같은 규칙적이고 주기적인 이야기 흐름이 내면의 청각 체계를 자극함으로써 심리적으로 음악적인 미감을 느끼게 한다고도 볼 수 있다.

전체 텍스트 구성 차원에서 청각 체계를 자극하고 음악적인 미감을 불러오는 이러한 방식은 구체적인 구문 서술 차원에서도 찾아볼 수 있다. 예를 들어 '안락국태자전'의 서술 지문은 하나의 하위 화제-한 명의 인물에 관한 배경적인 정보, 특정한 결과를 수반하는 일련의 계기적인 사건 연쇄, 배경적인 정황, 주요 사건을 암시하면서 예비하는 부수적인 사건 등-가 중첩·연쇄되어 나타나 첨가적이거나 집합적인 모습을 띠게 된다. 그 결과 구문 속 정보들이 일정한 쓰임새로 구별되는 여러 연결어미들을 통해 길게 이어지는 양상을 보인다.

어떤 텍스트가 인과율에 따라 자세하게 분석된 내용이 빈번하게 분절된 언어 형태로 재현되었을 경우, 텍스트 향유자는 이산적(離散的)인 문장들을 하나로 묶어 낼 수 있는 이야기 논리를 파악하는 데 좀 더 많은 관심을 기울이지 않으면 안 될 것이다. 따라서 이때에는 이미 읽은 부분으로 되돌아가 문맥을 파악하는 식으로 의식의 차원에서 이야기를 재구조화하는 과정이 거듭 이어지는 경우가 많아지게 된다. 이러한 상황에서는 맥락 의존적이거나 감정 이입적인 구술성의 강도가 약화할 가능성이 커진다. 반면에 이야기 자체의 논리를 재구하기 위해 텍스트를 좀 더 꼼꼼히 살펴보거나 반복해서 전후 구절을 확인하는 식으로 객관성이나 논리성을 앞세우는 기술성과 묵독성의 측면은 좀 더 강하게 드러날 것으로 예상된다.

그런데 언해류 서사체 유형처럼 하나의 담화 단위 내 여러 정보가 비교적 긴 문장 속에 고스란히 담기면서 연결어미로 이어지는 경우에는 이야기 자체의 연쇄에 좀 더 많은 주의를 기울이면서 서사에 집중하게 된다. "이 대목은 어떤 이야기지?"와 같은 이산적인 문장 텍스트에서의 관심이 '긴 문장'으로 이루어진 텍스트에서는 "그래서 다음은?"과 같은 관심으로 옮아가게 되는 것이다. 비교적 완결성이 강한 큰 담화 속의 하위 화제를 한 문장 안에 집어넣음으로써 당해 담화의 종결부에 이르기까지 이야기 자체의 연쇄에 지속적으로 관심을 기울이게 된다고도 할 수 있다. 이때 하나의 담화 구조체를 구성하는, 상이한 시간대에 펼쳐진 사건들은 관형화나 명사화 등 내포 식의 복잡한 구문 처리 절차 등을 통해 복합적으로 얽혀 있지 않고 하나의 서사축을 따라 순차적으로 이어지는 접속 구성으로 제시된다. 하나의 담화 구조체에 포함되는 주요 시간축 위의 사건 정보들이 선조적인 긴 문장 속에서 연쇄적으로 이어지는 것이다.

이러한 순차적인 담화나 화제의 구성에는 문장 구문을 빈번하게 종결하는 식의 분절적(分節的)인 방식보다는 여러 구문 요소들을 다양한 연결형을 통해 길게 잇는 식의 연접적(連接的)인 방식이 이야기를 기억하거나 구술하는 데에 좀 더 편리할 것으로 예상된다. 텍스트를 구성하는 담화나 화제들을 빈번하게 분절하는 것은 텍스트 수용자가 묵독식의 시각적인 방식을 활용할 때는 그다지 큰 부담감으로 작용하지는 않을 것이다. 그러나 낭송이나 구송, 구연 등과 같은 청각적인 구술 방식을 활용할 때는 잦은 분절이 주는 부담감이 적지 않다. 구술적인 텍스트 활용에서는 이야기를 중단하지 않고 지속적으로 전개하거나, 텍스트 수용자의 반응에 따라 적당한 대목에서 호흡이나 빠르기를 적절히 조절하는 것이 중요하다. 그런데 문장 구문의 잦은 분절은 이야기를 중단해야 하는 국면을 자주 드러내기 마련이다. 이에 따라 구술 현장에서 그때그때 반응하는 청자를 배려하기 위해 이야기 속도의 완급을 조절하면서 자연스럽고 매끄럽게 낭송하거나 구술하는 일이 어렵게 될 수밖에 없는 것이다.

3.3. 소결

15세기 언해류 서사체 유형의 이야기 배열은 기본적인 서사 구조의 특징을 바탕으로 문장 종결의 양상, 담화 표지의 쓰임새 등과 관련하여 살펴보았다. '안락국태자전'의 서사 구조는 외형적으로는 부처의 본생담과 같은 불경 서사체의 유형적인 틀과 밀접한 관련성이 있다. 부처의 본생담은 육성취를 기본으로 서분과 결분이 본체격에 해당하는 정종분을 감싸고 있는 식의 액자 구조를 취한다. 이러한 액자 구조가 '안락국태자전'에서는 불완전한 개방의 형태로, '목련전'은 완전한 개방의 형태로 드러난다. 반면에 '선우태자전'은 완전한 폐쇄의 형태로 드러나고 있어 각각의 텍스트 간에 차이가 있음이 확인된다. 서사 내용과 관련해서는 전체적으로 부모 구원을 위한 주인공의 고행과 탐색의 여정, 고난과 그 극복의 과정, 여기에 이어지는 회운의 귀로 여정과 후일담 등을 기본으로 전체적인 틀이 짜이는 양상을 살필 수 있다. 전체적인 담화 구조도 이러한 서사 전개 과정을 기본으로 하여 짜인다.

서사 구조 속의 여러 정보들은 그 내적인 논리에 따라서 전경이나 배경의 관점에서 구별되어 이해된다. 이러한 전경이나 배경 정보들은 서사 국면이나 출현하는 위치에 따라서 상이한 문장 종결 구문을 통해 제시되는 경우가 많다. 가령 도입부에 제시되는 인물 관련 정보들은 '－더라'로 제시되면서 도입부의 유형적인 특징을 드러내는 한편으로 이야기 전체의 배경화에 기여하고 있는 점, 이러한 배경화에 뒤따르는 서사 지점에서 특정적인 장면 속의 인물 행동을 이끄는 '－니라' 구문을 통해 사건의 전경화가 이루어지고 있는 점 등을 확인할 수 있다. 이에 따라 '－더라' 구문은 서술 시간의 흐름과는 무관한 정보 중심으로 이루어지면서 기술 구문의 형태를 취하는 경우가 많다. '－더－'가 갖는 과거 시제적인 의미 기능에 따라 이야기되는 내용이 그 전체 구조를 문제 삼음으로써 완결된 하나의 덩어리처럼 제시되는 것이다. 반면 '－니라' 구문은 인물 간 대화나 인물 행동 등과 같이 서술 시간의 흐름을 함의하는 정보들로 구성되는 장면 묘사·요약 구문의 형태를 취한다. 이에 따라 이야기 내용의 현장성이나 구체성이 좀 더 부각되는 한편 사건을 시간 순서대로 전개시키면서 줄거리를 구성하는 전경화의 효과를 가져 온다. 결과적으로 문장 종결의 '－더라'와 '－니라'를 통해 전체 이야기가 배열되는 문체적인 특징을 살필 수 있다.

담화 표지적인 '그쯰'나 '그저긔' 또한 이야기 배열과 관련된 문체 요소로 중요하게 작용한다. 이들은 새로운 담화나 화제를 이끄는 대목의 첫머리에 놓이면서 담화나 화제의 도입과 전환의 기능을 담당한다. 나아가 전체 이야기를 하나로 묶는 데 일정하게 기여하면서 선·후행 화제나 담화를 경계 짓고 있어서 담화 표지적인 기능을 보여 주기도 한다. 이 중에서 '그쯰'는 주로 담화나 화제의 도입부에 출현하면서 이야기의 본격적인 시작을 알리는 담화 도입 표지로 쓰이는 경우가 많다. 본격적인 이야기 전개에 따른 서사 국면의 전환을 알려 주는 표지로는 '그쯰'와 '그저긔'가 함께 쓰이고 있다. 이때 좀 더 상위의 화제 간 경계 지점에서는 주로 '그쯰'가 나타나는 반면에 개별적인 화제 단위 내에서 배경이나 인물이 전환하는 경우에는 '그저긔'가 나타나는 경향이 확인된다. 선행 화제의 마지막 구문이 문장 종결형으로 명시적으로 마무리되는 지점에 '그쯰'가 주로 나타나고 '-으니, 거늘' 등의 연결형 뒤에는 '그저긔'가 주로 나타나는 이유도 이러한 사실과 관련하여 이해할 수 있을 것이다.

시점은 화자나 설화자의 시간적인 위치와 관련되는 것으로 전제할 수 있다. 우리는 이러한 점에 착안하여 시제 추이에 따른 시점의 변화상과 이에 따른 서술 방식을 중점적으로 살펴보았다. 시제 추이에 따른 시점의 교체는 크게 과거와 현재, 서술 시간과 이야기 시간으로 대별해서 이해할 수 있다. 과거 시점으로 제시되는 구문에서 파악되는 설화자와 인물의 시간적인 위치는 비공시적이어서 일치하지 않는다. 이에 따라 설화자와 서술 대상 간의 심리적·지각적인 거리는 멀어지게 된다. 이때 설화자는 대상 인물이 속하는 세계나 상황의 외부로부터 내부를 조망하거나 조감하는 모양새를 취하는 것처럼 보인다. 서술되는 내용이나 정보도 인물이나 상황, 사건 장면에 관한 배경적인 정보나 부수적인 사건인 경우가 많다. 이러한 외부 시점의 국면에서는 설화자의 서술 지문이 중심이 되는 서술부가 우세하여 이야기 정보를 압축·요약하여 보고식으로 서술하는 방식이 주류를 차지하고 있다. 이러한 서술 방식은 전체 이야기의 도입부나 종결부, 인물 행적이나 시공간 배경의 변화 등에 수반되는 주요 사건의 전환 대목 등에서 많이 발견된다.

반면 현재 시점으로 제시되는 구문에서의 설화자와 인물의 시간적인 위치는 공시적으로 일치하다. 이때 설화자는 관찰되는 상황을 그대로 보여 주는 서술 태도를 보여 준다. 심리적·지각적인 차원에서도 설화자 자신이 초점화하는 인물이나 상황에 좀 더 근접하게 되기 때문에 서술 대상이 좀 더 직접적이고 구체적으로 드러난다. 서술 대상이 속하는 세계 내부의 특정한 지점에서 서술이 이루어지고 있는 것처럼 보이기 때문이다. 구체적인 서술 내용도 인물 행동이나 인물 간 대화 장면 등인 경우가 많다. 이러한 내부 시점에서 설화자는 사건 장면 속의 인물들의 행동이나 대사를 번갈아 가며 중개 전달하는 역할에 충실하다. 내부 시점적인 서술 대목에서는 인물들의 대사 위주로 구성되는 대화부가 우세하기 때문에 이야기나 담화 속 사건의 현재성과 직접성이 살아난다. 이러한 서술 방식은 이야기의 생동감을 살리는 데도 효과적이다. 중개하여 전달하는 역할에 충실한 설화자의 서술 태도가 중립적이거나 객관적인 경향을 보이는 것도 이 때문이다.

문장 연결이나 종결과 관련한 문체적인 특징은 기본적으로 담화와 화제의 전환이라는 커다란 원칙을 기반으로 이루어지는 장문성의 관점에서 살펴보았다. 장문 특징을 보이는 문장 구문들은 화제 정보가 몇몇 연결어미를 통해 길게 이어져 하나의 문장 구문이 하나의 담화 구조체로 구성되는 양상을 띤다. 이와 같은 담화 구조체에서는 주요 화제가 하나 이상의 주요 인물을 중심으로 연쇄적·순차적으로 발생하는 사건 장면으로 이루어지는 경우가 많다. 이때의 장면 전환은 인물 변화나 시공간의 변화 등에 따라 이루어진다. 이와 같은 전환의 구체적인 양상은 '—더니'나 '—거늘' 등과 같은 연결어미를 통해 확인할 수 있다. 하나의 화제 단위 내에서 장면 전환이 복수로 이루어지고 '—더니'나 '—거늘' 등을 통해 배경 정보가 제시된 후 전경화가 이루어지는 경우에는 전반적으로 문장이 길어지는 양상을 보여 준다. 특히 담화 화제의 주인공이 한 명이거나 그 이상이면서 이들이 계기적이고 연쇄적인 행동을 보이는 이야기 대목에서는 그 행동의 과정과 결과가 순차적으로 나열되어 문장 구문이 상대적으로 길어지는 모습이 발견된다.

이렇게 전경, 배경의 틀에 따라 구성되면서 장문성의 특징을 보이는 담화 구조체에 비해, 주요 인물이나 사건 전개와 관련된 배경 정보나 부수적인 인물의 행위, 배경이 되는 장면의 정황 등을 담고 있는 구문들은 문장 길이가 상대적으로 짧은 모습으로 실현된다. 이들 구문은 그 자체의 담화적인 속성이나 기능적인 측면과 관련하여 배경적인 특성이 강한 정보들로 구성되기 마련이다. 따라서 이때의 관련 정보는 압축, 요약되어 전달될 수밖에 없기 때문에 전체적으로 문장 길이가 짧아질 수밖에 없게 되는 것이다.

온전한 문장 종결어미로 구문이 휘갑되는 경우는 전체 이야기의 도입부나, 전개부의 주요 전환 대목, 종결부 등의 서술 지문에서 많이 발견된다. 도입부나 전개부 등에서 확인되는 문장 종결 구문들은 공통적으로 서사가 본격적으로 펼쳐지기 이전에 서사의 기본 요소라고 할 수 있는 인물, 시공간 배경, 주요 사건을 예비하는 부수적인 사건 정보 등을 통해 배경화하고 이야기의 전반적인 틀을 세우는 역할을 담당한다. 이와 같은 배경화는 이야기 세계가 본격적으로 그려지면서 전경화하는 인물이나 사건 장면을 강조하여 부각시키는 것과 관련된다. 전체 이야기의 배경 정보를 이끄는 도입부나 전개부의 주요 담화와 화제 경계 지점에서 '-니라'나 '-더라'와 같은 완전한 형태의 문장 종결 표현이 자주 등장하고 있는 것도 이 때문이다. 마지막 종결부의 문장 종결 구문은 주로 이야기 세계 속 인물들의 최후 행적이나 후일담, 설화자의 해설이나 논평 등으로 그 정보 내용이 구성된다.

인물 대사가 처리되는 방식 또한 문장 연결이나 종결과 관련된 주요 요소라고 할 수 있다. 언해류 서사체 유형의 텍스트들은 서술 지문 대비 인물 간 대화 장면 비율을 따져 보았을 때 최소 네 배에서 최대 다섯 배까지 인물 간 대화 장면이 압도적으로 우세하게 나타나는 것을 확인할 수 있다. 일방성이나 독화성(獨話性)이 강한 인물 대사는 대개 설화자의 지문에 안기게 되는 경우가 많은데, 이와 같은 대사 처리 방식은 전후 서사를 잇는 배경적인 대목에서 서사를 빠르게 전개시키는 데 기여하기도 한다. 설화 동사로 도입된 후 휘갑하는 인용 동사 없이 제시되는 인물 대사는 묻고 답하는 전형적인 담화 장면에서 주로 그려진다. 이때에는 장면 자체가 부각됨으로써 이야기 장면의 직접성, 현재성, 현장성이 강하게 드러난다. 그 밖에 설화자의 지문에 안겨 있는 인물 대사는 청자를 특정하지 않는 경우가 대다수다.

이상의 논의들을 종합해 보면 텍스트 내용이나 구조의 여러 차원에서 문체 요소들이 규칙적·유형적·반복적으로 실현되는 문체 특징을 언급할 수 있다. 우리는 이러한 문체 특징의 요인과 효과를 구술성, 나아가 유사구술성의 차원에서 이해하였다. 언해류 서사체 유형의 텍스트들은 기본적으로 판각, 인쇄되어 나온 문헌 자료이기 때문에 기술성의 차원에서 이해되는 것이 자연스럽다. 그러나 실제 산출 과정이나 수용, 활용의 단계에서 구술성의 영향을 전혀 배제할 수 없는 것 또한 사실이다. 이때의 구술성을 이 글은 유사구술성으로 보고 이야기 배열, 시점 변환에 견인되는 구문 서술의 방식과 양상, 문장 연결이나 종결 양상 등의 차원에서 그 특징을 살펴보았다.

유사구술성의 한 지표로 우선 '－더라'와 '－니라'의 종결 표현들이 교체 출현하는 현상을 고찰하였다. 이러한 교체 출현은 이야기 세계에 대한 수용자의 심리적인 태도 결정에 영향을 끼친다. '－더라'와 '－니라' 구문의 반복 교체를 통해 텍스트 수용자는 논리적이고 객관적인 이성과 주정적이고 주관적인 감성, 그리고 이야기 세계에 대한 소극적인 관조와 적극적인 정서 몰입 등을 번갈아 경험하면서 적당한 긴장과 이완에 뒤따르는 극적인 흥분감을 맛보는 효과를 갖게 된다. 이와 관련하여 감정의 긴장이나 이완에 이어지는 극적인 흥분감은 구술이나 구연의 성패를 가늠하는 중요한 잣대로 볼 수 있다.

담화 표지적인 쓰임새를 보이는 '그쁴'류 시간 부사어 또한 이와 동일한 관점에서 그 효과를 살필 수 있다. 이들은 시공간적 배경이나 인물이 전환하면서 이야기에 일대 전환이 이루어지는 지점에 주로 나타난다. 이에 따라 한정적인 시간 직시의 의미 기능보다는 담화 직시적으로 쓰이면서 담화나 화제들을 경계 짓고 서사 흐름을 통제하여 화맥을 조절하는 기능에 좀 더 충실한 것으로 보인다. 이와 같은 화맥 조절 국면은 텍스트 주체들에게 심리적·지각적인 영향력을 행사할 가능성이 매우 높다. 예컨대 피화자라고 할 수 있는 텍스트 수용자는 '그쁴' 등으로 화맥이 조절되면서 서사가 일시 중단하는 대목에서 앞으로 펼쳐질 이야기를 예상해 보기도 하고 이미 펼쳐진 이야기를 정리해 보는 식으로 이야기가 구술되는 상황에 좀 더 적극적으로 반응하게 된다. 정서적인 감응의 여지가 커지는 것이다. 한편 이들 표지는 이야기 전편에 걸쳐 반복적으로 출현하는 양상을 보인다. 이 또한 구어적인 내러티브에서 반복적으로 나타나는 전형적인 담화 표지의 모습과 매우 흡사하다.

설화자의 서술 지문과, 주요 사건 대목에서의 인물 간 대화와 같은 극적인 장면 묘사가 번갈아가며 텍스트를 구성하는 모습에도 주목하였다. 언해류 서사체 유형은 텍스트 구성 면에서 '서술부＋대화부＋서술부'로 이루어지는 큰 덩어리가 반복적·주기적으로 나타나는 문체 특징을 보여 준다. 이러한 주기적 반복은 그 자체로 서술의 리듬을 형성하는 한편 '처음－중간－끝'으로 구성되는 주기 단위의 정보들이 하나의 담화 화제나 담화 주제로 수렴되기 때문에 기억을 좀 더 용이하게 하는 이점이 있다. 이러한 사실에 힘입어 텍스트의 발화－구술 주체는 좀 더 자연스럽게 구술하거나 구연하는 토대를 마련할 수 있게 된다. 텍스트 수용자에게는 그러한 서술 리듬이 내면의 청각 체계를 자극하면서 심리적인 차원에서 규칙성이나 반복성이 주는 음악적인 미감을 느끼게 하는 것으로 이해할 수 있다.

이와 더불어 서술부의 지문이 몇몇 연결어미를 통해 길게 이어지면서 장문의 양상을 보이는 담화 구조체로 실현되는 사실 또한 구술성의 차원에서 이해된다. 이러한 담화 구조체에서는 정보나 화제가 순차적으로 나열되기 때문에 문장 구문을 빈번하게 종결하는 식의 분절적인 방식보다는 연결어미를 통해 길게 잇는 식의 연접적인 방식이 좀 더 자연스럽다. 동시에 연쇄적이거나 순차적인 담화나 화제의 구성은 내포화와 같은 복잡한 처리 절차를 거친 구문으로 이루어진 담화나 화제의 구성 방식에 비해 이야기를 기억하거나 구술하는 데 좀 더 편리하고 효과적이다. 문장과 같은 텍스트 구성소들이 짧고 빈번하게 분절되는 것은, 텍스트 수용자가 묵독식의 시각적인 방식을 활용할 때는 그다지 큰 문제가 되지 않을 것이다. 그러나 낭송이나 구송, 구연과 같은 청각적인 구술 방식을 활용할 때는 잦은 분절이 주는 부담감이 적지 않을 것으로 예상된다. 구술적인 텍스트 활용에서는 이야기를 중단하지 않고 계속적으로 전개하거나 텍스트 수용자의 반응에 따라 적당한 대목에서 호흡이나 빠르기를 적절히 조절하는 것이 중요할 것이기 때문이다. 장문의 특징을 보이는 담화 구조체를 구술성의 차원에서 이해해야 하는 이유가 여기에 있다.

4
고소설류 서사체 유형의 문체 분석

4.1. 문체 요소

4.1.1. 이야기 배열

(1) 이야기의 서사 구조

앞서 살핀 언해류 서사체 유형의 텍스트는 바탕책이 되는 한문 원문을 토대로 산출된 자료들이다. 또한 각 편이 석가의 일대기를 다룬 <석보상절>과 <월인천강지곡>의 합편인 <월인석보>의 부분 텍스트로 존재하고 있다. 따라서 우리는 이들 자료들에 대해서 한문 원문의 영향이나 이들 각각이 실려 있는 전체 텍스트와의 관련성을 염두에 두지 않을 수 없다. 그런데 18, 19세기의 고소설류 서사체 유형은 그 출현 과정이 이들과는 매우 다른 양상을 보인다. 먼저 결론부터 이야기하면, 언해류 서사체 유형이 저경이나 바탕책의 한문 원문의 간섭으로부터 자유로울 수 없었던 반면에 고소설류 서사체 유형은 이들의 자장권에서 멀리 떨어져 있었기 때문에 원문의 영향이 상대적으로 적었다고 할 수 있다. 그런 점에서 우리는 고소설류 서사체 유형의 텍스트가 국문 서사체가 보여 주는 고유의 문체적 특징을 좀 더 많이 내포하고 있을 것으로 기대할 수 있다.

예컨대 '안락국태자전'이 불경의 한국적 변문이라고 할 수 있는 '안락국태자경'에 바탕을 두고 <석보상절>이나 <월인석보> 등에서 한글화한 반면에, 모두 십여 종의 이본이 전하는 '안락국전'은[193] 기원적으로는 '안락국태자경'에 소급되지만 직접적인 영향 관계에 놓이는 것은 한글화한 <월인석보> 소재의 '안락국태자전'으로 보는 것이 자연스럽다. '나복전' 또한 기원적으로 고려 시대의 '목련경'이나 '우란분경'과 같은 변문에 소급될 수 있겠지만 좀 더 직접적으로는 <월인석보>의 '목련전'에 바탕을 두고 출현한 점이 '안락국전'과 비슷하다. 그런데 이 '나복전'은 부처 일대기를 여덟 단계로 나눠 서사화한 <팔상록>[194]이라는 상위 텍스트의 하위 이야기로 실려 전하는 점이 특이하다. 마지막으로 '적성의전'은 한글화한 '선우태자전'뿐만 아니라 한문으로 된 여러 관련 저경들에 바탕을 두고 있겠지만 그 속의 다양한 서사 요소들이 창조적으로 응용되고 재배열되어 나타난 결과물이다. 그렇기 때문에 앞의 두 텍스트에 비해 저경이나 바탕 이

---

193) 이들 이본 중에서 이 글에서 다루게 되는 자료는 국립중앙도서관본 '안락국전'[고전운영실(보존)-한 古 朝 21-316]이다.

194) <팔상록> 권3(박순호소장본 한글필사본고소설자료총서 48)에 실려 있으며, '나복전'은 이 책의 583면에서 625면에 걸쳐 있다. 이 책은 마지막 장에 '광셔 십구연 계수 칠월 십사일 숨 권 종이라'라는 필사기가 적혀 있다. '光緖'는 청나라 '德宗'(1875~1908)의 연호인바, <팔상록>은 필사 연대가 1893년으로 19세기 말에 필사된 자료임을 알 수 있다.

야기 혹은 선텍스트와의 연관성이 상대적으로 더 낮다고 볼 수 있다.

이러한 점들을 염두에 두면서 고소설류 서사체 유형 텍스트들을 하나하나 살펴보기로 하자. 먼저 '안락국전'의 전체 구조 양상을 파악하기 위해 아래 (1)에 문장 종결형을 중심으로 이야기 순서를 요약, 정리해 제시한다.

(1) 문장 종결에 따른 '안락국전'의 이야기 순서
ㄱ. 배경 제시, '여래 바라문'이 인시주 걸립 화주로 뽑힘.
ㄴ. '바라문'이 걸립을 위해 길을 떠남.
ㄷ. '바라문'이 대해를 건너 강남 '대원국' '만리성'에 당도함.
ㄹ. '바라문'이 '대원국' 성내로 들어간 후 '사라수왕' 부부의 초청을 받음.
ㅁ. '바라문'이 '원앙부인'을 대신해 팔시녀를 데리고 '서역국'으로 돌아감.
ㅂ. 팔시녀의 꽃밭 수례(受禮)
ㅅ. '바라문'의 '대원국' 재방문, 왕 부부의 출로(出路) 결정과 하직.
ㅇ. '원앙부인'의 노독으로 지체한 일행이 '대원국'의 '재영장자' 집으로 들어감.
ㅈ. 노독으로 여정을 멈춘 '원앙부인'이 '재영장자'에게 자신을 오천 냥에 팖.
ㅊ. '원앙부인'의 왕생게 당부, 하직 후 '바라문' 일행이 '통천' 바다를 건넘.
ㅋ. '사라수왕'의 꽃밭 수례
ㅌ. '원앙부인'의 전생모인 '행아'가 보낸 선녀들이 하강해 '원앙부인'을 도움.
ㅍ. '재영장자'로부터 힘든 일을 명령받은 '안락국'이 동자들의 도움을 받음.
ㅎ. '안락국'이 아버지를 찾으러 길을 나섰다가 장자의 종 '목동'에게 잡혀 옴.
a. 장자가 '안락국'을 엄포하며 용서함.
b. '안락국'이 재차 도망하여 천동의 도움으로 '통천' 바다를 건넘.
c. '안락국'이 도망한 것을 안 장자가 '목동'에게 도망한 곳을

보게 함.

d. 설화자 논평

e. '안락국'의 부친 상봉, 모친을 찾아 길을 나섬.

f. 장자가 '원앙부인'을 죽임.

g. '원앙부인'의 시신이 있는 '임정사' 근방 대숲에서 염불 소리가 남.

h. 마을 사람들과 아이들의 노래.

i. '안락국'의 구모, 서역행, 장자 무리에 대한 징벌

j. '안락국' 모자와 '팔시녀'의 선상 상봉

k. 서역에서의 가족 상봉, 인물 후일담

l. 설화자 논평

(1)을 앞의 '안락국태자전'의 이야기 구조와 견줘 보면 몇몇 대목에서 차이가 난다. 먼저 '안락국태자전'에서는 발견되는데 '안락국전'에서는 빠진 장면이 몇 군데 있다. 최초 도입부의 배경 제시와 인물 소개 대목에서 '사라수왕'에 관한 부분, 전반부와 후반부를 잇는 부분에서의 '자현장자'의 예언 장면 등이 생략되어 있다. '안락국전'에서 새로 추가된 이야기 대목은 (1ㄱ, ㄷ, ㅌ, ㅍ, a, c, d, i, l) 등195)이다. 그런데 '안락국전'에서 빠지거나 새로 추가된 장면들은 전체 서사 구조에 유의해서 보면 상호 보족적인 관계망 속에서 비롯되었다는 것을 알 수 있다.

먼저 '안락국태자전'에 있다가 '안락국전'에서 생략된 이야기 요소들은 인물 성격이 변화하거나 구체적인 장면 등을 통해 이야기 흐름

---

195) 물론 서사 요소인 배경이나 인물, 사건 등과 관련하여 그 세부적인 국면에서 정황이나 행동, 성격 등이 바뀌거나 새로 추가된 부분이 있다. 그런데 여기는 서사의 전체적인 짜임새를 살피는 자리므로 그러한 세부 사항들에 대해서는 다루지 않기로 한다. 참고로 이정원(1999: 338~43)에서는 '안락국태자전'과 '안락국전', '목련전'과 '나복전', '선우태자전'과 '적성의전' 상호 간의 삽화 비교와 대비를 통해 선대 텍스트보다 후대 텍스트에서 서사적 인과성이 더욱 강하게 드러나고 있다고 보았다. 나아가 이러한 차이는 보편적 인간이나 종교 세계 층위에서의 의미를 지향하는 서사적인 대결 구도를, 사회적 개인 층위에서의 의미를 지향하는 서사적 대결 구도로 바꾼 데에서 비롯되었다고 하였다.

이 형성되는 대목 등과 관련된다. 예컨대 '안락국태자전'에서는 보이는 '사라수왕'의 인물됨에 관한 정보-어질고 물질을 탐하지 않으며 수행 정진으로 무상도를 구함-는, 후행 서사에서 기쁜 마음으로 '임 정사'에 가기로 결정하는 '사라수왕'의 모습과 자연스럽게 연결된다. 그런데 '안락국전'에서 '사라수왕'은 한참을 고민하다가 '바라문'과 동행할 것을 결심하게 되는 모습으로 그려진다. 종교적인 신심이 의심스럽다는 인상을 주게 되는 것이다. '안락국태자전'에서 보이는 인 물됨에 관한 정보 생략을 이런 차원에서 찾을 수 있을 듯하다. '안락국태자전'에서 '안락국'의 도망 장면에 선행하는 '자현장자'의 예언 장면 또한, '안락국전'에서는 '안락국' 모자에게 고역을 명령하는 '부영장자'의 박해 장면 등을 통해 '안락국'의 아버지 찾기 화소를 자연스럽게 형성하기 때문에 생략한 것으로 해석할 수 있다.

새로 추가된 장면들은 먼저 사건 간의 계기 관계를 좀 더 명확히 밝히면서 서사적인 인과 관계를 밀도 있게 그리고 있는 대목과 관련된다. 배경 정황이나 인물 심리 등에 대한 생생한 묘사 등과 같은 장면의 구체화를 통해 텍스트 수용자의 흥미를 제고하려는 텍스트 산출자의 의도 등과 관련해서도 이해할 수 있다. 예컨대 (1ㅌ, ㅍ) 등에서 보이는 '재영장자'의 박해는 '안락국'이 '재영장자'를 의심하고 실제 부친을 찾아 나서게 되는 현실적인 명분을 살려 준다. 이뿐만 아니라 천상 인물들의 조력과 같은 화소는 '안락국' 모자가 하늘의 도움으로 최후의 승리를 거두게 되는 결말 구조에 자연스럽게 상응한다. (1ㄱ, ㄷ) 등에서는 인시주 걸립 여정을 떠나게 되는 '바라문'의 심리나 태도에 대한 생생한 묘사와 여정 중의 구체적인 모습이 실감나게 그려지고 있어 극적인 흥미를 자아내는 효과를 거두고 있다.

(1c, i) 등도 이러한 관점에서 이해할 수 있다.

새로 추가된 장면들 중에는 (1d, l)처럼 설화자의 주관적인 논평이 감정 개입의 형태로 드러나는 경우도 있다. (1d)196)에서 설화자는 이야기 세계 속으로 들어가 펼쳐지는 상황에 대하여 주관적으로 논평할 뿐만 아니라, 부정적인 감정이나 태도가 밑바탕에 깔린 인물 평가 등의 서술로 이야기에 노골적으로 개입하고 있다. (1l)의 경우도 이야기의 교훈적인 의미를 권위적인 입장에서 설파하는 식으로 서술하면서 설화자의 주관적인 태도를 강하게 드러내고 있다는 점에서 (1d)와 동궤의 서술 대목으로 파악할 수 있다. 그런 점에서 특히 (1l)은 텍스트 산출자의 텍스트 의도나 담화 주제를 강하게 함축한다.

〈표 1〉 '안락국전'의 담화, 문장 구조

담화(문장)	문장 종결	화 제
D1(S1~S4)	'가니라'	'바라문'의 인시주 걸립 결정과 '서역국' 출국
D2(S5~S7)	'머므더라'	'바라문'의 '대원국' 노정과 도착, 왕의 초대
D3(S8~S10)	'황홀ᄒᆞ더라'	'바라문'과 왕의 담화, '서역' 도착, 팔시녀의 꽃밭 수례
D4(S11~S15)	'돗ᄒᆞ더라'	'바라문'의 이차 걸립과 수례를 위한 대왕부부의 출국
D5(S16~S24)	'건너가니라'	장자집 도착, '원앙부인'이 종으로 팔림, 이별 후 도해
D6(S25)	'업더라'	'사라수왕'의 꽃밭 수례와 왕생게 수행
D7(S26~S29)	'넉이더라'	'원앙부인'의 고난과 선녀들의 조력
D8(S30~S31)	'ᄒᆞ더라'	'안락국'의 고난과 동자들의 조력
D9(S32~S34)	'ᄒᆞ더라'	'안락국'의 일차 도망과 피체(被逮), 장자의 엄포
D10(S35~S38)	'도라가다'	'안락국'의 이차 도망과 장자 무리의 추적 실패
D11(S39~S41)	'가니라'	'안락국' 부자 상봉, 구모 여정 시작
D12(S42~S44)	'추ᄒᆞ다'	'안락국' 모친의 죽음
D13(S45~S46)	'외오더라'	부인의 시신 유기와 대숲의 염불 소리, 아이들의 노래
D14(S47~S50)	'업더라'	'안락국'의 모친 구원과 장자 무리의 징벌

---

196) "브동이ᄃᆞ려 보라 ᄒᆞ니 져긔 가ᄂᆞ니라 ᄒᆞ고 좃ᄎᆞ가기ᄂᆞᆫ ᄒᆞ나 빅ᄂᆞᆫ 션인의 도력으로 가ᄂᆞᆫ 바 살 닷ᄃᆞ시 ᄒᆞᄂᆞᆫ디라 엇디 지하 브동의 힘으로 잡으리오"〈안락국전: 29〉가 해당 구절이다.

담화(문장)	문장 종결	화 제
D15(S51~S53)	'되시니라'	'안락국' 모자와 '팔시녀' 상봉, '서역국' 도착, 후일담
D16(S54~S58)		설화자 논평

<표 1>을 따라 '안락국전'의 전체 서사 구조를 주요 인물인 '안락국'과 '사라수왕' 부부를 중심으로 '안락국태자전'과 견주면서 살펴보도록 하자. 먼저 도입부에서 '안락국전'은 '바라문비구'가 인시주걸립의 주체로 지목되는 전후 사정(D1)과 '대원국'에 이르기까지의 여정(D2)을 세밀한 장면 묘사 등으로 제시하고 있는데, '안락국태자전'에서는 이 대목이 보이지 않는다. 또한 '안락국전'에서는 부자가 상봉하기 이전에 '재영장자' 집에서 '안락국' 모자가 박해를 받던 중 천상 인물들의 조력으로 고난을 극복하는 장면(D7, D8), '안락국'이 부친을 찾아 도망했을 때 '재영장자'가 특이한 능력을 지닌 종들을 시켜 '안락국'을 붙잡으려는 장면(D10) 등이 흥미진진하게 그려지고 있다. 여기에 덧붙여 '안락국'이 부친과 상봉한 이후에 모친을 구하기까지의 여정과 모친을 살려내는 장면(D14), '재영장자'의 종들이 하늘의 벌을 받아 죽는 모습(D14) 등이 생생하고 구체적으로 그려진다.

이러한 사실은, '안락국태자전'에서 부자 상봉 이후 구모(求母)까지의 여정이 최소의 사건 정보 중심으로 서술 지문을 통해 제시되는 점과 차이가 난다. 전체적으로 보면 부모 효양을 위한 '안락국'의 고난과 그 극복 과정이 좀 더 치밀하고 구체적으로 그려짐으로써 대중적이고 통속적인 기호에 좀 더 부합하고 있는 것으로 판단된다. 이런 점에서 고려 시대의 위경(僞經)인 '안락국태자경'을 포함하여 '안락국태자' 이야기 계통의 서사물을 대중화나 통속화의 크기 측면에서 나

열해 보면, '안락국태자경'(고려 시대, 12~14세기경, 한문본)→'안락
국태자전'(조선 전기, 15세기, 언해본)→'안락국전'(조선 후기, 18, 19
세기, 방각·필사본)의 순서로 놓는 것이 자연스럽다. 구체적인 서술
에서도 인물 심리가 좀 더 세밀하게 묘사되고 있는 점이나 이야기 전
개 과정에서 장면이나 서술 대상의 생생함과 구체성을 살림으로써
극적인 재미를 높이려는 점 등이 확인된다.

이러한 점들을 고려하여 '안락국전'의 전체적인 서사 구조를 우리
는 크게 네 국면으로 나누어 정리해 볼 수 있다. '바라문'의 일차 걸
립과 팔시녀의 꽃밭 수례로 이루어지는 발단부, '바라문'의 이차 걸립
과 '사라수왕'의 꽃밭 수례로 구성되는 전개부, '안락국'의 고난 이후
부친 상봉과 이후 구모까지의 과정에 해당하는 절정부, 가족 상봉과
후일담, 설화자 논평 등으로 이루어지는 결말부 등이 그것이다. 팔시
녀의 꽃밭 수례를 '사라수왕'의 그것과 따로 떼어 구별한 것은, 그 전
후 과정 속에서 '사라수왕' 부부의 공덕을 위한 길 떠남이 자연스럽
게 이루어지고 있기 때문이다. 이에 덧붙여 '바라문'이 인시주를 위해
떠나는 전후 사건 장면들이 후행하는 주요 사건을 펼쳐 나가는 데 중
요하게 작용하고 있는 점을 고려했기 때문이다.[197]

---

197) 예컨대 '바라문'이 '대원국'에 이르기까지의 전후 사정이 비교적 상세하게 그려진 이유는 걸립 화주로
선정되는 대목에서 눈물을 흘리며 고사하는 '바라문'의 태도와 관련하여 해석할 수 있다. 이러한 태도는
어린 나이의 '바라문'이 여정 중에 겪는 고난의 상황들을 보여 줌으로써 극적 긴장과 흥미를 제고시키
고, 나아가 인물에 대한 텍스트 수용자의 동정심을 유발하는 식으로 감정 이입의 조건을 자연스럽게 형
성할 수 있을 것이겠기 때문이다. 또한 이러한 긴장과 흥미의 제고, 감정 이입을 위한 서사적인 토대 마
련 등은 구술성의 측면과도 연관 지어 이해할 수 있다.

<표 2> '안락국전'의 서사 구조

구 분	주요 인물	서사 내용
발단부(D1~D3)	'바라문' 외	'바라문'의 일차 걸립, 팔시녀의 꽃밭 수례
전개부(D4~D6)	'원앙부인' 외	'바라문'의 이차 걸립, '원앙부인'의 고난, '사라수왕'의 꽃밭 수례
절정부(D7~D14)	'안락국' 외	'안락국' 모자의 고난과 천조(天助), '안락국'의 도망과 부친 상봉, '안락국'의 모친 구원
결말부(D15~D16)	'안락국' 외	가족 상봉, 인물 후일담, 설화자 논평

계통적으로 '목련전'에 이어지는 '나복전'은 <팔상록>이라는 전체·상위 이야기의 부분·하위 이야기로 실려 전한다. 아래 (2)로 전체 이야기를 개관해 보자.

(2) 문장 종결에 따른 '나복전'의 이야기 순서
　　ㄱ. 배경, 인물 소개.
　　ㄴ. 장사를 위한 '나복'의 길 떠남.
　　ㄷ. 악행을 위한 '청제부인'의 노복 계칙(奴僕戒飭).
　　ㄹ. '청제부인'의 악행.
　　ㅁ. '나복'의 귀가와 '청제부인'의 거짓말.
　　ㅂ. '청제부인'의 죽음과 '나복'의 시묘살이, '나복'의 꿈.
　　ㅅ. '나복'의 출가.
　　ㅇ. '나복'이 '아란'과 더불어 세존의 제자가 되고자 함.
　　ㅈ. '나복'의 '목련'으로의 개명과 세존의 칭찬.
　　ㅊ. 구모를 위한 '목련'의 지옥 순례.
　　ㅋ. '목련'과 부모가 '화락천궁'에서 상봉함.

(2)에서 '나복' 모친의 악행과 죽음, '나복'의 출가 등으로 구성되는 전반부의 종결 서사는 '나복'이 세존의 제자가 되는 후반부의 도입 서사에 곧장 이어지지 않는다. 표면적으로 보면 부처의 아내인 '야수'가 신통력으로 회임(懷妊)한 후 태자를 낳았다가 '정반왕'으로부터 화

탄(火炭)의 박해를 받던 중 천우 신력으로 구원을 받는 이야기가 '나 복전'의 전·후반부를 잇는 시퀀스198) 사이에 끼어들어 있기 때문이 다.199) '나복'이 '목련'으로 개명한 후 모친을 구하기 위해 천상길을 떠나는 이야기도 연속적으로 이어지지 않는다. 이들 이야기 사이에, 태자의 마음을 돌리기 위해 '정반왕'이 보낸 부처의 종제(從弟) '아란' 이 부처 제자가 된 후 세존이 그를 떠나지 못하게 하는 이야기가 '추 설' 식의 담화 표지로 시작200)하고 있기 때문이다.

이러한 점에만 주목해서 보면 '나복전'은 그 자체로 이야기의 텍스 트적인 자족성이 떨어진다고 말할 수도 있겠다. 그런데 '나복' 이야기 는, "효자 나복이 오빅 승지로 부모를 효도ㅎ니라"<팔상록3: 583>와 같은 식으로 이야기 전체의 주요 인물에 해당하는 '나복'의 배경 정 보를 제시하는 서사 명제와 "목연이 척발 등공ㅎ야 방션 쳔당ㅎ고 지 옥문의 읍별 긔모ㅎ다"<팔상록3: 600>나 "도솔천상의셔 목연이 쳥 계 부인을 보고 도솔늬원의셔 세존니 친견 마야부인 ㅎ시이라"<팔상 록3: 621>와 같은 주요 서사를 알려 주는 명제가 텍스트 표면에 드러 나 있어 다른 대목의 이야기와 분명히 구별되고 있다.201) '나복' 이야 기가 비록 <팔상록>의 부분·하위 이야기로 실려 있기는 하지만, '나복'이라는 인물이 공통적으로 등장하는 이들 서사 명제를 중심으 로 분간된 대목을 하나로 묶음으로써 완결된 한 편의 이야기로 볼 수

<hr>

198) 이정원(1999: 341)에서도 주목한 것처럼 '나복'이 부처 제자가 되는 사건은 전반부의 '나복' 모친의 악 행과 후반부의 '목련'의 구모 이야기를 잇는다는 점에서 매우 중요하다.

199) 더군다나 이렇게 끼어들어 있는 '야수' 이야기는, 예컨대 행 바꿈이랄지 전체 이야기를 아우르는 서사 명제를 제시하지 않은 채, 담화나 화제 전환의 일반적인 담화 표지 중의 하나인 '잇쩍'로 시작하고 있다.

200) "추셜 아란의 시연이 니십세라"<팔상록3: 591>가 해당 구절이다.

201) 예컨대 <팔상록> 권3에서 '나복' 이야기가 종결된 이후의 대목을 보면 "영산보쳔의 강셜묘법호라"<팔상 록3: 630> 식으로 새로운 서사 명제로써 앞의 이야기와 뒤에 이어지는 이야기를 분명하게 구별해 주고 있다.

있는 것이다.

첫 번째 서사 명제는 전체 이야기의 들머리에 위치하면서 후행하는 이야기가 '나복'의 효행담이라는 것을 강하게 암시한다. 이 첫 번째 서사 명제가 나머지 두 개의 서사 명제를 아우르면서 전체 이야기의 핵심적인 화제를 담고 있는 것이다. 두 번째 부류의 서사 명제들 중 전자는 후반부의 본격적인 서사라고 할 수 있는 '목련'의 구모 여정, 곧 지옥 순례 대목 바로 앞에 위치한다. 후자는 세존이 죽은 모친 '마야부인'을 보기 위해 '도솔천'에 올라가는 대목에 출현한다. 그 내용을 보면 '나복전'의 최종 종결부를 휘갑하는 서사 명제라고 할 수 있다. 이런 점들을 통해 이들 대목에서의 주된 이야기가 서사 명제들에 등장하는 인물들인 '나복'이나 '청제부인'에 관한 것이며,[202] '야수'와 '이란'에 관한 것은 말 그대로 '끼어들어' 있는 것임을 알 수 있다.[203]

'목련전'과 비교할 때 '나복전'은 앞의 '안락국태자전'-'안락국전' 짝에서와 마찬가지로 몇몇 대목에서 차이가 난다. 예를 들어 전반부 도입 대목의 인물 소개에서 '나복'의 부친인 '부상장자'에 관한 인물 정보, '아귀지옥'에서 벗어나 개가 되어 '왕사성'에서 고통을 받는 모친을 '목련'이 재회하는 장면 등이 누락되어 있는데, 이는 이들 정보를 포함하고 있는 '목련전'과 다른 점이다. '목련'이 모친을 찾기 위하여 애초 천상을 향하였다가 지옥을 순례하게 되기까지의 이야기가 '목련전'에서는 부처의 적극적인 개입과 조력으로, '나복전'에서는 그

---

202) 이런 식으로 살피면 마지막 서사 명제에서는 세존과 '마야부인' 이야기가 순차적으로 병행된 것으로 볼 수 있다.

203) 물론 〈팔상록〉이 석가모니 부처의 일대기를 그린 이야기라는 점에 주목해서 보면 '나복' 이야기가 오히려 본 이야기인 부처의 일대기 행적 사이에 끼어들어 있는 것으로 보아야 할 것이다. 우리 논의가 텍스트의 외재적인 자족성을 따지는 자리는 아니므로 이 이상의 언급은 하지 않는다.

러한 점에 덧붙여 '목련'의 자발적인 일련의 행동으로 이루어지는 점도 달라진 점으로 눈에 띈다.

'목련전'에서 여러 지옥을 순례하는 '목련'의 여정이 '나복전'에서는 "목연이 옥졸을 다리고 여러 지옥을 츠져 다여도 업거날"<팔상록 3: 604>처럼 짧은 구절 하나로 처리된 점 등은 동일 내용을 조금 다르게 변화시킨 경우다. '우란분재'를 통해 모친을 '화락천궁'으로 구원해 낸 후의 이야기를 "어미 忉利天宮에 나 快樂을 受ᄒ더라"<월석 23: 91ㄴ> 식으로 짧게 처리한 '목련전'과 달리 '나복전'에서는 부친 '갈제'까지를 등장시켜 온 가족이 재회하고 모친이 회개하는 모습을 그리는 식으로 종결부를 자세하게 서술하고 있다. 특히 '나복전'에서 '나복'이 꿈속에서 모친이 고통받는 장면을 본 후 출가를 결심하는 모친 현몽 대목은 '목련전'과 크게 달라진 부분이다.

'목련전'에서 '나복전'으로 이어지면서 차이가 나는 대목들은 '나복'의 오백승재와 이를 통한 부모 효도라는 서사적인 핵과 관련하여 해석할 수 있다. 예컨대 '목련전'은 '나복'의 효행을 주요 서사로 하고 있으면서도, '청제부인'의 악행을 비교적 상세하게 묘사하거나 여러 층위의 지옥에서 고통을 당하는 중생들의 모습을 반복적으로 세밀하게 그리고 있다. 나아가 '목련'이 '우란분재'라는 불교적인 제의를 통해 모친을 구해 내는 과정을 자세히 보여 준 후 결과만을 이야기하고 서사를 종결함으로써 전체적으로 내용이나 주제의 종교적인 측면을 부각시키고 있다. 반면에 '나복전'은 제목격에 해당하는 첫 번째 서사 명제를 통해 그 자체로 대중적이고 통속적인 속성을 갖는 부모 효행과 같은 교훈적인 주제를 두드러지게 하고 있다. 이를 위해 여타의 서사 대목들을 대폭 축약, 변개하거나 꿈 장면과 같은 새로운 화소를 삽입함으로써 '목련'의 인간적인 효행담에 초점을 맞추고 있는 것이다. 모든 가족이 재회와 상봉의 기쁨을 맛보는 식으로 그려지면서 '목련전'보다 다채로워진 '나복전'의 결말 장면도 이러한 차원에서 이해할 수 있다.

아래에 전체 서사 문맥을 고려하면서 지문의 문장 종결과 담화의 전환 양상을 중심으로 '나복전'의 담화, 문장 구조를 정리해 하자.

〈표 3〉 '나복전'의 담화, 문장 구조

담화(문장)	문장 종결	화 제
D1(S1~S5)	'호더라'	'나복'의 효행, 장사 위한 출가와 모친의 악행
D2(S6~S9)	'호더라'	'나복'의 귀가와 모친의 거짓말
D3(S10~S12)	'ᄀ니라'	모친의 죽음과 현몽, '나복'의 출가
D4(S13~S15)	'호시더라'	'나복'의 불문 귀의와 세존 문하에서의 제자 수행
D5(S16~S36)	'합비스호니라'	'목련'의 지옥 순례 중 '아비지옥'에서의 모친 봉별
D6(S37~S50)	'향호니라'	'목련'과 세존의 동행, '화락천궁'에서의 부모 상면

우리는 이러한 '나복전'에 대해서 '목련전'에서처럼 그 전체 서사를 전반부와 후반부로 나누되, 후반부는 두 개의 서사적인 소명제에 의거하여 두 국면으로 구별하여 정리하려고 한다. 전반부는 전체 서사를 함의하는 첫 번째 명제의 배경적인 사건들을 중심으로 펼쳐져 있다. 이들 사건은 D1에서 D3에 걸쳐 있다. 후반부는 '나복전'의 핵심 서사인 '목련'의 모친 구원으로 구성된다. D4에서 D6에 걸쳐 있는 대목에 해당한다. 이 부분은 두 개의 서사 명제에 터 잡아 '만남 1'(D4~D5)과 '만남 2'(D6)로 구분할 수 있다. 그런데 '나복전'에서 전반부의 서사가 후반부의 두 대목 이야기('만남 1'과 '만남 2')를 예비하는 배경 서사로 파악되는 점은 '목련전'에서와 크게 다르지 않다.

특히 '나복전' 전체의 담화 주제를 '나복'의 인간적인 효행담에 초점을 맞춰 이해할 때, 꿈 장면 삽입 등과 같은 서사적인 보완 장치는 그러한 담화 주제를 구현하는 데 중요하게 작용하는 것으로 보인다. 고통받는 모친의 현몽은 그 자체로 앞으로 전개될 인물 행동이나 사건의 인과성을 보충, 강화해 주는 한편으로[204] 주요 사건 장면과 부수적인 사건들을 경계 지으면서 후행 사건들을 배경화하는 기능의 측면에서도 해석할 수 있기 때문이다.

후반부는 주요 사건 대목의 앞자리에 위치하는 두 명제 내용에 기댈 때 '만남 1→이별→만남 2' 등의 순서로 서사가 펼쳐진다. 이 중에서도 핵심 서사인 두 번의 만남은 각각 '아비지옥'과 '화락천궁'이라는 상이한 공간에서 이루어지고 있는 점이 흥미롭다. 이와 같은 공간 변화는 인물 행적의 변화를 극명하게 대비시키면서 주요 서사를 추동하는 데 중요한 기능을 담당한다. 이러한 점들을 종합하여 아래 <표 4>에서 '나복전'의 전체 서사 구조를 정리해 보자.

<표 4> '나복전'의 서사 구조

구 분		주요 인물	서사 내용
전반부(D1~D3)		'나복' 외	'나복'의 길 떠남, 모친의 악행과 죽음, 현몽 후 출가
후반부	만남 1(D4~D5)	'목련' 외	'나복'의 불문 귀의와 제자 수행, 지옥 순례 후 '아비지옥'에서의 모친 상면과 작별
	만남 2(D6)	'목련' 외	'목련'과 세존의 천상동행, '화락천궁'에서의 부모상면

'적성의전'[205]의 전체 서사 구조는 앞의 '안락국전'이나 '나복전'의

---

204) 이러한 점은 이정원(1999: 341~42)에서도 이미 지적된 바다.

205) 이 글에서는 목판인 경판 23장본을 대본으로 삼았다.

그것과 대비할 때 훨씬 복잡한 양상을 띤다. 아래 (3)에 전체 이야기 순서를 정리한다.

(3) 문장 종결에 따른 '적성의전'의 이야기 순서
ㄱ. 배경('안평국') 제시
ㄴ. 인물('안평국' 왕) 소개와 배경 제시
ㄷ. 인물('성의', '항의') 소개
ㄹ. '항의'의 세자 책봉
ㅁ. 왕비 득병, '성의'의 험난한 구주(求珠) 여정, 일행과 헤어진 후 일선관(一仙官)의 도움으로 '서천국' '약수'에 이름.
ㅂ. '서천국'의 절승 경개
ㅅ. 보탑 암자 주변의 정경
ㅇ. '성의'가 경내로 들어가 상재를 만나 칠층 전각에 오름.
ㅈ. 대사로부터 보주 '일영주'를 얻은 후 '약수' 근방에 이름.
ㅊ. '동방삭'의 도움으로 '성의'가 헤어진 일행과 해변에서 재회함.
ㅋ. '성의' 일행의 귀국 여로
ㅌ. '안평국' 왕비의 비탄
ㅍ. '항의'의 흉심, 어느 강변에서의 형제 조우
ㅎ. '성의'가 악형에게 '일영주'를 건넨 후 그의 고성 대매(高聲大罵)에 비탄에 잠김.
a. '성의' 일행과 '항의' 무리의 대적, '성의'의 격군들이 물에 뛰어듦.
b. '항의'에게 눈이 찔린 '성의'의 해상 표류
c. 귀국한 '항의'의 거짓말, 보주로써 쾌차한 왕후가 비탄에 잠김.
d. 표류 중에 해변 대숲에 당도한 '성의'가 피리를 만들어 붊.
e. 중국 사신 '호승상'이 '성의'를 황궁에 데려와 천자를 배알케 하고 후원에 둠.
f. 인물('치란공주') 소개
g. '성의'와 '치란공주'의 첫 대면
h. '성의'와 '치란공주'의 담화
i. '치란공주'가 침소로 돌아감.
j. 배경 제시, 황제의 태평연 배설 정경
k. '성의'와 황제, 제신의 어전 만남
l. 황제, 황후와 '성의'의 만남, '성의'에 대한 공주의 유회(幽懷)

m. 후원에 돌아온 '성의'의 탄식

n. '성의'와 '치란공주'의 심야 밀회

o. 처소로 돌아온 '성의'의 비감

p. '안평국' 왕비가 기러기 편에 편지를 써 보냄.

q. 기러기를 본 '성의'의 기절, '성의' 모친의 편지

r. '성의' 개안, 천자가 '성의'를 부마로 삼고자 함. 황후의 치하
   와 자괴하는 공주

s. '성의'의 뛰어난 능력에 대해 사람들이 흠앙함.

t. '성의'를 사위 삼으려는 승상 부인이 승상의 말을 듣고 아쉬
   워함.

u. 황후의 생남 기념 과거에 참여한 '성의'가 장원하여 한림에
   제수됨.

v. 한림이 된 '성의'의 비탄

w. '성의'가 장원급제한 일을 공주가 가슴에 품음.

x. '성의'가 부마로 책정되어 혼례를 치름.

y. '성의' 부부의 신혼 첫날밤

z. '성의'의 황상 조견(朝見)

가. '성의' 부부가 승상 부부에게 인사함.

나. 공주의 환궁

다. '성의'의 본국행을 황제가 허락하고 사신을 통해 선통함.

라. '성의'의 발선(發船) 후 정황

마. '성의'가 죽림에서 죽은 격군을 위해 제문으로 위로함.

바. '성의'의 통곡

사. 해상 항로를 재촉함.

아. '성의'의 모친이 기러기 편지를 받아 봄.

자. 모친의 통곡과 '항의'의 흉계

차. '성의'가 '항의'의 흉졸 '부래'를 물리치고 여정을 계속함.

카. '항의'의 죽음

타. '성의' 일행을 만조백관이 영접함.

파. '성의'와 부모 상면

하. '성의' 부친이 '항의'의 행적을 듣고 노함.

A. '성의'의 황제 조견

B. 태자 즉위 후 태평성대가 펼쳐짐.

C. '성의' 부부가 본국에 돌아와 즉위하여 치국태평함.

D 기러기 후일담

E. 인물 후일담

'적성의전'은 인물 간 관계나 개별 사건 전개 등의 구체적인 국면 등을 통해 볼 때 '선우태자전'의 많은 부분을 새롭게 개작한 것으로 보인다. '선우태자전'에 관한 한 '적성의전'이 변작(變作)의 일종으로 도 보일 만큼 사뭇 달라 보이는 것이다. 이러한 사실은 내용이나 주제 차원에도 그대로 반영되어 있다. '선우태자전'이 탈현실적인 종교 층위에 이야기의 지향점을 두고 있는 반면에, '적성의전'은 영웅적인 개인의 자질과 능력을 중시하는 현실적인 인간 사회의 층위에 그 지향점이 귀속된다는 식으로 이야기를 해석할 수도 있기 때문이다.206) 그렇지만 동시에 '적성의전'은 서사의 주요 골격이나 화소가 '선우태자전'에 많은 것들을 기대고 있어 그 계통 관계가 일찍부터 주목의 대상이 되어 온 것도 사실이다. 이야기 전체를 관통하는 핵심 화소인 '보주 탐색 주지'나 후반부에서 '성의'와 그 모친을 연결하는 '기러기 전신(傳信) 주지' 등이 '선우태자전'과 '적성의전'을 하나로 엮어 보게 하는 중요한 단서가 된다.

앞 장에서 우리는 '선우태자전'을 서사 구조적인 측면에서 크게 세 부분으로 나누어 살펴보았다. '선우태자'가 보주를 얻기 위해 길을 떠나기까지의 배경적인 사건들이 그려지고 있는 발단부, 보주를 얻기 위한 일련의 여정과 보주 획득, '악우'의 보주 탈취 후 고난의 유리걸식과 개안, 공주와의 결연 등으로 이어지는 전개부, 기러기를 통한 모친과의 전신과 귀국 후 행적을 그리고 있는 종결부 등이 그것이다.

---

206) 조춘호(1983: 103), 이정원(1999: 348) 등에서 이러한 견해를 확인할 수 있다. '적성의전'에서는 이러한 내용이나 주제의 전환이 매우 전면적인 차원에서 이루어지고 있다고 보아야 할 것 같다. 예컨대 기러기를 통해 보낸 편지에서 '성의'의 모친이 불교 신앙에 대해 내보이는 태도 – "네 형의 말을 드른즉 네 삭박위승ᄒᆞ여 불경을 잠심하여 부모를 바리고 부귀를 부운갓치 여긴다 ᄒᆞ니 그 말을 가히 밋지 못ᄒᆞ리로다."(적성의전: 17) – 는 단순한 반감을 넘어 '적대적'으로까지 보이기 때문이다.

이러한 전체 이야기 구조가 '고난→고난 극복→회운'의 여정과 같은 큰 틀이나 '출가→귀가' 식의 전국적인 서사 구조로 수렴될 수 있음도 보았다. 이러한 점은 '적성의전'에도 그대로 반영되어 있다. 그런데 구체적인 사건들의 배열은 '선우태자전'과 사뭇 다르다. 아래 <표 5>를 보자.

<표 5> '적성의전'의 담화, 문장 구조

담화(문장)	문장 종결	화 제
D1(S1~S4)	'봉흐니라'	배경 제시(공간, 인물)
D2(S5~S24)	'못홀너라'	'성의'의 구주 여정
D3(S25~S36)	'힝흐니라'	'성의'의 보주 획득과 회환
D4(S37~S46)	'보라'	'항의'의 보주 탈취와 '성의'의 해상 표류
D5(S47~S48)	'비척흐더라'	'항의'의 귀국, 보주 효험과 왕비의 비탄
D6(S49)	'빅러라'	'성의'의 해상 표류 중 무명 해변 도착
D7(S50~S57)	'두시니라'	승상 만남과 황궁 도착, 천자 배알과 후원 기거
D8(S58~S71)	'도라오니라'	'성의'와 '채란공주'의 만남
D9(S72~S88)	'흐더라'	'성의'와 '채란공주'의 시를 통한 결연
D10(S89~S99)	'흐엿더라'	'안평국' 왕비의 기러기 전신과 도착
D11(S100~S108)	'씌닷더라'	'성의'의 개안과 항제에 의한 부마 간택
D12(S109~S118)	'도라ᄀ니라'	'성의'의 한림 제수, 공주와의 혼인
D13(S119~S121)	'살갓더라'	'성의'의 고국 귀환 요청과 허락, 출발
D14(S122~S124)	'참담흐더라'	귀환 중 무인 해변 죽림에서의 격군 위로
D15(S125~S127)	'나ᄋ가니라'	기러기 교신 후 왕비의 통곡, 자객 습격과 징치
D16(S128)	'아니리요'	'항의'의 죽음
D17(S129~S132)	'깃거흐시더라'	도성 도착 후 부모 상봉, 중국 황궁 도착
D18(S133~S136)	'누리더라'	후일담

먼저 '선우태자전'에서는 '선우'가 길을 나서기 전까지의 상황을 '선우'의 선행과 중생 보시, 부왕에게 허락을 구하는 장면, 오백 일행과 맹인 도사가 동참하는 장면 등을 중심으로 그림으로써 보주를 구

하려는 명분이 불교적인 차원의 대중 보시와 같은 대사회적인 측면과 관련[207]되어 있음이 자연스럽게 부각되고 있다. 반면에 '적성의전'에서는 배경과 인물, 부수적인 배경 사건 등을 도입부에 제시한후 본격적으로 서사를 진행시켜 왕비의 득병과 도사의 전언, '성의'의 길 떠남, 험난한 구주 여정 등을 연속되는 담화나 화제 장면 속에 넣어 함께 처리하였다. 이때 '성의'의 길 떠남은 득병한 모친의 쾌유를위한 것인 바, 이를 통해 모친을 위한 개인적인 차원의 효행과 영웅의 고난 여정 등이 자연스럽게 드러나도록 하였다. 이를 통해 텍스트수용자의 정서적인 공감대와 서사 자체의 극적 흥미를 고조시킴으로써 대중적인 기호에 부합하고 있다. 이런 점들을 고려하여 '적성의전'도입부는 이야기 순서상 (3ㄱ~b)에, 전체 담화 구조 차원에서는D1~D4에 걸쳐 있는 것으로 볼 수 있다.

전개부는 (3c~o)에 걸쳐 있는데, 고난 극복의 전 과정이 그려진다.담화 구조의 틀에서 보면 D5에서 D9까지에 해당한다. 전개부는 구체적으로 '항의'의 보주 침탈 후 피리를 불며 방랑하던 '성의'가 중국사신 '호승상'의 조력으로 중국 황실에 들어가 '채란공주'와 결연을맺게 되기까지의 과정을 그리고 있다. 그런데 애초 동행한 '악우태자'가 순간적인 시기심으로 보주를 탈취하는 식으로 그려지는 '선우태자전'와 달리 '적성의전'에서는 부모의 총애를 적극적으로 간구하는'항의'가 '성의' 일행이 구주 여행을 떠난 후 무사들을 꾸려 길을 나섰다가 대적 끝에 보주를 탈취하고 '성의'의 두 눈을 칼로 찔러 멀게

---

207) 이러한 점은 '선우'의 '出門遊觀(출문유관)' 후에 이어지는 일련의 선행과 중생 보시, 그리고 반복적인 장면 구성을 통해 '선우'가 깨달음에 이르는 과정에서도 찾아볼 수 있다. '적성의전'에서는 그런 모습을 전혀 찾아볼 수 없다.

하는 식으로 그려져 있다. 부모 총애를 갈구하는 '항의'의 모습이나 그로 인해 보주를 놓고 서로 대적하는 형제들의 모습은 가족 제도와 관련된 측면에서 이해할 만하다. 이러한 가족 구성원 간의 갈등 문제는 대중의 통속적인 관심사이기도 하다. 이 역시 '적성의전'의 대중 취향을 엿볼 수 있는 대목이다.

영웅적인 주인공의 조력자와의 결연과 성공의 귀환 여정 등으로 구성되는 종결부(3p~E)는 '고난→고난 극복→회운'의 여정 중 마지막 회운 대목에 해당한다. '회운' 서사는 전체 담화 구조의 차원에서 D10~D18에 걸쳐 있다. 회운의 계기를 마련해 주는 핵심적인 화소인 '기러기 전신 주지'는 '선우태자전'과 '적성의전'에서 공통적으로 발견된다. 그런데 개안의 전후 과정은 두 이야기가 사뭇 다르게 전개되고 있어 주목된다. '선우태자전'에서는 '우왕'의 도움과 '이사발국' 공주와의 대화가 계기가 됨으로써[208] '선우'의 개안이 신력에 의한 것임을 강하게 내포한다. 이에 반해 '적성의전'에서는 '성의'가 기러기를 통해 받은 모친의 편지를 읽던 중 비감에 젖어 있다가 문득 개안하게 되어 있는 바, 부모 효행이 좀 더 직접적인 요인이 되고 있다. 이 또한 앞서 말한 대중 취향의 교훈적인 주제 의식을 강화하기 위해 변용한 것으로 볼 수 있다.

종결부에서도 반동인물의 핵심인 '항의'의 최후 행적을 '선우태자전'과는 다르게 서술하고 있다. '선우태자전'에서는 '선우태자'가 처참한 형상으로 하옥되어 있는 동생 '악우태자'를 방면함으로써 중생

---

208) 구체적으로, 자신의 실제 신분을 밝히는 '선우태자'의 말을 듣고도 곧이듣지 않는 공주에게 '선우태자'가 생후로 거짓말을 한 적이 없다며 맹세─"善友ㅣ 닐오ᄃᆡ 나옷 그듸ᄅᆞᆯ 소기논디면 ᄒᆞᆫ 누니 乃終내 됴코 올ᄒᆞᆫ 마리면 ᄒᆞᆫ 누니 녜 ᄀᆞᆮᄒᆞ리라 ᄒᆞ니 즉재 두 누니 다 녜 ᄀᆞᆮᄒᆞ야 고ᄫᆞᆫ 양ᄌᆡ 마지 업더니"(월석22:58ㄴ~59ㄱ) 하면서 개안하게 되는 식으로 그려지고 있다.

보시라는 종교적인 주제 의식의 차원과 자연스럽게 연결되고 있다. 그런데 '적성의전'에서 '항의'는 끝까지 흉심을 버리지 못하고 '성의' 와 대적하다가 한 무사에게 죽임을 당하는 모습으로 그려진다. 이를 통해 악인 징치라는 대중적이고 세속적인 교훈[209]을 자연스럽게 부 각시키고 있다.

'목련전'→'나복전'의 경우에서처럼 '선우태자전'→'적성의전'에서 도 이야기의 대중화와 통속화가 개별 인물들의 성격이나 태도, 인물 들 간의 관계, 사건 전개나 이야기 배열의 변개 등에 많은 영향을 준 것처럼 보인다. '선우태자전' 이야기는 이 글의 여타 서사체들과 대비 할 때 영웅적 인물의 고난의 여정과 그 극복 과정이 특히 두드러진다. 이러한 점은, 후대에 이를 계승하는 '적성의전'과 같은 서사체가 기본 적으로는 '선우태자전'의 핵심적인 서사 구조에 바탕을 두고 있으면 서도 이야기를 좀 더 다채롭게 꾸미게 하는 토대가 되기도 한다.

한편 '적성의전'에서는 '선우태자전'에서보다 인물들 간의 대립 관 계가 좀 더 명시적으로 드러나거나 주요 인물의 행적이 바뀌는 대목 의 전후 상황이 보다 상세하고 구체적으로 그려지고 있다. 이러한 점 은 이야기 자체의 내적 논리를 강화하면서 서사적인 인과율을 높이 려는 차원에서 비롯된 것으로 해석할 수 있다. 이상의 논의를 토대로 다음 <표 6>에 '적성의전'의 서사 구조를 정리해 보기로 한다.

---

209) '항의'가 죽임을 당하는 대목의, "문득 흔 스룸이 디호 왈 이 무지흔 놈이 동긔을 몰나 보고 이러톳 지 악히 불냥ᄒ니 너ᄌᆺ흔 놈을 버혀 후인을 증계ᄒ리라"〈적성의전: 23〉 등을 참고할 것.

구 분	주요 인물	서사 내용
도입부 - 고난(D1~D4)	'성의' 외	구주 여정, 보주 획득, '항의'의 보주 탈취와 '성의'의 해상 표류
전개부 - 고난극복(D5~D9)	'성의' 외	'성의'와 '채란공주'의 만남과 결연
종결부 - 회운(D10~D18)	'성의' 외	'성의'와 '채란공주'의 혼인, '항의'의 죽음, 귀국 후 행적, 인물 후일담

(2) 문장 종결과 이야기 배열

다음 (4)는 고소설류 서사체 유형 텍스트들의 도입 대목이다.

(4) ㄱ. 과거젹의 셕가셰존이 삼쳔졔즈를 거느리시고 상쥬 셜법ᄒ
옵시ᄂ 도량의 우담바라화와 년화를 싁싁이 심어 두시고
즐기시더니 잇ᄯ의 구년지슈와 칠년 대한을 만나 아홉 히
비 오실 졔ᄂ 우담만다라화가 ᄲᅵᆨᄲᅵᆨᄒᆞ야 나늘이 화기 잇시
믄 셰존님이 즐기시더니 일곱 히 가물을 만나믄 그 ᄭᅩᆺ치 졈
졈 니루러가니 셰존이 스스로 슬픈지라……바라문이 할 일
업셔 눈물을 흘니고 고개을 **숙이더라**<안락국전: 1~3>
ㄴ. 이젹의 바라국의 한 션남 잇시되 일홈은 **나복이라** 그 부모
를 위ᄒ야 날노 션ᄉ를 만이 ᄒ며 오빅 승지를 일숨든이 하
로난 나복이 그 모친 쳥졔 부인게 고ᄒ되……ᄒ니 나복이 그
모친의 허락ᄒ시믈 듯고 만면환희ᄒ야 즉시 가져던 금젼 일
만 냥을 밧드러 부인게 드리고 ᄒᆞ즉ᄒ고 **가이라**<팔상록 3:
583>
ㄷ. 화설 강남의 안평국이 잇스니 산천이 슈려ᄒ고 옥야쳘니며
보화 마는고로 국부민 강ᄒ며 의관물이 번셩ᄒ여 남방의 **유
명**ᄒ더라<적성의전: 1>

(4)를 보면 시공간과 인물 정보(4ㄱ, ㄴ), 공간 정보(4ㄷ) 등으로 구
문이 시작된다. 이는 본격적인 서사에 앞서 그것을 예비하는 배경 정
보들로 구성되고 있다는 점에서 도입부의 유형적인 특징에서 크게

벗어나지 않는다. 이런 점은 언해류 서사체 유형의 텍스트와 비교해도 큰 차이가 없다. (4ㄱ~ㄷ)의 종결부에 보이는 '-더라'나 '-니라' 종결 표현 또한 마찬가지다. (4ㄱ)이 배경적인 정보들을 먼저 앞세우고 있는 점은 '안락국' 이야기를 담고 있는 <월인석보>의 해당 부분과 큰 차이가 없다. 그런데 '안락국태자전'에서라면 '즐기시더라'라 정도로 일차 구문을 종결지을 가능성이 큰 첫 번째 배경 관련 구절이 '즐기시더니'처럼 연결형으로 이어지면서 더 큰 문장 구문 속에 안겨 있다. 단순한 배경 정보가 실질적인 이야기 세계 속의 배경적인 사건과 한 덩어리로 엮이면서 제시되고 있는 것이다. '바라문비구'의 걸립 여정이라는 후행 서사의 핵심 이야기와 연관해서 보면 (4ㄱ) 또한 전형적인 배경 사건을 보여 주고 있는 대목으로 보인다. 여정 자체가 아니라 여정의 동기나 목적 등 주요 사건이 펼쳐지는 데 필요한 조건과 관련된 내용들로 채워져 있기 때문이다. (4ㄱ) 전체의 문장 종결이 '-더라'로 처리되고 있는 것도 이러한 측면에서 이해할 만하다.

(4ㄴ)은 (4ㄱ, ㄷ)과 달리 도입부의 들머리에 위치하고 있음에도 불구하고 '-이라'나 '-니라' 종결 표현이 쓰이고 있는 점이 이채롭다. 이것은 아마도 '나복전'이 '안락국전'이나 '적성의전'과는 달리 도입부 첫머리의 간명한 인물 소개 후 곧바로 장사를 하기 위한 '나복'의 첫 번째 길 떠남과 같은 주요 사건 전개부로 이어지는 데서 비롯된 것으로 보인다. 이에 따라 서술도 (4ㄴ)에서 볼 수 있는 것처럼 인물 대화("나복이 그 모친 청제 부인게 고ᄒ되")가 이루어지는 특정한 공간의 한 장면에 초점이 맞춰지고 있다. (4ㄷ)은 배경에 관한 유형적이고 투식적인 묘사로 이루어지고 있어서 (4ㄱ, ㄴ)과 큰 차이가 없다. 다만 그 정보가 인물에 관한 것이 아니라 주요 인물이 속하게 되는

공간에 관한 것이라는 점에서 차이가 있다.

이야기 본체부에서 주요 담화나 화제가 전환하면서 일종의 이야기 단락을 형성하는 지점에 주요 문장 종결 표현인 '-더라'나 '-니라'가 번갈아 쓰이는 점은 언해류 서사체 유형에서의 그것과 큰 차이가 없다. 이야기 배열에 따른 문장 종결의 양상을 '안락국전'부터 살펴보도록 하자. '-더라' 종결형은 (4ㄱ)을 포함하여 '안락국전'의 이야기 전체에서 모두 열다섯 개가 확인된다.

(5) ㄱ. 대원국을 초자 드러가 만나셩을 다두르니 셩문이 구지 닷쳐거놀 승 여릭 바라문이 가스 착복을 갓초고 뉵환장을 올히 두루니 긔화셔긔 지눈 둣**ᄒ더라**<안락국전: 5>
   ㄴ. 그러혼 셩문이 일시의 열니거놀 그제야 바라문 화쥐 드러가니 소졸이 보하니 대왕과 부인이 둣조오시고 '드러오라.' 하시고 쳥훈신듸 승 여릭 바라문이 궐하의 갓가이 **머므더라**<안락국전: 6>
   ㄷ. 팔시녜 각각 동희를 엽히 씨고 동방의 감노슈와 남방의 쳥계슈와 셔방의 옥계슈와 북방의 오동슈를 길어 쉴시 업시 슈례ᄒ니 오식 년화곳치 예로써 더욱 뻑뻑ᄒ야 **황홀ᄒ더라**<안락국전: 11>
   ㄹ. 대왕도 홀 일 업시 수부인과 화쥬롤 드리시고 쩌나시니 만됴빅관과 빅셩이 통곡ᄒ고 쌀아들 오다가 하딕ᄒ고 니별ᄒ니 산쳔초목금쉬 다 우눈 둣ᄒ**더라**<안락국전: 16>
   ㅁ. 문 우희 큰 현판의 황금즈로 뻣시되 대원국 금능 짜 지영장즈 집이라 **뻐더라**<안 락국전: 17>
   ㅂ. 산쳔초목과 금쉬 슬허하고 보눈 지 아니 슬허하리 **업더라**<안락국전: 20>
   ㅅ. 대왕이 닐오샤듸……ᄒ신듸 셔역국 사름이 아니 브르리 **업더라**<안락국전: 22>
   ㅇ. 션녜들이 모시와 볘게 츄피을 미눈 돗뽀눈 둣 일시의 필을 지어 삼일 뇌의 밧치니 쟝지 하도 신긔히 **넉이더라**<안락국전: 23>
   ㅈ. 쟝지 브라보며 어히업셔……ᄒ**더라**<안락국전: 24>

ㅊ. 쟝지 안락국을 잡아두려 숄녀노코 니오듸……ᄒ**더라**<안락
국젼27>

ㅋ. ᄇ람결의 좃ᄎ나ᄂ 소ᄅㅣ 잇시듸 듸 수풀 속의셔 념불 소ᄅㅣ
ᄎ례로 나ᄂ디라……ᄒ**더라**<안락국젼32>

ㅌ. 잇ᄸ ᄆ을 사람들이 슬피 닐오듸……ᄒ니 그 말 아ᄒㅣ 듯고
노ᄅㅣ 삼아 **외오더라**<안 락국젼: 33>

ㅍ. 문득 텬지 진동ᄒ더니 벽녁과 별악이 ᄂ려와 쟝ᄌ의 집을
둘러 ᄴㅐ혀 쳥쳥소을 ㅁㅣᆫ들고 묵동 부동이ᄂ 시신도 업시ᄒ
고 간듸 **업더라**<안락국젼: 36>

ㅎ. 부인의 예필의 눈물이 **비오ᄃᄒ더라**<안락국젼: 36>

(5ㄱ)은 '바라문'이 당도한 '대원국' 셩문 주변의 졍경과 분위기를
묘사하는 대목이다. 이처럼 이야기가 펼쳐지는 공간의 주변 졍경이나
졍황, 젼체적인 분위기를 중심으로 이야기 세계 속의 배경과 관련된
졍보를 셔술하고 있는 것은 (5ㄷ, ㄹ, ㅁ, ㅂ, ㅋ) 등에서도 확인되는
데, 모두 '-더라' 종결형으로 마무리되고 있다. 이들은 주로 담화 내
장면이 젼환하는 대목(5ㄱ, ㅁ, ㅋ), 중요한 배경 사건이 마무리되는
지점(5ㄷ), 인물 행적의 변화에 따라 셔사가 본격적으로 젼개되는 부
분(5ㄹ, ㅂ) 등에서 쓰인다. 크고 작은 화제 사이에서 그 경계가 나누
어지는 대목에서 주로 발견되고 있는 것이다. 표면적인 텍스트의 젼
국 구조 측면에서 살펴보더라도 (5ㄱ, ㄷ, ㄹ, ㅁ, ㅂ, ㅋ) 등은 절정부
보다는 발단부(5ㄱ, ㄷ)나 젼개부(5ㄹ, ㅁ, ㅂ)에서 좀 더 자주 확인된
다. 절정부에서 쓰이고 있다 하더라도(5ㅋ) 주요 인물이 행동을 펼쳐
보이기 직전 대목에서 앞으로 젼개될 셔사를 암시하거나 예비하는
간접적인 배경 졍보로 기능하고 있다.

인물 간 대화 등으로 담화나 화제의 주요 장면이 펼쳐지는 대목 직
젼에 위치하면서 인물의 행적을 개괄적으로 셔술하는 대목(5ㄴ)이나

주요 인물의 행적에 부수하는 배경적인 정황을 통해 전개부의 결미를 장식하는 대목(5ㅅ, ㅌ), 배경적인 사건에서 주요 인물을 향한 부수 인물의 심리 태도나 발화 행위를 서술하는 부분(5ㅇ, ㅈ, ㅊ), 부수적인 반동 인물들의 최후 행적으로써 주요 서사의 절정부를 마무리하는 부분(5ㅍ), 주요 서사가 마무리된 후 인물 행적을 서술하는 대목(5ㅎ) 등에서도 '－더라' 종결 표현이 확인된다. (5ㄴ, ㅅ, ㅇ, ㅈ, ㅊ, ㅌ, ㅍ, ㅎ) 등은 전반적으로 인물 행적이나 심리 태도 등과 관련된다는 점에서 배경적인 정경이나 정황, 분위기 등을 서술하고 있는 앞의 (5ㄱ, ㄷ, ㄹ, ㅁ, ㅂ, ㅋ) 등과 구별된다. 그러나 각 담화나 화제의 전경적인 사건 전후에 위치하면서 그것을 예비하는 역할을 한다는 점에서 비슷하다.

(6) ㄱ. 승 여릭 하나님긔 요배ᄒ고 **가니라**<안락국전: 4>
ㄴ. ᄉ공이 빅롤 등딕ᄒ엿거늘 그 빅의 오르니 만경챠파롤 슌식간의 **건너가니라**<안락국전: 21>
ㄷ. 쟝직 딕로ᄒ야 잡아오라 하니 묵동이 가 **잡아오니라**<안락국전: 27>
ㄹ. 이쎠 쟝직 안락국을 ᄎ즈니 또 도망ᄒ고 업거늘 묵동을 불너 안락국 간 곳졀 ᄎ즈 살펴보고 ᄒ니 묵동이ᄂ 쳔니롤 보니 뵈지 **아니**ᄒᄂ**니라**<안락국전: 29>
ㅁ. 대왕이 더옥 슬프믈 이긔지 못ᄒ시며 안락국을 다리시고 겨시던 슉소쳐의 드러가셔 수삼일 후 곳 세 송이를 주시며……ᄒ신딕 안락국이 하딕ᄒ고 **가니라**<안락국전: 30~31>
ㅂ. 쟝직 노긔발발ᄒ야 압희 노혀든 바독판으로 박살ᄒ야 **죽으니라**<안락국전: 31~32>
ㅅ. 세존님이 보시고 칭찬ᄒ시고……안락국으로 대셔지보살을 졍ᄒ옵고 팔시녀로 팔금강이 **되시니라**<안락국전: 37>

(6ㄱ~ㅁ)은 발단부나 전개부, 절정부 등에서 주요 서사가 펼쳐지는

대목에 쓰이고 있다는 점에서 그 출현 위치의 서사 내적인 속성이 비슷하다. 발단부의 주요 서사는 '바라문'의 1차 걸립 여정과 팔시녀의 꽃밭 수례인데, (6ㄱ)은 그 중에서 '바라문'의 걸립 여정이 본격화하는 대목의 첫 자리에 해당한다. (6ㄴ)은, 전개부에서 주요 서사 중의 하나인 '사라수왕'의 꽃밭 수례와 관련하여 '사라수왕'이 '원앙부인'과 헤어진 후 '바라문'과 더불어 꽃밭 수례를 행할 '서역국'을 향해 여정을 펼쳐 보이고 있는 지점에 위치하고 있어 그 서사적인 속성을 짐작할 수 있다.

(6ㄷ~ㅁ)은 모두 절정부에 속해 있으면서 부친 상봉을 위해 '안락국'이 '재영장자' 집에서 도망치기 전후의 긴박한 상황을 서술하고 있는 구문들이다. 서사의 극적 긴장감이 고조되는 부분이라고 할 수 있다. (6ㄷ)에서 (6ㅂ)에 이르기까지 그 중간에 '—더라' 종결 구문이 나타나지 않고 연달아 (6ㄷ~ㅂ) 식으로 '—니라'로 종결 처리되는 이유도 이러한 상황에서 비롯되었을 것이다. 서사적인 과거의 사건 정보를 담고 있는 구문을 서술(발화)의 현재 시점에서 중립적·객관적으로 보고하는 '—더라'로 종결 처리하면 이야기 세계와의 거리감이나 이야기 전달 간접화의 정도가 커지게 된다. 이에 따라 극적 긴장감을 유발하는 일이 쉽지 않게 되기 때문이다.

(6ㅅ)은 결말부에 위치하면서 과거세의 인물과 현재세의 인물을 연결하면서 앞서 펼쳐진 서사를 최종적으로 마무리하는 지점에 자리한다. 넓게 보아 인물의 후일담 범주에 포함할 수 있는 (6ㅅ)은 본 이야기와 관련된 서사적인 비중의 측면에서 보면 배경적인 정보로 이해될 수도 있다. 그런데 이어지는 대목의 설화자의 주관적이고 교훈적인 논평을 고려하면 (6ㅅ)이 그러한 설화자 논평의 중요한 근거로 작

용하고 있다. 이 때문에 전체 텍스트 산출 의도의 차원에서 전경적이
거나 중요한 정보로 파악하는 것이 온당하다.

'안락국전'에는 '안락국태자전'에서와는 달리 감탄의 종결어미로
설화자의 주관적인 감정을 드러내는 구문이나 사실의 차원에 치중한
역사 기술물 등에서 보이는 절대 구문, 구어적인 발화 상황에서 눈앞
에 대면한 청자를 향하고 있는 듯한 직접적인 말건넴 형식의 문투,
그리고 지정의 '-이라' 종결 구문 등이 다수 발견된다. 이들 문례를
아래 (7)로 제시한다.

(7) ㄱ. 바라문이 할 일 업셔 눈물을 흘니고 고개을 숙이더라. **슬프
      도다**<안락국전: 3>
    ㄴ. 여러 늘만의 득달하야 통쳔 바다ㄱ의 수여 ㅅ공을 불러 빈
      를 타고 셔역국의 드러 가니 불보살의 상쥬쳐오 셩문 연각
      의 **도회쳐로다**<안락국전: 9~10>
    ㄷ. 잇째 만조빅관들이 일시의 통곡ᄒ고 대왕긔 알외ᄃᆡ……ᄒ고
      일시의 통곡ᄒ니 산쳔 초목이 다 슬허ᄒᄂᆞᆫ디라 **슬프다**<안
      락국전: 15>
    ㄹ. 잇써 **슬프다** 원앙부인이여 대왕님 니별ᄒ시고<안락국전:
      22>
    ㅁ. 쟝ᄎᆡ 노긔 발발ᄒ야……바독판으로 박살ᄒ야 죽으니라. **ᄎ흡
      다**<안락국전: 32>
    ㅂ. 엇디 지하 브동의 힘으로 **잡으리오**<안락국전: 29>
    ㅅ. 어히 업시 브라보더니 **도라가다**<안락국전: 29>
    ㅇ. 이러므로 션지식을 동참을 거록히 **아니ᄒ리오**. 이러ᄒ므로
      션은 션을 ᄶᅵ이고 악은 악을 ᄶᅵ인나 고악흔 사름은 스리지
      말고 착흔 사름은 겨ᄇᆞ리지 말나 ᄒ야ㅅ오니 **이보시오** 시쥬
      님ᄂᆡ 이ᄂᆡ 말슴 드러보시오. 이ᄂᆡ 몸 사라올 제 젼싱의 지은
      죄로 잘 되고 못 되기ᄂᆞᆫ 텬셩으로 말연ᄒ야 지텬이 명박ᄒ
      시니 이 인신 어더나온 이 목숨이 풀 ᄭᅳᆺ히 이슬ᄀᆞ튼 이 몸
      으로 쳔년이나 살 줄 알고 진심 악심 넉지 **마옵**. 눈 압히 뵈
      ᄂᆞᆫ 거시 거울의 그림ᄌᆞ ᄀᆞ고 든ᄂᆞᆫ 거시 놋ᄎᆞ 허ㅅ오니 우리

ᄀ흔 죄악 범부 념불 아니ᄒᆞ고 **엇지ᄒᆞ리오**. 십이 시둥 쥬야
업시 미타셩호의 오시면 겹겹 나싱의 부모 동싱 구족 망녕
을 쳔도ᄒᆞ고 낭도 졔즁싱 동입미타 동등졍각 ᄒᆞᆸ기을 원이
이 **발원이오**. 나무아미타불<안락국젼: 37~38>

ㅈ. 셔역국 ᄭᅩᆺ밧 슈례ᄒᆞ올 인시쥬 걸닙 화쥬 바라문의 나히 **십
오셰라**<안락국젼: 3>

ㅊ. 일일은 더통 바다가의 다ᄃᆞ라니 바다히 하늘의 다아 잇고
너븨 **수쳔니라**<안락국 젼: 4>

ㅋ. 이러구러 셰월이 여류ᄒᆞ야 안락국의 나히 **십셰라**<안락국
젼: 23>

  (7ㄱ~ㅂ)은 주로 주요 인물의 행적에 커다란 변화가 있거나 이로
인하여 극적 긴장감이 고조되는 대목에서 자주 발견된다. 서사 문맥,
담화나 화제의 전개 양상 등을 고려할 때 이미 서술된 사건 속의 인
물 처지나 심리를 드러내거나(7ㄱ, ㄷ, ㅁ, ㅂ) 설화자 자신의 영탄적
인 서술 감정을 개입해 외적 배경을 묘사하는 대목(7ㄴ), 후행하는 사
건의 서사적인 속성이나 정조를 미리 암시하는 부분(7ㄹ) 등에 주로
나타난다. (7ㄱ)은 어린 '바라문'이 인시주 걸립 주체로 결정되어 비
탄에 잠기는 장면 직후에, (7ㄷ)은 '사라수왕' 부부가 꽃밭 수레를 위
해 '서역국'에 함께 가기로 결정된 후 만조백관과 산천초목이 애통해
하는 장면이다. (7ㄹ, ㅁ)은 각각 홀로 '재영장자' 집에 남은 '원앙부
인'이 망극함에 통곡하는 장면 직전, '안락국'이 도망한 후 노기에 찬
'재영장자'가 '원앙부인'을 주살한 장면 직후에 해당한다. (7ㅂ)은 '재
영장자' 집에서 두 번째로 도망한 '안락국'이 '통천바다'를 건너는 대
목에서 장자가 신통력이 있는 종들을 부려 '안락국'을 찾으라고 명령
하는 장면 직후에 해당한다.

  이들은 설화자가 이야기 세계 속의 인물이나 사건, 정황 등에 대하

여 주관적인 감정을 드러내거나(7ㄱ~ㅁ) 이야기 세계 속의 인물에 대하여 가치 평가를 행하고 있는(7ㅂ) 구문들로서 주정적·주관적인 성격이 매우 강하다. 설화자의 이러한 명시적이고 직설적인 주관 표출은 그 개입 흔적을 명징하게 보여 주는 단서다. 이들은 일차적으로 서사적인 상황에 대한 설화자 자신의 감정 표출의 징표로서 해석될 수 있겠지만, 이차적으로는 독자나 청자를 적극적으로 의식하는 언술 행위의 차원에서 이해해야 할 것이다. 설화자의 주관적인 개입은 그 자신이 드러내고 있는 감정 표출의 대상으로서의 서사 요소에 대해 독자나 청자로 하여금 이와 동일한 감정을 이입하게 하자는 의도가 담겨 있다고 보기 때문이다.210) 인물들의 행적에 중대한 변화가 생겨 인물 자신의 감정이 고조되고 텍스트 수용자 측면에서도 극적 긴장감이 수반되는 주요 서사 대목에서 이들 구문이 주로 쓰이는 까닭이 여기에 있다.

(7ㅅ)은 객관적인 역사 사실을 기술하는 역사 기술물 등에서 자주 보이는 표현으로서 절대문 범주에 속하는 구문이다. 역사 기술물에서 보이는 이와 같은 표현은 대개 어떤 화제가 본격적으로 펼쳐지기 전에 출현함으로써 해당 화제를 축약하여 소개하면서 예비하는 기능을 주로 담당한다.211) 허구 서사물의 경우라도 앞서 살핀 '나복전'의 경

---

210) 이와 같은 논지는 서사체 내부에서 설화자가 적극적으로 개입하는 구문의 예들을 단순히 기술물의 서사 특징을 드러내는 표지로서가 아니라 텍스트의 산출과 수용에서 고려된 구술성 표지로 살펴보자는 것이다. 이와 같은 설화자의 개입을 구술성을 드러내는 징표로 바라보고 해석한 논의는 극히 미미하다. 비교적 최근에 나온 논의 결과물로 유준경(1997) 정도가 눈에 띈다.

211) 예컨대 한국학중앙연구원(구, 한국정신문화연구원) 장서각 소장의 한글 필사본 〈조야회통(朝野會通)〉은 정사와 야사를 한데 묶어 각 왕별로 시간에 따라 일어난 역사적인 사건을 기술하고 있는 역사서라고 할 수 있다. 이 자료를 보면, 아래 예에서처럼 전체 권의 본문란 외 도입부에 왕의 재위 기간을 알려 주는 구문(ㄱ)이나 전체 권의 본문 도입부에서 특정 연도가 시작되면서 이후 부연될 화제를 미리 소개하는 부분(ㄴ), 본문 중간에서 행 바꿈으로 단락이 전환한 후 특정 연도를 명기하고 부가 설명 없이 단독적인 역사 사실을 제시하는 대목(ㄷ), 본문 중간에서 행 바꿈 없이 권점('○')으로써 새로운 화제가 제시되는

우에서처럼 후행 서사를 포괄적으로 압축, 요약하면서 그것을 아우르는 서사 명제로 기능하는 점에서 역사 기술물의 그것과 담화 내적인 쓰임새가 별다른 차이가 없다. 그런데 (7ㅅ)은 설화자가 이미 펼쳐진 서사 상황과 관련하여 특정 인물의 행동을 서술하고 있다는 점에서 특이하다.212) 보통의 경우라면 시제나 양태의 측면에서 중립적인 '도라가다' 식의 종결보다는 '도라가더라'나 '도라가니라', '도라가ᄂ다' 정도가 좀 더 자연스럽기 때문이다.

(7ㅇ)은 결말부의 최후 종결 부분에 등장한다. 이 부분의 종결 표현들('아니하리오, 이보시오, 드러보시오, 마옵, 엇지ᄒ리오, 발원이오')을 통해 볼 때, (7ㅇ)은 전체적으로 구어적인 발화 상황에서 담화 현장에 대면하고 있는 청자를 염두에 둔 듯한 표현들이 대다수다. 앞에서 펼쳐 보인 서사 내용을 통해 일정한 발화 의도를 전달하려는 주관

대목(ㄹ) 등에 절대문이 위치한다. 이를 통해 알 수 있는 것처럼 역사 기술물에서 절대문은 대체로 새로운 화제가 도입되는 지점에 위치하고 있다.

  ㄱ. 듕종됴 십오년 경진으로부터 삼십구년 갑진의 <u>니르다</u>(朝野會通10: 1ㄱ)
  ㄴ. 을튝 십일년 츈의 셔충듸를 <u>싸다</u>(조야회통9: 1ㄱ)
  ㄷ. 병인 십이년의 ᄉ간원을 <u>혁ᄒ다</u>(조야회통9: 1ㄴ)
  ㄹ. ○폐비 윤시 신쥬룰 태묘의 <u>내리시다</u>(조야회통9: 10ㄴ)

절대문의 형식은 ㄱ~ㄹ에서 알 수 있는 것처럼 그 서술어가 동사 어간에 아무런 선어말 형태의 개입 없이 종결어미 '－다'가 연결되는 경우가 대부분이나 ㄹ처럼 높임의 '－시－' 다음에 '－다'가 연결되기도 한다. 기존에 주로 '－시더라'의 선대형으로 이해되었던 '－더시다'와 같은 독특한 경우도 이와 관련되는 면이 크다. 이 문제는 정은균(2010)을 참조할 것. 한편 임홍빈(1998: 12)에서는 '－삽－'을 절대 어간에서 제외하기로 하고 '하옵다, 하오다'의 성립성이 다소 이상이 있음을 말하고 있으나 필자가 살펴본 〈조야회통〉에서는 'ᄒ옵다'가 매우 규칙적으로 나타나고 있는 것을 볼 수 있었다("듕종……지위 삼십구년 갑진 십이월 십오일의 홍ᄒ시니 졍릉의 <u>장ᄒ옵다</u>. 비……졍슈 십이월 칠일의 홍ᄒ시니 온릉의 <u>장ᄒ옵다</u>."〈조야회통9: 4ㄴ〉).

212) 드물기는 하지만 아래 인용문처럼 역사 기술물에서도 상당히 긴 본 사건을 모두 기술한 후 최후 종결부에 절대문을 제시하는 경우가 있다. 그러나 이야기의 대부분은 '－더라'나 '－니라' 종결형으로 처리되고 있다.

  "방이……술 마시며 탁병ᄒ야 문상치 아니ᄒ지라 삼시 논계ᄒ니 진이 노모를 박축ᄒ고 아ᄋ 방을 겁살ᄒ 죄로 법의 맛당히 버힐지라 불ᄒ브제 몬저 명ᄒ 츌(?)이 업ᄉᆞᆯ 뼈 특별히 명ᄒ샤 젼가ᄉ변ᄒ라 <u>ᄒ시다</u>."〈조야회통9: 15ㄴ〉

적인 설화자의 태도가 말건넴의 어조와 같은 표현을 통해 드러남으로써 독특한 분위기의 문투를 형성하고 있는 것이다. (7ㅇ)과 같이 흔히 고소설의 말미에 부가되는 말건넴 투의 독특한 구문들은 본 이야기의 서사 구조와는 직접적인 연관성이 없다. 그러나 이들 구문은 텍스트 전체의 주제를 함축하면서 이야기 서술의 동기나 텍스트 의도를 간접적으로 보여 주는 경우가 많다. 그 구체적인 내용이 서사의 전체적인 의미나 이야기를 통해 텍스트 수용자에게 당부하거나 권면하고자 하는 교훈적인 의미 등으로 이루어져 있기 때문이다.213) 이러한 이유 때문에 대개 이들 구문은 그 성격상 외적 평가절로 분석되기도 한다.214)

(7ㅈ~ㅋ)은 '-이라'로 종결되는 지정 구문들이다. 지난 시기의 서사체에서 발견되는 '-이라' 구문은 김미형(1997a: 9~11)에서도 지적된 것처럼 연사가 구연하는 듯한 분위기를 연출한다. 이러한 독특한 분위기는 '-이라'가 시제나 양태, 상위 주어 등으로부터 독립한 상태에서 화자가 청자에게 명제부의 내용을 제시하게 하는 상위 서술어로서의 기능을 갖는 데서 비롯된다. 해당 문장을 자기 말로 단정하는 것이 아니라 단지 옮겨서 제시하는 입장이라는 느낌을 주는 것이다.

---

213) 텍스트 수용자를 향해 이야기 자체에 대해 논평하면서 도덕적으로 훈계하고 권유하는 내용으로 되어 있어 이 부분의 언술은 일종의 메타 담화적 논평이라고도 할 수 있다. 한 편의 이야기는 직선적으로 전개되면서 선조성을 띠게 마련이다. 이때 메타 담화는 직선적으로 전개되는 이야기 속에 삽입된 이질적인 조각이나 파편에 해당하는 여담이라고 할 수 있다. 이야기 자체가 아니라 이야기에 대한 논평이나 주석을 그 내용으로 하고 있기 때문이다. 그렇지만 이와 같은 메타 담화적 전략은 이야기 자체와 밀접한 관련성을 가지기 때문에 그 줄거리에 대해 종속적·기생적이다[란다 샤브리 지음·이충민 옮김(2003: 495, 619~20) 등을 참고할 것].

214) 일상경험담이나 민담, 고소설과 같은 서사체의 평가절을 전체적으로 조감하고 있는 논의로 김현주(2001)를 들 수 있다. 이 논의에 따르면 서사체의 종결부에 나타나는 외적 평가절은 구술 세계에서 진술의 추동력을 마련해 주는 장치의 하나로 평가된다. 이러한 시각은 서사의 표면에 흔적을 남기는 설화자와 관련된 언어적 표지들을 구술성의 단서로 해석하려는 이 글의 입장에 시사하는 바가 크다.

이러한 점은 '-이라'를 온전한 종결 기능을 갖는 언어적인 표지로 보기 어렵게 만들기도 한다.[215] 논란의 여지가 없지 않지만 (7ㅈ, ㅋ)의 '십오셰라, 십셰라'는 '십오셰라서, 십셰라서'나 '십오셰인데, 십셰인데' 정도로 풀이해도 그리 어색해 보이지 않는다. 특히 (7ㅊ)의 '수천니라'는 이어지는 문맥[216]을 보면 '수천니라서' 식의 풀이가 훨씬 더 자연스럽다. 문법적으로는 종결 표지로 분류될 수도 있겠지만 담화 문맥상으로는 연결의 표지로 해석하면서 전후 구문을 자연스럽게 잇는 역할을 하는 표현으로 보자는 것이다.

'나복전'에서는 '-더라' 구문과 '-니라' 구문이 각각 일곱 개와 네 개가 출현한다. 먼저 '-더라' 구문부터 보자.

    (8) ㄱ. 청졔 부인 나복 쥬던 금젼을 푸러 날마다 풍뉴잡기와 우낭 눅축을 빈셜ᄒᆞ야 먹그며 지승 곳 보면 회욕하고 이르듸……ᄒᆞ**더라**<팔상록 3: 584>
       ㄴ. 나복이 모친의 경영 한 말를 듯고 동산의 가 보니 향노의 연긔 은은ᄒᆞ고 반상의 완발리 어지러워 셜직ᄒᆞ던 자최 분명ᄒᆞ거날 나복이 마음을 졍ᄒᆞ고 다시 모친계 스례ᄒᆞ고 이르듸……ᄒᆞ**더라**<팔상록3: 585~586>
       ㄷ. ᄒᆞ로난 비몽간의 야치귀졸리 부인을 쇠스슬노 얼거민고 쇠치로 치며 자바ᄀᆞ이 유혈리 가득ᄒᆞ야 **불인견일너라**<팔상록 3: 586>
       ㄹ. 언파의 슈발리 졀노 쎠러지고 금난가사 몸의 입펴거날 셰존이 셜법ᄒᆞ야 이르스듸……ᄒᆞ**시더라**<팔상록3: 596>
       ㅁ. 셰존이 일노 좃ᄎ 쳔상 인간의 츌닙ᄒᆞ야 스승 졔자 되야 목연의 숙셰 신통을 아르 시고 충찬 왈……ᄒᆞ**시더라**<팔상록3: 597~598>

---

215) '-이라'와 관련된 논의는 종결어미 '-다, -라'의 의미 기능이나 문법적 관계 문제 등과도 이어지기 때문에 상당히 어렵고 복잡하다. 정은균(2008a), 정은균(2009a) 등을 참고할 것.

216) (7ㅊ)의 후행 구절은 "승 여러 바라문이 뎐지 망극ᄒᆞ야 슬피 우더니 이윽ᄒᆞ야 살펴보니"〈안락국전: 5〉로 되어 있다.

ㅂ. 셰존이 왈……흥시이 목연이 되회흥더라<팔상록3: 622~623>
ㅅ. 명일 목연을 되리시고 공중의 올나 풍운을 타고 바로 남천
  문으로 드러 황낙젼을 향흥니……쳔상 풍악과 난봉 공작 수
  자 코키리 드러와 운중의 **분운**흥**더라**<팔상록3: 623>

　전체 서사 구조를 살핀 자리에서 본 것처럼, '나복전'은 전체 이야
기를 아우르는 서사적인 대명제와 '목련'의 구모 여정, 가족 재회 등
으로 구성되는 후반부의 주요 서사를 아우르는 두 개의 소명제가 이
야기 분단의 기능을 하고 있다. 전반부는 대체로 대명제를 위한 배경
적인 사건들로 구성되는데, 배경적인 속성을 갖는 이야기 대목에 출
현하는 '－더라' 종결형이 이 전반부(8ㄱ~ㅁ)에 집중적으로 출현하고
있는 사실도 이와 관련하여 해석할 수 있을 것이다. 가령 (8ㄱ)은 '나
복'의 모친인 '청제부인'의 악행을 드러내되 구체적인 장면을 특정하
지 않은 채로 제시함으로써 그 배경적인 속성을 드러내고 있는 구문
으로 해석하는 것이 자연스럽다. (8ㄴ, ㄷ)은 모두 구체적인 장면을 특
정하고는 있지만, 각각 후행하는 서사의 주요 사건인 '청제부인'의 죽
음과 '나복'의 불문 편입 등의 배경적인 정보로서 기능하고 있다.

　(8ㄹ, ㅁ)은, 신통력으로 회임한 후 태자를 낳았다가 '정반왕'으로부
터 화탄의 박해를 받던 중 천우신력으로 구원을 받는 '야수' 이야기
와, '나복'과 더불어 석가세존의 제자가 된 '아난' 이야기 사이에 위
치한다. (8ㄹ, ㅁ)은 '나복'이 '아난'과 더불어 세존에게 와서 제자 됨
을 구하면서 모친을 찾아 천상과 지옥을 다닐 수 있도록 육신등공법
을 요청하는 장면, '나복'이 '목련'이라는 법호를 얻은 후 제일의 신
통으로써 숙세를 통달하여 세존의 칭찬을 받는 장면에 해당한다. 따
라서 (8ㄹ, ㅁ)은 이어지는 후반부의 주요 서사인 '목련'의 척발등공

과 방선천당, 지옥문에서의 읍별기모 등을 예비하는 배경적인 구문들이라고 할 수 있다. (8ㄹ, ㅁ)이 모두 특정한 장면 속의 인물 간 대사 위주로 각각의 구문이 짜여 있으면서도 '‒더라' 종결형으로 처리된 이유가 여기에 있다.

(8ㅂ, ㅅ)은 후반부의 두 번째 서사적인 소명제인 "도솔천상의셔 목연이 청계 부인을 보고 도솔뇌원의셔 세존니 친견 마야부인ᄒ시이라"에 포함되는 구문들이다. 이 소명제의 첫 번째 주요 서사인 '목련'과 '청제부인'의 재회를 고려할 때, 세존이 '목련'과 더불어 '도솔천'에 올라가기로 결정한 후 이를 들은 '목련'이 기뻐하는 장면을 보여 주고 있는 (8ㅂ)이나, 하늘에 오른 세존 일행이 '황낙전'을 경유할 때의 주변 정경을 서술하고 있는 (8ㅅ)은 모두 배경 구문으로 보는 것이 자연스럽다. 이들 구문 이후에 곧장 '연소전' 조회에 다녀오는 부모 일행을 '목련' 자신이 재회하게 되는 주요 서사가 펼쳐지고 있기 때문이다.

다음은 '‒니라' 구문의 예들이다.

> (9) ㄱ. 이젹의 바라국의 한 션남 잇시되 일홈은 나복이라 그 부모를 위ᄒ야 날노 션슈를 맛이 ᄒ며 오빅 승지를 ㉮**일슘든이** ㉯**ᄒ노냐** 나복이 그 모친 청계 부인게 고ᄒ되……청계 부인이 깃거 이로되……ᄒ니 나복이 그 모친의 허락ᄒ시믈 듯고 만면환희ᄒ야 즉시 가져던 금젼 일만냥을 밧드러 부인게 드리고 ᄒ즉ᄒ고 **가이라** <팔상록3: 583~584>
> ㄴ. 청계 나복을 보뇌고 그 후의 ᄀ졍 노복을 계칙ᄒ야……ᄒ니 ᄀ졍 부인 말슴를 듯고 지승이 드러오면 **구축ᄒ니라** <팔상록3: 584>
> ㄷ. 셰존 왈……ᄒ시이 목연이 **합빅스ᄒ니라** <팔상록3: 607>
> ㄹ. 디왈……ᄒ고 도솔편문을 **향ᄒ니라** <팔상록3: 625>

(9ㄱ, ㄴ)은 전체 서사 전반부의 도입 부분에 출현하고 있다. 나머지 (9ㄷ, ㄹ)은 각각 후반부 서사를 이루는 두 개의 서사적인 소명제 중 첫 번째와 두 번째 서사 명제가 마무리되는 지점에 나타난다. (9ㄱ, ㄴ)은 '나복' 이야기 전체의 도입부에 해당한다. 이는 여타 서사체의 들머리가 대개 시공간을 확정하거나 인물과 관련된 간접적인 정보들을 제시하는 배경 구문으로 처리되는 것과 대비된다. 그런데 전체 구문을 조금만 눈여겨보면 앞서 예시한 배경적인 정보들은 최초 시작 부분부터 ㉮217) 부분까지에 걸쳐 제시되고 있다. 담화 전개상 ㉮로 일단 종결되면서 연결되는 이야기는 곧장 ㉯로 표시되는 특정 시간대의 한 장면으로 옮아간다. 이어 '나복전'의 전반부에서 중요한 비중을 차지하는 '나복'의 길 떠남과 '청제부인'의 악행 등과 관련된 구체적인 인물 행동으로 연결된다. 장면의 특정화가 이루어지고 있는 것이다.

(9ㄷ, ㄹ) 또한, 비록 후반부에서 중요한 두 서사의 마무리 부분에 위치하는 점이 (9ㄱ, ㄴ)과 구별되기는 하지만, 특정한 시공간 속의 구체적인 인물 행동을 묘사하고 있다는 점에서 이들과 크게 다르지 않다. 서사적인 비중의 측면에서도 (9ㄷ, ㄹ)은 각각 '나복전' 후반부의 핵심 서사인 '나복'의 효행 발원과 천상에서의 모친 상봉 등을 그리고 있어 전경적인 정보 속성이 매우 강하다고 할 수 있다. 그런 점에서 서사적인 비중이 큰 중요한 정보로 볼 수 있다.

다음은 '적성의전'에서 보이는 '-더라' 종결형의 문례들218)이다.

---

217) 이때 '일솜든이'의 '-으니'는 이현희(1992)나 황선엽(1995) 등에서 제시한 의미 단락이나 강한 종결성의 기능 차원에서 이해할 수 있다.

218) 연속되는 서술 지문 대목에 나타나는 문례들은 동일 기호 속에 포함하되 '㉮, ㉯' 식으로 구별해 제시하였다.

모두 마흔다섯 개의 구문에서 발견된다.

(10) ㄱ. 화설 강남의 안평국이 잇스니 산천이 슈려ᄒ고 옥야쳘니며
보화 마는고로 국부 민강ᄒ며 의관문물이 번셩ᄒ여 남방의
㉮**유명ᄒ더라**. 국왕의 셩은 적이니 젹문공의 후예라. 치국
지되 요순을 효측ᄒᄆᆡ 인심이 슌박ᄒ며 국틱민안ᄒ여 도불
습유ᄒ고 ㉯**야불폐문이더라**. 국왕이 왕비로 동듀 이십여년
의 두 아들을 두엇스니 쟝즈의 명은 항의오 ᄎᆞᄌᆞ의 명은
셩의라. 셩의 천품이 슌후ᄒ고 긔골이 쥰수ᄒᄆᆡ 왕의 부
뮈 과이ᄒ고 일국이 흠앙ᄒ니 항의 ᄆᆡ양 불측흔 마음으로
셩의의 인ᄒᆞᆷ믈 늘 싀긔ᄒ여 음히홀 ᄯᆞᆺ을 ㉰**두더라** <적성의
전: 1>
ㄴ. 션관 왈……ᄒ고, 금현만 희롱ᄒ더니 문득 운뮈 사면이 이러
나며 션관의 가는 바를 아지 ㉮**못ᄒ너라**. ᄎ셜 셩의 몸을 두
로혀 졈졈 나아가며 보니 놉고 놉흔 봉의는 취란ᄌ봉이 쌍
쌍 왕니ᄒ며 긔황요초는 쳐쳐 무셩ᄒ고 창송취쥭은 벽계를
둘너는ᄃᆡ 셔쳔 팔십ᄉ봉의 경긔 졀승ᄒ니 진짓 ㉯**별유세계
러라**. 셩의 긔운이 웅건 쳥걸ᄒ여 치운간으로 드러가니 충
충ᄃᆡ상의 황금쥬작은 녕농ᄒ고 옥루금젼은 꾕장흔ᄃᆡ 칠십
ᄃᆡ보탑은 벽공의 년년ᄒ엿고 상운향무는 ᄉ면의 둘넛는ᄃᆡ
팔만ᄌ의 ᄃᆡ장경 외오는 소릭 귀의 ㉰**ᄉᄆᆺ더라** <적성의전:
4~5>
ㄷ. 샹지 왈……ᄒ고 드러가더니 이윽고 나와 쳥ᄒᄀᆞ늘 셩의 ᄯᅡ
라 드러가니 칠층 젼각의 일위 존ᄌᆡ 머리의 누른 송낙을 쓰
고 칠건가ᄉ를 매여시며 좌수의 금강경을 쥐고 우수의 빅팔
염쥬를 두르며 경문을 외오고 좌우의 오빅졔ᄌᆡ 일시의 ㉮**염
불ᄒ더라**. 셩의 칠보ᄃᆡ 아릭셔 직빅흔ᄃᆡ ᄃᆡ시 왈……ᄒ고 인
ᄒ여 동ᄌᆞ를 불너 구슬갓흔 약 두 환을 가져다가 셩의를 주
어 왈……ᄒ고 나가기를 직촉ᄒ거늘 셩의 존ᄌᆞ를 향ᄒ여 빅
빅 ᄉ례ᄒ고 길을 ᄎᆞᄌᆞ 숭산벽계를 지나 격산심곡으로 나려
오니 약수가히 ㉯**거의러라** <적성의전: 5~6>
ㄹ. 쳥ᄒ여 파초션을 틱이고 순식간의 히변의 다다르니 ᄉ공등
이 일시의 빈를 타고 나와 마ᄌ 반기며 무ᄉ히 득달ᄒᆞᆷ믈 치
하ᄒ고 약 어든 슈말을 듯고 칭탄 왈……ᄒ**더라** <적성의전: 6>
ㅁ. 각셜 안평국 왕비 셩의를 셔쳔의 보닉고 불승창연ᄒ여 병셰

침즁ᄒᆞᆫ지라 쥬야체읍 왈……ᄒ**더라**<젹셩의젼: 6>

ㅂ. 셩의 이 말을 드르ᄆᆡ 심혼이 아득ᄒᆞ여 묵묵양구의 앙쳔 탄
왈……ᄒᆞ고 되셩통곡ᄒᆞ니 일월이 무광ᄒᆞ고 초목이 슬허ᄒᆞᄂᆞᆫ
㉮**듯**ᄒ**더라**. 쥬즁 졔인이 ᄯᅩᄒᆞᆫ 셩의를 붓들고 통곡 왈……ᄒᆞ
니 항의 이 말을 듯고 되로ᄒᆞ여 무ᄉᆞ를 호령ᄒᆞ여……ᄒᆞ니 졔
인이 되호 왈……ᄒᆞ고 앙쳔통곡ᄒᆞ니 항의 더욱 분로ᄒᆞ여 무
ᄉᆞ를 지쵹ᄒᆞ야 칼을 들고 일시의 즛치니 격군 등이 셩의를
옹위ᄒᆞ여 왈……ᄒᆞ고 일시의 물의 ᄲᅱ여드니 산쳔금슈 다 ㉯
슬허ᄒ**더라**<젹셩의젼: 7~8>

ㅅ. 왕이 ᄯᅩᄒᆞᆫ 위로ᄒᆞ며 약을 가라 일환을 쓰니 명신이 식식ᄒᆞ
고 병긔 소삭ᄒᆞᆫ지라 ᄯᅩ 일환을 쓰니 심신이 쇄락ᄒᆞ고 ᄉᆞ지
강건ᄒᆞ여 빅병이 일시의 물너가되 다만 셩의를 싱각ᄒᆞ여 쥬
야 ㉮**비쳑하더라**. 각셜 셩의 ᄒᆞᆫ 조각 널을 의지ᄒᆞ여 스
니……허리의 단검을 ᄲᅢ혀 그 되를 버혀 단져를 민드러 ᄒᆞᆫ
곡죠를 부니 그 소ᄅᆡ 쳥아ᄒᆞ여 여원여소ᄒᆞᄆᆡ 산쳔이 위로ᄒᆞ
여 감동ᄒᆞᄂᆞᆫ 듯ᄒᆞ니 이ᄂᆞᆫ 희상의셔 신션의 져소ᄅᆡ 듯고 곡
조를 능통ᄒᆞᆫ ㉯**빅러라**<젹셩의젼: 9~10>

ㅇ. 추시 황졔 다만 ᄒᆞᆫ낫 공쥬를 두어시니 명은 치란이오 연광
이 십삼셰라 화용월ᄐᆡᄂᆞᆫ 월궁 항이 하강ᄒᆞᆫ 듯ᄒᆞ고 ᄯᅩᄒᆞᆫ 지
긔 민쳡하여 시셔와 음뉼을 무불통지ᄒᆞ니 황졔와 황휘 지극
ᄋᆡ즁ᄒᆞ시고 궁즁이 ㉮**막불흠앙하더라**. 한가ᄒᆞᆫ ᄯᅢ면 단금을
타며 혹 후원의셔 무예를 익이니 가위 여즁군지요 ㉯**규즁호**
걸이러라<젹셩의젼: 11>

ㅈ. 셩의 슈명ᄒᆞ고 즉시 단져를 ᄲᅢ혀 월하의 슬피 부니 ᄉᆞ름의
ᄆᆞ음이 ᄌᆞ연 감동ᄒᆞᄂᆞᆫ지라 공쥬 탄금을 긋치고 왈……ᄒᆞ되
셩의 되왈……ᄒᆞ고 손으로 난간을 치며 고시를 읇흐니 공쥬
산호필을 드러 화젼의 쓰고 빅옥셔안을 쳐 귀귀 **칭찬**ᄒ**더라**
<젹셩의젼: 12>

ㅊ. 벽옥 왈……ᄒ**더라**<젹셩의젼: 12>

ㅋ. 이러구러 익년 츈을 당ᄒᆞ니 ᄯᅢ 졍히 방츈화시라 빅화ᄂᆞᆫ 만
발ᄒᆞ여 나뷔를 머므르고 셰류는 의의ᄒᆞ여 황죄 왕ᄂᆡᄒᆞᄂᆞᆫ지
라 황졔 츈경을 ᄉᆞ랑ᄒᆞ여 후원 빅화졍의 ᄐᆡ평연을 빈셜ᄒᆞᄆᆡ
문문무빅관의 금포옥ᄯᅴ 졔졔ᄒᆞ여 쳔상 션관이 봉ᄆᆡ의 모든
㉮**듯**ᄒ**더라**. 황졔 호승상을 명초ᄒᆞ샤 셩의를 부르시니 추시
셩의 홀노 안ᄌᆞ……이ᄯᅢ 졔신이 반열의 셧다가 셩의을 보고
ᄉᆞ단을 알고져 ᄒᆞ거늘 호승샹이 젼후ᄉᆞ를 셜파ᄒᆞ니 졔인이

추탄왈……㉯흐**더라**<적성의전: 13>

ㅌ. 이씩 공쥐 장너의 잇다가 셩의를 바라보니 명월이 벽공의 걸 엿는듯 표표흔 풍치 월하의 볼 적과 다른지라 심중의 그윽 이 안폐흐믈 ㉮**앗기더라**. 황휘 금은을 후히 상수흐여 보니 시니 셩의 수은흐고 후원으로 도라와 금은을 어루만져 체읍 왈……흐고 인흐여 ㉯**전전불**민흐**더라** 추시 공쥐<적성의전: 13~14>

ㅍ. 셩의 쳐소로 도라가 혜오딕……흐**더라** 각셜 안평국 왕비 <적성의전: 87>

ㅎ. 공쥐 숣혀보니 기러기 좌편 다리의 일봉셔를 믹엇거늘 글너 본즉 피봉의 '안평국 국모는 아즛 셩의의게 부치노라' 하엿 거늘 공쥐 기이히 여겨 닐오딕……흐고 봉셔를 써여보니 흐 엿스되……흐**엿더라**<적성의전: 16~18>

a. 이씩 공쥐 금각당의셔 작별흔 후로 피추 소식이 막히믈 한 흐더니 문득 황후 낭낭이 소동을 불너보시믈 듯고 춘란을 다리고 황후 침실의 드러가 쥬렴 수이로 여어 본즉 관옥갓 흔 얼골이 요요졍졍흐고 팔자 눈섭은 산천슈긔롤 씌여 당당 흔 골격이 진짓 일딕 호걸이오 만고 영웅이라 한번 보믹 식 로이 반갑고 민음이 낙낙흐나 즛긔 젼일 지닉던 일을 싱각 흔즉 즛괴지심을 못닉 ㉮**일컷더라**. 추시 상이 승샹이 셩의 를 다려다가 후원 셔당의 두고 지극 익즁흐여 공궤범졀이 일호 부족흐미 업스니 셩의 풍치 일일 빅승흐며 문장은 입 을 열믹 귀신을 놀닉고 필법은 손을 놀니믹 룡스를 희롱흐 니 천지간 긔남지라 보는 스룸이 흠앙치 아니리 ㉯**업더라** <적성의전: 20>

b. 부인이 쳥파의 악연히 ㉮씩**닷더라**. 화셜 황제 춘취 놉흐시 되 믹양 후수 업스믈 한탄흐옵시더니……편지 인견사쥬흐시 고 한님을 제슈흐시니 한님이 텬은을 슉수흐고 이원풍악을 거늘여 승상부로 도라오니 환녈흐믄 ㉯**일필난긔러라**. 한님 이 비록 영귀흐나 경수을 고홀딕 업셔 누쉬 옷깃슬 ㉰**적시 더라**. 차셜 치란공주 적공즛 쟝원급졔흐믈 심중의 ㉱**임희흐 더라**<적성의전: 20~21>

c. 상이 딕열허스 흠텬관의 퇵일흔즉 지격일슈흔지라 길일이 다다르믹 한남이 위의를 휘동흐여 젼안지례을 힝흐믹 신낭 신부의 남풍여뫼 츳등이 ㉮**업더라**. 일모흐믹 신방의 나아긋 원앙금니의 운우지락을 일우니 무슨 낙뫼라도 이의셔 지늘

지 ㉴**못흘더라**. 병도의 황상의 됴현하온딕 상과 휘 시로이
㉵**무익ㅎ시더라**<젹셩의젼: 21>

d. 공쥐 공경 〈〈홀 **싼이러다** 일모ㅎ민 공쥐<젹셩의젼: 21>

e. 인ㅎ여 발션ㅎ여 슌풍을 만ᄂ 빅 쌘르기 ㉮**살갓더라**. 여러
돌만의 젼일 듁님을 둥ㅎᄌ ᄌ연 비감ㅎ여 ᄂ오가 듁님의
〈례ㅎ고 슈일을 힝ㅎ여 젼일 익을 만ᄂ든 곳의 다다라 졔
문 지어 격군의 고혼을 위로헐시 기 문의 왈……㉯**ㅎ여더라**·
니러기를 맛치믹 일장통곡ㅎ니 슈운이 ㉰**참담ㅎ더라**<젹셩
의젼: 22>

f. 션시의 기러기 발의 셔찰을 믹여 본국의 몬져 고ㅎ엿드니
ᄎ시 왕비 셩의 싱각ㅎ고 쳥련을 앙망ㅎ더니 기러기 슬피
울고 ᄂ려와 안거늘 ᄌ셔히 살펴보니 기러기 발의 셔찰이
믹여거늘 기탁흔즉 셔의 고필젹이라 셔즁ᄉ의 춤담ㅎ고 젼
후 슈말이 **버러더라**<젹셩의젼: 22>

g. ᄎ시 부모 일힝이 환난을 버셔나 도셩으로 향ㅎ여 드러갈시
만죠빅관이 위의를 출혀 ㉮**영졉ㅎ더라**. 왕이 황ᄉ을 마ᄌ
별궁의 드리고 됴셔을 니러논 후 왕ᄌ와 공쥬을 마ᄌ 일희
일비ㅎ고 ㉯**여몽여ᄉ이러라**. 왕직 젼후 셜화을 고ㅎ온딕 왕이
듯기를 맛치믹 항의의 힝ᄉ을 골경심흔ㅎ여 다만 ㉰**뉴톄쌘**
이러라. 슈삭을 머무르민 황명을 싱각ㅎ고 부왕게 ㅎ직ㅎ고
일삭만의 즁국의 득달ㅎ여 됴현ㅎ온되 상과 휘 시로히 반기
시며 무ᄉ왕환ㅎ믈 ㉱**깃거ㅎ시더라**. ᄎ시 황상이 츈취 놉ㅎ
시민 퇴ᄌ의게 견위ㅎ시고 퇴직 즉위ㅎ신니 련히 튀평ㅎ고
ᄉ방이 ㉲**무ᄉㅎ더라**. 호승상 부뷔 호련 득병ㅎ여 기세ㅎ민
부마 부뷔 의논ㅎ고 본국으로 도라가믈 쥬ㅎ딕 상이 윤허ㅎ
시고 특별이 안평국 셰ᄌ을 봉ㅎᄉ 금은치단을 만히 상ᄉㅎ
시니 셰ᄌ와 공쥐 ᄉ은흔 후 본국으로 도라와 쌍친을 효양
ㅎ더니 왕과 휘 홀련 득병ㅎ여 붕ㅎ시민 셰직 즉위ㅎᄉ 치
국 튀평ㅎ고 ㉳**만민낙업이러라**. 기러기도 본토로 도라가민
왕과 휘 창연ㅎ믈 마지 아니ㅎ고 기러기 화상을 그려 평싱
을 잇지 ㉴**아니ㅎ더라**. 이후로 계계승승ㅎ여 ᄌ손이 창셩ㅎ
고 국부민강ㅎ여 누쳔년을 ㉵**누리더라**<젹셩의젼: 23>

전체 서사 구조 측면에서 보았을 때, (10ㄱ~ㅂ)은 '성의'의 고난 여
정이 중심이 되는 도입부에, (10ㅅ~ㅍ)은 고난 극복의 이야기가 펼쳐

지는 전개부에, 나머지 (10 ㅎ~g)는 회운의 여정으로 이루어지는 종
결부에 해당한다. 도입부에 나타나는 (10ㄱ~ㅂ)의 '－더라' 구문은
크게 네 부류로 나누어 볼 수 있다. 첫 번째 부류는 전체 이야기의 최
초 도입 부분에 나타나는 공간 정보(10ㄱ－㉮, ㉯)나 이야기가 진행되
면서 펼쳐지는 특정한 이야기 세계 속의 정경에 관한 정보(10ㄴ－㉯,
㉰, 10ㄷ－㉮) 등으로 구성된다. 이들은 서사가 본격적으로 펼쳐지기
전에 배경 공간을 확정함으로써 본 이야기를 예비하는 기능을 한다
는 점에서 한 부류로 묶어 볼 수 있다.

두 번째 부류는 서사에 관여하는 인물들의 심리 태도(10ㄱ－㉰)나
서사적인 상황에 반응하는 인물의 주관적인 내면 상태(10ㄴ－㉮), 인
물의 공간적인 위치 정보(10ㄷ－㉯) 등을 보여 주는 구문들이다. 이들
은 인물에 관한 직간접적인 정보들로 구성되어 있다는 점에서 서로
비슷하다. 세 번째 부류인 (10ㄹ, ㅁ)은 인물 행동에 이어지는 인물 대
사로 이루어진다. 이들 각 구문의 종결 표현 'ㅎ더라'는 인물 대사를
휘갑하는 인용 동사 'ㅎ－'에 '－더라'가 결합한 형식이다. (10ㅂ－㉮,
㉯)는 마지막 부류다. 전체적으로 인물 행동이나 대사 등으로 이루어
져 있으나 설화자의 서술 초점은 서사 상황에 대한 설화자 자신의 주
관적이고 감정적인 가치 평가 등에 쏠려 있어 일반적인 인물 행동 구
문과는 구별해 바라보는 것이 자연스럽다.

(10ㄱ~ㅂ)은 공통적으로 이야기의 최초 들머리 부분이나 도입부의
주요 서사가 전환하는 대목 등에 나타나면서 후행 장면을 예비하는
배경적인 정보를 담고 있는 특징을 갖는다. 예컨대 (10ㄱ－㉮, ㄴ－㉯,
ㅁ)은 '화설, 츠셜, 각설'[219] 등으로 구문이 시작되고 있어 담화나 화
제가 전환하는 대목에 출현하면서 배경을 전달하는 '－더라' 구문의

기능 양상을 명시적으로 확인하게 해 준다. '화설'은 이야기의 최초 시작 부분에, '츠셜'은 '서역국'에 도착한 '셩의'의 구주 획득이 정점을 향하기 시작하는 대목에 출현하고 있다. '각셜' 또한 '서역국'에서 '안평국'으로 공간 배경이 전환하면서 '안평국' 왕비에 관한 이야기로 서사가 급격히 전환하는 대목의 첫 머리에 자리한다. 이들이 이끄는 구문의 구체적인 내용도 특정적인 장면 속의 사건이나 인물 행동, 인물 심리라기보다는 총괄적인 공간 정보나 불특정적인 장면 속의 인물 심리 등이어서 그 배경적인 속성을 짐작할 수 있다.

(10ㄱ-㉣) 또한 도입부 주요 서사 중의 하나인 '셩의'의 구주 여정이 펼쳐지기 직전 대목에 해당하는 바, 주요 인물의 성품이나 인물됨 등과 같은 부수적인 배경 정보로 구성되어 있다. (10ㄴ-㉯)로 이어지는 대목의 (10ㄴ-㉮)나 '서역국'의 도사로부터 보주를 얻기 직전의 정황을 묘사해 보여 주는 (10ㄷ-㉮, ㉯), 보주를 얻은 후의 상황을 보여 주는 (10ㄹ) 등에서도 구문 위치나 정보 자체의 배경적인 속성을 발견할 수 있다. 특정 장면에서의 일련의 상황이 마무리되고 화제가 바뀌는 직전 대목(10ㄴ-㉮)이거나 인물의 이동에 따라 눈앞에 보이는 공간 관련 정보를 이끄는 대목(10ㄷ-㉮), 인물이 내보이는 일련의 행적에 관한 정보를 이끄는 부분(10ㄷ-㉯) 등에 나타나기 때문이다. (10ㅂ-㉮, ㉯) 전체는 악형 '항의'의 보주 탈취 장면의 일부로서 '항의'가 '셩의'의 눈을 찌르기 직전의 상황이다. '셩의'의 탄식과 이어지는 격군들의 탄식, 자살 장면 등에 대해 감정을 개입시킨 설화자가 주관적으로 논평하는 대목이다. 이들은 모두 후행하는 핵심 사건 장

---

219) 이들의 구체적인 기능에 관해서는 다음 절[4.1.1. (3)]에서 상술한다.

면의 비극적인 정조를 부각시키는 배경적인 구문 정보로 파악된다.

(10ㅅ~ㅍ)은 전개부로서, 해상 표류를 하던 '성의'가 중국 황궁의 '채란공주'와 만나 결연을 맺는 식으로 고난을 극복해 나가는 여정을 그리고 있다. 전개부의 '－더라' 구문은 세 부류로 나뉘어 살펴볼 수 있다. 인물의 내면 심리(10ㅅ－㉮, ㅌ－㉮)나 인물에 관한 직간접적인 배경 정보(10ㅅ－㉯, ㅇ－㉯), 구체적인 서사 상황에 대한 인물의 태도(10ㅇ－㉮, ㅈ, ㅌ－㉯) 등을 드러내는 구문들이 그 첫째 부류다. 이들은 주요 서사 요소 중 인물을 중심으로 서술이 이루어지고 있다는 점에서 하나로 묶을 수 있다. 두 번째 부류는 "(ㅊ탄)왈⋯⋯ᄒ더라" 식의 화법 구문(10ㅊ, ㅋ－㉯)이나 "혜오듸⋯⋯ᄒ더라" 식의 사유 구문 (10ㅍ) 등으로서 외형적으로는 인용문의 형식을 갖추고 있는 것들이다. 이 부류의 구문들은 주요 사건이 종료된 이후의 상황에 주로 나타나면서 인물의 내적 심리 또는 서사적인 상황이나 대상에 관한 태도나 관점을 간접적으로 보여 줌으로써 인물의 배경화 효과를 자아낸다. (10ㅋ－㉮)는 이야기 세계 속 공간 배경의 정경을 서술하고 있는 구문으로서 전개부의 세 번째 부류에 해당한다. 이 부분은 설화자가 주관성이 가미된 정경 묘사를 하고 있는 대목으로서 공간의 독특한 정조를 마련하기 위해 과장적으로 묘사된 세부 정경을 제시하고 있다.

전개부의 '－더라' 구문들도 그 출현 위치와 관련하여 배경적인 속성을 가늠해 볼 수 있다. (10ㅅ－㉮)는 '츠셜'로 시작하는 전개부 첫 번째 화제의 마지막 서술 지문에 해당한다. 탈취한 보주를 가지고 돌아온 '항의'와 모친의 대화 장면 이후 상황을 개괄적으로 서술하고 있다. (10ㅅ－㉯)도 '각셜'로 시작하는 전개부 두 번째 화제의 마지막 서술 지문이다. '성의'가 대피리를 능통하게 불게 된 전후 사정을 구체적인 정보로 하고 있어서 그 배경적인 속성을 짐작할 수 있다. (10ㅇ)은 '츠시'로 시작하는 새로운 화제의 도입 지점에 해당하는데, '채란공주'라는 새 인물의 인물됨이나 능력 등과 같은 전형적인 배경 정보로 이루어져 있다.

(10ㅈ, ㅊ)은 '성의'와 '채란공주'의 첫 만남 장면에 속한다. (10ㅅ-㉮)에서처럼 특정 공간에서의 주요 인물들의 대화 장면이 끝난 후에 나타나는 서술 지문(10ㅈ)이거나 부수적인 인물의 대사를 휘갑하는 대목(10ㅊ)이라는 점에서 그 배경적인 속성이 드러난다. 시공간과 인물의 변화로 새롭게 화제가 시작하는 (10ㅋ), (10ㅌ-㉮)는 (10ㅇ)과 비슷한 성격을 갖는다. (10ㅋ-㉮)는 '이러구러'로, (10ㅋ-㉯)는 '츠시, 이쌕' 등으로, (10ㅌ-㉮)는 '이쌕'로 화제의 바뀜을 보여 주고 있다. (10ㅌ-㉯)와 (10ㅍ)은 각각 후행하는 구문이 '츠시, 각셜' 등으로 시작함으로써 새로운 화제로 전환하기 직전, 곧 앞선 화제가 마무리되는 지점에 나타나고 있다는 것을 알 수 있다. 이들 구문은 앞선 화제의 주요 사건이 인물 간 대화 등으로 마무리된 지점에 나타나면서 인물의 심리를 간접적으로 보여 주는 내적 독백 정보로 구문이 구성되어 있다.

(10ㅎ~g)는 종결부에 나타나는 '-더라' 종결 구문들이다. 종결부는 '성의'가 기러기를 통해 그 모친과 서신을 주고받으면서 재회의 기반을 마련한 후, 경과(慶科)를 통해 한림학사를 제수받아 '채란공주'와 혼인하여 귀국하기까지의 여정 등으로 이루어진다. 서사 구조의 차원에서 보면 주인공의 회운 단계에 해당한다. 이 부분의 '-더라' 구문은 네 부류로 나뉜다. '성의' 모친이 기러기 편에 보낸 서신과 '성의'가 죽은 격군의 혼을 위로하기 위해 지은 제문을 인용하는 대

목에서 인용문을 휘갑하는 '—더라'가 쓰이고 있는 (10ㅎ)과 (10e—㉯)가 그 첫 번째다. 두 번째 부류에는 인물의 내면 심리나 태도 등을 드러내는 (10a—㉮, b—㉮, ㉣, c—㉯, d, g—㉯, ㉣, ㉚) 등이 포함된다. 특정 서사 국면의 정황이나 정경을 보여 주는 (10a—㉯, b—㉯, c—㉮, ㉯, e—㉮, ㉰, f, g—㉮, ㉱, ㉲, ㉹) 등은 세 번째 부류로 묶일 수 있다. 마지막 네 번째 부류인 (10b—㉰, g—㉰)는 인물의 심리를 간접적으로 드러내고 있는 인물 정보로 구성된다. 따라서 이들 구문은 궁극적으로는 앞의 두 번째 부류에 포함할 수 있을 것이다.

종결부에서도 '—더라' 구문이 출현하는 위치상의 특징은 도입부, 전개부의 그것과 크게 다르지 않다. (10ㅎ)은 '셩의'가 개안하기 직전의 상황에 출현한다. 서사체에 등장하는 서신은 그 자체로 배경적인 속성이 강한데, 여기에 덧붙여 주인공의 개안이라는 핵심적인 서사를 마련해 주는 계기물로 기능하고 있다는 점에서도 그 서사적인 기능을 예측해 볼 수 있다. 제문으로 이루어진 (10e—㉯)도 이와 같은 논리로 설명할 수 있을 것이다. 주요 담화나 화제의 전환 대목에 위치하는 상투적인 화두사 '화셜, 차셜'이나 시간 표현 '츳시, 이쩌, 일모ㅎ미, 여러 돌만의' 등을 앞뒤로 하여 나타나는 나머지 대부분의 '—더라' 구문들도 배경적인 기능을 담당한다. (10a—㉮, ㉯)는 '츳시', (10b—㉮, ㉯)는 '화셜', (10b—㉰, ㉣)는 '차셜', (10c—㉮, ㉯)는 '일모ㅎ미'를 전후로 하여 나타난다. '일모ㅎ미' 직전에 나타나는 (10d)나 '여러 돌만의' 직전에 나타나는 (10e—㉮), '션시의'로 시작되는 구문인 (10f)도 이들과 같은 부류로 묶어 이해할 수 있다.

(10c—㉰, e—㉰) 등은 시간 표현으로 새롭게 시작되는 화제의 첫 번째 구문에 곧장 이어진다. 이들 또한 구체적이고 특정적인 장면으

로서가 아니라 인물이나 정경에 관한 전체적이고 개괄적인 정보로 구성되어 있다는 점에서 배경적인 기능을 담당한다. 종결부의 마지막 대목에 해당하는 (10g)는 인물들의 최후 행적이나 후일담 등이 대화 장면 없이 설화자의 서술 지문으로 제시되어 있다. 인물 간 대화나 독백이 나올 법한 장면 상황(10g－㉯, ㉰, ㉱)을 전체화하여 하나의 덩어리로 제시하고 있는 점에서 서사의 최후 국면을 마무리하는 배경 구문으로 파악하는 것이 무난하다.

다음은 '－니라'로 종결되는 구문례들이다.

(11) ㄱ. 어시의 셩의 졈졈 ᄌ라 지덕이 겸비ᄒ여 요슌을 본바드ᄆᆡ 왕이 셩의로 셰자를 봉코ᄌ 흔되 공경이 간왈……불가ᄒ 오믈 고ᄒ니 왕이 침음양구의 항의로 셰ᄌ를 **봉ᄒ니라**. 추시 왕비<적셩의젼: 1>

ㄴ. 셩의 파초션의 나리니 션관이 ᄯᅩ흔 파초션을 두루혀거ᄂᆞᆯ 셩의 션관을 향ᄒ여 빅비 사례ᄒ고 인하여 빅의 올나 돗ᄉᆞᆯ 달고 슌풍을 만나 **힝ᄒ니라**<적셩의젼: 6>

ㄷ. 셩의 고두ᄒ고 흔 곡조를 시험ᄒ니 청아흔 소ᄅᆡ 진셰 음뉼 과 다른지라 샹이 칭찬 왈……ᄒ시고 후원의 **두시니라**. 추시 황졔<적셩의젼: 11>

ㄹ. 이윽고 누셩이 진ᄒᆞᄆᆡ 공쥐 시녀로 ᄒ여 셩의를 인도ᄒ여 보ᄂᆡ고 침소로 **도라오니라**. 이러구러<적셩의젼: 12~13>

ㅁ. 셩의 묵묵무언이러니 문득 금계 보효ᄒᄂᆞᆫ지라 공쥐 몸을 니러나며 시녀로 ᄒ여곰 셩의를 인도ᄒ여 **보ᄂᆡ니라**<적셩의젼: 15>

ㅂ. 기러기 셰 번 소ᄅᆡᄒ고 두 날기를 치며 청쳔의 ᄶᅧ 운간으로 드러 셔북을 향ᄒ여 **가니라**. 이ᄯᅦ 치란공쥐<적셩의젼: 15>

ㅅ. 일모ᄒᆞᄆᆡ 공쥐 궁으로 **도라ᄀᆞ니라**. 슈삭이 지ᄂᆞᄆᆡ<적셩의 젼: 21>

ㅇ. 빅을 지쵹ᄒ며 호호당당이 **힝ᄒ니라**. 션시의<적셩의젼: 22>

ㅈ. 왕비 보기를 다ᄒᆞᄆᆡ 흉격이 막히고 긔운이 져상ᄒ여 기러기를 붓들고 ᄃᆡ셩 통 곡ᄒ니 이ᄯᅦ 항의 우름소ᄅᆡ을 듯고

ᄃᆡ경ᄒᆞ여 ᄉᆡᆼ각ᄒᆞ되……ᄒᆞ되 부ᄅᆡ 응낙고 **가이라**. 이ᄯᅢ 부ᄆᆞ 일힝이<적셩의전: 22>

ᄎ. 이ᄯᅢ 부ᄆᆞ 일힝이 졍히 힝ᄒᆞ더니 홀련 일셩포항의 일ᄃᆡ 인ᄆᆡ ᄂᆡ다라 길을 막고 ᄃᆡ호 왈……ᄒᆞ고 말을 히쳐 다라드니 이ᄂᆞᆫ 젹부ᄅᆡ라 부ᄆᆞ와 공쥐 ᄃᆡ경ᄒᆞ여 엇지헐 쥴 모르는지라 ᄃᆡ국 군관즁 일인이 용ᄆᆡᆼ이 졀눈ᄒᆞᆫ ᄌᆡ 잇는지라 이의 쟝챵을 들고 말긔 올나 ᄃᆡ호 왈……ᄒᆞ고 마ᄌᆞ ᄊᆞ화 슈합이 못ᄒᆞ여 부ᄅᆡ을 버히고 남은 군ᄉᆞ을 즛친 후 위의를 ᄎᆞ려 **나ᄋᆞ가니라**<적셩의전: 22~23>

(11)의 '－니라'와 앞의 '－더라' 구문을 담화상의 출현 위치와 관련해서 보면 그리 큰 차이가 발견되지 않는다. '－더라' 구문의 그것과 마찬가지로 대부분의 '－니라' 구문 또한 주요 화제 전환의 표지들인 상투적인 화두사나 시간 부사어를 전후한 지점에 나타나고 있기 때문이다. 예컨대 (11ㄱ, ㄷ)과 (11ㅂ, ㅈ)은 각각 후행 구문이 'ᄎᆞ시'와 '이ᄯᅢ'로, (11ㄹ), (11ㅅ), (11ㅇ)은 각각 '이러구러', '슈삭이 지나ᄆᆡ', '션시의' 등으로 시작되고 있다. (11ㄴ)과 (11ㅊ)은 후행 구문의 첫머리가 각각 '각설'과 'ᄎᆞ셜'로 이루어져 있다. 출현 위치와 관련해서 보면 이들 '－니라' 구문은 하나의 담화나 화제가 휘갑되는 지점에 나타나기 때문에[220] 배경적인 '－더라' 종결형으로 처리되는 것이 자연스러워 보인다.

그런데 '－니라' 구문의 내용 정보를 자세히 살펴보면 '－더라' 구문과는 그 속성 면에서 분명한 차이가 감지된다. 무엇보다 '－니라'형으로 종결되는 (11)의 공통적인 구문 정보의 속성은 이야기 세계 속의

220) 그런 점에서 (11ㅁ)은 특별한 화제 전환의 표지가 나타나지 않는 담화 위치에 출현하고 있는 점에서 나머지 문례들과 대조된다. 아마도 공간과 인물이 급격히 변하면서 전혀 새로운 화제로 바뀌는 나머지 다른 대목들에서와는 달리 공간 변화의 폭이 미미하고－'성의'는 황궁 내 '채란공주'의 처소에서 자신의 처소로 이동한다－인물 변화도 없기 때문이 아닌가 한다.

구체적인 장면에 등장하는 인물 행위나 행동과 관련되어 있다는 점이다. 각 문장 구문을 마무리하는 종결부의 서술어도 '봉ᄒᆞ다'(11ㄱ), '힝ᄒᆞ다'(11ㄴ, ㅇ), '두다'(11ㄷ), '도라오다'(11ㄹ), '보니다'(11ㅁ), '가다'(11ㅂ, ㅈ), '도라ᄀᆞ다'(11ㅅ), '나ᄋᆞ가다'(11ㅊ) 식으로 인물들의 구체적인 행동을 나타내는 동사류로 처리되어 있다. 특히 '-더라' 구문이 비특정적인 장면과 관련하여 총괄적이고 개괄적인 구문 정보를 이끄는 경우가 많은 반면에 '-니라' 구문은 특정한 서사 국면에서 특정화한 장면 속의 인물 행동을 그리는 경우가 많다.

'-니라' 종결형으로 이끌리고 있는 구문이 장면 묘사에 해당한다고 본 점은 앞에서 언해류 서사체 유형의 '-니라' 종결 구문을 살핀 자리에서도 이미 언급하였다. 이에 따라 '-니라' 구문에서는 해당 장면의 현재성과 직접성이 '-더라' 구문에 비해 좀 더 강하게 감지된다. 이러한 점은, 구문 종결부의 마지막 서술어를 같은 동사류 범주에 포함할 수 있으면서도 인물 내면 심리나 특정 사태, 일정한 상황에 처한 인물의 태도, 특정 서사 국면의 정경이나 분위기 등을 주요 구문 정보로 하고 있는 '-더라' 구문과 대비된다. 이때는 이야기 세계 속의 대상이나 상황과 설화자나 텍스트 수용자 사이의 거리감이 조성되면서 장면의 과거성과 간접성이 좀 더 부각된다.

한편 '적성의전'에서도 이야기 세계에 개입한 설화자의 흔적을 강하게 드러내는 표현들(12ㄱ~ㄷ)이나 절대문의 문장 구문(12 ㄹ)이 보인다.

(12) ㄱ. 셩의 문득 웨ᄂᆞᆫ 소ᄅᆡ를 듯고 천만 반겨 졉션ᄒᆞ고 보니 이 곳 셰지라 ①슬푸다. 항의 불측ᄒᆞᆫ 흉계를 품어시믈 셩의

엇지 ②**알니오**<적성의전: 7>

ㄴ. 항의 불승불노ᄒ여 다르더러 셩의의 두 눈을 지르고 븨를
업지르니 셩의 눈의 필을 흘니고 파션ᄒ 조각을 의지ᄒ여
무변딕희의 졍쳐업시 흘러가니 아지 ①**못계라**. 창천이 효
ᄌ를 보젼ᄒ신가 종말을 ②**보라**<적성의전: 8>

ㄷ. 츠셜 항의 군ᄉ 픠ᄒᆯ 듯고 딕경ᄒ여 친히 칼을 들고 마
죠 가든니 문득 ᄒ ᄉ룸이 딕호왈……ᄒ고 일합의 버히고
ᄌ문이ᄉᄒ니 엇지 쾌ᄒ 당뷔 **아니리요**<적성의전: 23>

ㄹ. 상이 ᄒ교왈……ᄒ신되 부모 부뷔 ᄉ은ᄒ 후 냥젼의 ᄒ직
ᄒ고 승샹 부부의 하직ᄒ 후 발힝홀시 뎐지 ᄒ교ᄒᄉ 군관
슈십을 쥬시고 ᄉ진을 모젼 보닉ᄉ 젼후 슈말을 션통ᄒ라
ᄒ**시다**<적성의전: 22>

설화자의 흔적을 드러내는 표현들은 주관적인 감정 토로, 이야기
세계 속의 인물이나 서사적인 정황에 대한 주관적인 가치 판단 등의
서술 내용을 감탄문(12ㄱ-①, ㄴ-①)이나 반어적인 수사 의문문(12
ㄱ-②, ㄷ)과 같은 구문 형식으로 제시하고 있다. 이와 같은 구문 형
식은 앞서 살핀 '안락국전'에서의 그것들과 마찬가지로 기술물에서
의 서술 상황보다는 구어적인 발화 상황에서 좀 더 자연스럽게 쓰이
는 것들이라고 할 수 있다. (12ㄴ-②)와 같은 구문은 설화자 자신의
목소리를 그대로 보여 주고 있다는 점에서 (12ㄱ-①, ②), (12ㄴ-①),
(12ㄷ)과는 크게 다르지 않다. 그러나 텍스트 수용자로서 '(듣는) 청
자'보다는 '(보는) 독자'를 좀 더 염두에 둔 문장 형식이라는 점에서
구별된다.

'적성의전'에서 설화자가 이야기 세계에 대하여 그 자신의 감정을
토로하거나 주관적으로 가치를 판단하는 모습을 보여 주는 문장 구
문들은 '안락국전'에서와 마찬가지로 갈등과 대립이 증폭되어 주요
인물들의 행적에 중대한 변화가 생기는 식으로 극적 긴장감이 고조

되는 대목에서 주로 발견된다. 예컨대 (12ㄱ)은 '성의' 일행이 '일영주'를 구해 돌아오는 도중에 흉심을 품은 악형 '항의' 일행과 조우하는 대목으로서, 설화자는 악형의 흉계를 알지 못하는 '성의'의 상황을 자신의 감정과 더불어 동반 서술함으로써 긴장감을 고조시키면서 텍스트 수용자의 비분강개에 호소하고 있다. (12ㄴ)은 '고난→고난 극복→회운'의 여정으로 정리되는 삼 단계 서사 구조의 틀에서 주인공 '성의'의 고난이 정점에 달한 대목에 해당한다. 이러한 고난의 정점은 갈등이 최고조에 이른 상태라고도 볼 수 있어 그 극적 긴장감을 자연스럽게 느낄 수 있다. 이후의 서사는 주인공이 고난의 정점을 지나 고난 극복의 과정에 들어서는 모습을 보여 주고 있어 (12ㄴ)을 전후로 서사 국면이 새롭게 펼쳐지고 있음을 알 수 있다. (12ㄴ-②) 식의 독특한 구문 형식이 자연스럽게 출현할 수 있는 서사 대목인 것이다.

(12ㄷ) 또한 종결부의 악인 징치에 해당하는바, (12ㄱ, ㄴ)과 마찬가지로 극적 긴장감이 고조된 서술 대목이다. 최후 순간까지 회개할 줄 모르는 악인 징치 식의 이야기 요소는 주인공의 고난과 극복 여정, 그리고 회운의 과정과 대비되면서 도덕적인 재미와 교훈을 동시에 안겨 주면서 이야기의 긴장감을 살려 주는 한편으로 대중적인 기호에도 자연스럽게 부합한다. 이와 같은 서술을 통해 설화자는 단순한 감정 표출을 넘어 도덕적인 교훈 전달이라는 텍스트 서술 의도나 담화 주제를 강하게 환기시킨다.

'흐시다'로 종결되는 문장 구문 (12ㄹ)은 일체의 시상 표지나 양태성을 갖지 않는 절대문으로서 '적성의전' 전체에서 유일하게 보이는 문례다. 그만큼 독특한 문투를 형성하고 있는 대목이라고 할 수 있다. 그 구체적인 내용이 천자가 내린 하교에 관한 정보로 이루어져 있어서 근대 이전 왕조 시대의 역사서에서 자주 보이는 절대문 형식과 매우 흡사하다. 특히 (12ㄹ)을 기점으로 천자의 부마가 된 '성의'가 귀국하여 부모와 상봉한 후 회운의 대단원을 마무리 짓는 종결부의 서사가 순차적으로 펼쳐지고 있는 점은, 역사 기술물에서 어떤 화제를 본격적으로 펼쳐 보이기 전에 화제의 배경이 되는 정보로써 그것을 예비하는 절대문과 크게 다르지 않다.

(3) 담화 표지와 이야기 배열

고소설류 서사체 유형 텍스트에서도 이야기 배열과 관련하여 담화 표지적인 쓰임새를 보이면서 문체 특징을 드러내는 언어 형태들이 있다. 이들은 크게 두 부류로 나뉘는데, '화설, 차설, 각설'과 같은 화두사류와 '츠시, 이쩍' 등과 같은 시간 부사어류가 그것이다. 고소설류 서사체 유형에서 보이는 이들 담화 표지는 '그쯱, 그저긔' 등으로 쓰이는 언해류 서사체 유형의 담화 표지와 분명하게 구별되는 문체 요소라고 할 수 있다. 그런데 고소설류 서사체 유형을 보면 각 텍스트별로 지배적인 담화 표지가 상이하게 나타나고 있어 주목을 끈다. 가령 '안락국전'이 '이쩍' 등의 시간 부사어가 지배적으로 나타나는 데 반해 '나복전'은 '츠셜' 식의 화두사와 '흐로는, 츠시' 등 시간 부사어가 비슷하게 쓰이고 있다. '적성의전'은 화두사류가 약간 우세한 가운데 '츠시, 이쩍' 등과 같은 시간 부사어류도 여러 군데에서 발견된다. 각 텍스트에 나타나는 이러한 지배적인 표지를 중심으로 담화나 화제의 도입, 전환과 이야기 배열의 양상을 살펴보도록 하자.

(13)은 '안락국전'에서 '이쩍' 식의 시간 부사어를 포함하고 있는 구문들이다.

(13) ㄱ. ㉮과거적의 셕가셰존이 삼쳔졔ᄌ를 거느리시고 샹쥬 셜법
　　ᄒ옵시ᄂ 도량의 우담 바라화와 년화를 ᄉᆡᆨᄉᆡᆨ이 심어 두시
　　고 즐기시더니 ㉯잇썬의 구년지슈와 칠년대한을 만나 아
　　홉 ᄒᆡ 비 오실 제ᄂ 우담만다라화가 ᄲᅢᆨᄲᅢᆨᄒᆞ야 나늘이 화기
　　잇시미<안락국전: 1>

　ㄴ. 승 여러 하나님ᄭᅴ 됴빅ᄒᆞ고 가니라. 바라문 화쥬 ㉮잇썬 심
　　산심곡으로 졍쳐업시 ᄎᆞᄌᆞ가다가 가막까치를 만나도 인ᄉᆞ
　　를 ᄒᆞ고 졀을 ᄒᆞ며 가더니 ㉯일일은 더통 바다가의 다ᄃᆞ라
　　니<안락국전: 4>

　ㄷ. 승 여러 바라문이 궐하의 갓가이 머므더라. 잇썬 대왕과 부
　　인이 빅관의게 하교ᄒᆞ신ᄃᆡ 홀연이 텬지 진동ᄒᆞ시니<안락
　　국전: 6>

　ㄹ. 부인이 이 말ᄉᆞᆷ을 드르시고 엿ᄌᆞ오ᄃᆡ……ᄒᆞ고 힝장을 출히
　　더니 잇째 만조빅관들이 일시의 통곡ᄒᆞ고 대왕ᄭᅴ 알외ᄃᆡ
　　<안락국전: 14~15>

　ㅁ. 대왕님과 화쥬 부인ᄭᅴ 하딕ᄒᆞ고……통쳔 바다가의 ᄃᆞ다ᄅᆞ
　　니 ᄉᆞ공이 빅를 등ᄃᆡᄒᆞ엿 거늘 그 빅의 오르니 만경챵파를
　　슌식간의 건너가니라. ㉮잇썬 대왕과 화쥬 셰존님ᄭᅴ 뵈옵
　　고……ᄒᆞ온ᄃᆡ 셰존님이 드르시고 비감히 넉이시고 은지계
　　은장군을 주시고……ᄒᆞ시니……대왕이 닐오샤ᄃᆡ……ᄒᆞ신ᄃᆡ
　　셔역국 사름이 아니 브르리 업더라. ㉯잇썬 슬프다. 원앙부
　　인이여 대왕님 니별ᄒᆞ시고 발은 알프시고 망극하야 우시
　　노라니……부인이……아기도 싱각ᄒᆞ야 ᄆᆞ음을 진졍ᄒᆞ야 디
　　내시며 산식을 싱각ᄒᆞ시더니 홀연이 ㉰ᄒᆞᆫ썬 문득 난ᄃᆡ업
　　ᄂ 션녀 ᄉᆞ오 인이 드러와 부인ᄭᅴ 읍ᄒᆞ거늘<안락국전:
　　21~23>

　ㅂ. 이러구러 셰월이 여류ᄒᆞ야 안락국의 나히 십셰라 ㉮잇썬
　　지영 쟝ᄌᆞ 안락국을 불러 닐오ᄃᆡ……분부ᄒᆞ니 안락국이 쳔
　　지 도지ᄒᆞ야 홀일 업셔 분부를 듯고 말과 소를 ᄒᆞᆫ 곳비의
　　ᄆᆡ여 잇글고 심산궁곡을 드러가며 이통ᄒᆞ며 가더니……안
　　락국이 그졔야 슈ᄃᆡ로 다리고 가며 소등 우희 안져 옥뎌를
　　슬피 불고 드러오니 쟝ᄌᆞ 브라보며 어히업셔……ᄒᆞ더라.
　　㉯일일은 안락국이 부인ᄭᅴ 닐오ᄃᆡ<안락국전: 24~25>

　ㅅ. 부인이 닐오샤ᄃᆡ……ᄒᆞ신ᄃᆡ 안락국이 알외ᄃᆡ……ᄒᆞ더니 ㉮
　　일일은 간ᄃᆡ 업거늘 부인이 싱각하시ᄃᆡ……ᄒᆞ시고 더욱 슬
　　허ᄒᆞ시더니 ㉯ᄒᆞᆫ 잇를 後 쟝ᄌᆞ "안락국이 어ᄃᆡ 갓ᄂ다?"

첫는디라 부인이 닐오샤디<안락국젼: 25~26>

ㅇ. 쟝지 안락국을 잡아두려 쓸녀노코 니오디……흐더라. **이썬** 안락국이 쟝즈의 손의 옥을 보고 나와 싱각흐되<안락국 젼: 27>

ㅈ. 동지 이 말을 듯고 불샹흐고 어엿비 너여 청흐야 운디의 올니거늘 안락국이 흔 가지로 오르며 문득 옥더 소리 들니 며 바다흘 나는 듯히 가는지라 **이썬** 쟝지 안락국을 츠즈니 쏘 도망흐고 업거늘 묵동을 불너 안락국 간 곳즐 츠즈 살 펴보긔 흐니<안락국젼: 28~29>

ㅊ. 어히업시 브라보더니 도라가다. **잇썬의** 안락국이 동즈로 더불어 운디의 느려 동즈의게 빅비 스례흐고 살오디<안락 국젼: 29>

ㅋ. 안락국이 하딕흐고 가니라. **잇썬** 쟝지 죵놈 부동이 도라와 쟝즈긔 고왈<안락국젼: 31>

ㅌ. 쟝지 노긔 발발흐야 압히 노혀든 바독판으로 박살흐야 죽 으니라. 츠흡다. ㉮**잇썬** 원앙부인의 곳갓흔 화용월틱로 칠 보 궁면 어딕 두고 저 몹쓸 쳔인의게 죽어 범타국 님졍스 로 가는딕 수풀 속의 너흐라 흐니……브람결의 좃츠나는 소릭 잇시디……흐더라. ㉯**잇썬** 무을 사람들이 슬피 닐오 디……흐니 그 말 아히 듯고 노릭 삼아 외오더라. ㉰**잇썬** 안락국이 길 난 지 슈월만의 쟝즈의 집 근쳐의 와 모부인 소식을 탐지흐야<안락국젼: 31~33>

ㅍ. 문득 텬지 진동흐더니 벽녁과 별악이 느려와 쟝즈의 집을 둘러 쌔혀 쳥쳥소를 민 들고 묵동 부동이는 시신도 업시흐 고 간딕 업더라. **이러흘 스이의** 안락국이 모부인을 뫼시고 통텬 바다구의 다드릭니<안락국젼: 36>

(13ㄱ-㉮)는 '안락국전'의 최초 시작 부분에 나타나는 시간 부사 표현이다. 배경에 해당하는 불특정의 과거 시간을 확정하면서 이야기 를 시작하고 있으므로 전형적인 담화 도입 표지라고 할 수 있다. 확 정된 시공과 인물 관련 정보 등 배경적인 내용에 이어지는 (13ㄱ-㉯) 는 일종의 화제 도입 표지에 해당한다. 구문 중간에 쓰이면서, 직전의

배경적인 화제를 토대로 특정한 시공간 속의 인물들을 중심으로 한 전경화한 화제 장면을 묘사하고 있기 때문이다. (13ㄱ-㉰)와 같이 구문 중간에 쓰이면서 새로운 화제 도입이나 이야기 전환의 표지로 기능하는 시간 부사 표현으로 '일일은'(13ㄴ-㉯, ㅅ-㉮), '잇쌔(이쌔)'(13ㄹ, ㅈ), '혼쎡'(13ㅁ-㉱), '혼 잇틀 후'(13ㅅ-㉯) 등이 있다. 이들은 공간 전환(13ㄴ-㉯, ㅈ)이나 시간 변화(13ㅅ-㉮, ㉯), 인물 전환(13ㄹ, ㅁ-㉱) 등의 지점에 출현하는 공통점을 갖는다.

예컨대 (13ㄴ-㉯, ㅈ)은 각각 '심산궁곡'→'더통 바다가', '통천 바다'→'대원국'('재영장자'의 집) 식으로, (13ㄹ, ㅁ-㉱)에서는 각각 '원앙부인'→'만조빅관', '원앙부인'→'션녀 ㅅ오 인' 식으로 공간이나 인물이 바뀌고 있다. 이들 표지를 기준점으로 전환되는 화제들은 텍스트 내에서 서사적으로 하나의 더 큰 담화나 화제로 귀속되는 작은 화제들이다. (13ㄱ-㉰) 전후의 화제들은 세존의 꽃밭 수례를 위해 인시주 걸립 화주를 결정하게 되는 배경적 사건으로, (13ㄴ-㉯)를 전후로 한 화제는 '바라문'의 '대원국' 걸립 여정으로 수렴된다. (13ㄹ)의 '잇쌔'를 전후한 화제는 꽃밭 수례를 위해 '사라수왕' 부부가 서역국에 가기로 결정하는 장면에 포함된다. (13ㅁ-㉱)와 (13ㅅ-㉮, ㉯) 등도 각각 '원앙부인'의 고난과 선녀들의 조력을 통한 고난 극복의 과정, 부친을 찾기 위해 '안락국'이 도망치게 되는 전후 사건 등으로 더 큰 화제나 담화를 상정해 볼 수 있다.

한편 '-ㄴ지라'에 이어지는 (13ㅈ)의 '이쌔'를 제외하면 이들 시간 부사어는 '-으니'에 선어말 어미 '-더-'가 개재된 연결형 '-더니' 형식에 후행하는 경우가 대다수다. 선어말 어미 '-더-'가 담화적으로 배경의 기능을 하는 점은 앞선 논의에서도 언급된 바로서,[221] '-더니' 연결 표현에 선행하는 배경적인 정보를 기반으로 후행하는 화제에서 구체화·전경화한 장면이 서술되고 있다. 일반적으로 서사체의 배경 정보나 사건은, 시간 순서에 따라 순차적인 줄거리를 형성하는 전경 정보 또는 사건의 이전 상황과 관련되거나, 이들과 시간적으로는 중첩되더라도 후행하는 전경 정보와 사건을 예비하면서 부연하는 특징을 갖는다. 실제 구문 중간의 화제 도입이나 전환 표지에 후행하는 서사를 보면 사건이 시간 경과에 따라 전개되면서 전체 줄거리의 일부를 형성하는 식으로 서술되고 있는 것을 볼 수 있다.

(13ㄴ-㉮)는 일반적인 예상으로는 선행하는 '바라문화쥬'의 앞자리에 놓이는 것이 좀 더 자연스러워 보인다. 일종의 도치로도 볼 수 있을 것 같다. '가니라'로 종결되는 바로 앞 구문과 "바라문 화쥬 이쩌"로 시작하는 구문은 각각 상이한 담화 단위에 포함되기 때문에 이곳의 '이쩌'는 담화 도입의 쓰임새가 강하다. (13ㄷ)의 '잇쩌'도 (13ㄴ-㉮)와 비슷하게 새로운 담화를 이끌고 있다. 그런데 (13ㄷ)의 '잇쩌'는 문장 구문의 첫머리에 놓이면서 온전한 문장 종결형으로 처리되는 선행 화제와 후행 화제를 확연하게 구별해 준다. 그런 점에서 구문 중간에 나타나는 시간 부사어(13ㄱ-㉯)와 그 형태가 같음에도

---

221) 최동주(1995: 99~102)를 참고할 것. 〈석보상절〉이나 〈월인석보〉에 실린 연기(緣記), 설화 등의 서두에서 배경적 상황을 언급할 때 '-더-'가 통합된 표현이 자주 쓰인다고 본 점 등이 우리의 주목을 끈다. 이와 관련하여 많은 경우 한 편의 담화에서 배경 정보가 비완료상으로, 전경 정보가 완료상으로 제시된다는 주장[Hooper(1982: 9), Aspect between Discourse and Grammar; An Introductory Essay for the Volume, in P. Hopper(ed); 최동주(1995: 23)에서 재인용, Bybee, Joan L.(1985: 35) 등]을 상기할 필요가 있다. 다음 예문에서 우리는 시상 표지 없이 완료상을 나타내는 부정법의 '-으니'를 통해 전경적인 화제 장면이(ⓑ), '-더-'와 같은 표지로써 비완료상을 나타내는 '-더니'를 통해 배경적인 정보가 제시(ⓐ, ⓒ)되는 서술 방식을 이해하게 된다.

"바라문 화쥬 잇쩌 심산심곡으로 졍쳐 업시 츠즈가다가 가막까치롤 만나도 인스롤 ㅎ고 졀을 ㅎ며 ⓐ가더니 일일은 더통 바다가의 ⓑ다드라니 바다가 하늘의 다아 잇고 너븨 수쳔니라 승 여릭 바라문이 텬지 망극ㅎ야 슬피 ⓒ우더니"(안락국전: 4)

불구하고 담화적인 쓰임새가 다르다. 이들 시간 부사어를 전후로 한 화제들은 (13ㄱ-㉯)와 같이 구문 중간의 시간 부사어를 전후로 한 화제들보다 상대적으로 상위의 화제들로서 담화 단위를 경계 짓고 있기 때문이다. (13ㄷ)의 '잇씨'와 같은 시간 부사어가, 서술 지문만을 대상으로 할 때 '-더라'나 '-니라' 등의 온전한 문장 종결형으로 휘갑되는 화제 구문 직후에 출현하고 있는 점도 이러한 측면에서 이해된다. 여기에는 (13ㄷ)의 '잇씨' 외에 (13ㅁ-㉮, ㉯, ㅂ-㉮, ㅋ, ㅌ-㉮, ㉯, ㉳)의 '잇씨', (13ㅂ-㉯)의 '일일은', (13ㅇ)의 '이씨', (13ㅊ)의 '잇씨의', (13ㅍ)의 '이러홀 스이의' 등이 포함된다. (13ㅂ-㉯)와 (13ㅍ)의 '일일은'과 '이러홀 스이의'를 제외하면 '이씨'가 가장 지배적으로 쓰이고 있다.

그런데 (13ㄷ)의 '잇씨'와 같은 담화 도입 표지는 전체 서사 구조를 고려해서 보면 발단부나 전개부, 종결부에서보다는 절정부에서 좀 더 집중적으로 쓰이고 있는 점이 우리의 주목을 끈다. 모두 열두 개의 용례들 중 발단부와 전개부에서는 각각 한 개씩만 쓰이고 있는 데 반해 절정부에서는 아홉 개나 쓰이고 있는 것이 확인된다. 일반적으로 서사의 절정 단계에서는 인물들 사이에 반목과 대립이 고조되어 그 정점에서 갈등이 폭발하는 경우가 많다. 이렇게 고조된 긴장의 상황에서는 이야기에 연루된 인물들의 행적에 변화를 주는 여러 사건들이 동시다발적으로 발생할 가능성이 높다. 따라서 여러 화제 장면의 전환이 다른 서사 국면에서보다 좀 더 빠르고 긴박하게 이루어질 가능성이 높다고 할 수 있다. '안락국전'에서 (13ㄷ)의 '잇씨'와 같은 담화 도입 표지가 절정부에 집중적으로 출현하는 점도 이런 관점에서 이해된다.

다음 (14)는 '나복전'의 용례들이다.

(14) ㄱ. ⓐ**효자 나복이 오빅 숭지로 부모을 효도**ᄒ**니라**. ㉮이젹의
바라국의 한 션남 잇시되 일홈은 나복이라 그 부모를 위ᄒ
야 날노 션수를 만이 ᄒ며 오빅 숭지를 일슴든이 ㉯ᄒ로난
나복이 그 모친 청졔 부인게 고ᄒ되<팔상록3: 583>

ㄴ. 나복이 마음을 졍ᄒ고 다시 모친계 스례ᄒ고 이르듸……ᄒ
더라. **이후로** 숨일리 못ᄒ야 청졔 별셰호니 나복이 이통
긔졀ᄒ다가<팔상록3: 586>

ㄷ. 졍반왕니 왕왕의 머리을 어로만지며 이르듸……ᄒ시더라.
㉮초셜 셰존니 왕ᄉ셩즁의 쳐ᄒ야 여러 졔ᄌ로듸려 도을
의논ᄒ시더이 ㉯ᄒ로난 두 소연니 드러와 셰존젼의 비례
ᄒ며 셩명을 고ᄒ되<팔상록3: 595>

ㄹ. ⓑ**목연이 쳑발 등공**ᄒ**야 방션 쳔당**ᄒ**고 지옥문의 읍별 긔
모**ᄒ**다**. 초셜 목연이 그 모친 청졔 부인을 위ᄒ여 님의 츌
ᄀᄒ야 셰존젼의 법을 듯고 신통을 어든니<팔상록3: 598>

ㅁ. ⓒ**도솔쳔상의셔 목연이 청졔 부인을 보고 도솔ᄂ̇원의셔 셰
존니 친견 마야부인**ᄒ**시이라**. 초셜 쳐음의 마야부인이 셰
존을 탄싱ᄒ신 칠일의 도솔쳔상의 올나ᄀ시이<팔상록3:
621~622>

ㅂ. 쳔상 풍악과 난봉 공작 ᄉ자 코키리 드러와 운즁의 분운ᄒ
더라. ㉮초시 청졔부인니 목연의 츌ᄀ흔 효셩으로써 셰존
의 졔도을 입사와 그날 바로 화락쳔상의 올나 그 가군 갈
졔로 듸려 쾌락이 무궁한지라 ㉯초일 갈졔 청졔 한 가지로
난봉을 타고 연소젼 조회의 갓다가 오더이<팔상록3: 623>

(14ㄱ-㉮)는 '나복전' 전체의 첫 번째 서사 명제(14ㄱ-ⓐ) 직후에
나타난다. 서사 명제가 일종의 소제목처럼 기능하고 있는 점을 고려
하면 '이젹의'로 시작하는 부분이 '나복' 이야기의 실질적인 도입부
라고 할 수 있다. 따라서 이러한 출현 위치를 고려했을 때 (14ㄱ-㉮)
는 앞서 살핀 '안락국전' 첫머리의 '과거젹의'와 크게 다르지 않다.

전형적인 담화 도입 표지로 볼 수 있는 것이다. (14ㄱ-㉯, ㄷ-㉰)는 선행하는 배경 정보와 이에 후행하는 전경적인 사건 장면을 구별해 주고 있다. 앞에서도 살펴본 것처럼 배경 정보는 대개 이어지는 전경 사건을 예비하는 부연적이거나 부수적인 정보들로 구성되어 있는 경우가 많다. 이처럼 예비된 배경 정보를 바탕으로 전개되는 전경 사건은 서사 시간의 축을 따라 진전하면서 이야기 전체의 줄거리를 형성하는 중요한 요소가 된다. (14ㄱ-㉯, ㄷ-㉰)를 보면 '흐로난'에 선행하는 서사 정보는 시간의 흐름을 파악하기 힘들거나 이와는 무관한 인물 관련 정보로 구성되어 있다. 반면에 후행하는 서사 정보는 '흐로난'으로 구체적인 시간대 속에서 펼쳐지는 특정적인 장면으로 구성되어 있으면서 서사를 본격적으로 추동시키는 시발점이 되고 있다.

(14ㄱ-㉰, ㄷ-㉯, ㅂ-㉯)는 구문 중간에 쓰이면서 선행하는 배경 화제를 후행하는 전경 화제와 구별하는 기능을 하기 때문에 새로운 화제 도입 표지의 하나로 이해할 수 있다. 그런데 (14ㄱ-㉰)와 (14ㄷ-㉯), (14ㅂ-㉯)의 선·후행 화제들은 각각 '나복'의 첫 번째 길 떠남과 불문 편입, '목련'과 '청제부인'의 '도솔천' 상봉이라는 상위 화제에 포섭되는 하위 화제들이라고 볼 수 있다. 이러한 특징은 '안락국전'에서 구문 중간에 나타나는 '일일은', '이쩍' 등의 시간 부사어의 그것과 큰 차이가 없다. '-으니'에 선어말 어미 '-더-'가 개재된 '-더니'나 '-ㄴ지라'와 같은 연결 형식 직후에 이와 같은 시간 부사어가 나타나는 점도 마찬가지다. (14ㄴ)의 '이후로'는 '청제부인'의 거짓 맹세라는 선행 화제가 '흐더라'로 종결되고 '청제부인'의 죽음과 '나복'의 시묘살이라는 새로운 화제로 전환되는 지점에 나타난다. 이러한 화제들은 전체 서사 구조를 고려할 때 비교적 상위의 화

제라고 할 수 있다. 따라서 우리는 (14ㄴ)의 '이후로'를 새로운 담화를 도입하는 표지로 파악할 수 있다. (14ㅂ-㉮)도 '이후로'와 같은 범주에 속하는 시간 부사어로 파악된다.

(14ㄷ-㉮, ㄹ, ㅁ)의 '츳셜'은 이야기 중간에서 화제가 바뀌어 새로운 이야기가 도입되면서 선·후행 사건이 구별되고 이야기가 새로운 서사 국면으로 진입할 때 나타나는 화두사다. (14ㄷ-㉮)는 '야수'의 이야기가 그 아들 '라후라'의 성품에 관한 배경적인 정보로 종결된[222] 직후에 나타난다. 이에 후행하는 이야기가 '나복'이 '아란'과 더불어 세존 문하에 편입하게 되는 장면이므로 두 이야기 화제는 (14ㄷ-㉮)를 사이에 두고 구별되어 바뀌는 셈이 된다. 반면 (14ㄹ)의 '츳셜'은 세존의 종제인 '아란'에 관한 이야기가 끝나고 (14ㄹ-ⓑ) 식으로 후행하는 이야기를 아우르는 서사 명제가 제시된 후에 나타나고 있다. 이러한 출현 위치상의 특징 때문에 (14ㄹ)의 '츳셜'에서는 (14ㄷ-㉮)에서보다 새로운 담화 도입의 기능이 좀 더 강하게 나타난다.

마지막으로 '적성의전'을 보자. 아래 (15)[223]는 '적성의전'에서 뽑은 담화나 화제 도입 표지가 포함된 구문들이다. '적성의전'이 상당한 분량의 텍스트인 만큼 많은 용례가 발견된다. 전체 34개의 표지들 중 '화셜' 식의 화두사가 10개, '츳시, 이쩍' 식의 시간 부사어[224]가 24개다.

---

222) "광음 홀홀ㅎ야 나후라 칠세의 당호ㅁㅣ 쳥수환 그골리 쎄여나 능히 도솔 늬원의셔 미륵보살 머리을 어로만지며 이르듸 츳아의 풍치 그골리 능히 츌ㄱ 틱ㅈ로 다려 다름이 업눈지라 반다시 후일의 날를 소기고 츌ㄱㅎ리라 ㅎ시더라"〈팔상록3: 595〉가 그 대목이다.

223) 여러 문례 속의 화두사나 시간 부사어를 유형별로 나누어 배열하는 것도 고려할 만하다. 그러나 여기서는 이들이 전체 서사의 흐름 속에서 어떤 식으로 출현하면서 쓰이는지를 좀 더 잘 알 수 있도록 표면적인 순서대로 배열하였다.

224) 전형적인 시간 부사어는 아니지만 서사적인 시간의 경과를 배경적으로 제시하면서 문장 구문이 바뀌는 지점에 위치하는 '일모ㅎㅁㅣ' 등과 같은 표현이 몇 곳에서 보인다.

ㄱ. 이쩍 제신이 반열의 셧다가 셩의을 보고 수단을 알고져 ㅎ거눌 호승샹이 젼후수를 셜파ㅎ

(15) ㄱ. **화셜** 강남의 안평국이 잇스니 산쳔이 슈려ᄒ고 옥야쳘니며
보화 마는고로 국 부 민강ᄒ며 의관문물이 번셩ᄒ여 남방
의 유명ᄒ더라<젹셩의젼: 1>

ㄴ. 항의 ᄆᆡ양 불측ᄒ 마음으로 셩의의 인ᄒ믈 늘 싀긔ᄒ여 음
히홀 ᄯᅳᆺ을 두더라. ⑦**어시의** 셩의 졈졈 ᄌ라 지덕이 겸비
ᄒ여 요슌을 본바드믹……왕이 침음양구의 항의로 셰ᄌ를
ⓐ**봉**ᄒ니라. ⑭**ᄎ시** 왕비 우연 득병ᄒ샤 졈졈 침즁ᄒ여 십
분 위틱ᄒᄆᆡ……셩의는 쥬야로 불탈의대ᄒ고 탕약을 맛보
아 봉양ᄒ며 하늘ᄭᅴ 축슈ᄒ여……ᄒ고 밤마다 ⓑ**축원**ᄒ**더
니** ⑭**일일은** 궐문밧긔 ᄒ 도ᄉ 뵈와지라 쳥ᄒ다 ᄒ거늘
<젹셩의젼: 1>

ㄷ. 문득 운무 사면이 이러나며 션관의 가는 바를 아지 못홀너
라. **ᄎ셜** 셩의 몸을 두로혀 졈졈 나아가며 보니<젹셩의젼: 5>

ㄹ. 셩의 션관을 향ᄒ여 빅비ᄉ례ᄒ고 인하여 빅의 올나 돗슬
달고 슌풍를 만나 힝ᄒ니라. ⑦**각셜** 안평국 왕비 셩의를 셔
쳔의 보닉고 불승찬연ᄒ여 병셰 침즁ᄒ지라 쥬야 쳬읍
왈……ᄒ더라. ⑭**이ᄯᅦ** 항의 헤오듸<젹셩의젼: 6>

ㅁ. 창쳔이 효ᄌ를 보젼ᄒ신가 종말을 보라. **ᄎ셜** 항의 빅를 두
루혀 도라올시 무ᄉ를 당부ᄒ여 누셜치 말나 ᄒ고<젹셩의
젼: 8>

ㅂ. ᄯᅩ 일환을 쓰니 심신이 쇄락ᄒ고 ᄉ지 강건ᄒ여 빅병이 일
시의 물너가듸 다만 셩의를 ᄉᆡᆼ각ᄒ여 쥬야 비쳑ᄒ더라. **각
셜** 셩의 ᄒ 조각 널을 의지ᄒ여스니<젹셩의젼: 9>

ㅅ. 이는 희상의셔 신션의 져소릭 듯고 곡조를 능통ᄒ 빈러라.
챠셜 즁국 ᄉ신 호승상이 안남국의 것더니<젹셩의젼: 10>

ㅇ. 셩의 고두ᄒ고 ᄒ 곡조를 시험ᄒ니 쳥아ᄒ 소릭 진셰 음뉼
과 다른지라 샹이 칭찬 왈……ᄒ시고 후원의 두시니라. **ᄎ시**
황졔 다만 ᄒ낫 공쥬를 두어시니<젹셩의젼: 11>

니 졔인이 ᄎ탄왈……ᄒ더라. **일모파연ᄒᄆᆡ** 졔신은 물너가고 황졔 닉젼의 드르샤<젹셩의
젼: 13>

ㄴ. 샹이 틱열허ᄉ 홈텬관의 틱일ᄒ즉 지격일슈ᄒ지라 길일이 다다르믹 한님이 위의를 휘동
ᄒ여 젼안지례을 힝ᄒ믹 신낭 신부의 남풍여믹 츄동이 업더라. **일모ᄒᄆᆡ** 신방의 나아ᄀ
원앙금니의 운우지락을 일우니<젹셩의젼: 21>

ㄷ. 공쥬 공경ᄉᄉ홀 ᄲᅮᆫ이러라. ⓐ**일모ᄒᄆᆡ** 공쥬 궁으로 도라ᄀ니라. ⓑ**슈삭이 지ᄂᄆᆡ** 부믜
공쥬를 틱ᄒ여 츄연 낙누왈<젹셩의젼: 21>

ㄹ. 인ᄒ여 발션ᄒ여 슌풍을 만ᄂ 빅 ᄲᅢᆯ르기 살갓더라. **여러 돌만의** 젼일 듁님을 동ᄒᄆᆡ ᄌ연
비감ᄒ여 ᄂ○가 **듁님**의 ᄉ례ᄒ고<젹셩의젼: 22>

ㅈ. 한가흔 ᄢ면 단금을 타며 혹 후원의셔 무예를 익이니 가위
여즁군지요 규즁호걸이러라. **초시** 셩의 후원의 잇셔 의식은
유족ᄒ니 고국 소식이 묘연ᄒᆯ 슬허 왈<적성의전: 11>

ㅊ. 황제 호승상을 명초ᄒ샤 셩의를 부르시니 ㉮**초시** 셩의 홀노
안ᄌ 본국을 싱각ᄒ고 탄식만 ᄒ더니……시로이 셩의 지조
를 칭찬ᄒ시고 그 신셰를 이련ᄒ시니 ㉯**이ᄯᅥᆨ** 졔신이 반열의
셧다가 셩의을 보고 ᄉ단을 알고져 ᄒ거늘 호승샹이 전후ᄉ
를 셜파ᄒ니 졔인이 ᄎ탄왈……ᄒ더라.(적성의전: 13)

ㅋ. 황휘 금은을 후히 상ᄉᄒ여 보ᄂ시니 셩의 ᄉ은ᄒ고 후원으
로 도라와 금은을 어루만져 체읍 왈……ᄒ고 인ᄒ여 전전불
미ᄒ더라. **초시** 공ᄌ 야심ᄒᆯ 인ᄒ여 옥촉을 밝히고 난간
을 의지ᄒ여 시를 을프다가<적성의전: 13~14>

ㅌ. 셩의 쳐소로 도라가 혜오ᄃᆡ……ᄒ더라. ㉮**각셜** 안평국 왕비
병셰 쾌복ᄒ나 셩의 싱ᄉ를 몰나 쥬야 슬허ᄒ더니 ㉯**일일은**
셩이 잇던 별당의 드러가니<적성의전: 15>

ㅍ. 기러기 셰번 소리ᄒ고 두 날기를 치며 쳥쳔의 ᄯᅥ 운간으로
드러 셔북을 향하여 가니라. **이ᄯᅥᆨ** ᄎ란공ᄌ 홀노 금각당의
안져 글을 외오다가 ᄉ챵을 열고 보니<적성의전: 15>

ㅎ. 벽옥이 즉시 후원의 나아가 셩의를 부르니 **이ᄯᅥᆨ** 셩의 맛춤
잠을 깁히 드럿다가 놀나 니러나 안즈니<적성의전: 16>

a. 좌즁을 숢혀보니 일위 공ᄌ 시녀를 다리고 금슈석상의 단좌
ᄒ엿스니……ᄒ번 보ᄆᆡ 졍신이 산난흔지라 ㉮**이ᄯᅥᆨ** 공ᄌ 옥
수로 봉셔를 들고 그 보지 못ᄒᆯ 혐의치 아니ᄒ여 낭낭흔
소리로 힝운유수갓치 넑어 들니다가……ᄒ번 보고 두번 보
ᄆᆡ 비회 교집ᄒ여 아모리 홀 쥬를 몰나 흔흔이 안져더니 ㉯
초시 공ᄌ 피ᄒ여 드러가 츈란으로 말숨를 젼ᄒ여 왈<적셩
의전: 18>

b. 황휘 이윽히 보시고 칭찬왈……ᄒ시고 금은치단을 상ᄉᄒ시
니 ㉮**이ᄯᅥᆨ** 공ᄌ 금각당의셔 작별흔 후로 피ᄎ 소식이 막히
ᄆᆯ 한ᄒ더니……ᄌ긔 젼일 지ᄂ던 일을 싱각흔즉 ᄌ괴지심
을 못ᄂ 일컷더라. ㉯**초시** 상이 황후로 동좌ᄒ여 셩의와 문
답ᄒ신즉……보ᄂ ᄉ롬이 흠앙치 아니라 업더라. 승샹이 다
만 ᄯᅩᆫ 아들이 업고 다만 일녀를 두어시니 일홈은 옥난이
니 ㉯**일일은** 부인이 승샹을 ᄃᆡᄒ여 왈<적성의전: 20>

c. 부인이 쳥파의 악연히 ᄢ닷더라. ㉮**화셜** 황제 츈취 눕흐시되
미양 후ᄉ 업스ᄆᆯ 한탄ᄒ옵시더니 ㉯**일일은** 황휘 일몽을 어

드신 후 과연 그날부터 틱긔 잇셔 십삭만의 싱남ᄒ시니<젹
셩의젼: 20~21>

d. 한님이 비록 영귀ᄒ나 경ᄉ을 고홀디 업셔 누쉬 옷깃슬 젹
시더라. ㉮**차셜** 쳐 란공쥬 젹공ᄌ 쟝원급졔ᄒ믈 심즁의 임
회ᄒ더라. ㉯**이씬** 쳐란공쥐 쟝셩ᄒ믜<젹셩의젼: 21>

e. 비을 지쵹ᄒ며 호호당당이 힝ᄒ니라. ㉮**션시의** 기러기 발의
셔찰을 미여 본국의 몬져 고ᄒ엿드니 ㉯**츠시** 왕비 셩의 싱
각ᄒ고 쳥련을 앙망ᄒ더니……셔즁ᄉ의 춤담ᄒ고 젼후 슈말
이 버러더라. 왕비 보기를 다ᄒ미 흉격이 막히고 긔운이 져
상ᄒ여 기러기를 붓들고 디셩통곡ᄒ니 ㉰**이씬** 항의 우름소
리을 듯고 디경ᄒ여 싱각ᄒ되……ᄒ되 부리 응낙고 가이라.
㉱**이씬** 부ᄆ 일힝이 졍히 힝ᄒ더니……디국 군관 즁 일인
이……디호 왈……ᄒ고 마ᄌ 쏘화 슈합이 못ᄒ여 부리을 버
히고 남은 군ᄉ을 즛 친 후 위의를 ᄎ려 나ᄋ가니라. ㉲**츠셜**
항의 군ᄉ 픠ᄒᄆᆯ 듯고 디경ᄒ여 친히 칼을 들고 마죠 가든
니 문득 ᄒ 사름이 디호왈……ᄒ고 일합의 버히고 ᄌ문이ᄉ
ᄒ니 엇지 쾌ᄒ 댱뷔 아니리오. ㉳**츠시** 부ᄆ 일힝이 환난을
버셔나 도셩으로 향ᄒ여 드러갈시<젹셩의젼: 22~23>

f. 슈삭을 머무르미 황명을 싱각ᄒ고 부왕계 ᄒ직ᄒ고 일삭만
의 즁국의 득달ᄒ여 됴현ᄒᄋᆫ되 상과 휘 시로히 반기시며
무사왕환ᄒᄆᆯ 깃거ᄒ시더라. **츠시** 황상이 츈츄 놉흐시미 틱
자의게 젼위ᄒ시고<젹셩의젼: 23>

전형적인 담화 도입 표지인 ‘화셜’은 (15ㄱ, c)에 나타나고 있다. (15
ㄱ)은 ‘젹셩의젼’ 전체의 최초 도입부에 해당하기 때문에 ‘화셜’의 출
현이 자연스럽다. 그런데 (15ㄱ)의 ‘화셜’과 달리 (15c−㉮)는 이야기
가 전개되는 텍스트 중간에 출현하고 있다는 점에서 특이해 보인다.
텍스트 중간 부분이라면 일반적으로는 ‘츠셜’이나 ‘각셜’ 정도의 표
현이 나타나는 것이 자연스럽기 때문이다.[225] (15c−㉮)는 전체 서사

---

225) 실제 ‘젹셩의젼’의 영창서관 발행본(국립중앙박물관 소장, 大正 6년, 1917)에는 ‘화셜’ 대신 ‘츠셜’이 쓰
이고 있다. 영창서관 발행본에서 ‘화셜’은 이야기의 최초 도입부에만 나타난다.

구조를 고려하면 주인공의 회운 여정을 축으로 전개되는 종결부에 속한다. 그런데 '적성의전'에서 회운 단계의 서사 내용을 면밀히 살펴보면 (15c-㉮)를 기점으로 주인공이 실질적인 회운 국면으로 접어들고 있음을 알 수 있다. 과거에서 장원한 주인공 '성의'가 한림학사에 제수되고 '채란공주'와 혼인함으로써 부마 지위를 획득한 후 귀국하여 부모를 만나는 이야기 등이 순차적으로 펼쳐지고 있기 때문이다. (15c-㉮)에 선행하는 서사가 기러기를 통한 '성의' 모자의 서신 교환, '성의'와 '채란공주'의 만남과 결연 등 본격적인 회운을 예비하는 배경적인 화제 사건들로 구성되어 있는 점에서 후행하는 서사와 뚜렷하게 구별되는 것이다.

(15ㄴ-㉮)는 도입부의 전형적인 배경 정보가 '-더라'로 마무리되고 이야기가 본격화하는 지점의 첫머리에 나타난다. 시간적으로 불특정적이긴 하지만 이와 같은 시간 부사어를 통해 본격적인 이야기 국면 속의 한 장면으로 서사를 추동시키고 있는 것이다. 이러한 시간 부사어로 (15ㄴ-㉮)의 '어시의' 외에 '추시'(15ㄴ-㉯, ㅇ, ㅈ, ㅋ, b-㉯, e-㉻, f), '이쩍'(15ㄹ-㉯, ㅍ, d-㉯, e-㉰), '션시의'(15e-㉮) 등이 있다. 이들은 대개 공통적으로 앞 구문이 '-더라'나 '-니라' 등의 문장 종결형으로 마무리된 후 이어지는 다음 문장의 첫머리에 나타난다. 또한 '어시의, 션시의'와 '추시, 이쩍'로 시작하는 구문들은 대체로 그에 후행하는 사건의 배경적인 정보를 주요 내용으로 하고 있다는 점에서도 비슷하다. 그런데 '추시, 이쩍' 등으로 시작하는 구문들은 후행하는 사건과 시간적으로 큰 차이가 나지 않거나 중첩되는 장면을 주요 구문 정보로 하고 있는 경향을 보인다. 다른 사건의 개재 없이 시간적으로 연접되는 사건의 직접적인 배경 정보를 이끌고

있는 것이다. 반면에 '어시의, 션시의' 등으로 시작하는 구문들은 후행하는 사건과 시간적으로 큰 차이가 나거나 서사적인 측면에서의 시간적인 연관성이 그다지 감지되지 않는 간접적인 배경 정보로 구성된다.

이러한 사실을 (15ㄴ)을 통해 살펴보자. (15ㄴ)의 ㉮로 시작하여 ⓐ의 '봉ᄒᆞ니라'로 종결되는 구문은 '셩의'의 성장과 재덕겸비, '셩의'를 세자로 책봉하기를 원하는 왕의 본의, 공경의 반대 고언, '항의'의 세자 책봉 등으로 이루어져 있다. 이 구문은 왕비의 득병과 이에 대한 '셩의' 형제의 상반된 행동 등을 담고 있는 (15ㄴ-㉯)로 시작하는 구문과 묶어 보았을 때 시간 경과에 따른 서사적인 인과율이 그다지 크지 않아 보인다. 그런데 (15ㄴ-㉯)에서 시작하여 ⓑ의 '츅원ᄒᆞ더니'로 일차 종결되는 구문은 (15ㄴ-㉰)로 시작하는 구문과 시간적으로 연관성이 큰 내용 정보로 이루어져 있다. (15ㄴ-㉰)는 문장 구문의 중간에 쓰이고 있다는 점에서 앞서 살핀 '어시의'나 '츳시' 등의 시간 부사어와 그 쓰임새가 많이 다르다. 이러한 시간 부사어류로 '일일은'(15ㄴ-㉰, ㅌ-㉯, b-㉰, c-㉯), '츳시'(15ㅊ-㉮, a-㉯, e-㉯), '이ᄯᅢ'(15ㅊ-㉯, ㅎ, a-㉮, b-㉮, e-㉰) 등이 있다. 이들은 구문의 중간 지점 중에서도 '-지라' 연결형에 연접되는 지점에 나타나는 (15a-㉮)를 제외하면 공통적으로 '-으니' 연결형 뒤에 집중적으로 나타난다.

일반적으로 '-으니'는 담화상 의미 단락의 기능을 보이는 경우가 많다.226) 이야기체 텍스트의 경우 이러한 의미 단락의 기능은 '-으

---

226) 이 점과 관련하여 황선엽(1995)에서 종결성이 강한 '-으니'와 종결성이 약한 '-으니'를 구별하여 살핀 점이 주목된다. 이때 우리는 종결성이 강한 '-으니'에서 의미 단락의 기능을 엿볼 수 있다.

니'를 기점으로 나뉘는 선후 정보들의 의미 속성의 차이에서 비롯된 것으로 이해된다. 위에서도 '-으니'로 일차 휘갑되는 구문들은 주로 후행하는 전경 사건을 예비하는 정보, 예컨대 후행 사건의 원인이 되거나 이야기의 시간대 측면에서 거의 중첩적이지만 선행하는 배경 사건(15ㄴ-ⓐ, ㅊ-㉮, ⓝ, ㅎ, a-ⓝ, e-ⓝ, ⓐ)이나 인물 정보(ㅌ-ⓝ, a-㉮, b-ⓐ, c-ⓝ) 등을 주요 내용으로 한다. 이런 점에서 (15ㄴ-ⓐ)의 시간 부사어류는 이야기 세계 속의 특정적이고 구체적인 한 장면을 이끌면서 이들을 전경화하는 구문과 관련된다고 할 수 있다.

'적성의전' 전체에서 모두 4회 출현하는 '일일은'은 주로 '-더-'가 개재된 '-더니' 연결 표현('축원ᄒ더니', '슬허ᄒ더니', '한탄하옵시더니') 뒤에 쓰이고 있다. 이러한 출현 양상은 '츠시'나 '이쩍'가 '-으니, -ㄴ지라'와 같은 연결형뿐만 아니라 '-더라'나 '-니라' 등의 종결형 다음에도 쓰이고 있는 점과 구별된다. 이상의 확인 과정을 통해 보면 문장 구문의 첫머리에 나타나는 '츠시, 이쩍'와 구문 중간의 '츠시, 이쩍' 사이에는 그 쓰임새 면에서 뚜렷한 차이점이 쉽게 발견되지 않는다. 그러나 이들의 출현 위치나 선·후행하는 화제의 서사적인 속성들을 따져 보면 경향성 측면에서 대체적인 차이점을 언급할 수 있다. 구문 첫머리의 '츠시, 이쩍'를 '츠시1'로, 구문 중간의 '츠시, 이쩍'를 '츠시2'로 구별해서 살펴보자.

'츠시1'은 선행 화제와 후행 화제 사이에 서사적인 인과율이 그리 크지 않다. 이에 따라 '츠시1'을 기점으로 하여 새로운 담화나 화제와 관련된 사건 국면으로 전환되고 있는 인상을 강하게 받게 된다. 새로운 인물로 전환하거나 시공간의 변화가 비교적 큰 지점에 출현하면서 큰 폭으로 서사가 전개되고 있는 것이다. 다만 그러한 전환과 변화가 일률적으로 나타나는 것은 아니기 때문에 '츳시1' 중에서도 인물 변화가 없거나(15d-㉯), 공간 변화가 미미한 경우(15ㄹ-㉯)에는 '츳시'보다는 '이씩'가 쓰인다. '츳시2'는 그 선·후행 화제 사이에 서사적인 인과율이나 시간대의 구성 측면에서 상호 간 연관성이 매우 큰 것으로 보인다. 특히 '츳시2'로 이끌리는 구문 이후에는 선행 화제를 배경 정보로 하여 후행 화제가 특정적이고 구체적인 사건 장면으로 구성됨으로써 전경적인 성격이 강한 장면 정보로 파악되는 경우가 많아 '츳시1'과 뚜렷이 구별된다.

(15ㄷ)의 화두사 '츳셜'은 (15ㄹ-㉮)의 '각셜'과 더불어 고소설에서 즐겨 쓰이던 담화나 화제 도입 표지다. '적성의전'에서 '차셜'은 모두 5회(15ㄷ, ㅁ, ㅅ, d-㉮, e-㉱), '각셜'은 3회(15ㄹ-㉮, ㅂ, ㅌ-㉮) 나타난다. 이야기 전체의 최초 도입부에 나타나는 화두사 '화셜'과 달리 '차셜'과 '각셜'은 이야기 중간에 나타나면서 새로운 담화나 화제로 전환할 때 나타난다는 점에서 앞서 살핀 '츳시1'의 시간 부사어와 비슷한 점이 많다. 그런데 (15ㄷ)과 같이 이야기 중간에 출현하는 화두사는 '츳시1'의 시간 부사어류와 달리 텍스트의 전체적인 줄거리를 구성하는 핵심적인 주요 담화나 화제로 전환할 때 나타난다는 점에서 분명히 차이점이 있다. 이들 화두사를 기점으로 이야기가 다른 주요 담화나 화제로 전환함에 따라 서사가 급진전하고 있는 것이다.

가령, 보주를 얻기 위해 험난한 바다 여정을 마친 주인공 '성의'는 (15ㄷ)의 '츳셜' 이하 부분에서 '서역 청룡사'에 도착하게 된다. 여기에서 '성의'는 도사를 만나 보주를 얻게 되며, (15ㄹ-㉮)를 전후로 이야기는 '성의'가 보주를 구한 후 일행을 만나 순풍을 타고 귀국길에 오르는 장면과, 병세가 갈수록 위중해진 '성의' 모친이 주야로 탄식하는 장면 등으로 이어진다. (15ㅁ)의 '츳셜'도, '항의'에게 눈이 찔린 '성의'가 널조각에 의지해 대해를 표류하는 선행 이야기와 귀국한 '항의'가 부모를 속여 말하자 그 모친이 통곡하는 후행 이야기를 가르고 있다. (15ㅂ)의 '각셜' 또한 그 앞의 '항의'와 모친 이야기, 그리고 이에 뒤따르는 '성의'의 해상 표류, 무인도 안착 등의 이야기를 각각 구별해 준다.

이처럼 '차셜'이나 '각셜'로 구별되는 선후 화제들은 텍스트의 전체적인 줄거리를 구성하면서 서사를 급진전시키기 때문에, 대체적으로 '츳시1'류에 비해 앞뒤 담화나 화제 간 인물 변화나 시공간과 같은 이야기 배경의 변화227) 폭이 매우 크다. 이러한 변화 양상을 아래 <표 7>로 정리해 보자.

〈표 7〉 '차셜, 각셜'을 기준으로 한 인물, 배경의 변화 양상

구 분		선행 화제	화두사	후행 화제
(15ㄷ)	화제	'성의'의 대해 여정	'츳셜'	'청룡사' 도착과 보주 획득
	인물	'성의', 선관		'성의', 도사
	배경	'셔히' 소강		'서역국 청룡사'
(15ㄹ-㉮)	화제	보주 획득과 귀로	'각셜'	'안평국' 왕비의 탄식
	인물	'성의'		'안평국' 왕비
	배경	'셔역' 어느 곳		'안평국'
(15ㅁ)	화제	'항의' 습격, '성의' 폐맹(廢盲)	'츳셜'	'항의'의 귀국과 거짓말, 병치료
	인물	'성의', '항의'		'항의', '안평국' 왕비
	배경	'셔히' 소강변		'안평국'

---

227) 배경 변화 중 시간 경과에 관련한 내용은 표에서 따로 언급하지 않았다. 사건 발생의 순차적인 순서에 따라 이야기가 배열되어 있기는 하지만 시간 경과를 알려 주는 언어적인 표지가 특별히 언급되지 않은 경우가 대부분이기 때문이다.

구 분		선행 화제	화두사	후행 화제
(15ㅂ)	화제	'항의' 거짓말, 왕비 탄식	'각설'	'성의'의 표류와 무인 해변 도착
	인물	'항의', 왕후		'성의'
	배경	'안평국'		무인 해변
(15ㅅ)	화제	'성의'의 대피리 연주	'챠설'	사신 만남과 황궁 도착, 공주 대면
	인물	'성의'		'호승상', '성의', '채란공주'
	배경	무인 해변		무인 해변, 중국 황궁
(15ㅌ-㉮)	화제	'성의'와 공주 대화	'각설'	왕비의 애통과 기러기 전신
	인물	'성의', '채란공주'		'안평국' 왕비
	배경	황궁		'안평국'
(15d-㉮)	화제	과거와 '성의'의 한림 제수	'차설'	'성의'와 '채란공주'의 혼인
	인물	중국 황제, '성의'		'채란공주'
	배경	황궁		황궁
(15e-㉺) (15e-㉻)	화제	자객의 부마일행습격과 감사(敗死)	'츠설'	'항의'의 죽음
	인물	자객('격부릭'), 군관		'항의'
	배경	귀로 중 모처		귀로 중 모처

앞에서 언급한 것처럼, <표 7>을 보면 '차설, 각설'을 중심으로 선
후 화제 사이에 인물과 공간 배경의 변화 양상이 뚜렷하다. 물론 이
두 가지 요소가 모두 변화하는 것이 선후 화제를 구별하게 하는 필수
조건은 아니다. 예컨대 (15ㄷ)에서는 주요 인물 '성의'가 선후 화제에
서 모두 등장하여 장면을 이끌고 있기 때문에 인물 변화를 말하기가
힘들다. (15ㅅ)과 (15d-㉮)의 경우는 공간적인 배경이 무인 해변에서
황궁에 걸쳐 있지만 주요 사건 장면은 황궁에서의 일을 중심으로 짜
이기 때문에 실제적으로 공간 변화가 없다고 해도 무방하다. 그러나
인물 변화가 없는 경우는 공간 배경의 전환이 뚜렷하고[(15ㄷ)의 경
우], 공간의 전환이 미미한 경우는 인물 변화가 뚜렷하기 때문[(15ㅅ)
과 (15d-㉮)의 경우]에 선후 화제는 확실히 별개의 화제로 파악하는

것이 자연스럽다. 이와 동시에 이들 표지는 전체 화제를 하나로 묶어 한 편의 이야기나 텍스트로 통합시키고 있다. '차설'이나 '각설'의 담화 표지적인 쓰임새를 분명히 알 수 있는 것이다.

무엇보다 '차설'과 '각설'을 중심으로 한 선후 화제는 그 각각에 포함되는 사건의 성격이나 화제 속성이 뚜렷하게 구별된다. (15ㄷ, ㄹ)은 주인공의 고난으로 구성되는 도입부에 포함된다. 그런데 (15ㄷ)의 '츠설'과 (15ㄹ-㉮) 각각을 기점으로 텍스트는 고난의 대해 여정→('츠설') 보주 획득→('각설') 보주 피탈(被奪)과 폐맹 등이 순차적으로 전개되어 도입부의 이야기 줄거리를 구성하는 핵심적인 사건 장면들을 구성한다. 사건을 진전시키고 전체 이야기의 뼈대를 이루는 전경적인 사건들을 아우르고 있는 것이다. 고난 극복의 전개부에 해당하는 (15ㅁ, ㅂ, ㅅ)에서 '츠셜, 각셜, 챠셜'로 도입되는 화제들도 <표 7>에서 볼 수 있는 것처럼 조력자의 등장과 구원, 결연('채란공주'와의 첫 만남) 등 고난 극복이라는 서사 국면의 단계를 잘 보여 주는 주요 사건 장면들을 이끌고 있다. (15ㅌ-㉮, d-㉮, e-㉲) 등도 기러기 전신 주지(15ㅌ-㉮)나 혼인 주지(15d-㉮), 악인 징치(15e-㉲) 등 회운 단계의 종결부를 구성하는 주요 사건들을 도입하고 있다.

그런데 '차설'이나 '각설'은 전체 서사 구조를 고려할 때 그 쓰임새 면에서 미묘한 차이점이 있다. 기존 논의를 보면 '차설'이나 '각설'을 특별히 구별하지 않아 전체 텍스트 가운데 큰 사건이나 화제의 전환 장치로 보는 견해[김진수(2000)]가 있는가 하면, '차설'은 사건을 서술해 나가다가 잠시 멈추고 동시에 일어나는 다른 사건을 서술할 때 그 첫머리에 쓰는 표현으로, '각설'은 서술을 하다가 장면을 바꾸어 앞에서 서술하던 것을 이어받을 때 쓰는 표현으로 보는 견해[김일렬

(1996)]도 있었다. 앞에서 펼쳐 보인 우리 논의나 기존 견해를 종합하면 '차설'이나 '각설'이 새로운 담화나 화제를 도입하면서 이들 사이의 경계 지점을 알려 주거나 그 전환 양상을 알려 주는 장치인 것만은 분명해 보인다.

(15ㄷ)의 '츠셜'을 예로 들어 보면 선행하는 화제인 선관(仙官)과의 봉별(逢別)과 후행 화제인 '성의'의 길 떠남은 거의 동시적으로 일어나는 사건이다. 반면에 (15ㄹ-㉮)로 이끌리는 화제-'안평국' 왕비의 탄식-는 바로 앞 화제인 '성의'의 보주 획득 장면이 아니라 '성의'가 고국인 '안평국'을 떠난 후의 한 시점(時點) 장면과 계기적으로 연결된다. 선행 화제와의 단절성이 강한 것이다. (15ㅁ)의 '츠셜'도 '항의'의 보주 탈취와 '성의'의 해상 표류 등의 화제와 귀국 후 행적과 관련된 후행 화제가 그 앞뒤로 위치하고 있어 동시적인 선후 관계가 파악되고 있다. 반면에 (15ㅂ)의 '각설'은 (15ㅁ)의 '츠셜'에 선행하는 화제의 마지막 장면인 '성의'의 해상 표류 대목에 연결되고 있어 선행 화제와는 단절적으로, 선행 화제 이전의 화제와는 계기적인 연접 관계로 이어지고 있다. (15ㅌ-㉮)도 서사적으로 (15ㅅ)의 '챠셜'로 시작하는 화제보다는 (14ㅁ)의 '츠셜'로 이끌리는 화제의 마지막 이야기인 왕비의 백병 퇴치와 주야 비회(悲懷) 장면에 이어진다.

이를 통해 보면 '차설'은 선후 화제 간 동시성이 좀 더 강한 지점에 위치하는 반면에, '각설'은 화제 간 단절성이 강한 지점에 나타나는 차이점이 있다. 이러한 특성 때문에 '각설'은 서사적으로는 선행 화제보다는 선행 화제 그 직전의 화제와 계기적으로 연계되는 경우가 많다. 그런 점에서 '차설'에서는 선후 화제 사이에 동시적인 선후 관계가, '각설'에서는 단절적인 계기 관계가 파악된다고 이야기할 수도 있겠다. 그러나 어느 경우이든지 이들 표지가 담화 표지적인 쓰임새를 보이면서 전체 이야기를 하나로 묶는다는 점에서는 동일하다.

'적성의전'에서 사건의 계기 관계나 이에 따른 전체 서사 구조를 고려하여 '화설'과 '차설, 각설' 등 화두사를 중심으로 한 이야기 배열 양상을 정리해 보면 다음과 같다.

<표 8> 화두사에 따른 이야기 배열 양상228)

화두사	이야기 배열
'화설'	화제a('안평국' 왕비) + 화제b('성의')
'초설'	화제b'('성의') + 화제c('성의')
'각설'	화제a'('안평국' 왕비) + **화제d**('항의', '성의')
'초설'	화제d'('항의') + 화제e('안평국' 왕비)
'각설'	**화제d″**('성의') + 화제f('성의')
'차설'	화제f'('성의', '호승상') + 화제g('성의')
'각설'	화제e'('안평국' 왕비) + 화제h('호승상' 부부)
'화설'	화제i(황제) + 화제j('성의')
'차설'	화제j'('채란공주', '성의') + 화제k('항의', 자객)
'초설'	화제k'('항의') +……화제n

4.1.2. 시점

(1) 시제 추이와 시점 변환

앞의 언해류 서사체 유형 텍스트와 마찬가지로 고소설류 서사체 유형 텍스트 각각의 시점도 시제 추이와 관련해서 파악하는 것이 자연스럽다. 설화자의 시간적인 위치 여하로 결정되는 시점의 변환을

---

228) 밑줄 표시한 '화제a, 화제a´, 화제e, 화제e´'와 밑줄과 음영을 동시에 표시한 '화제d, 화제d″'는 각각 순차적이거나 계기적으로 연결되는 화제들을 의미한다. 따라서 예를 들어 '화제d″'는 '화제d´'가 아니라 '화제d'에 연결되는 점에 유의해야 한다.

따라 사건이나 상황, 대상에 대한 설화자 자신의 관점이나 주관적인 심리 태도가 잘 드러나기 때문이다. 고소설류 서사체 유형 텍스트의 경우 언해류 서사체 유형의 텍스트와 동일하게 설화자의 시간적인 위치는 서술의 층위나 이야기의 층위와 관련하여 전체적으로 과거와 현재가 거듭 교체되는 식으로 드러나고 있다. 그런데 각각의 텍스트에 따라 시제 추이에 따른 시점 변화의 양상이 조금씩 다른 모습도 확인된다.

(16) ㄱ. ㉮[과거젹의 셕가셰존이 삼쳔졔ᄌ를 거ᄂ리시고 상쥬 셜법
ᄒ옵시ᄂ 도량의 우담바라화와 년화ᄅ 싁싁이 심어 두시고
즐기시더니 ⓐ**잇썬의** (중략) 셰존님이 즐기시더니 ㉯[일곱
히 가물을 만나미 그 ᄉ치 졈졈 ᄂ루러가니 셰존이 스스로
슬픈지라……ᄒ시고 슬허ᄒ시거ᄂ 삼쳔 졔ᄌ들이 싱각ᄒ고
모든 대듕이 의논ᄒ되……ᄒ고 (중략) ㉰[바라문이 할 일
업셔 눈물을 흘니고 고개ᄅ 숙이더라.] ㉱[**슬프도다**. 셔역
국 ᄉ찻밧 슈례ᄒ올 인시쥬 걸닙 화쥬 바라문의 나히 십오셰
라] ㉲[힝장을 찰혀나니 (중략) 승 여ᄅ 하나님긔 됴비(朝
拜)ᄒ고 가니라.] ㉳[바라문 화쥬 ⓐ**잇썬** 심산심곡으로 졍
쳐 업시 ᄎᄌ가다가 가막싸치ᄅ 만나도 인ᄉᄅ ᄒ고 졀을
ᄒ며 가더니] ㉴[일일은 더통 바다가의 ⓐ**다드라니** 바다히
하늘의 다아 잇고 너븨 수쳔나라 **승 여ᄅ 바라문이 텬지
망극ᄒ야 슬피 우더니** 이윽ᄒ야 ⓑ**살펴보니** 운무 ᄌ욱흔
듕의 사람의 소ᄅ 들니거ᄂ 하도 반가히 넉여 웨여 닐오
ᄃ]<안락국젼: 1~4>
ㄴ. ⓐ**그러흔 셩문이** 일시의 열니거ᄂ ⓑ**그제야** 바라문 화쥬
드러가니 소졸이 보 ᄒ니 대왕과 부인이 듯ᄌ오시고 '드러
오라' ᄒ시고 쳥ᄒ신ᄃ 승 여ᄅ 바라문이 궐하의 갓가이
머므더라<안락국젼: 5~6>
ㄷ. ㉮[**잇썬** 지영 쟝ᄌ 안락국을 불너 닐오ᄃ 소 열 필 말 열
필을 ᄂ여주며 닐오ᄃ……분부ᄒ니 안락국이 쳔지 도지ᄒ
야 홀일 업셔 분부ᄅ 듯고 말과 소ᄅ 흔 곳비 미여 잇글
고 심산궁곡을 드러가며 이통ᄒ며 ⓐ**가더니**] ㉯[난ᄃ업ᄂ

동ᄌᆞ들이 ᄂᆡ달아 남무를 버히거니 묵거니 싯거니 마소 수
ᄃᆡ로 실어 노코 간ᄃᆡ 업거늘 안락국이 그제야 슈ᄃᆡ로 다리
고 가며 소등 우희 안져 옥뎌를 슬피 불고 드러오니 쟝ᄌᆡ
ᄇ라보며 어히업셔 그 놈년들의 일이 고히ᄒᆞ고 이상ᄒᆞ다
ᄒᆞ더라]<안락국전: 24>

ㄹ. **이젹** 쟝ᄌᆡ 안락국을 ᄎᆞ즈니 ᄯᅩ 도망ᄒᆞ고 업거늘 묵동을 불
너 안락국 간 곳즐 ᄎᆞᄌᆞ 살펴보고 ᄒᆞ니 묵동이ᄂᆞᆫ 쳔니를
보니 뵈지 아니ᄒᆞᄂᆞ니라<안락국전: 28~29>

ㅁ. **잇젹** ᄆᆞ을 사람들이 슬피 닐오ᄃᆡ……ᄒᆞ니 그 말 아ᄒᆡ 듯고
노ᄅᆡ 삼아 외오더라<안락국전: 32~33>

ㅂ. **잇젹** 안락국이 (중략) 탐지ᄒᆞ야 남무 뷔ᄂᆞᆫ 목동들이 홀연
노ᄅᆡ 브르ᄃᆡ……ᄒᆞ거늘 안락국이 이 말을 듯고 나아가 그
아ᄒᆡ다려 므르ᄃᆡ……ᄒᆞᄃᆡ 그 아ᄒᆡ ᄃᆡ답ᄒᆞ되<안락국전: 33>

(16)은 '안락국전'의 도입 부분이다. 인용문을 통해 알 수 있듯이 제
시된 서사는 모두 과거 사실에 귀속되는 정보들로 구성되지만 설화
자의 시간적인 위치는 현재(16ㄱ-㉮, ㉰, ㉱, ㉳)와 과거(16ㄱ-㉯,
㉲, ㉴)에 걸쳐 있으면서 각각 서술의 현재와 이야기 세계 속 이야기
의 현재를 보여 준다. 특히 (16ㄱ-㉯, ㉲, ㉴)는 전반적으로 이야기
세계 속의 현재를 보여 주는 서술 지문들로 볼 수 있다. 특정화한 구
체적인 사건 장면 속의 인물 행동이나 대사를 보여 주고 있기 때문이
다. 이때 공시적으로 설화자와 인물의 시간적인 위치는 서로 일치하
여 거리감이 별로 느껴지지 않는다. 서사가 펼쳐지는 장면의 현재에
위치하는 설화자는 인물과 근접한 거리에서 상황을 관찰하거나(16
ㄱ-㉯, ㉲) 인물과 함께 이동하면서(㉴-ⓐ) 인물의 시선을 따라
(㉴-ⓑ) 포착되는 정경이나 대상을 그려 주고 있기 때문이다.229) 공

---

229) 물론 (16ㄱ-㉴)에서 밑줄 친 "승 여ᄅᆡ 바라문이 텬지 망극ᄒᆞ야 슬피 우더니"와 같은 부분은 서술의 현
재에 위치하는 설화자가 대상 인물을 그려 주고 있는 구절이라고 볼 수도 있다. 이 때문에 (16ㄱ-㉴)의
시점을 일률적으로 이야기 세계 속의 현재와 관련되는 것으로 보기는 힘들다. 그러나 (16ㄱ-㉴)는 이

간적으로도 설화자와 서술 대상(인물, 정경, 사건 등)이 일치하거나 서로 가까운 거리에 위치한다.

반면에 (16ㄱ-㉮, ㉰, ㉱, ㉲)에서 설화자는 시간적으로 서술의 현재 지점에 위치한다. 그런데 이들 각각을 통해 제시된 장면이나 정보들은 설화자의 현재 의식 속에 활성화한 과거 세계에 포함되기도 하고(16ㄱ-㉮, ㉰, ㉲), 서술의 현재에 위치하는 설화자의 주관적인 심리를 표출하는 구문으로 드러나기도 한다(16ㄱ-㉱, 특히 밑줄 부분).230) 이때 과거 세계에 포함되는 장면 정보는 물리적인 측면에서 강한 거리감을 조성한다. 그러나 이들은 설화자가 의도적으로 활성화한 의식 속에서 취택한 것들이기 때문에 심리적인 친연도가 비교적 높은 것으로 보인다. 후행하는 사건의 의미나 인물에 대한 관점, 태도 등으로 파악되는 설화자의 서술 의도를 간접적으로 보여 주기 때문이다.

그런데 (16ㄱ-㉮, ㉲)는 서술의 현재에서 과거 세계 속의 장면이나 정보를 그려 주고 있다는 점에서 이들 각각의 ⓐ는 그 쓰임새가 어색하다. 설화자가 이야기 세계 속의 현재가 아니라 서술의 현재에 위치하고 있다면 '이쩍'보다는 '그쩍' 정도의 시간 부사 표현이 좀 더 자

야기의 전반적인 흐름을 고려할 때 이야기 세계 속 이야기의 현재 장면을 그려 주고 있는 구절로 보는 것이 자연스럽다.

230) 김현주(2003: 139~65)는 일상경험담이나 민담, 고소설과 같은 서사체의 평가절을 내적 평가절과 외적 평가절로 나누어 그것의 구술적인 전통을 살피고 있다. 그런데 김현주(2003: 142)는 내적 평가절과 외적 평가절을 가르는 기준을 평가 행위를 하는 화자-설화자의 위치에서 찾고 있다. 화자-설화자의 위치가 이야기의 안이면 내적 평가절로, 바깥이면 외적 평가절로 보고 있는 것이다. 김현주(2003: 154~60)에 기대면, 고소설의 경우 외적 평가절은 주로 텍스트의 말미에, 내적 평가절은 중간에 나타나는 것으로 보고 있다. 이러한 구별법은, 그 출현 위치와 상관없이 평가 내용이 서술의 현재, 즉 이야기 세계의 외부에 위치하는 설화자를 통해 전달되고 있는 것으로 보는 이 글의 입장과 다르다. 김현주(2003) 식의 구별 방식으로 이야기하면 이 글의 대상 자료에서 발견되는 해설, 평가, 논평 구문은 모두 외적 평가절이라고 할 수 있는 것이다. 한편 김현주(2003: 158)에서는 내적 평가절에서의 설화자의 위치를 내부로 보는 근거를 사건 정황에 밀착되어 극중 인물의 정서를 많이 닮은 서술 내용에서 찾고 있다.

연스럽다. '이쩍' 이하의 장면은 과거 세계에 포함되는 바, '이쩍'보다는 '그쩍' 정도가 쓰여야 설화자와 인물이 시간적으로 불일치하게 되고 그들 사이에 자연스럽게 거리감이 조성되기 때문이다. 이러한 사실은, 중칭의 '그'가 개재된 (16ㄴ-ⓐ, ⓑ)로 인해 시간적인 위치와 관련하여 설화자와 인물 사이에 거리감이 조성되고, 나아가 (16ㄴ) 전체가 설화자의 시간적인 위치가 서술의 현재로 파악되는 점과 대비된다. 그렇다면 우리는 (16ㄱ-㉮, ㉺)의 ⓐ를 특정한 시간을 지칭하는 표현으로서보다는 이야기 중간에 다른 하위 화제 장면으로 전환하거나 새로운 담화를 도입하면서 담화와 담화를 경계 짓는 표지로 이해하는 것이 자연스럽다. 그런 점에서 이들은 언해류 서사체 유형의 텍스트에 보이는 '그쯰'나 '그저긔' 등의 쓰임새와 크게 다르지 않다.

담화 표지로서의 시간 부사어 '이쩍'에 이어지는 화제가 배경적인 정보들로 구성되어 있는 경우는 설화자의 시간적인 위치가 서술의 현재로 파악된다. 그런데 '안락국전'에서는 전반적으로 설화자와 인물의 시간적인 위치가 공시적으로 일치하는 이야기 세계 속 이야기의 현재를 이끄는 경우가 많다. 예를 들어 (16ㄷ-㉮)의 화제 정보는 인물 대사가 포함되어 있어서 과거 이야기 세계 속의 현재 장면을 보여 주는 것으로 볼 수도 있다. 그러나 (16ㄷ-ⓐ)를 통해 볼 때, 일종의 배경 정보로서 조력자의 도움을 통한 '안락국'의 고난 극복이라는 후행하는 전경 정보를 예비하는 것으로 보는 것이 자연스럽다. 따라서 (16ㄷ-㉮)에서 설화자의 시간적인 위치는 현재로서 구문 전체는 서술의 현재에서 제시되고 있는 것으로 보인다. 설화자의 시간적인 위치는 (16ㄷ-㉯) 대목에 이르러서야 인물과 공시적으로 일치하게 된다. 공간적으로도 인물과 근접한 거리에서 눈앞에 펼쳐지는 상황을 보이는 그대로 전달하고 있다.

반면에 (16ㄹ~ㅂ)에서 '이(잇)쩍'를 기점으로 펼쳐지는 이야기는 전체적으로 이야기 세계 속의 현재에 위치해 있는 설화자를 통해 전달되므로 설화자의 시간적인 위치는 과거에 귀속된다. 설화자는 이야기 세계 속의 인물과 공시적으로 일치하면서 해당 장면이 펼쳐지는 모습 그대로를 보여 준다. 이들 구문은 대체로 배경적인 정보 제시 없이 특정적인 장면에서 곧장 이동하거나 행동하는 인물의 모습(16ㄹ), 대사(16ㅁ), 인물 간 대화(16ㅂ) 등으로 구성된다. 이때에는 설화자가 전반적으로 객관적이고 중립적인 보고자의 자세를 취한다. 인물 행동이나 대사, 대화 등 눈에 보이는 장면을 그대로 보여 주는 장면 묘사 구문으로 이루어져 있기 때문이다.

이와 같은 시점의 차이는 구문 유형에 따라 대체적인 경향성을 보이면서 달리 나타난다. 이러한 점을, 서술의 현재에 있는 설화자의 흔적을 보여 주는 몇몇 구문들─주관적인 감정 표출이나 논평 구문 등─을 제외하고 '-더라'나 '-니라' 등의 문장 종결형으로 구별되는 구문 단위로 살펴보자.231) 설화자의 위치와 관련하여 여러 개의 화제 장면으로 구성되는 '-더라' 구문은 대체로 '도입부─현재, 전개부─과거, 종결부─현재' 식의 시제 추이를 보여 준다. 이에 따라 도입부(16ㄱ-㉮, ㄷ-㉮)와 종결부(16ㄱ-㉰, ㄷ-㉯)에서 설화자는 서

---

231) 문장 종결형이 나타나지 않는 구문. 가령 서술 지문이 이어지다가 인물 대사가 나타나고 인용 동사 없이 문장이 휘갑되는 대목에서 설화자는 전반적으로 과거 세계 속의 현재 시점에 위치한다. 그러나 몇몇 대목에서는 서술의 현재에서 과거 세계를 조명하다가(㉠-ⓐ 참고), 과거 세계로 직접 들어가 장면을 묘사(㉡-ⓑ 참고)하는 경우도 있다.

  "㉠[ⓐ그 집을 비러 하로밤을 머물고 잇튼눌 길을 힝힝려 힝시나] ㉡[부인이 알하 촌보도 옴기지 못힝셔 발을 븟드시고 슬피 우시며 술오되······ 힝시고 통곡힝시니 대왕이 ⓑ이 말숨 드르시고 눈물을 흘니시고 닐오샤티]"(안락국전: 17~18)

술의 현재 시점에서, 전개부에서는 과거 이야기 세계 속 이야기의 현재 시점에서(16ㄱ-㉯) 서사 정보가 전달된다. 하나의 화제 장면으로 구성되는 '-더라' 구문은 전반적으로 서술의 현재 시점에서 과거 세계 속의 정보들을 펼쳐 보이고 있다(16ㄴ, ㅁ). 반면에 '-니라' 구문에서 설화자는 문장 도입부에서 종결부에 이르기까지 전반적으로 과거, 즉 이야기의 현재에 위치한다(16ㄱ-㉮, ㄹ). 이때에는 과거 세계 속의 현재에 위치하면서 행동하는 인물의 모습이나 외적 정경을 보이는 그대로 묘사한다.

'안락국전' 전체는 주로 이야기 최초 도입부의 배경 정보 제시 대목에서 설화자의 시점이 서술의 현재에 해당하는 구문이 발견된다. 이 밖에 이야기 중간에 주요 담화나 화제가 전환한 직후 장면이나 종결부의 인물 후일담과 설화자 논평 대목 등에서 설화자의 시간적인 위치가 현재이면서 서술의 현재를 보여 주는 구문이 출현한다. 이러한 서술의 현재에서 제시되는 장면 정보는 대부분 과거 세계에 귀속되는 것들이다. 그런데 이야기 중간에 설화자가 서사 내용이나 대상에 대해 주관적인 심리 태도를 표명하고 있는 구문들이 자주 등장한다. 이들 또한 서술의 현재에 위치하는 설화자의 흔적을 보여 주는 것으로서 문체적으로 강한 인상을 주는 표지들이다. 이들을 제외한 나머지는 설화자와 인물의 위치가 공시적으로 일치하는 과거 이야기 세계 속의 현재를 보여 주는 구문이 대부분이다.

'나복전'이나 '적성의전'의 시점 변환 양상도 '안락국전'과 크게 다르지 않다. 먼저 두 텍스트에서 이야기의 도입부(17ㄱ, ㄷ)와 종결부(17ㄴ, ㄹ)의 일부를 제시한다.

(17) ㄱ. ㉮[이젹의 바라국의 한 션남 잇시되 일홈은 나복이라 그 부모를 위ᄒ야 날 노 션ᄉ를 만이 ᄒ며 오뵉 승지를 ⓐ일 솜든이] ㉯[ᄒ노난 나복이 그 모친 쳥졔 부인게 고ᄒ되…… 쳥졔 부인이 깃거 이로되……ᄒ니 나복이 그 모친의 허락 ᄒ시물 듯고 만면환희ᄒ야 즉시 가져딘 금젼 일만냥을 밧 드러 부인게 드리고 ᄒ즉ᄒ고 ⓐ가이라]<팔상록3: 583~584>

ㄴ. 셰존 왈……ᄒ시니 목연이 모친 겻팃 나어ᄀ 빅복 유쳬 왈……쳥졔 목연의 손을 잡고 우러 ᄀ로되……되왈……ᄒ고 도솔편문을 **향**ᄒ니라<팔상록3: 624~625>

ㄷ. ㉮[화셜 강남의 안평국이 잇스니 (즁략) 남방의 ⓐ유명ᄒ더 라. 국왕의 셩은 젹이 니 (즁략) 도불습유ᄒ고 ⓑ야불폐문 이더라. 국왕이 왕비로 동듀 이십여년의 두 아들을 두엇스 니 (즁략) 셩의의 인ᄒ믈 늘 싀긔ᄒ여 음히홀 ᄯᅳᆺ을 ⓒ두더 라.] ㉯[어시의 (즁략) 왕이 셩의로 셰자를 봉코ᄌ ᄒ되 공 경이 간왈……고ᄒ니 왕이 침음양구의 항의로 셰ᄌ를 ⓐ봉 ᄒ니라.] ㉰[ᄎ시 왕비 우연 득병ᄒ샤 (즁략) 셩의는 쥬야로 불탈의대ᄒ고 탕약을 맛보아 봉양ᄒ며 하늘ᄭᅴ 축슈ᄒ 여……ᄒ고 밤마다 ⓐ축원ᄒ더니] ㉱[ⓐ일일은 궐문밧긔 ᄒ 도시 뵈와지라 쳥ᄒ다 ᄒ거늘 왕이 듯고 도ᄉ를 밧비 쳥ᄒ 니 도시 완연이 드러와 예필좌졍 후의 왕이 문왈]<젹셩의 젼: 1>

ㄹ. 호승상 부뷔 호련 득병ᄒ여 기세ᄒ미 (즁략) 쌍친을 효양ᄒ 더니 왕과 휘 홀련 득병ᄒ여 붕ᄒ시미 셰지 즉위ᄒᄉ 치국 틱평ᄒ고 ⓐ만민낙업이러라. 기러기도 본토로 도라가미 왕 과 휘 창연ᄒ믈 마지 아니ᄒ고 기러기 화상을 그려 평싱을 잇지 ⓑ아니ᄒ더라. 이후로 계계승승ᄒ여 ᄌ손이 창셩ᄒ고 국부민강ᄒ여 누쳔년을 ⓒ누리더라<젹셩의젼: 23>

주로 전체 이야기의 배경 정보로 구성되는 최초 도입부에서 설화
자는, 서술의 현재에서 과거 세계 속의 인물과 시공간을 확정하고 있
다(17ㄱ-㉮, ㄷ-㉮). 이때 설화자와 이야기 세계 사이에는 거리감이
조성되고(17ㄱ-㉮-ⓐ, ㄷ-㉮-ⓐ~ⓒ 참고) 설화자는 과거 세계를
조망하는 자세를 취한다. 공간적으로 조감하거나 조망하는 위치에 서

게 되는 것이다. 이후 인물과 시공간 등 배경적인 요소들을 확정한 후 설화자는 과거 세계 속으로 들어가 특정 장면 속의 인물과 공시적으로 일치하는 지점에 자리 잡게 된다(17ㄱ-ⓑ, ㄷ-ⓑ). 이때 제시되는 구문 정보들은 시간적으로는 과거에 귀속되지만 설화자가 사건 장면 속의 인물들과 공시적으로 일치하는 지점에서 그려지고 있기 때문에 과거 세계 속의 현재 장면이라고 할 수 있다. 또한 이때에는 설화자와 인물 사이의 거리가 좁혀지면서 설화자는 중립적이고 객관적인 관찰자나 보고자의 자세를 취하게 된다(17ㄱ-ⓑ-ⓐ, ㄷ-ⓑ-ⓐ 참고). 이어 화제 변화와 더불어 설화자는 현재 위치에서 배경화를 통해(17ㄷ-다-ⓐ) 후행할 구체적인 장면을 견인한다(17ㄷ-ⓓ-ⓐ 이하 참고).

전체 이야기 종결부에서의 시점 양상은 '나복전'과 '적성의전'이 서로 다르다. (17ㄴ)에서 볼 수 있는 것처럼, '나복전'은 인물 대사와 '-니라' 종결형 등으로 미루어 과거의 이야기 세계 속으로 들어간 설화자를 통해 장면이 그대로 묘사되고 있는 양상을 보여 준다. 이야기 세계 속의 대상들과 설화자 간의 거리감도 그다지 크게 느껴지지 않는다. 그런데 '나복전' 종결부의 구문 내용은 인물 후일담이나 설화자 개입을 통한 논평 등과는 무관한 구체적인 장면 정보에 해당한다. 이에 따라 장면 속 인물 행동이나 인물 간 대화 등이 설화자의 개입 없이 보이는 모습 그대로 전달되고 있다. 시점과 관련해서도 서술의 현재가 아니라 이야기의 현재와 관련된다. 이러한 점은 앞의 '안락국전'이나 후술할 '적성의전'과도 다르다. 이와 같은 종결부 처리는 아마도 '나복' 이야기가 독자적으로 존재하지 않고 여덟 단계로 나뉜 석가모니의 생애담에 끼어든 형태로 존재하는 점에서 비롯되지 않았

나 싶다. '적성의전'에서는 설화자가 서술의 현재에 위치하면서 과거
의 이야기 세계 속 인물들의 최후 행적이나 후일담 등을 그리고 있다
(17ㄹ). 이에 따라 이야기 세계와 설화자 사이에는 거리감이 조성되면
서(17ㄹ-ⓐ~ⓒ 참고) 구문은 긴 시간대와 폭넓은 공간대에 걸쳐 있
는 여러 사건들을 포괄적으로 압축, 요약한 정보로 구성된다.

  이야기가 본격적으로 펼쳐지는 전개부에서도 '나복전'과 '적성의
전'의 시점 양상이 차이가 있다. 먼저 '나복전'부터 보자. '나복전'은
전반적으로 세 개의 서사 명제를 중심으로 '현재→과거→현재'의 시
제 추이가 한 번씩 나타나면서 시점이 변화한다. 이야기 세계에 대한
설화자의 상대적인 위치와 관련해서 보면 '외부 시점→내부 시점→외
부 시점'의 변화 양상을 보이고 있는 것이다. 그런데 전반적으로 후
반부에서 '과거-내부 시점' 양상이 좀 더 두드러진다. 전체 서사 구
조 면에서 주로 배경적인 사건들로 구성되는 전반부가 끝나고 후반
부의 '만남 1'('아비지옥'에서의 모친 상면)과 '만남 2'('화락천궁'에서
의 부모 상면) 대목에서 과거 속의 현재 장면에서 이야기를 전달하는
설화자의 모습이 많이 나타난다. 좀 더 구체적으로 보면 전반부에서
는 '현재, 외부 시점-서술의 현재'를 중심으로, 후반부에서는 '과거,
내부 시점-이야기의 현재'를 중심으로 이야기가 펼쳐진다.

  (18) ㄱ. 이후로 슴일리 못ᄒᆞ야 청졔 별셰ᄒᆞ니 나복이 익통 긔졀ᄒᆞ
         다가 졍신을 ᄎᆞ려 이르디……ᄒᆞ고 무슈이 익통ᄒᆞ며 션산의
         안장ᄒᆞ고 ⓐ**시묘ᄒᆞ더이** ᄒᆞ로난 비몽간의 야차 귀졸리 부
         인을 쇠ᄉᆞ슬노 얼거믹고 쇠치로 치며 자바ᄀᆞ이 유혈리 가
         득ᄒᆞ야 ⓑ**불인견일너라**<팔상록3: 586>
      ㄴ. ㉮[ᄎᆞ셜 처음의 마야부인이 셰존을 탄싱ᄒᆞ신 칠일의 도솔
         쳔상의 올나ᄀᆞ시이 인 간 광음이 발셔 슴십연니라 셰존이

(중략) 이르ᄉᄃᆡ…… 가섭 왈……셰존이 왈……ᄒ시이 목련이 ᄃᆡ희ᄒᆞ더라.] ㉯[명일 목연을 ᄃᆡ리시고 공즁의 올나 풍운을 타고 바로 남쳔문으로 드러 황낙젼을 향ᄒ니 (중략) 운즁의 분운ᄒ더라.] ㉰[츠시 쳥졔 부인니 목연의 츌ᄀᆞ한 효셩으로ᄊᆑ 셰존의 졔도을 입사와 그날 바로 화락쳔상의 올나 그 가군 갈졔로 ᄃᆡ려 쾌락이 무궁한지라 츠일 갈졔 쳥졔 (중략) 갓다가 ⓐ<u>오더이</u>] ㉱[바로 와 이쳔문 길의셔 셰존니 목연을 도라보니 이르ᄃᆡ]<팔상록3: 621~623>

ㄷ. 츠셜 목연이 그 모친 쳥졔 부인을 위ᄒ여 님의 츌ᄀᆞᄒ야 셰존젼의 법을 듯고 신 통을 어든니 능히 풍운를 타고 슴쥬산 졔쳔셰계을 지쳑갓치 왕ᄂᆡᄒ니 셰존의 십ᄃᆡ 졔ᄌᆞ 즁의 신통이 졔일리라 ᄒᆞ거날 목연이 셰존게 <u>고ᄒᆞ되</u> ㉮["졔ᄌᆞ 몬젼 부모을 ᄎᆞᆺ고져 ᄒᆞ나이다."] ㉯["나도 부모을 장ᄎᆞ 차져 쳔상으로 모시려이와 너는 모친을 위ᄒ여 효셩으로 발원ᄒ야 츌ᄀᆞᄒ여시이 엇지 밧비 ᄎᆞ자 졔도치 안니ᄒ리요. 그러나 네 어ᄃᆡ로 먼져 ᄀᆞ고ᄌᆞ ᄒᆞ난야?"] 목연이 ᄃᆡ<u>왈</u> ㉱["모친 싱시의 오빅 승지 션힝이 넛습던니 반다시 쳔상으로 갓실거시니 바로 쳔상으로 ᄀᆞ고져 ᄒᆞ나이다."]<팔상록3: 600~601>

 '나복젼'에서는 전반부의 서사가 전반적으로 '나복'의 모친 구원 등과 같은 후반부의 주 사건을 예비하는 배경적인 사건들―'나복'의 길 떠남과 모친의 악행, 죽음, 모친 현몽 후 '나복'의 불문 편입 등―이 중심이라는 점에서 서술의 현재―외부 시점이 좀 더 두드러진다(18 ㄱ). (18ㄱ)은 '나복' 모친이 죽은 후에 '나복'의 꿈에 처참한 형상으로 현몽하는 장면이다. 설화자와 이야기 세계 사이에 거리감이 조성되는 (18ㄱ―ⓐ, ⓑ 참고) 외부 시점의 위치에 있기 때문에 이야기 세계에 대한 설화자의 평가적 언급(18ㄱ―ⓑ)이 자연스럽게 이루어지고 있음을 볼 수 있다.

 (18ㄴ)은 후반부의 주요 서사 중 '만남 2' 도입 부분에 해당한다. 후

반부의 경우, 마지막 주요 서사 단계인 '만남 2'에서 각각 '츳셜', '명일'로 시작하고 '되희ᄒ더라', '분운ᄒ더라'로 끝나는 첫 번째, 두 번째 구문(18ㄴ-㉮, ㉯)과, '츳시'로 시작하여 '오더이'로 중간 마무리되는 세 번째 구문의 일부(18ㄴ-㉰)까지에서만 서술의 현재-외부 시점이 파악된다. 그 나머지에 해당하는 '만남 1' 전체와 '만남 2'의 후반부-(18ㄴ-㉱) 이하에서부터 '나복전'의 마지막 부분에 이르는 대목-에서는 모두 과거 세계 속 이야기의 현재 장면을 그리는 내부 시점 양상이 나타난다(18ㄷ). 특히 이들 대목의 과거 세계 장면에서는 인물 행동보다는 인물 간 대화가 두드러져(18ㄷ-㉮~㉰) 설화자의 모습이 거의 부각되지 않는다. 설화자는 최소한의 인물 행동을 보여주는 대목에서만 나타날 뿐이며, 밑줄 친 '고ᄒ되, 되왈' 등 설화 동사의 개입만으로 인물 대사가 제시되기도 한다(18ㄷ-㉯). 따라서 전반적으로 설화자보다는 과거 이야기 세계 속의 장면이나 그 안에서 움직이고 행동하며 대화하는 인물의 모습이 좀 더 두드러져 있다. 결과적으로 '나복전'은 전체적으로 화제와 화제를 잇는 배경적이고 부수적인 사건 정보를 전달하는 몇몇 대목에서 '서술의 현재-외부 시점'이 나타나고, 주요 화제를 이루는 전경적인 사건 대목에서는 과거 이야기 세계 속의 '이야기의 현재-내부 시점'으로 매개된다고 말할 수 있다.

다음으로 '적성의전'을 앞의 예문 (17)을 참고하면서 살펴보자. '적성의전'에서 '성의' 모친인 '안평국' 왕비의 득병은 이야기를 본격적으로 전개시키는 시발점에 해당한다. 주인공 '성의'가 보주를 찾아 길을 떠나게 되는 원인으로서의 배경 사건이 되면서 이후 '항의'와의 갈등과 대립 등으로 이어지는 전체 서사를 추동시키는 중요한 화소이기 때문이다. 이 대목에서 설화자는 서술의 현재에서 이야기 세계 속의 왕비의 득병 사실(17ㄷ－㉮)을 배경적으로 보여 준 후(17ㄷ－㉯－ⓐ 참고), (17ㄷ－㉰)에 이르면서 구체적인 시공간(17ㄷ－㉰－ⓑ 참고) 속에서 펼쳐지는 과거 세계 속의 현재 장면을 서술한다. 설화자가 서술의 현재에서 과거의 사실을 조망하다가 시공을 좀 더 구체화한 과거 이야기 세계 속 이야기의 특정한 현재 장면으로 들어가고 있는 것이다.

이와 같이 시제 추이와 관련하여 '현재→과거'의 양상을 보이면서 이야기가 본격적으로 전개되는 '적성의전'은 이후, 주요 화제 장면을 펼쳐 보이기 전에 현재 시점의 설화자의 의식 속에서 활성화한 과거 세계의 배경적인 정보들이 '－더라' 구문으로 제시되는 모습을 보여 준다. 이들 구문은 대개 앞자리에 '차설, 각설'과 같은 화두사나(19 ㄱ－㉮, ㄷ)232) '차시'와 같은 시간 부사어를 동반하는 경우(19ㄴ)가 대부분이다. 반면 주요 화제 장면을 펼쳐 보이는 장면에서는 과거 세계 속으로 들어간 설화자가 눈앞에 펼쳐지는 장면을 그대로 보여 주는 식의 시점 양상이 드러난다. 이때 구문의 앞자리에는 '이쩍, 일일은' 등과 같은 시간 부사어(19ㄱ－㉯, ㄹ)가 주로 나타난다. 이야기 중간의 '－니라' 구문에서는 예외 없이 과거 세계 속으로 들어간 설화

---

232) 물론 이러한 시점 양상이 예외 없이 드러나는 것은 아니다. '성의'가 보주가 있는 '서역국 청룡사' 근처에 이른 상황을 그리고 있는 아래 예문을 보면, 화두사 '추설'로 시작하고 있지만 과거 이야기 세계 속으로 들어간 설화자가 공시적으로 인물과 일치하는 시공 속에서 관찰의 주체인 인물의 시선에 포착된 정경을 상세하게 묘사하고 있다(ⓐ 참고). 그러나 마지막 대목에 이르러서는－이와 같은 평가가 설화자의 것인지 인물의 것인지 약간 모호하긴 하지만－서술의 현재에 위치한 설화자의 입을 통해 마무리되고 있기 때문이다. 이와 관련하여 우리는 대상과 거리감을 조성하는 종결형 '－더라'(ⓑ 참고)를 우리 주장의 근거로 제시할 수 있을 것이다.

"추설 성의 몸을 두로혀 점점 나아가며 ⓐ보니 놉고 놉흔 봉의눈 취란즌봉이 쌍쌍 왕 닉흐며 고황요초눈 쳐쳐무성흐고 창송취은 벽계를 둘너눈딕 셔쳔 팔십스봉의 경기 졀승흐니 진짓 ⓑ별유세계러라"〈적성의전: 5〉

자가 눈앞에 펼쳐진 장면을 중립적으로 보고하는 서술 시점의 양상이 파악된다(19ㅁ~ㅅ). 이때 설화자는 특정 장면을 중심으로 한 인물 행동 정보(19ㅁ, ㅂ)나 인물의 시선에 포착된 외적 정황(19ㅅ) 등을 제시한다.

(19) ㄱ. ㉮**각셜** 안평국 왕비 셩의를 셔쳔의 보닉고 불승창연ㅎ여 병셰 침즁ㅎ지라 쥬야 체읍 왈……ㅎ더라. ㉯**이쩍** 항의 헤오딕……ㅎ고 왕과 후의게 고왈……ㅎ고 인ㅎ여 하직ㅎ고 (중략) 문득 셔다히로셔 일쳑 소션이 나는 다시 오거늘<적셩의젼 6~7>
ㄴ. **초시** 황졔 다만 흔낫 공쥬를 두어시니 명은 치란이오 연광이 십삼셰라 화용월틱는 월궁항이 하강흔 듯ㅎ고 쏘흔 지긔 민쳡하여 시셔와 음뉼을 무불통지ㅎ니 황졔와 황휘 지극 익즁ㅎ시고 궁즁이 막불흠앙ㅎ더라<적셩의젼: 11>
ㄷ. **초셜** 치란공쥬 적공ᄌ 쟝원급졔ㅎᄆ믈 심즁의 임회ㅎ더라 <적셩의젼: 21>
ㄹ. **일일은** 부인이 승상을 딕ㅎ여 왈<적셩의젼: 20>
ㅁ. 셩의 고두ㅎ고 흔 곡조를 시험ㅎ니 쳥아흔 소릭 진셰 음뉼과 다른지라 샹이 칭찬 왈……ㅎ시고 후원의 **두시니라**<적셩의젼: 11>
ㅂ. 이윽고 누셩이 진ㅎ믹 공쥐 시녀로 ㅎ여 셩의를 인도ㅎ여 보닉고 침소로 **도라오니라**<적셩의젼: 12~13>
ㅅ. 기러기 셰번 소릭ㅎ고 두 날기를 치며 쳥쳔의 쩌 운간으로 드러 셔북을 향ㅎ여 **가니라**<적셩의젼: 15>

이러한 사실을 통해 '적성의전'은 전체 도입부에서 종결부에 이르기까지 '현재→과거→현재' 식의 시제 추이를 거듭 반복하는 식으로 서술 시점이 교체되고 있는 것으로 볼 수 있다. 이야기 중간의 부분적인 담화나 화제를 중심으로 본다면 하나의 담화나 화제가 마무리되고 새로운 담화나 화제로 바뀌는 지점에서 배경 정보나 부수적인 배경 사건이 제시될 때 서술의 현재에서 조망된 과거 사실이 보인다. 이어 전경화한 구체적이고 특정적인 장면이 과거 세계 속으로 직접 뛰어든 설화자를 통해 객관적으로 그려지는 식의 전개 양상이 펼쳐진다. 이때 설화자의 존재는 뒤로 밀려나고 특정 장면의 정경이나 정황, 분위기, 그리고 장면 속 인물이나 기타 대상들의 존재가 좀 더 전면에 나서게 된다. 담화나 화제의 마무리 부분에 오면 다시 이야기 세계와 설화자 사이에 거리감이 조성되고, 이와 동시에 서술의 현재에 있는 설화자가 전면에 부각된다. 이들 대목에서 이미 펼쳐진 서사에 대한 해설적·평가적인 언급이나 주관적인 논평이 자주 출현하는 이유가 여기에 있다.

설화자의 존재는 '화설'과 '차설', '각설'과 같은 화두사를 통해서도 언급할 수 있다. 이들은, '화설'이 이야기의 처음 시작 부분에, '차설'과 '각설'이 이야기의 중간 부분에 쓰이는 차이점을 제외하면 주로 담화나 화제 간 경계 지점에 나타나 담화 표지적인 쓰임새를 보이고 있다는 점에서 비슷하다. 그런데 담화 표지로서의 이들 화두사는 동시에 설화자의 존재를 환기시키는 강력한 표지이기도 하다. 사실 '화설'이 중국 화장체 소설의 전통에서 배태되었다는 점은 주지하는 바다. 이 '화설'은 과거 우리의 문어체적인 고소설에서 상투적으로 습용(襲用)된 측면이 강하다. 그렇지만 그 본뜻이 '이야기를 말하다' 정도로 풀이될 수 있다는 점에 착안하면, 이들 표현은 기원적으로 텍스트 수용자를 고려한 바탕 위에서 나온 표현으로 이해할 수 있다. 설화자인 '나'가 이야기의 시작을 청자나 독자를 향해 직접 말한다는 의미로 받아들일 수 있겠다는 것이다. 이들 표지는 이야기를 곧장 시작하는 대신, 즉 이야기의 본론으로 단도직입적으로 들어가는 대신 설화자 자신의 이야기 시작을 스스로 고찰하게 한다. 이렇게 볼 때 이들은 텍스트 수용자로 하여금 발화자로서의 설화자의 언술에 주의를 고정하게 하는 텍스트 전략의 산물과도 같다. 일종의 자기지시적 서언(序言)으로도 볼 수 있는 것이다.[233]

'각설'이나 '차설' 또한 화제를 전환하여 다른 이야기를 새롭게 끄집어내고자 할 때 쓰인다는 점에서 '화설'과 매우 흡사하다. 하지만 '화설'과 달리 이들은 텍스트 중간 지점에 주로 쓰인다는 점에서 다르다. '각설하고'라는 관용적인 표현의 사용 맥락을 상기하면 '각설'이나 '차설'과 같은 표지는, 서술 활동이 일시적으로 중지된다는 것을 알려 주면서 설화자 자신과 서술을 통한 언술 행위 자체를 무대화하고 있는 것으로 해석될 수 있다.[234] 이에 따라 일시 중단하는 이야기와 이야기 사이에 순간적으로 단절이 생기면서 텍스트를 둘러싼 주체들에게 일종의 성찰과 각성의 기회를 갖게 하는 효과를 낸다. 한편에서는 이야기를 어떻게 펼쳐 나갈 것인지, 또 다른 한편에서는 이야기가 어떤 식으로 전개될 것인지 등의 식으로 각자 정리하거나 기대해 보는 기회를 가지게 되는 것이다.

그런 점에서 이들은 설화자가 상대적으로 텍스트 표면에 과도하고 노골적으로 등장하는 과거 서사물의 한 특징으로 이해할 수 있다. 설화자 자신의 존재를 명시적으로 보여 주는 언술 형태의 하나로 볼 수 있는 것이다. 특히 이러한 형태들이 기본적으로 텍스트 수용자 지향성이 강하다는 점에 착안해서 보면 단순히 담화 내적인 기능의 측면에서뿐만 아니라 이야기를 향유하는 방식과 관련해서도 이해할 필요

---

233) 이와 같은 입장의 기본 논지는 란다 사브리 지음 · 이충민 옮김(2003: 289)에서 빌려 왔다.

234) 란다 사브리 지음 · 이충민 옮김(2003: 341) 참고.

가 있다. 언술 행위를 하는 자신을 무대화함으로써 그 존재감을 인지하게 하는 것은 언술의 수신 대상인 텍스트 수용자와의 소통을 염두에 둔 전략에서 파생된 것으로 볼 수 있다. 그런데 언술 주체와 수용자와의 소통은 양방향성이나 상호성을 기본으로 할 수밖에 없다. 따라서 이와 같은 방식의 전략은 일방성이 강한 문어적 의사소통 장면에서보다는 쌍방향성이나 상호성의 특징이 좀 더 강한 구어적 의사소통 장면에서 좀 더 큰 효과를 발휘할 것으로 예상된다. 이들 표지를 구술적인 향유 방식을 드러내는 한 형태로 이해해 보려는 이유가 여기에 있다.[235)]

(2) 시점과 서술 방식

서사체의 이야기 서술이 설화자의 지문과 인물 간 대화, 독백 등으로 구성된다고 하는 점은 우리가 주지하는 사실이거니와, 이러한 사실에 터잡아 우리는 언해류 서사체 유형 텍스트에서 설화자에 의한 서술부와 인물에 의한 대화부가 교체 서술되고 있는 모습을 살펴보았다. 또한 그 교체가, 서술부와 대화부가 하나의 큰 전체 덩어리의 형태를 취한 채로 이루어진다는 점에 대해서도 간단히 언급하였다. 이때 가령 텍스트에서 번갈아 가며 교체되는 전체 덩어리로서의 일부 서술부는 중간에 인물 간 대화나 대사, 독백 등의 개재 없이 순수하게 이야기 세계 외부에 있는 설화자의 지문만으로 이루어질 수도 있을 것이다. 많은 대화부는 설화자의 존재를 보여 주는 언어적인 표지를 최소화[236)]한 채로 인물들 사이에 이루어진 긴 대화 장면을 중심

---

235) 이러한 점에 관해서는 문체 효과를 중심으로 논의되는 4.2.에서 좀 더 부연하겠다.

236) 이와 같은 대화부에서 설화자는 자신의 존재를 최대한 숨기기 위해서 인물 행동의 개요식 전달에 치중

으로 구성된다. 고소설류 서사체 유형 텍스트 또한 전반적으로는 이와 같은 서술부와 대화부가 번갈아 나타나고 있다는 점에서 언해류 서사체 유형과 비슷하다. 그런데 일부 텍스트나 텍스트의 특정 대목에서는 이러한 교체 양상이 다른 모습이 확인된다.

(20) ㄱ. 잇쩌 대왕과 부인이 빅관의게 하교ᄒ신디 홀연이 텬지 진동ᄒ시니 ㉮["엇디흔 변고인고?"] **ᄒ신디** 빅관이 알외오디 ㉯["셔방으로셔 (중략) 그러ᄒ오이다."]<안락국전: 6>
ㄴ. 대왕이 화쥬다려 닐오샤디 ㉮["부인 디신의 팔시녀를 디신 보니면 엇더ᄒ오릿가?"] **ᄒ시니** 화쥬 엿ᄌᆞ오디 ㉯["대왕님 쳐분디로 ᄒ쇼셔."] **ᄒ오니** (중략) 화쥬 대왕긔 하딕ᄒ고 길을 써나 (중략) 팔시녀 닐오샤디 ㉯["우리는 길흘 모르니 어디로 가오릿가?"] **ᄒ니** 화쥬 닐오디 ㉯["ᄌᆞ연 갈 길이 잇ᄉ오니 가ᄉ이다."] **ᄒ고**<안락국전: 8~9>
ㄷ. 바라문 화쥬 셰존님 압히 나아가 합장ᄒ옵고 "승 여리 화쥬 단녀 왓ᄂ느니라." 알외오니 셰존님이 보시고 반겨 므르신디 ㉮["인물 화쥬 엇디ᄒ야 온다?"] **ᄒ시니** 바라문 화쥬 솝ᄉ오디 ㉯["원앙부인을 뫼셔오랴 ᄒ야숩더니 (중략) 팔시녀를 니시미 드려 왓ᄂ느니라."] **알외오니**<안락국전: 10>

(20)은 '안락국전'에서 뽑은 것이다. (20) 전체는 '바라문'이 '대원국' 성문 앞에 당도한 직후의 궁궐 내부 상황이 서술되고 있는 대목으로서 복수 인물들이 묻고(20ㄱ-㉮, ㄴ-㉮, ㉯, ㄷ-㉮) 답하는(20 ㄱ-㉯, ㄴ-㉯, ㉱, ㄷ-㉯) 전형적인 인물 간 대화 장면에 속한다. 그런데 예문들을 보면 질문에 해당하는 인물 발화를 휘갑하는 설화

하게 된다. 이를 위해 설화자는 말하기 주체를 나타내는 주어 표지와 행동이나 행위를 나타내는 서술어-예컨대 설화 동사-표지만으로 이야기 세계 내 특정한 장면의 인물 발화 정보를 이끌고 있다. 한편 이러한 언어적 표지가 전혀 없는 경우를 상정해 볼 수 있는데, 이를 완벽하게 복사된 텍스트로 부를 수 있을 것이다. 완벽하게 복사된 텍스트의 흔적은 개화기 신소설 시기에 이르러서부터 조금씩 보인다. 이 글의 대상 자료 중에서는 '나복전'에서 유일한 예가 발견되고 있다[앞의 (18ㄷ-㉯)를 참고할 것].

자의 언어가 인용 동사의 연결 형태(밑줄 친 인용 표현들)로 나타나고, 이를 매개로 대답에 해당하는 후행하는 인물 발화에 이어지고 있다. 인물 간 대화가 설화자의 지문 속에 포함되어 있는 식이다. 크게 보면 각 인물의 대사가 커다란 전체 서술부의 한 구성 성분으로 기능하고 있다. 전형적인 인물 간 대화로 이루어지는 장면의 경우, '안락국태자전'에서는 설화자가 질문하는 인물의 대사를 휘갑하는 언어 표지인 인용 동사를 사용하지 않고 마무리한다. 이어 후행하는 대사를 이끄는 설화 동사를 사용하여 인물의 대답을 제시하는 식으로 이루어진다.

이런 점에 착안해서 보면 '안락국전'은 전반적으로 대화 주체인 인물보다는 설화자가 좀 더 전면에 부각된 서술 방식을 보여 주고 있는 것으로 이해된다. 물론 전형적인 대화 장면에서 설화자의 언어적인 개입 없이 인물 간 대화가 복사된 형태로 제시되는 경우도 없지 않다 (21ㄱ). 또한 묻고 답하는 전형적인 인물 간 대화 장면이 아니더라도 대화 상대가 특정되지 않은 인물 발화(21ㄴ)나 대화 장면에서 독백적 성격이 강한 인물 대사(21ㄷ) 등에서도 인용 동사 없이 휘갑되는 경우가 있다. 그러나 대화 장면에서 상대방으로부터 특정한 대답을 요구하지 않는 일방적 성격의 발화(21ㄹ)나 단독적인 장면에서의 인물의 내적 발화(21ㅁ), 독백적 인물 대사(21ㅂ) 등은 대부분 연결형의 인용 동사 형태(21ㄹ-ⓐ~ⓒ, ㅁ-ⓐ, ㅂ-ⓐ)로 마무리되면서 설화자의 지문 속에 녹아 들어가 있는 형식으로 서술된다.

(21) ㄱ. 쏘흔 다담상을 찰혀노코 셰존님긔 알외되 **"져 상을 뉘게로 노흐릿가?"** 셰존님이 굴오샤듸<안락국전: 2>

ㄴ. 이윽ᄒ야 살펴보니 운무 ᄌ욱ᄒ 듕의 사람의 소ᄅㅣ 들니거
  늘 하도 반가히 넉여 웨여 닐오ᄃㅣ **"샹아아 무샹아 (중략)
  빅롤 잠간 빌니시믈 ᄇ라ᄂᆞ니다."** 문득 물 가온ᄃㅣ셔 빅발
  노옹이<안락국전: 4~5>

ㄷ. 부인이 닐오샤ᄃㅣ **"우리 모ᄌ 가다가 ᄯᅩ 쟝ᄌᆞ의게 잡히면
  슈욕을 당ᄒ가 져허ᄒ노라."** 안락국이 엿ᄌᆞ오ᄃㅣ<안락국
  전: 35~36>

ㄹ. 부인이 닐오샤ᄃㅣ **"사나ᄒㅣ는 쳔금이 ᄡ오니 녀인은 쳔금 ᄡ
  오ᄅㅣ을 나오니 황금 오쳔냥이 못 ᄡ오니가."** ⓐᄒ신ᄃㅣ 쟝
  ᄌ 무음이 황홀하야 **"그리ᄒ라."** ⓑᄒ고 황금 오쳔 냥을 다
  라ᄂㅣ여 (중략) 황금을 붓들고 통곡ᄒ시며 **"대왕님하 비의
  든 아ᄒㅣ 일홈이나 짓고 가쇼셔."** ⓒᄒ시니<안락국전:
  19~20>

ㅁ. 일일은 간ᄃㅣ 업거놀 부인이 싱각ᄒ시ᄃㅣ **'어린 거시 가다가
  쟝ᄌᆞ의게 잡히면 죽으리로다.'** ⓐᄒ시고 더옥 슬허ᄒ시더
  니<안락국전: 26>

ㅂ. 여러 놀 되도록 아니 오니 **"이 놈이 도망ᄒ야 갓다."** ⓐᄒ
  고 졔 죵 묵동 부동이란 죵이 잇시ᄃㅣ<안락국전: 26>

인물 대사가 설화자의 지문에 끼어 들어가 간접적으로 중개 서술
되는 이러한 서술 방식은 대개 동일 장면에서 연속적으로 일어나는
배경적인 사건과 관련된 대목에서 자주 발견된다. 이를 통해 후행하
는 전경 사건 장면을 예비하면서 서사를 급속하게 전개시키고 이야
기는 속도감을 얻게 된다. 이렇게 예비된 전경 사건 대목에서는 인물
간 대화가 설화자의 개입이 거의 없이 복사된 형태로 제시된다. 시점
과 관련해서 보면, 주 사건을 예비하거나 암시하는 배경적이고 부수
적인 사건 서술 대목에서 설화자는 이야기 세계를 전체적으로 조망
할 수 있는 서술의 현재에 위치하게 된다. 설화자와 이야기 세계 속
의 서술 대상 간에 거리감이 조성되면서 정보들이 전체적인 구조나
덩어리로 인식될 여지가 많을 수밖에 없는 것이다.

이와 같은 서술은 대개 이야기의 최초 도입부나 주요 담화와 화제 간 경계 지점 등에서 자주 발견된다. 이러한 대목에서는 인물 대사가 간접적으로 중개되는 경우가 많다. 이러한 특성을, 이야기가 본격적으로 펼쳐지는 텍스트 중간 지점에서 하나의 담화나 화제 단위로 살펴보면 인물 대사의 간접 중개 식의 원칙이 큰 예외 없이 적용된다. 아래 (22)를 보자.

(22) ㉮[원앙부인이여 대왕님 니별ᄒ시고 발은 알프시고 망극ᄒ야 우시노라니 장주의 죵이며 쟝지며 위로ᄒ고 다른 방을 졍ᄒ야 주며 닐오ᄃᆡ ⓐ **"과거ᄉᆞ니 셜워 말으쇼셔."** ᄒ니 부인이 할 일 업셔 싱각ᄒ시되 ⓑ**혹 대왕도 만나 보실가** ᄒ시고 복듕의 든 아기도 싱각ᄒ야 ᄆᆞ음을 진졍ᄒ야 ᄃᆡ내시며 산식을 ⓒ**싱각ᄒ시더니**] ㉯[홀연이 흔쎠 문득 난ᄃᆡ업ᄂᆞᆫ 션녀 ᄉᆞ오 인이 드러와 부인긔 읍ᄒ거ᄂᆞᆯ 부인이 닐오샤ᄃᆡ ⓐ **"어ᄃᆡ 겨시며 (중략) 이런 누츄ᄒᆞᆫ 곳의 오시니가?"**] ㉰[션녜 답 왈 ⓑ **"우리ᄂᆞᆫ (중략) ᄂᆞ려가 수히 도으라 ᄒᆞᆸ시기로 왓ᄂᆞ니라."**] ㉱[부인이 감격ᄒ야 공듕으로 ᄉᆞ비ᄒ고 닐오샤ᄃᆡ ⓐ **"ᄒᆡᆼ아님은 나의 젼싱 부모시ᄃᆞ가."** ᄒ시고 션녜들이 모시와 볘계 츄피을 미ᄂᆞᆫ 돗ᄲᅡᄂᆞᆫ 듯 일시의 필을 지어 삼일 ᄂᆡ의 밧치니 쟝지 ⓑ**하도** 신긔히 ⓒ**녁이더라**]<안락국젼: 22~23>

(22)는 '재영장자'의 종이 된 '원앙부인'이 천상 선녀들의 도움으로 고역을 이겨 내는 장면이다. 서사 구조를 고려할 때 (22-㉮)의 내용은 앞서 펼쳐진 화제 사건과 순차적·인과적으로 연관 관계를 맺고 있지만 (22-㉯~㉱)의 내용은 후행하는 서사와는 직접적인 연관성을 갖고 있지 않다. 따라서 (22) 전체는 그 자체로 '처음-중간-끝'을 갖춘 독자적인 화제로 이루어진 담화 장면이라고 할 수 있다. (22)의 서술 방식을 전체적으로 살펴보면 배경적인 도입부(22-㉮)에서 일련의

시간축 위에 펼쳐진 인물 행동이나 사건 정보를 순차적으로 서술하고 있다. 이에 따라 특정 장면에서 발화됐을 법한 인물 대사(22-㉮-ⓐ)가 서술 지문 중간에 끼어들어 하나의 구성 성분이 되기도 하고, 인물의 내적 사유와 관련한 독백적 발화 구문이 자유간접적인 화법(22-㉮-ⓑ)의 형태로 지문 속에 녹아든 모습이 보인다. 이러한 서술 정보들은 서술 시점 면에서 과거 이야기 세계와 거리감이 있는 서술의 현재에서 외부 시점을 통해 전달되고 있다(22-㉮-ⓒ 참고).

화제의 전개부(22-㉯)는 새로운 인물의 등장으로 이야기가 본격적으로 펼쳐지는 전경적인 주 사건 대목이다. 이때 설화자는 이야기 세계 속의 현재로 들어가 눈앞의 특정 장면을 눈에 보이는 그대로 그리고 있다. 이러한 서술 방식은 묻고 답하는 전형적인 대화 장면에서 인물 대사를 자신의 서술 지문의 한 성분으로서가 아니라 복사한 듯한 텍스트 형태로 전달되도록 한다(22-㉯-ⓐ, ⓑ). 종결부(22-㉰)에 이르러 설화자의 서술 시점은 다시 이야기 세계와 멀어져(22-㉰-ⓒ[237] 참고) 서술의 현재 시점에 있게 된다. 독백적 성격이 짙은 인물 대사(22-㉰-ⓐ)가 서술 지문의 일부가 되거나, 특정 장면이 아닌 일련의 시간축 위에 존재하는 구문의 화제 정보를 개괄적으로 요약하면서 주관적인 평가와 판단이 개재된 서술 방식을 내보이는 것(22-㉰-ⓑ 참고)도 이러한 사실에서 비롯된다.

---

237) 하나의 담화 단위별로 볼 때, 담화 마지막 구문의 문장 종결형이 '-더라'인 경우에 주관적으로 가치를 평가하거나 판단하면서 심리적이거나 의식적인 태도를 내보이는 설화자의 흔적이 좀 더 강하게 감지된다. '-더라' 구문과 관련되는 대목에서 설화자는 서술 시점과 관련하여 서술의 현재에 있게 된다. 이에 따라 이야기 세계 속 서술 대상-인물이나 풍경, 장면의 분위기나 정조 등-사이에 거리감이 조성된 설화자는 대상의 여러 부면을 꼼꼼히 따져 보면서 좀 더 자연스럽게 평가적인 언급을 할 수 있게 된다. 반면 '-니라' 구문에서는 이러한 평가적인 진술이 거의 이루어지지 않는다. 설화자가 이야기 세계 속 현재의 특정적인 한 장면으로 들어가 행동하는 인물이나 이러한 인물들 간의 대화 장면을 눈으로 보고 그대로 전달해야 하기 때문에 '-더라' 구문에 비해 대상에 대한 평가의 장이 마련될 여지가 상대적으로 줄어들 수밖에 없게 된다.

'나복전'이나 '적성의전'도 전체적으로 서술부와 대화부가 덩어리 형태로 교체 서술되고 있다는 점에서는 '안락국전'과 비슷하다. 그런데 구체적으로 살펴보면 조금씩 차이점이 드러난다. 먼저 '나복전'을 보자. '나복전'의 전반부에서는 '나복'의 길 떠남 이후 귀가 여로를 그리고 있는 대목에서 인물 간 대화로 이루어지는 대화부가 주로 발견되고 전반적으로는 설화자가 좀 더 전면에 부각되는, 서술 지문에 의한 서술 방식이 쓰이고 있다. 가령 '나복'이 장사를 위해 길을 떠나는 장면 전후의 인물 대사가 설화자의 지문에 안겨 간접적으로 중개되는 양상을 보이는 식이다. 전반부의 마지막 화제인 '나복' 모친의 죽음과 현몽 후 '나복'의 출가 대목(23ㄱ) 또는 전·후반부를 잇는 주요 배경 화제인 '나복'의 불문 편입 대목(23ㄴ) 등에서도 '서술부+대화부+서술부'의 교체 서술이 파악된다.

(23) ㄱ. ㉠[이후로 슘일리 못ᄒ야 쳥졔 별셰ᄒ니 (중략) 이르되……ᄒ고 무슈이 이통 ᄒ며 션산의 안장ᄒ고 시묘ᄒ더이 ᄒ로난 (중략) 불인견일너라.] ㉡[쳥졔 울며 이르되 "나복아 (중략) 무삼 말ᄒ리요."] ㉢[인ᄒ여 통곡하거날 (중략) 나복이 통곡 왈……ᄒ고 즉시 셰존 계신 곳실 ᄎ져 ᄀ니라.]<팔상록3: 586~587>

ㄴ. ㉠[ᄎ셜 (중략) ᄒ로난 두 소연니 드러와 셰존젼의 빈례ᄒ며 셩명을 고ᄒ 되……ᄒ고 졔ᄌ 되믈 쳥ᄒ니 셰존니 되려 왈……ᄒ시고 나복니 다시 엿자오되……ᄒ믜 언파의 슈발리 졀노 쩌러지고 금난가사 몸의 입펴거날 셰존이 셜법ᄒ야 이르ᄌ오되……ᄒ시더라.] ㉡[나복이 다시 엿ᄌ오되 "셰상의 일른 말슴이……ᄒ나이다."] ㉢[셰존 왈……ᄒ시고 즉시 나복의 법호를 목연이라 ᄒ시고 (중략) 층찬 왈 "션지 션지라." ᄒ시더라.]<팔상록3: 595~598>

그러나 이들 대목에서도 대화부의 인물 간 대화가 직접적으로 중
개되는 경우는 극히 일부이고(23ㄱ-㉯, ㄴ-㉮) 나머지 인물 대사는
서술부의 설화자 지문에 안겨 간접 중개되는 식(23ㄱ-㉮, ㉰, ㄴ-㉮,
㉱)으로 서술되고 있다. 이러한 서술 방식은, '나복전'의 서술 시점이
화제와 화제를 잇는 배경적이고 부수적인 사건 정보를 전달하는 몇
몇 대목에서 '서술의 현재-외부 시점'이 나타난다는 앞부분의 논의
와 관련지어 볼 수 있다.

(24) ⓐ초셜 목연이 그 모친 청졔 부인을 위ᄒ여 님의 츌ᄀᄒ야 셰
  존젼의 법을 듯고 신통을 어든니 능히 풍운를 타고 슘쥬산 졔
  쳔셰계을 왕닉ᄒ니 셰존의 십딕 졔ᄌ즁의 신통이 졔일리라 ᄒ
  거날 ㉮[목연이 셰존게 고ᄒ되 "나로 부모을 (중략) ᄀ고ᄌ ᄒ
  난야?"] ㉯[목연이 딕왈……] ㉰[셰존이 교왈……] ㉱[목연니 다
  시 고ᄒ딕……] ㉲[셰존 왈 "네 일즉 (중략) 괘히 차져보고 도라
  와 이르라."] ⓑ목연이 즉시 ᄒ즉ᄒ고 신통을 빗닉여<팔상록3:
  600~602>

(24)는 '목련'의 등공(騰空)과 지옥문에서의 모친 만남 등으로 이루
어지는 후반부의 시작 부분이다. 후반부는 ('목련'과 모친이 '도솔천'
에서 해후하는) '만남 2'를 전경적인 주 사건으로 하는 서사 대목에서
예비적인 정보를 제시할 때 설화자가 부각되는 지문 위주의 서술 방
식이 드러난다. ('아비지옥'에서의 '목련'과 모친의) '만남 1'을 포함한
나머지 후반부의 대부분은 특정 장면 속의 대화 상황을 중심으로 한
대화부가 전체 덩어리 형태로 제시되는 모습을 보인다. (24)에서 볼
수 있는 것처럼 후반부에서도 밑줄 그은 부분(24-ⓐ, ⓑ)처럼 설화자
의 서술 지문이 등장하지 않는 것은 아니다. 그러나 그보다 훨씬 더

많은 부분에서 이야기의 현재 장면에서 대화하는 인물의 대사가 거의 직접적으로 중개되는 형식의 서술 방식(24-㉮~㉱)이 두드러지게 나타난다. 인물 간 대화가 직접적으로 중개되는 대목에서는 대화를 이끄는 지문이 '누가 (누구에게) 말하기를' 식으로 최소화하여 설화자가 서술의 전면에서 후퇴한 것처럼 보인다. 이 때문에 이야기 세계에 대한 설화자의 개입 여지는 줄어들고 설화자는 일정한 거리에서 보이는 그대로 장면을 묘사하는 식의 서술 방식을 활용하게 된다.

이들 대목은 '나복전' 전체의 주요 화제에 해당하기 때문에 전경적인 사건들에 포함할 수 있을 것이다. 이 또한 전경적인 사건 정보를 보여 주는 대목에서 과거 이야기 세계 속 '이야기의 현재-내부 시점'이 나타난다는 앞서의 논의와 관련지을 수 있다. 이때 설화자는 이야기 세계 내부의 특정 장면에 위치하면서 대화하는 인물의 모습을 객관적·중립적으로 보고하는 자세를 취한다. 인물 간 대화가 거의 복사된 형태로 그대로 제시될 수 있는 여건이 마련되는 것이다. 또한 이들 대목에서는 지문으로써 장면 정보를 전달하는 경우라도 인물 행동이나 공간적인 이동과 관련된 최소한의 사실만을 개괄적으로 서술하는 양상을 보인다. 그렇게 함으로써 서사의 흐름이 비록 정지하거나 느리게 진행되더라도 텍스트 수용자는 해당 장면에 심리적으로 좀 더 몰입하게 되고 장면 속의 대상 인물이나 상황에 감정적인 이입을 할 수 있게 된다.

전반적으로 '나복전'은 주요 사건을 예비하고 배경화하는 전반부에서 설화자가 좀 더 전면에 부각되는 서술부 중심으로 텍스트가 구성된다. 주 사건이 펼쳐지는 후반부 대부분에서는 인물 간 대화 장면 위주의 복사된 텍스트 양상이 드러난다. '안락국전'이 전반적으로 대화 주체인 인물보다는 설화자가 좀 더 전면에 부각된 서술 방식을 보이고 있는 점과 다르다. 그런데 '나복전'의 이러한 서술 특징은, 전체 이야기가 각 서사 국면의 소제목격에 해당하는 세 개의 서사 명제를 중심으로 구성되는 점에서 찾을 수 있다. 우리는 '나복전'의 첫 번째 서사 명제를 통해 전체적인 이야기의 성격이나 주 인물에 관한 일차적인 정보를 파악할 수 있다고 보았다. 따라서 이러한 서사 명제에 포괄되는 화제나 사건들이 명제를 통해 암시된 내용을 구체화하기 위한 배경적인 속성을 띠고 있을 것임을 어렵지 않게 짐작할 수 있다. 서사 정보의 개괄적 요약이나 서술 지문을 통한 인물 대사의 간접적 중개와 같은 서술 방식이 자연스럽게 나타날 수 있는 것이다.

'나복전'의 두 번째, 세 번째 명제들 또한 첫 번째 서사 명제의 하위 화제나 사건들을 통해 예비된 주 사건의 정보를 담고 있다. 이를 통해 자연스럽게 후반부의 서사를 아우르고 있다. 주요 사건이 펼쳐지는 전경적인 대목인 만큼 이때의 설화자는 서술의 전면에서 후퇴하여 최소한의 인물 행동 정보를 중심으로 객관적이고 중립적인 자세로 이야기 세계를 바라보고 전달하는 역할을 하게 된다. 이에 따라 상대적으로 인물이 부각될 가능성이 높아질 수밖에 없는 것이다. 그런데 이렇게 이야기가 펼쳐지는 장면 속에서 대화하고 행동하는 인물이 초점 대상이 되면 장면 상황의 현재성이나 직접성이 좀 더 높아지는 효과가 있다. 이야기 세계 속의 현재 장면이 눈에 보이는 그대로 복사되는 식의 서술 양상이 드러나기 때문이다. 이에 따라 이야기 자체도 바로 눈앞에서 펼쳐지고 있는 것처럼 생생하고 선명하게 전달되는 느낌을 주게 된다.

'적성의전'은 대상 자료들 중 고소설의 가장 전형적인 틀을 보여 준다. 그런데 시점 교체나 전체 서사에서 특정 화제가 보여 주는 서사적인 속성, 화제 구문의 위치 등을 기준으로 볼 때, 앞의 두 텍스트에 비해 '서술부＋대화부＋서술부'의 교체가 좀 더 규칙적으로 이루어지고 있다.

(25) ㉮[츳시 왕비 우연 득병ᄒᆞ샤 (중략) 셩의는 쥬야로 불탈의대ᄒᆞ고 탕약을 맛보아 봉양ᄒᆞ며 하늘의 축슈ᄒᆞ여……ᄒᆞ고 밤마다 축원ᄒᆞ더니 ㉯[일일은 궐문밧긔 ᄒᆞᆫ 도시 뵈와지라 쳥ᄒᆞᆫ다 ᄒᆞ거늘 왕이 듯고 도스를 밧비 쳥ᄒᆞ니] ㉰[**도시 완연이 드러와 예필 좌졍 후의** 왕이 문왈……도시 공슈왈……ᄒᆞ거늘 **왕이 근시로 니젼의 통ᄒᆞ니** (중략) **도시 노홀 잡아 진믹ᄒᆞ고 물너나와** 왕긔 엿ᄌᆞ오ᄃᆡ……왕왈……도시 왈……㉱[ᄒᆞ고 언파의 팔을 드러 읍ᄒᆞ며 옥계에 나리더니 문득 간 ᄃᆡ 업ᄂᆞᆫ지라 셩의 크게 신긔히 여겨 공중을 향ᄒᆞ여 비스ᄒᆞ고] ㉲[부왕긔 고왈……왕왈……ᄒᆞ고 **니젼의 드러가 도스의 말을 젼ᄒᆞ니** 왕비 갈오ᄃᆡ……(중략) 하고 눈물을 흘리거늘] ㉳[셩의 지삼 위로ᄒᆞ고 인ᄒᆞ여 발힝홀 시 동문밧긔 나와 비를 타고 슌풍을 어더 힝견ᄒᆞᆫ지 칠일의 홀연 ᄃᆡ풍이 이러나 슌식간의 ᄒᆞᆫ 셤의 다다르ᄆᆡ 비를 머무르고] 셩의 문왈<젹셩의젼: 1~2>

(25)는 전체 서사를 추동하는 중요한 화소인 '안평국' 왕비의 득병 이후, 무명 도사가 출현하고 '성의'가 보주를 구하기 위해 길을 떠나 어떤 무인도에 도달하기까지의 일련의 상황을 그리고 있는 대목이다. 전체 도입부 중에서도 화제가 본격적으로 펼쳐지기 시작하는 부분이라고 할 수 있다. 도입부의 화제들만을 놓고 보면 주요 전경 사건인 '성의'의 보주 획득과 '항의'의 침탈, '성의'의 폐맹 사건 등에 대해 이들을 예비하는 사건이 펼쳐지는 곳이라고도 할 수 있다. 시점의 추이는 서술의 현재(25－㉮)에서 이야기 세계 속 이야기의 현재(25－㉯

이하)로 이동하고 있는 식이다. 이에 따라 전체적인 서술 방식도 설화자의 지문 서술에서 인물 간 대화 장면의 묘사 등으로 바뀌는 양상을 보인다.

이를 좀 더 구체적으로 살펴보자. (25-㉮)는 도입부 전체의 배경적인 정보로서 복수의 시간대에서 펼쳐진 사건이나 상황을 압축적으로 보고하는 식으로 전달되고 있다. 반면에 (25-㉯)는 하위 화제 장면의 배경적인 정보로서 거의 동일한 시공간 속의 인물 행동을 보고하는 식의 서술 방식을 보여 주고 있다는 점에서 (25-㉮)와 차이가 난다. 그런데 (25-㉮, ㉯)는 모두 그 화제 속성이 배경적이라는 점에서 비슷하다. (25-㉯)처럼 하위 화제의 전경적인 사건 장면이 펼쳐지기 이전에 배경적인 인물 행동 보고나 정경 묘사 등이 설화자의 서술 지문 형태로 제시되는 경우로 (25-㉣, ㉶) 전체와 (25-㉢, ㉰) 등의 일부(밑줄 친 구절)를 제시할 수 있다. 이와 같은 지문 서술은 모두 시간이 조금씩 경과하면서 동일한 공간 내에서 상황 변화가 있거나(25-㉣) 인물의 연속적인 행동 등으로 인해 인물 행적이 바뀌고 공간적인 배경이 변화하는 부분에 나타나면서(25-㉶) 서사적인 시간을 진전시킨다. 이러한 배경적인 사건이나 정보를 압축적으로 보고하거나 설명하는 식의 서술 이후에는 전경적인 정보가 인물 간 대화를 중심으로 펼쳐지고 있다(25-㉢, ㉰).[238]

그런데 주요 화제와 화제 사이에 등장하면서 부수적인 이야기를 담고 있는 화제 장면은 전반적으로 인물 간 대화보다 설화자에 의한

---

[238] 예컨대 (25-㉢, ㉰) 각각에서 말줄임표 등으로 생략된 대화를 통해 보주에 관한 정보나 그것을 구하기 위해 길을 떠나기로 결심하는 '성의'의 모습, 그리고 이러한 사실을 부모에게 알리는 장면 등이 그려지고 있다.

지문 서술이 좀 더 지배적으로 드러난다(26ㄱ). 이는 주 인물을 축으로 한 주요 서사에서 인물 간 대화가 좀 더 우세하거나, 인물 대사가 서술 지문 속에 안겨 있는 서술부라고 하더라도 설화자의 보고식 서술이 최소화하면서 인물 대사를 중심으로 구성되는 점과 다르다(26ㄴ).

(26) ㄱ. ㉮[ᄎ셜 항의 비를 두루혀 도라올ᄉᆡ 무ᄉᆞ를 당부ᄒᆞ여 누셜치 말나ᄒᆞ고 금ᄇᆡᆨ을 ᄆᆞ니 쥬고 궐즁의 드러가 뵈온ᄃᆡ] ㉯[왕과 휘 문왈 "셩의 소식을 드럿ᄂᆞ다?" 항의 ᄃᆡ왈 "소지 비를 타고 (중략) ᄒᆞ옵기로 바다 왓ᄂᆞ니라." ᄒᆞ고] ㉰[일녕 쥬를 드리거늘 왕비 일녕쥬를 ᄯᅡ희 더지고 통곡 왈……ᄒᆞ고 우름을 긋치 아니ᄒᆞ니 항의 왈……ᄒᆞ니 왕이 ᄯᅩᄒᆞᆫ 위로ᄒᆞ며 약을 가라 일환을 쓰니 ⓐ명신이 식식ᄒᆞ고 (중략) ᄇᆡᆨ병이 일시의 물너가되 다만 셩의를 ᄉᆡᆼ각ᄒᆞ여 쥬야 비척ᄒᆞ더라.]<적셩의젼: 8~9>

ㄴ. ㉮[ᄎ시 공쥬 야심ᄒᆞᆷ을 인ᄒᆞ여 옥촉을 밝히고 난간을 의지ᄒᆞ여 시를 을프다가 홀연 셩의의 고향 사름ᄒᆞᆫ든 글을 ᄉᆡᆼ각ᄒᆞ고] ㉯[츈란더러 왈 "ᄉᆞ룸이 (중략) 그 아니 가련ᄒᆞ냐!" 츈란 등이 ᄃᆡ왈 "요ᄉᆞ이 (중략) 귀를 놀ᄂᆞ더니이다." 공쥬 탄왈 "니 비록 궁즁녀ᄌᆡ나 (중략) 엇더ᄒᆞ뇨?"] 츈란 왈…… ᄒᆞ고 ㉰[즉시 셩의 쳐소의 가 불너 왈……ᄒᆞ니 셩의 놀나 (중략) 나아가니 공쥬 왈……ᄒᆞ고 시녀를 명ᄒᆞ여 일ᄇᆡ향은 을 권ᄒᆞ니 셩의 (중략) 시를 을프니 기 시의 왈……ᄒᆞ엿거늘 공쥬 ᄌᆡ삼 보다가 화답ᄒᆞ니 기 시 왈……읇은 후] ㉱[문왈 "시ᄂᆞᆫ 과연 마음으로 난다 ᄒᆞ니 (중략) 쳥컨ᄃᆡ 심ᄉᆞ를 은늬지 말나!" 셩의 왈 "기혹언셩이라 (중략) 업ᄂᆞ이다."] ㉲[공쥬 부답ᄒᆞ고 단금을 나와 ᄒᆞᆫ 곡조를 희롱ᄒᆞ니 소ᄅᆡ 가장 쳐량ᄒᆞ여 긔회를 돕ᄂᆞᆫ지라] ㉳[셩의 옷깃슬 염의고 ᄭᅮ리고 왈 "옥쥬 (중략) 관졉ᄒᆞ시니 은혜 ᄐᆡ산이 가ᄇᆡ압도소이다." 공쥬 왈 "그ᄃᆡᄂᆞᆫ 필시 귀공ᄌᆡ라. 금젼옥ᄃᆡ의 단풍시를 상응ᄒᆞ니 심ᄉᆡ 엇지 범연ᄒᆞ리오!"] ㉴[셩의 묵묵 무언이러니 문득 금계 보효ᄒᆞᄂᆞᆫ지라 공쥬 몸을 니러나며 시녀로 ᄒᆞ여곰 셩의를 인도ᄒᆞ여 보ᄂᆞ니라.]<적셩의젼: 14~15>

(26ㄱ)은 '성의'의 고난 극복 여정을 중심으로 구성되는 전개부의 첫 대목이다. 그런데 (26ㄱ)에 선행하는 도입부의 마지막 사건이 '항의'에 의한 '성의'의 폐맹과 바다 표류인 점, 그리고 (26ㄱ)에 이어지는 이야기가 표류하던 '성의'가 무인도에 도착하여 대나무로 피리를 만들어 불던 중 중국 사신과 만나는 장면 등이라는 점에서 (26ㄱ)은 시간적으로 선행 서사에 순차적으로 이어지면서도 곧장 연접하는 서사와는 직접적인 연관성이 없는 부수적인 화제라고 할 수 있다. 주요 인물을 중심으로 한 서사축의 관점에서 보면 (26ㄱ)은 곁가지 사건 장면을 담고 있는 화제 대목이라고 볼 수 있는 것이다. 이러한 대목에서는 (26ㄱ)에서처럼 인물 간 대화가 펼쳐지더라도(26ㄱ-ⓝ) 대화 속의 많은 인물 대사가 설화자의 지문에 안겨 있는 형태로 간접적으로 중개되는 모습[(26ㄱ-ⓓ)에서 말줄임표로 생략된 인물 대사]을 취하는 경우가 많다. 따라서 (26ㄱ) 전체를 단위 담화나 화제의 하나로 보았을 때, 전체적으로 공간 이동에 따른 인물 행적의 변화를 압축적으로 요약·보고(26ㄱ-㉮)하거나 인물의 처지나 상황을 기술(26ㄱ-ⓓ-ⓐ)하고 있는 서술부가, 장면 속의 인물 대사가 중개되는 식의 대화부를 압도하고 있는 것으로 보인다.

(26ㄴ)은 '성의'와 '채란공주'가 시를 주고받으며 본격적으로 결연을 맺는 장면이다. 주요 인물로 구성되는 중요한 서사 대목인 만큼 시점도 서술의 현재가 아니라 과거 이야기 세계 속의 이야기의 현재 장면을 그리는 있는 식으로 드러난다. 이때 설화자는 이야기 속 장면에 매우 근접한 위치에서 사건을 서술하고 있는 만큼 장면 중개가 좀 더 직접적으로 이루어질 가능성이 높은 대목이라고 할 수 있다. (26ㄴ)을 보면 시작 지점과 끝 지점에서 인물의 정황과 행동 정보, 배경

적인 정경 등을 서술하는 부분(26ㄴ-㉮, ㉯)에서 서술 지문이 짤막하게 언급되고 나머지는 전체적으로 인물 간 대화(26ㄴ-㉯, ㉰, ㉱)나 인물 대사 혹은 이에 준하는 인용된 시편(26ㄴ-㉲, ㉳) 등의 대화부로 구성되어 있다. 전체 서술 방식을 놓고 보면 대화부가 서술부를 압도하고 있다. 이는 (26ㄱ)처럼 부수적인 인물과 관련된 화제 대목에서 서술부가 대화부를 압도하는 모습과 분명히 다르다.

그렇다면 우리는 '적성의전' 전체의 서술 구조와 관련하여 '서술부＋대화부＋서술부'가 규칙적으로 교체되는 특징과 더불어 대화부가 서술부보다 좀 더 우세하게 나타나는 서술 방식상의 문체 특징을 언급할 수 있다. 이에 따라 시제 추이를 바탕으로 이루어지는 시점 변환의 양상도 '현재·외부 시점→과거·내부 시점→현재·외부 시점' 식으로 정형적으로 반복되는 경향을 지적할 수 있을 것이다. 특히 인물들의 최후 행적이나 후일담 등을 주된 서사 내용으로 하는 최후 종결부의 서술 특징도 지적할 수 있다. 여기에서는 인물 간 대화 중심의 장면 묘사나 인물 대사가 극도로 줄어든다. 대신 서술의 현재에 위치하는 설화자를 통해 사건 정보가 압축적으로 보고되거나 구체적인 사건의 개념적인 측면이 개괄되는 식의 요약 구문이 지배적으로 나타난다.

4.1.3. 문장 연결과 종결

'안락국전'은 외부 시점의 설화자에 의한 주관적인 진술 구문을 포함하여 모두 58개의 문장으로 구성되어 있다. 이들 문장을, 주요 인물이나 배경의 전환과 서사 국면의 변화 등을 통합적으로 고려하여 적

용하고, 하나의 담화 화제를 내포하는 담화 구조체를 염두에 두면서
묶고 나누면 16개의 담화로 정리된다. 아래 <표 9>가 그것이다.

<표 9> '안락국전'의 담화, 문장 구조

담화(문장)	담화 표지	공간 배경	인물	문장 종결	화제
D1 (S1~S4)	'과거적의'- '잇쩌의'	'서역국'	세존 외	'가니라'	'바라문'의 걸립 결정, 출국
D2 (S5~S7)	'잇쩌'- '일일은'	'대원국' 외	'바라문'	'머므더라'	'바라문'의 대원국 노정과 도착, 왕의 초대
D3 (S8~S10)	'잇쩌'	'대원국' 외	'바라문' 외	'황홀ᄒ더라'	'바라문'과 왕의 담화, 서 역 도착, '팔시녀'의 꽃밭 수레
D4 (S11~S15)		'서역국' 외	세존 외	'둣ᄒ더라'	이차 걸립과 꽃밭 수레를 위한 '사라수왕' 부부 출국
D5 (S16~S24)		'금룡'	'바라문' 외	'건너가니라'	장자 집 도착, 부인이 여종 으로 팔림, 이별 후 도해
D6 (S25)	'잇쩌'	'대원국'	세존 외	'업더라'	왕의 꽃밭 수레와 수행
D7 (S26~S29)	'잇쩌'	'금룡'	'원앙부인' 외	'넉이더라'	부인의 고난, 선녀 조력
D8 (S30~S31)	'잇쩌'	'금룡'	'안락국' 외	'ᄒ더라'	'안락국'의 고난과 동자조력
D9 (S32~S34)	'일일은'- '일일은'	'금룡'	'안락국' 외	'ᄒ더라'	'안락국'의 일차 도망과 被逮, 장자의 엄포
D10 (S35~S38)	'이쩌'-'이쩌'	'통천' 외	'안락국' 외	'도라가다'	'안락국'의 이차 도망과 장자의 추적 실패
D11 (S39~S41)	'잇쩌의'	'서역국'	'안락국' 외	'가니라'	'안락국' 부자 상봉, 구모 여정 시작
D12 (S42~S44)	'잇쩌'	'금룡'	'재영장자' 외	'츠홉다'	'안락국' 모친의 죽음
D13 (S45~S46)	'잇쩌'-'잇쩌'	'임정사' 근처	마을사람 외	'외오더라'	부인의 시신 유기와 대숲 의 염불 소리, 아이들의 노래
D14 (S47~S50)	'잇쩌'	'금룡' 외	'안락국' 외	'업더라'	'안락국'의 모친 구원과 장자 무리의 징벌

담화(문장)	담화 표지	공간 배경	인물	문장 종결	화제
D15 (S51~S53)		'통천' 외	'안락국' 외	'되시니라'	모자와 '팔시녀' 상봉, 일행의 '서역국' 도착, 후일담
D16 (S54~S58)					설화자 논평

'안락국전'은, 이야기 외부의 설화자가 단독적인 문장 구문을 통해 이야기 세계에 개입하여 주관적으로 감정을 토로하거나(S3, S26, S44) 이야기의 교훈적인 서술 의도를 교술하는 말미의 담화 대목(D16의 S54~S58))을 제외하면 실질적으로 50개의 문장으로 텍스트가 이루어져 있다. '안락국전'에서 문장 연결이나 종결의 큰 원칙은, 앞의 '안락국태자전'에서와 마찬가지로 담화나 화제의 전환을 기준으로 한다는 점이다. 이에 따라 대개 동일한 시공간의 배경 속에서 일련의 인물들이 펼쳐 보이는 사건을 중심으로 문장 구문이 짜인다. 이러한 점은 단일 구문 안에 전경 사건을 예비하는 부수적인 배경 사건이나 정보 혹은 배경적인 정경이나 정황 등을 먼저 그려 보인 후 주요 전경 사건을 순차적으로 펼쳐 보이거나, 인물(들)의 연속되는 행동을 순차적인 발생 순서에 따라 차례로 보이는 식으로 문장을 구성하게 하는 요인이 된다.

예컨대 D1을 보면 "(과거적의 셕가셰존이)~거ᄂ리시고~두시고~즐기시더니 (잇ᄯᅬ의)~잇시미~즐기시더니~만나미~니러러가니~슬픈지라 [인물 대사] ᄒ시고 슬허ᄒ시거늘~(삼쳔 졔ᄌ들)~싱각ᄒ고~의논호디 [인물 대사] ᄒ고 (삼쳔 대듕)~올나~볘풀고~쳥좌ᄒ시고~단좌ᄒ시고 (삼쳔 졔ᄌ)~좌졍ᄒᄉ옵고~밧치오며~찰혀노코~알외되 [인물 대사]"로 이루어지는 S1과 "(셰존) ᄀᆞᆯ오샤디 [인물 대사] ᄒ신디

(승 여래바라문)~알외되 [인물 대사] 알외온대 (셰존님)~ᄀᆞᆯ오샤디 [인물 대사] ᄒᆞ옵시니 ('바라문')~흘니고~숙이더라"로 이루어지는 S2, "(바라문)~십오셰라~나니~메고 츄탄ᄒᆞ며~하딕ᄒᆞ습고~니별ᄒᆞ미~흘니며 [인물 대사] ᄒᆞ고~도라와~집고~(셰존님) 닐오샤디 [인물 대사] ᄒᆞ신디 (바라문)~됴비ᄒᆞ고 가니라"로 이어지고 마무리되는 S4 등으로 구성된다. 이때 S1을 보면 D1 전체의 포괄적인 배경으로 기능하는 구문이 첫 번째 '즐기시더니'로 마무리되고, S1의 전경 사건―인시주 걸립 주체로 결정되는 '바라문'―을 예비하는 부수적인 배경 사건이 '잇ᄯᅴ의'라는 시간 부사어 지점으로부터 두 번째 '즐기시더니'로 일차 휘갑되는 지점 사이에 걸쳐 제시되어 있다. 이하 S2와 S4에서는 전경적인 사건과 관련되는 인물 간 대화나 대사, 최소한의 인물 행동 등이 서술되고 있다.

    (27) ㉮[ⓐ**바라문 화쥬 잇ᄯᅴ 심산심곡으로 졍쳐 업시 ᄎᆞᄌᆞ가다가 가막까치를 만나도 인ᄉᆞ를 ᄒᆞ고 졀을 ᄒᆞ며 가더니** ⓑ**일일은 더 통 바다가의 다ᄃᆞ라니 바다히 하ᄂᆞᆯ의 다아 잇고 너븨 수쳔니라 승 여릐 바라문이 텬지 망극ᄒᆞ야 슬피 우더니**] ㉯[이윽ᄒᆞ야 살펴보니 운무 ᄌᆞ욱ᄒᆞᆫ 듕의 사람의 소릭 들니거ᄂᆞᆯ 하도 반가히 녁여 웨여 닐오디 "상아아 무상아 (중략) ᄇᆞ라ᄂᆞ니다." 문득 믈 가온디셔 (중략) 딕답ᄒᆞ되 "이 바다가 (중략) 엇디ᄒᆞᆯ고." ᄒᆞ고 간디 업거ᄂᆞᆯ 승 여릐 바라문이 (중략) 뉵환장으로 노를 다라 더통 바다 건너셔니 이 ᄯᅡᆫ은 강남 ᄯᅡ히라 대원국을 ᄎᆞ자 드러가 만니셩을 다ᄃᆞ르니 셩문이 구지 닷처거ᄂᆞᆯ 승 여릐 바라문이 가ᄉᆞ 착복을 갓초고 뉵환장을 울히 두루니] ㉰[긔화셔 긔 지ᄂᆞᆫ 돗ᄒᆞ더라.] ㉱[그러ᄒᆞᆫ 셩문이 일시의 열니거ᄂᆞᆯ 그제야 바라문 화쥬 드러가니 소졸이 보(報)ᄒᆞ니 대왕과 부인이 듯ᄌᆞ오시고 '드러오라' ᄒᆞ시고 쳥ᄒᆞ신디] ㉲[승 여릐 바라문이 궐하의 갓가이 머므더라.]<안락국젼: 4~6>

(27)은 S5에서 S7까지 걸쳐 있는 D2에 해당한다. D2는 '서역국'을 출발한 '바라문'이 '대원국'에 도착하기까지의 여정을 담고 있다. 여기서도 특정되지 않은 장면 속의 인물 행적에 관한 정보(27-㉮-ⓐ)를 '-더니' 연결 표현으로 일차 마무리한 후 시공을 비교적 구체화한 특정 장면 속의 공간 위치나 인물 행위에 관한 정보(27-㉮-ⓑ)를 역시 동일한 '-더니' 연결 표현을 통해 마무리하고 있다. 이들은, 특정 장면 속의 인물 대사나 구체적인 행동 등으로 이루어지는 (27-㉯)의 전경적인 장면을 배경화하고 있다는 점에서 비슷한 속성을 띤다. 이어 화제는 (27-㉰)에 이르러 다시 한 번 장면을 배경화한 후 (27-㉱)를 통해 특정 장면을 전경화하고 마지막 (27-㉲)에서 배경적인 정황을 제시하면서 마무리된다. (27-㉰, ㉲)에서는 종결형에 선어말어미 '-더-'가 개재된 '듯ᄒ더라, 머므더라' 등이 공통적으로 나타나고 있어 정보의 배경적인 속성을 미루어 짐작할 수 있다.

이를 통해 보면 전체적으로 인물 행동이나 장면에 관한 배경적인 정보들은 '-더니'로 일차 마감되는 구절을 통해 제시되고, 인물 간 대화나 대사, 연속되는 인물 행동 등은 '-오딕, -고, -으니' 등으로 연결되다가 '-더라'나 '-니라'로 종결되고 있다. '-더니'로 제시되는 정보들 중에서 인물 행적이나 행동과 관련한 것들은 그 배경적인 속성 때문에 후행하는 장면과의 사이에 일정한 거리감이 존재하는 것을 볼 수 있다. 반면에 '-고, -며'나 '-더-'가 개재되지 않은 '-으니' 등은 동일 장면 내에서 인물이 전환하거나 한 인물이 연속적으로 내보이는 순차적인 행동, 대화 정보 등을 연결할 때 쓰이고 있어 그 기능상의 차이점을 비교적 명시적으로 파악할 수 있다. 단일 화제 내에서 장면을 전경화한 후 휘갑할 때는 '-더라' 식의 종결 표현으로 구문을 마무리하고 있다. 이때 정보들은 배경적인 속성을 띠는 인물 행위, 장면의 정경과 분위기, 부수적인 정보 등인 경우가 많다.

이와 관련하여 우리는 연결어미 '-거늘'에 주목할 필요가 있다. 앞에서도 잠깐 이야기한 것처럼 '-거늘'이 이끄는 구문은 배경적인 정경이나 정황인 경우가 많다. 인물 행동이나 대사를 이끄는 경우라도, 후행 사건을 본격적으로 펼쳐 보이기 위한 계기 정보를 이끄는 대목에 '-거늘'이 많이 쓰인다. '안락국전'에서 쓰이고 있는 20개의 '-거늘' 중 12개는 장면을 묘사하고 있는 지점에 나타나는데, 이들 장면에서의 묘사 대상은 외적 정경이나 정황인 경우가 대다수다(28 ㄱ, ㄴ). 인물에 관한 것이라도 특정 시점에서 외적으로 관찰된 내용에 바탕을 두면서 후행하는 장면을 예비하는 정보로 구성되어 있다 (28ㄷ, ㄹ). 나머지 8개는 인용 동사 'ᄒ-'에 결합되어 인물 대사를 휘감하는 지점에 나타난다.

(28) ㄱ. 승 여릭 바라문이 (중략) 살펴보니 [운무 즈욱흔 듕의 사람의 소릭 **들니거늘**] 하도 반가히 넉여<안락국전: 4>
　　 ㄴ. 승 여릭 바라문이 (중략) 대원국을 츠자 드러가 만니셩을 다드른니 [셩문이 구지 **닷쳐거늘**] 승 여릭 바라문이<안락국전: 5>
　　 ㄷ. 대왕이 (중략) 일변으로 화쥬을 듸졉ᄒ시더니 [만됴 빅관이 다 **모혀거늘**] 대왕이 닐오샤듸<안락국전: 8>
　　 ㄹ. 안락국이 하딕ᄒ고 동다히로 가더니 과연 [빅슈 노옹이 (중략) 왕싱계룰 외오며 **오시거늘**] 안락국이 짐쟉ᄒ고<안락국전: 29~30>

문장 연결이나 종결과 관련하여 '안락국전'이 보여 주는 가장 두드러진 특징은 인물 간 대화 위주의 장면 묘사는 줄어들고 인물 대사가 설화자의 지문의 일부로 들어가 있다는 점이다. 이에 따라 서술 지문이 '안락국태자전'에 비해 더 길게 늘어나 있는 문체 특징을 보인다. 이러한 문체 특징은, 인물 간 대화가 이루어지거나 불특정의 다수를 상대로 하는 발화 국면 또는 특정한 청자를 상정하기 힘든 일방적인 발화 장면 등에서의 인물 대사가 텍스트에 어떻게 실려 있는가 하는 점을 중심으로 살펴볼 수 있다.

인물 대사가 인용 동사와 같은 인용의 표지 없이 설화 동사만으로 도입되고 인물 대사로 마무리되는 직접 화법적인 부분(이를 '유형 A'라고 하자)은 대화 장면 자체를 부각시키기 때문에 장면의 현장성과 실제성, 생동감을 살리면서 발화하는 인물을 전경화하는 효과가 있다. 이때 설화자는 텍스트의 전면에서 최대한 후퇴하여 그 이면으로 숨으면서 장면 전달에 필요한 최소한의 역할만을 담당하는 모습을 보인다. 반면에 인물 대사가 설화 동사로 도입되지만 연결형의 인용 동사로 이어지면서 서술 지문의 일부가 되거나(이를 '유형 B'라고 하자), 설화 동사 없이 인용 표지만으로 지문에 안기는 식으로 설화자의 언어인 듯이 전달되는 경우(이를 '유형 C'라고 하자)도 있다. 이때에는 발화 주체인 인물의 모습이나 그 발화가 이루어지는 장면보다는 설화자가 좀 더 전면에 부각되면서 장면 전달 자체에 속도감이 생길 뿐더러 이야기나 사건이 빠르게 펼쳐지면서 이야기 속 서사의 흐름이 급박해지는 효과가 있다.

'안락국전' 전체에서는 모두 135개의 인물 대사가 출현한다. 그 중 설화 동사로 인물 대사가 도입된 후 연결이나 종결 표현 없이 대사가 마무리되는 경우는 23개다. 나머지는 모두 설화자의 지문을 이루는 문장 구문의 일부로 안겨 나타나고 있는데, 도입 표지 없이 인용 동사만으로 휘감되는 경우가 38개, 설화 동사로 도입되고 인용 동사로 마무리되는 경우가 74개다. 유형 A 대 유형 B, C를 합한 비율이 17% 대 83%로 나타나 유형 B, C가 압도적인 다수를 차지하고 있다. '안락 국전'은 인물이나 장면보다 설화자가 좀 더 전면에 부각됨으로써 이야기 전달자의 역할이 상대적으로 커지는 한편으로 서사가 빠르게 전개되는 부수적인 효과를 얻게 되었다고 볼 수 있다.

'안락국전'은 문장 연결이나 종결과 관련하여 담화 표지로 기능하는 시간 부사어 '잇쩌'가 지배적으로 발견되는 점도 특기할 만하다. '잇쩌'는 주로 선행 담화의 마지막 문장 구문이 종결되고 새로운 후행 담화의 첫 번째 문장 구문의 첫머리에 놓이면서 텍스트를 구성하고 있기 때문에 담화 표지로 이해된다. 이러한 '잇쩌'와 비슷한 기능을 갖는 시간 표현으로 '일일은'도 보인다. 그런데 '일일은'이 담화의 경계 지점에서 선행 화제의 마지막 문장 종결형 직후에 나타나는 경우는 D9에서만 보이고 대부분은 동일 화제 중간의 문장 연결형 직후에 나타난다. 특히 이때의 문장 연결 표현이 선어말어미 '-더-'가 개재된 '-더니' 형태로 제시되고 있다. '일일은'에 선행하는 구문 정보를 배경으로 하여 후행 구문에서 장면이 좀 더 구체화하면서 전경적인 장면 속의 사건 등으로 새로운 하위 화제가 시작됨을 알 수 있다. 이렇게 동일 화제 내에서 '-더니'와 같은 배경적인 정보를 제시하는 연결 표현 이후에 출현하면서 새로운 하위 화제의 시작을 알려주는 표지로 '홀연이 흔쩌'(D7S27), '흔 이틀 후'(D9S33), '문득'(D10S35) 등이 있다.[239]

---

239) '-더니'는 아니지만 '-ㄴ지라' 이후에 '이쩌'가 나타나면서 장면이 전환하여 새로운 사건 국면으로 이어지고 있는 경우가 있어 눈길을 끈다. 아래 예문이 그것이다. 이 대목의 '이쩌'는 담화 경계 사이에 쓰

아래 <표 10>은 '안락국전'의 인물 대사 처리 방식을 정리해 놓은 것이다.

〈표 10〉 '안락국전'의 인물 대사 처리 방식

구분	화제내용		대사	설화 동사	인용 동사	설화 동사 + 인용 동사
D1 (S1~S4)	발단부	'바라문'의 인시주 걸립 결정과 '서역국' 출국	8	1	2	5
					2(S1,4)	2(S1,4), 3(S2)
D2 (S5~S7)		'바라문'의 '대원국' 노정과 도착	3	1	1(S7)	1(S6)
					1(S7)	1(S6)
D3 (S8~S10)		'바라문'과 '사라수왕'의 담화, '바라문'과 '팔시녀'의 '서역' 도착, '팔시녀'의 꽃밭 수례	19	1	5	13
					2(S8,9), 3(S10)	11(S9), 2(S10)
D4 (S11~S15)	전개부	이차 걸립과 꽃밭 수례를 위한 '사라수왕' 부부의 출국	20	3	8	9
					3(S12), 3(S13), 2(S14,15)	2(S11,13), 4(S12,15), 3(S14)
D5 (S16~S24)		'재영장자' 집 도착, '원앙부인'이 여종으로 팔림, 이별 후 도해	21	6	4	11
					2(S19,20), 2(S21)	4(S16,17,19,22), 5(S20), 2(S21)
D6 (S25)		'사라수왕'의 꽃밭 수례와 왕생게 수행	4		2(S25)	2(S25)
D7 (S26~S29)	절정부	'원앙부인' 고난과 선녀 조력	5	2		3
						2(S27), 1(S29)

이는 표지로서보다는 장면 전환이나 화제 전환 표지로 파악하는 것이 자연스러울 것이다.

"안락국이 흔 가지로 오르며 문득 옥뎌 소릭 들니며 바다흘 나는 듯히 가는지라 이젹 장직 안락국을 츠즈니 쏘 도망ㅎ고 업거눌"〈안락국전: 28~29〉

구분	화제내용		대사	설화 동사	인용 동사	설화 동사 + 인용 동사
D8 (S30~S31)		'안락국' 고난과 동자 조력	2		1(S31)	1(S31)
D9 (S32~S34)		'안락국'의 일차 도망과 被逮, 장자의 엄포	15 (+1[240])	1	6(S33)	8(S33)
D10 (S35~S38)		'안락국'의 이차 도망과 장자 무리의 추적 실패	7	1	2(S37)	4 / 3(S35), 1(S36)
D11 (S39~S41)	절정부	부자 상봉, 구모 여정 시작	6	2	1(S41)	3 / 1(S40), 2(S41),
D12 (S42~S44)		'안락국' 모친의 죽음	2	1		1(S43)
D13 (S45~S46)		부인 시신 유기와 대숲의 염불 소리, 아이들의 노래	3		2(S45)	1(S46)
D14 (S47~S50)		모친 구원과 장자 무리의 징벌	16	3	4 / 1(S47), 3(S50)	9 / 6(S47), 1(S48,49,50)
D15 (S51~S53)	결말부	'안락국' 모자와 '팔시녀' 상봉, 일행의 '서역국' 도착, 후일담	4	1		3 / 1(S51), 2(S53)

다음은 '나복전'의 담화, 문장 구조를 정리한 것이다. '나복전'은 6개의 담화 속에 50개의 문장이 들어 있는 식으로 텍스트가 구성되어 있다

---

240) '+1'은, 설화 동사나 인용 동사와 같은 인용의 표지 없이 설화자의 지문의 일부로 제시된 다음 구절의 '재영장자'의 대사(밑줄 부분)를 가리킨다.

"혼 이틀 후 장직 '<u>안락국이 어딘 갓는다?</u>' 춧눈디라 부인이 닐오샤딘"〈안락국전: 25〉

담화(문장)	담화 표지	공간 배경	인물	문장 종결	화제
D1 (S1~S5)	'이젹의'	'바라국'	'나복' 모자	'ᄒ더라'	'나복' 효행, 장사를 위한 가츌과 모친 악행
D2 (S6~S9)		'바라국'	'나복' 모자	'ᄒ더라'	'나복'의 귀가와 모친의 거짓말
D3 (S10~S12)	'이후로'	'바라국'	'나복' 모자	'ᄀ나라'	모친의 죽음과 현몽, '나복'의 츌가
D4 (S13~S15)	'ᄎ셜'	'왕사셩'	세존 외	'ᄒ시더라'	'나복'의 블문 귀의와 세존 문하의 제자 수행
D5 (S16~S36)	'ᄎ셜'	'왕사셩' 외	'목련' 외	'합빅ᄉᄒᄂ니라'	지옥 순례 중 모친 봉별
D6 (S37~S50)	'ᄎ셜'–'ᄎ시'	'화락쳔궁'	'목련' 외	'향ᄒᄂ니라'	'화락쳔궁' 부모 상면

앞서의 '안락국전'과 마찬가지로 '나복전' 또한 문장 요소들의 연결이나 종결이 하나의 담화 화제 내 하위 화제 정보들의 성격이나 속성에 따라 이루어지고 있는 양상을 보인다.

(29) ㉮[ⓐ**이젹의** 바라국의 한 션남 잇시되 일홈은 나복이라 그 부모를 위ᄒ야 날노 션수를 만이 ᄒ며 오빅 승지를 ⓑ**일솜든이**]
㉯[ⓐᄒ**노ᄂ난** 나복이 그 모친 쳥졔 부인게 고ᄒ되 ⓑ**"소자 (중략) 드리고 ᄀ리라."** 쳥졔 부인이 깃거 이로디 ⓒ**"닉 아히 나복아 (중략) 겨바리리오."** ᄒ니 나복이 그 모친의 허락ᄒ시믈 듯고 만면환희ᄒ야 즉시 가져던 금젼 일만냥을 밧드러 부인게 드리고 ᄒ즉ᄒ고 ⓓ**가이라.** 쳥졔 나복을 보니고 그 후의 ᄀ졍 노복을 계칙ᄒ야 ⓔ**"진승이나 걸디나 (중략) 여등을 즁죄ᄒ리라."** ᄒ니 ᄀ졍 부인 말솜를 듯고 진승이 드러오면 ⓕ**구축ᄒ니라.**] ㉰[쳥졔 부인 나복 쥬던 금젼을 푸러 날마닥 풍뉴잡기와 우냥뉵츅을 빅셜ᄒ야 먹그며 진승 곳 보면 회욕하고 이르디 ⓐ**"견일 아진의 오승진로 허비ᄒ 긔물리 악갑다."** ⓑ**ᄒ더라.**]
<팔상록3: 583~584>

(29)는 오백승재를 통한 '나복'의 효행과 장사를 위한 길 떠남, 모친인 '청제부인'의 악행 등 여러 하위 화제를 내용으로 하는 D1에 해당한다. 전체적으로는 '나복전'의 배경적인 사건들을 담고 있는 대목이라고 할 수 있다. D1은 여러 개의 하위 화제로 이루어진 만큼 이들 정보들 간에는 속성의 차이가 있을 수밖에 없을 것이다. 한 인물에 관해 기본적인 신상 정보를 중심으로 소개하면서 그 행적을 보여 주고 있는 (29-㉮)는 전형적인 배경 정보에 해당한다. 불특정의 시간 표현으로 화제가 시작된 후(29-㉮-ⓐ) 대상 세계와의 거리감을 조성하는 '-더니'로 구문이 일차 마무리(29-㉮-ⓑ)되고 있는 점에서 알 수 있다. 이어 서사는 비교적 특정적인 시간대로 구체화하고 (29-㉯-ⓐ), 이야기 세계 속의 현장으로 들어간 설화자가 서술 대상과 근접한 거리에서 인물 행동이나 대화 상황을 그대로 보여 주고 있다. 이야기 세계 속에서 사건 장면이 전경화하고 있는 것이다.

이에 따라 이러한 대목에서는 인물 행동도 주로 거리감이 그다지 느껴지지 않는 '-니라' 종결 표현(29-㉯-ⓓ, ⓕ)으로 제시된다. 인물 대사도 설화자의 개입이 최소화한 직접적인 형태로 중개되거나 (29-㉯-ⓑ), 서술 지문의 일부로 안겨 있는(29-㉯-ⓒ, ⓔ) 경우가 같이 나타나고 있다. 그렇지만 전체적으로 주요 서사가 펼쳐지는 전경적인 대목에서는 인물 간 대화 장면 위주로 나타나 장면의 현장성이나 직접성이 적절하게 살아나고 있다. '나복' 이야기의 절정은 주인공 '나복'이 여러 지옥을 순례하면서 그 참상을 목도하다가 종국에는 악행으로 인해 처참하게 고통받는 모친과 상봉하는 대목이라고 할 수 있다. '목련전'이나 '나복전'은 이 대목에서 공통적으로 인물 간 대화 위주로 이야기를 구성하고 있음을 확인할 수 있다. 결과적으로는 장면을 생생하고 실감나게 그리고 있는 양상을 보이는 것이다.

　이들 대목에서 설화자의 흔적이나 개입은 최소화할 수밖에 없다. 장면 자체가 부각되면서 서로 대화하는 인물의 모습이 전면에 나서는 식으로 전경화하고 있기 때문에 설화자가 개입할 여지가 크지 않은 것이다. 서술 지문도 인물 행동에 관한 최소한의 정보들로 구성되기 때문에 연결어미의 쓰임도 극히 제한적으로만 이루어지는 양상을 보여 준다. 이러한 전경화한 대화 장면에서 사건의 시간이 더디게 진행될 것임은 당연하다. 그러나 상대적으로 텍스트 수용자가 이야기 장면 자체에 몰두할 가능성이나 여지는 커지게 마련이다. 사건 시간이 지연되면서 관심의 초점이 이야기 전개 방향이나 양상보다는 전경적으로 부각된 장면 속의 인물 대사나 행동으로 쏠리게 되는 것이다.

　이러한 전경적인 장면 이후 긴 시간대에 걸친 '청제부인'의 악행을 주요 구문 정보로 하고 있는 (29-㉰)는 배경 구문으로 볼 수 있다. 이때에는 인물 대사(29-㉰-ⓐ)도 구체적인 발화 장면을 설정한 후 인용한 것이 아니기 때문에 서술 지문의 일부로 안겨 있으며, 이러한 대사를 휘갑하는 종결 표현도 '-더라'로 제시함으로써 설화자와 이야기 세계 사이에 일정한 거리감이 조성되고 있다(29-㉰-ⓑ). 이처럼 하나의 담화를 기준으로 배경적인 정보를 먼저 보여 주고 장면을 구체화하면서 전경화한 후 다시 배경화하는 식의 구성 방식은 '나복전' 전체적으로 비교적 일관되게 유지되고 있다. 이러한 점 때문에 하나의 담화 단위 내 정보들은, 묻고 답하는 식으로 인물 간 대화가 펼쳐지는 구체적이고 특정적인 장면 묘사 부분을 제외하면, 여러 연결어미로 길게 이어지는 모습을 보인다.

　가령 주인공 '나복'이 불문에 귀의하게 되는 장면을 그리고 있는

D4의 S13은 "(츠셜 셰존니)~쳐ᄒᆞ야~의논ᄒᆞ시더이 (ᄒᆞ로난 두 소연니)~드러와~빈례ᄒᆞ며~고ᄒᆞ되 [인물 대사] ᄒᆞ고~쳥ᄒᆞ니 (셰존)~왈 [인물 대사] 하시고~(나복)~엿자오되 [인물 대사] ᄒᆞ미~써러지고~(금난가사)~입펴거날 (세존)~이르스되 [인물 대사] ᄒᆞ시더라"로 구성된다. 이를 통해 보면 동일 인물의 연속적이고 순차적인 행동 정보는 연결어미 '-아, -고, -며' 등으로, 인물이 전환하는 대목이나 정경적인 배경이 제시되는 대목에서는 연결어미 '-으니, -거늘' 등을 통해 길게 이어지고 있다.241) 먼저 '-으니'는 동일 문장 구문의 구체화한 장면 속에서 선행하는 인물 대사를 'ᄒᆞ니' 형태로 휘갑하거나 선행 인물의 행동이나 사건 정보를 이끌면서 후행 인물의 행동을 펼쳐 보이는 지점에 나타난다. '-으니'에 '-더-'가 결합한 '-더니'의 경우는 S2에서 전체 이야기의 계기가 되는 '나복'에 관한 배경 정보를 제시하는 대목, S32에서 '목련'이 처참한 형상의 모친과 상면하는 대목에서 지옥의 귀졸(鬼卒)들이 '목련'의 모친을 끌고 가는 장면 직전에 귀왕(鬼王)과 관련된 외적 정경을 이끄는 지점 등에서 발견되어 '-으니'와 대비되는 배경적인 담화 기능을 확인할 수 있다. '-거늘'은 장면의 정경이나 분위기, 배경적인 사건 정보 등을 이끄는 경우가 5회, 인물 대사를 휘갑하는 인용 형태로 쓰이는 경우가 5회 발견된다.

전반적으로 '나복전'은 인물 간 대화가 직접 중개되는 방식이 설화자의 지문에 안겨 제시되는 방식보다 약간 우세하게 나타난다. 전체

---

241) 그런데 D5의 S17에서는 동일 인물에 관한 정보들로 구성되는 문맥에서도 '-으니'가 쓰이고 있음이 확인된다.

"츠셜 목연이 그 모친 쳥졔 부인을 위ᄒᆞ여 님의 츌ᄀᆞᄒᆞ야 세존전의 법을 듯고 신통을 어든니 능히 풍운를 타고 슘쥬산 졔천세계을 지쳑갓치 왕닉ᄒᆞ니 세존의"(팔상록3: 600)

61개의 인물 대사 중 유형 A, B, C는 각각 35개, 5개, 21개다. 이들을 대비하여 비율로 따지면 유형 A 대 유형 B, C를 합한 비율은 57.4% 대 42.6%로 나타나 유형 A가 상대적으로 다수를 점하고 있는 것이 확인된다. 텍스트에서 유형 A가 우세하게 나타남으로써 '나복전'은 전체적으로 대화 장면의 현장성이나 현재성, 직접성이 좀 더 강하게 감지된다. 이러한 특징은 특히 후반부의 첫 번째 서사인 '만남 1'의 D5에서 주인공 '목련'이 공간을 이동해 가면서 여러 인물들―세존, 옥졸과 염왕 등―과 나누는 특정적인 장면에서의 대화나, 최후 서사인 '만남 2'의 D6에서 인물 간 대화 장면 등을 통해 뚜렷하게 드러나고 있다.

〈표 12〉 '나복전'의 인물 대사 처리 방식

구분		화제내용	대사	설화 동사	인용 동사	설화 동사+ 인용 동사
D1 (S1~S5)	전반부	'나복'의 효행, 장사를 위한 길 떠남과 '청제부인' 의 악행	4	1	1(S4)	2
						2(S3,5)
D2 (S6~S9)		'나복'의 귀가와 모친의 거짓말	5	3		2(S9)
D3 (S10~S12)		모친의 죽음과 현몽, 출가	3	1		2
						2(S10,12)
D4 (S13~S15)	후반부	만남 1	'나복'의 불문 귀의와 세존 문하에서의 제자 수행	7	1		6
							4(S13), 2(S15)
D5 (S16~S36)			'목련'의 지옥 순례 중 '아비지옥'에서의 모친 봉별	29 (+1)242	19	4 1(S17), 1(S23), 1(S27), 1(S32)	6 2(S23,36) 4(S25,32)
D6 (S37~S50)		만남 2	'목련'과 세존의 천상 동행, '화락천궁'에서의 부모 상면	13	10		3 3(S40,48,50)

‘적성의전’은 18개의 담화가 136개의 문장을 아우르고 있다. 대부분의 개별 담화는 한 개 이상의 문장으로 이루어진다. 그런데 해상을 표류하던 중 무명 해변에 도착하는 ‘성의’를 그리고 있는 D6과 ‘항의’의 죽음을 주요 내용으로 하는 D16은 한 개의 문장으로 구성된다.

〈표 13〉 ‘적성의전’의 담화, 문장 구조

담화(문장)	담화 표지	공간 배경	인물	문장 종결	화제
D1 (S1~S4)	‘화설’ -‘어시의’	‘안평국’	‘성의’ 외	‘봉흐니라’	배경 제시(공간, 인물)
D2 (S5~S24)	‘츳시’ -‘일일은’	‘안평국’ 외	왕비 외	‘못흘너라’	‘성의’의 구주 여정
D3 (S25~S36)	‘츳셜’	‘서역국’	‘성의’ 외	‘힝흐니라’	‘성의’의 보주 획득과 회환
D4 (S37~S46)	‘각셜’ -‘이쎄’	‘안평국’ 외	‘항의’ 외	‘보라’	‘항의’의 보주 탈취와 ‘성의’의 해상 표류
D5 (S47~S48)	‘츳셜’	‘안평국’	‘항의’ 외	‘비쳑흐더라’	‘항의’의 귀국, 보주 효험과 왕비의 비탄
D6 (S49)	‘각셜’	무인 해변	‘성의’	‘비러라’	‘성의’의 해상 표류 중 무명 해변 도착
D7 (S50~S57)	‘챠셜’	무인해변 외	‘성의’ 외	‘두시니라’	‘호승상’ 만남, 천자 배알과 후원 기거
D8 (S58~S71)	‘츳시’ -‘츳시’	중국 황궁	‘성의’ 외	‘도라오니라’	‘성의’와 ‘채란공주’의 만남
D9 (S72~S88)	‘츳시’-‘이쎄’ -‘이쎄’ -‘츳시’	중국 황궁	‘성의’ 외	‘흐더라’	‘성의’와 공주의 시를 통한 결연
D10 (S89~S99)	‘각셜’-‘일일은’ -‘이쎄’-‘이쎄’	‘안평국’, 중국 황궁	왕비 외	‘흐엿더라’	‘안평국’ 왕비의 기러기 전신과 도착

---

242) ‘+1’은, 설화 동사나 인용 동사와 같은 인용의 표지가 없고 서술 지문의 일부도 아닌, 인물 대사를 그대로 복사한 형태로 제시된 다음 구절의 세존의 대사(밑줄 부분)를 가리킨다.

“목연이 세존게 고흐되 졔즈 몬젼 부모을 ᄎᆞᆺ고져 흐나이다 **나로 부모을 쟝츠 차 져 쳔상으로 모시려이와 너는 (중략) 졔도치 안니흐리요. 그러나 네 어듸로 ᄀᆞ고즈 흐난야** 목연이 ᄃᆡ왈 모친 싱시의”(팔상록3: 601)

담화(문장)	담화 표지	공간 배경	인물	문장 종결	화제
D11 (S100~S108)	'이쩍'-'츠시' -'이쩍'-'츠 시'-'일일은'	중국 황궁	'성의' 외	'씨닷더라'	'성의'의 개안과 황제에 의한 부마 간택
D12 (S109~S118)	'화셜'-'일일 은'-'차셜' -'이쩍'	중국 황궁	황제 외	'도라ㄱ니라'	'성의' 한림 제수, 혼인
D13 (S119~S121)		중국 황궁	'성의' 외	'살갓더라'	고국 귀환 요청과 허락, 출발
D14 (S122~S124)		무인 해변	'성의'	'참담ㅎ더라'	귀환 중 무인 해변 죽림 에서의 격군 위로
D15 (S125~S127)	'션시의'-'츠시' '이쩍'-'이쩍'	'안평국'	왕비 외	'나ㅇ가니라'	기러기교신, 자객습격과 징치
D16 (S128)	'츠셜'	'안평국'	'항의'	'아니리요'	'항의'의 죽음
D17 (S129~S132)	'츠시'	'안평국' 외	'성의' 외	'깃거ㅎ시더라'	도성 도착 후 부모 상봉, 중국 황궁 도착
D18 (S133~S136)	'츠시'	중국 황궁 외	황제 외	'누리더라'	후일담

한 개의 문장으로 이루어지는 D6은, D5에서 '안평국'을 배경으로 한 일련의 사건으로 서사의 흐름이 일시 전환했다가 다시 그 이전 D4 의 주요 인물인 '성의'에 관한 이야기로 이어지는 내용을 담고 있다. 주요 인물을 기준으로 보았을 때 서사 국면이 부수적인 인물들을 중심으로 한 화제 장면으로 일시 전환했다가 주요 인물을 중심으로 하는 서사 궤도로 다시 들어서는 양상이다. 우리는 한 문장으로 이루어지는 D6 이하의 담화나 화제에서 주요 인물인 '성의'의 해변 도착 후 상황이 펼쳐질 것으로 예상할 수 있다. 이런 입장에 서면 D6은 결과적으로는 그 이후에 전개될 화제들을 예비하는 배경적인 성격의 담화로 파악된다. 실제 D6은 대략 '성의'가 해상을 표류하던 중 무명 해변에 도착하기 전후의 행적과 대나무로 단저를 만들어 부는 상황 등

의 두 부분으로 구성된다. 이들 하위 화제 사이에는 특별히 배경-특히 공간적인-이나 인물의 변화를 찾아볼 수 없을뿐더러, 해변에 도착하는 사실과 단저를 매개물로 해서 후행 담화의 주요 화제-중국 사신과의 만남-가 자연스럽게 펼쳐지고 있기 때문에 그 배경적인 성격을 충분히 이해할 수 있다. D6에서 앞서 언급한 하위 화제 각각을 별개로 처리하지 않고 하나의 구문 속에 뭉뚱그려 놓는 식으로 처리한 이유를 이러한 점에서 찾을 수 있다.

그런데 이 점은 인물 대사를 처리하는 방식을 이해하는 데에도 단서를 제공해 준다. D6은 동일 장소에서 펼쳐지는 단일 인물의 행적을 중심으로 화제가 짜이기 때문에 구문 속에 인용되는 내외적인 인물 대사가 모두 설화자의 지문에 안겨 있는 형태로 제시되고 있다. '성의'의 독백에 해당하는 첫 번째 대사는 '탄식 왈……ᄒ고'로, 내적 사유에 해당하는 두 번째 대사는 '헤오디……ᄒ고'로 제시되는 식이다. 특정한 발화 장면 속의 인물 대사가 아니기 때문에 설화자의 지문 속에 자연스럽게 녹아 들어갈 수 있는 것이다. 이에 따라 부분적으로 주변 정경을 묘사하면서 서사의 흐름이 일시 정지되는 경우도 없지 않지만 전체적으로는 비교적 짧은 시간대 속에서 순차적으로 연속되는 인물 행동이나 전반적인 행적을 그리고 있어 서술의 흐름이 빨라지고 있다.

D16은 '항의'가 무명인에게 죽임을 당하는 장면이 하나의 문장 구문으로 구성되어 있는 담화다. 서사 전개 과정을 고려해서 보면, 선행하는 D15에 순차적으로 이어지는 사건 대목이라고 할 수 있어 따로 화제를 나누어 별개의 담화로 처리하는 것이 어려운 것처럼 보이기도 한다. 그런데 설화자는 담화 표지 '츳셜'로 담화를 도입함으로써

새로운 화제가 시작됨을 보여 주면서 D16을 선·후행의 담화 화제와 구별 짓고 있다. '항의'의 죽음과 같은 악인의 최후는 이전 시기 대립 구도가 뚜렷한 서사체에서 서사적으로 중요한 비중을 차지하는 화소다. 이와 같은 화소의 서사 내적인 의미 기능을 강조하기 위해 텍스트 생산자는 화제를 단독적인 문장 구문으로 처리하여 부각하고 있다. 구문 정보가 설화자의 지문에 안겨 압축적으로 요약되고 있는 점도 이러한 관점에서 이해할 수 있다. 한편 인물 간 갈등과 대립이 해소되는 악인의 최후 대목에서는 텍스트 수용자의 극적인 흥분감이 고조된다. 장면을 세세하게 펼쳐 보이면서 사건 시간을 지연시키는 서술 전략은 그러한 고조된 흥분감을 이완시킴으로써 극적 흥분이나 재미를 반감시킬 수도 있기 때문이다.

각 담화 내 문장 성분들이 연결되는 방식은 앞의 두 이야기나 언해류 서사체 유형의 그것과 큰 차이가 없다.

(30) ㄱ. ㉮[이씌 항의 헤오딕……ᄒ고 왕과 후의게 고왈……ᄒ고 인ᄒ여 하직ᄒ고 션쳑을 쥰비ᄒ여 ᄉ공과 일등 무ᄉ 수십인을 다리고 셔히로 향ᄒ여 삼일의 풍랑을 맛나 강변의 빅를 머무르고 밤을 지닐ᄉᆡ] ㉯[월쇡이 원근의 조요ᄒᆫ 곳의 문득 셔다히로셔 일쳑 소션이 나ᄂᆫ 다시 오거놀] ㉰[항의 의심ᄒ여 크게 웨여 왈……ᄒ니 셩의 문득 웨ᄂᆫ 소릭를 듯고 쳔만 반겨 졉션ᄒ고 보니]<젹셩의젼: 6~7>
    ㄴ. ㉮[쥬즁 졔인이 쏘ᄒᆫ 셩의를 붓들고 통곡 왈…… ᄒ니] ㉯[항의 이 말을 듯고 딕로ᄒ여 무ᄉ를 호령ᄒ여 셩의와 졔인을 일졔히 죽이라 ᄒ니] ㉰[졔인이 딕호 왈……ᄒ고 앙쳔 통곡ᄒ니] ㉱[항의 더욱 분로ᄒ여 무ᄉ를 직쵹ᄒ야 칼을 들고 일시의 즛치니] ㉲[격군 등이 셩의를 옹위ᄒ여 왈……ᄒ고 일시의 물의 뛰여드니] ㉳[산쳔금쉬 다 슬허ᄒ더라]<젹셩의젼: 8>

(30)은 각각 D4의 S38, S44에 해당한다. (30ㄱ-㉮~㉰), (30ㄴ-㉮~㉯)는 행동 주체나 서술의 초점이 되는 인물이나 대상의 변화를 중심으로 구분해 본 것이다. 이때 (30ㄱ)을 이루는 구문 요소들은, "(이셔 항의) 혜오딕~ᄒ고~하직ᄒ고~쥰비ᄒ여~다리고~향ᄒ여~맛나~머무르고~지닐식~(소션)~오거늘~(항의) 의심ᄒ여~웨여 왈~ᄒ니~(셩의)~듯고~반겨 졉션ᄒ고 보니" 등으로 연결된다. (30ㄴ)은, "(쥬즁 졔인)~붓들고~왈~ᄒ니 (항의)~듯고~딕로ᄒ여~호령ᄒ여~ᄒ니~(졔인)~왈~앙쳔통곡ᄒ니~분로ᄒ여~직쵹ᄒ야~들고~즛치니~(격군)~옹위하여 왈~ᄒ고~쒸여드니 (산쳔금쉬)~슬허ᄒ더라" 등으로 구성된다.

이를 통해 보면 이야기의 시간 흐름에 따른 동일 인물의 연속되는 행동은 연결어미 '-고, -아/어, -ㄹ식, -으니' 등을 통해 순차적으로 이어지고 있다. '-거늘'의 경우, 언해류 서사체 유형에서는 동일 담화 안에서 인물이 전환하는 지점에 쓰이면서 후행하는 사건 정보에 대하여 선행하는 인물 행동이나 대사 등이 전제나 이유 정도의 의미 기능을 보이는 경우가 많았다. 배경적인 속성이 드러나고 있는 것이다. 쓰이는 문맥도 인물의 대사를 휘갑하는 인용 동사가 출현하는 지점인 경우가 많다. 그런데 '적성의전'에서는 인물 대사가 주로 '-고, -으니' 등으로 마무리되고 '-거늘'은 인물 행동이나 사건 중간에 정황이나 정경을 서술하는 대목에 나타나면서 관련 정보를 휘갑하는 기능을 하는 경우가 특히 두드러진다. 담화적으로는 배경적인 정보를 제시하면서 후행하는 전경적인 정보를 예비하고 있는 것으로 이해된다.

〈표 14〉 '적성의전'의 인물 대사243) 처리 방식

구분		화제내용	대사	설화 동사	인용 동사	설화 동사 + 인용 동사
D2 (S5~S24)	도입부 - 고난	'성의'의 求珠 여정	36	20	2(S5)	14 / 5(S6, 9, 15, 18, 24) 3(S11), 4(S14), 2(S22)
D3 (S25~S36)		'성의'의 寶珠 획득과 회환	11	6		5 / 3(S29, 30, 35), 2(S31)
D4 (S37~S46)		'항의'의 보주 탈취와 '성의'의 해상 표류	14	3	1(S44)	10 / 4(S37, 42, 43, 45), 3(S38), 3(S44)
D5 (S47~S48)	전개부 - 고난 극복	'항의'의 귀국, 보주 효험과 왕비의 비탄	5	1	1(S47)	3(S48)
D6(S49)		'성의' 해상 표류, 해변 도착	2			2(S49)
D7 (S50~S57)		'호승상' 만남과 황궁 도착 후 천자 배알과 후원 기거	13	7	1(S50)	5 / 3(S52, 54, 57), 2(S56)
D8 (S58~S71)		'성의'와 '채란공주'의 만남	17	9	1(S60)	7 / 6(S60, 63, 66), 1(S70)
D9 (S72~S88)		'성의'와 '채란공주'의 시를 통한 결연	20	11	2 / 2(S73,75)	7 / 3(S73, 78, 88), 4(S82)
D10 (S89~S99)	종결부 - 회운	'안평국' 왕비의 기러기 전신과 도착	16 (+1244))	8		8 / 2(S90), 2(S96, 97), 4(S99)
D11 (S100~S108)		'성의'의 개안과 황제에 의한 부마 간택	15	6	1(S105)	8 / 4(S100), 2(S101), 2(S104),
D12 (S109~S118)		'성의'의 한림 제수, 공주와의 혼인	4	2		2 / 2(S109, 112)
D13 (S119~S121)		'성의'의 고국 귀환 요청과 허락, 출발	5	1	1(S120)	3 / 2(S119), 1(S120)
D14 (S122~S124)		귀환 중 무인 해변 죽림에서의 격군 위로	1			1(S122)
D15 (S125~S127)		기러기 교신, 자객 습격과 징치	3		1(S126)	2(S127)
D16(S128)		'항의'의 죽음	1			1(S128)

상기한 논의를 통해 고소설류 서사체 유형 텍스트도 앞의 언해류 서사체 유형의 그것과 마찬가지로 전체 서사 구조나 전경, 배경 등과 같은 정보의 담화적인 속성과 관련하여 여러 화제들이 순차적으로 나열되는 선조성과 이들 화제로 구성되는 담화, 텍스트의 위계성을 잘 보여 주고 있다. 먼저 서사 구조와 관련해서 보면 이야기의 선조성은 심층적인 담화 주제나 담화 화제와의 상관성을 통해 살펴볼 수 있다. 예컨대 '안락국전'은 '사라수왕'의 꽃밭 수레와 '안락국' 모자의 고난, '안락국' 모친의 비극적인 죽음과 '안락국'의 구모담(救母談) 등을 통해 선지식에의 동참과 악심(惡心) 경계, 염불 정진, 부모 효행 등의 담화 주제245)를 구현하고 있다. '나복전'의 경우는, '나복' 부인의 악행과 죽음, 출가한 '나복'의 구모 과정 등 여러 사건들이 연대기적인 순서에 따라 직선적으로 펼쳐지면서 효행의 주제 의식을 보여 준다. '적성의전' 또한 '고난→고난 극복→회운'으로 이루어지는 '성의'의 행적을 통해 부모 효행이나 권선징악과 같은 교훈적인 담화 주제를 드러내고 있다.

이때 주제를 구현하는 이야기들은 일정한 시공 속에서 펼쳐지는

---

243) '적성의전'의 D1에서는 독특한 방식으로 인물 대사가 처리된 대목이 있어 눈길을 끈다. 인물의 대사를 도입하는 설화 동사가 쓰이고 있지만 설화자 지문의 일부로 간접적으로 안겨 있는 아래 밑줄 친 구절이 그것이다. 이런 독특한 처리 방식 때문에 이 구절은 도표상의 인물 대사에 따로 포함하지 않았다.

 공경이 간왈 <u>주고로 국가는 장주로 셰주를 봉ㅎ오미 덧덧ㅎ온 일이어늘 이제 전하계옵셔 추주로 셰자를 봉ㅎ여 륜긔를 상코주 ㅎ시미 불가ㅎ오믈</u> 고ㅎ니 왕이 침음양구의 항의로 셰주를 봉ㅎ니라"(적성의전: 1)

244) S90에 출현하는, 설화 동사나 인용 동사와 같은 인용 표지 없이 인물 대사가 직접 인용된 구절(밑줄 부분)을 말한다.

 "기러기 목을 눌희여 세 번 울거늘 왕비 깃거 왈 네 아는도다 ㅎ고 <u>네 임진 스랏거든 늬 필적을 전ㅎ오냐?</u> 기러기 머리를 세 번 좃거늘"(적성의전: 15)

245) 이러한 담화 주제는 '안락국전' 텍스트 말미에서 메타 담화적 전략을 통해 설화자의 목소리로 전달되는 일련의 문장들에서 확인할 수 있다.

개별 화제들이 하나의 담화를 이루고, 이 담화의 연속 구조가 선조적이거나 직선적으로 전체 텍스트를 구성하는 과정 속에서 드러난다. 개별 담화는 '이찍'('안락국전'), '츠시, 일일은, 하로난'('나복전', '적성의전') 등과 같은 시간 부사어류의 담화 표지로 도입되는 경우가 많다. 이어 배경적인 사건이나 인물 행동, 정경이나 정황 등이 제시되고, 좀 더 구체화한 전경 장면 속의 인물 행동과 인물 간 대화 등이 뒤따른다. 마지막으로 동일 장면 안에서 후행 화제를 예비하는 배경적인 인물 행동이나 주변 정경, 정황 등을 보여 주면서 담화가 마무리된다. 일종의 장면 배경화가 이루어지는 것이다. 이와 같은 장면 배경화는 대개 '—더라'나 '—니라'와 같은 온전한 문장 종결형으로 처리되는 경우가 많다.

그런데 개별 담화의 연속 구조를 자세히 살펴보면 선조성(線條性)이 흠결 없는 직선의 형태로 구현되는 것은 아님을 발견하게 된다. '안락국전'의 D2에서 D3으로 넘어가는 경계 지점을 보면, 선행 화제를 마무리하는 배경 장면—'바라문'이 '대원국' 궁성 근처에 당도한 후 대왕 부부로부터 초대를 받고 머무르는 장면—의 시간대(S7)가 후행 화제의 전경 장면을 예비하는 배경 장면의 시간대(S8)보다 이전에 위치하고 있다. 화제의 연쇄가 말 그대로의 선조적인 직선 형태가 아니라 일정한 시간대만큼 역전한 후 다시 이어지는 지그재그 형태로 이루어져 중첩의 양상을 보이고 있는 것이다. 이와 같이 지그재그 형태로 화제가 이어지는 담화 대목은 D6과 D7, D11과 D12, D13과 D14의 경계 지점 등이다. '나복전'에서는 중첩적으로 연쇄되는 화제나 담화 경계가 따로 발견되지 않는 것으로 보여 거의 완벽한 직선의 형태로 선조성이 드러난다.[246] '적성의전'에서는 D3과 D4, D6과 D7, D9

와 D10 사이에서 시간의 역전이 이루어지고 있다. 이런 식으로 고소설류 서사체 유형 텍스트 각각의 선조성을 비교해 보면, '나복전'→'안락국전'→'적성의전'의 순서로 그 크기나 정도가 커지고 있다.

텍스트의 위계성(位階性)은 전경이나 배경 등 서사 정보의 담화적인 위상과 관련하여 살필 수 있다. 우리는 이러한 위계성을 대개 몇몇 연결어미나 종결어미가 사용되는 양상을 통해 비교적 명시적으로 파악할 수 있다. '-더니'가 하나의 담화나 화제가 도입되는 지점에 쓰이면서 배경적인 정보를 이끌고 있는 반면에 구체적인 전경 장면 속의 인물 행위나 대사 등은 '-으니', '-아', '-고', '-며' 등을 통해 이끌리는 모습을 확인할 수 있다. '-거늘'은 화제 중간에서 서사 진행과 관련된 정경이나 정황 등 배경적인 정보를 이끌면서 서사 국면에 미시적인 전환을 가져오는 효과를 내고 있다. 화제 내 문장 구문에 종결어미가 쓰일 때는 주로 '-더라'나 '-니라'가 나타난다. 이들 형태가 대체로 담화 경계 지점에 나타나는 점은 서로 크게 다르지 않다. 그러나 '-더라' 구문이 인물 내면 심리나 태도, 서사 국면의 정경이나 분위기 등을 주요 정보로 하면서 장면을 배경화하고 있는 반면에 '-니라' 구문은 구체적인 장면 속의 인물 행위를 그리고 있기 때문에 일종의 전경화 효과가 있는 것으로 보인다. '-더라' 구문이 과거성과 간접성을, '-니라' 구문이 현재성과 직접성을 좀 더 부각하는 것으로도 볼 수 있다.

---

246) 구모를 열망하는 '목련'과 세존의 대화로 마무리되는 D5의 현재 장면과, 세존의 모친인 '마야부인'과 세존의 과거 행적을 개괄적으로 압축하여 보여 주면서 시작되는 D6이 중첩적으로 연쇄되는 것으로 볼 수도 있다. 그런데 D6 도입 부분의 인물에 관한 과거 시간대 속의 정보는 서사적인 현재─구체적인 사건 장면 속에 있다는 의미에서의─에 위치하는 것이 아니라 일종의 배경적인 과거 정보로 제시되고 있기 때문에 선조적인 직선 구조와 관련해서 시간이 역전되었다고 보기 힘들다.

하나의 담화를 구성하는 여러 문장 구문은 설화자의 진술로만 구성되는 서술 지문, 설화자의 진술과 인물의 대사로 구성되는 서술 지문 등으로 나뉜다. 설화자와 인물의 언어가 함께 나타나는 서술 지문의 경우는 다시 온전한 문장 종결형으로 휘갑되는 유형과 문장 종결형 없이 인물 대사만으로 구문이 마무리되는 유형으로 나뉜다.

〈표 15〉 고소설류 서사체 유형의 서술 지문과 인물 간 대화 비율

구분	문장 수	서술 지문	인물 간 대화
'안락국전'	58개	60.4%	39.6%
		35개−S2, 3, 4, 6, 7, 9, 10, 14, 15, 19, 21, 24, 25, 26, 29, 30, 31, 33, 34, 36, 37, 38, 41, 43, 44, 45, 46, 50, 52, 53, 54, 55, 56, 57, 58	23개
'나복전'	50개	30%	70%
		15개−S1, 3, 4, 5, 9, 10, 12, 13, 15, 16, 36, 37, 40, 41, 50	35개
'적성의전'	136개	45.6%	54.4%
		62개−S1~4, 24~26, 30, 31, 35~39, 43~46, 48, 49, 57~59, 66, 70~73, 77, 78, 87, 88, 92, 98, 103, 104, 107, 108~110, 112~114, 116, 117, 119~135	74개

'안락국전'은 '안락국태자전'과 달리 서술 지문이 인물 간 대화 장면보다 20여 퍼센트 정도 높은 비율로 나타난다. 135개의 모든 인물 대사 중 약 83%에 해당하는 112개가 설화자의 지문의 일부로 안겨 있는 식이다. '나복전'은 '목련전'의 양상과 크게 다르지 않다. 61개의 인물 대사 중 42.6%에 해당하는 26개가 설화자의 지문에 안겨 있고 나머지 35개는 인용 동사 없이 복사된 형태로 제시되고 있어 전체적으로 인물 대사가 우세한 형국을 보여 주고 있다. <표 15>에서도 볼 수 있는 것처럼 인물 간 대화 장면이 서술 지문보다 두 배 이상의 높은 비율로 나타나는 것으로 확인된다. '적성의전'은 서술 지문과 인물

간 대화 장면 비율의 차이가 그리 크지 않다. 전체 인물 대사 163개 중 89개가 설화자의 지문에 안겨 있고 나머지 74개는 인용 동사가 생략된 형식으로 제시된다.

전반적으로 '안락국전'은 설화자의 목소리가, '나복전'과 '적성의전'은 인물의 목소리가 좀 더 전면에 부각되어 있는 식으로 파악해 볼 수 있다. '나복전'이나 '적성의전'에서 인물의 목소리가 좀 더 강하게 드러난다 하더라도 이러한 양상이 전체 서사 국면에 걸쳐 일률적으로 나타나는 것은 아니다. 이야기 도입부나 중간의 주요 담화나 화제의 전환부, 전체 이야기의 종결부 등에서는 오히려 설화자의 서술 지문 위주로 텍스트가 구성되어 있다. 개별 담화 단위를 기준으로 보면 '처음→중간→끝'으로 이어지면서 '서술 지문→인물 간 대화→서술 지문'으로 바뀌며 담화가 구성된다. 이러한 양상은 앞의 언해류 서사체 유형과 크게 다르지 않다. 전체 텍스트 차원에서뿐만 아니라 개별 담화 차원에서도 도입부와 종결부의 서술 지문이 중간의 인물 간 대화 장면을 감싸면서 부각시키는 식의 무대화(staging)[247] 기법을 통해 이야기가 구성되고 있다.

4.2. 문체 특징과 효과

고소설류 서사체 유형 텍스트의 문체 특징과 효과를 구술성의 측면에 초점을 맞추어 살펴보도록 하자. 서사체의 구술성은 기본적으로

---

247) 원래 담화 분석에서 '무대화'라는 개념은, 담화 내 전경이나 배경 정보의 구현 양상을 설명하는 데 동원된 비유어다[Jan Renkema 지음, 이원표 옮김(1997: 227~32) 참고]. 따라서 무대화라는 개념을 정확히 사용하기 위해서는 정보 자체의 담화 내적인 속성에 관한 고려를 하지 않을 수 없다. 그런데 우리는 여기서 이 개념을 개별 담화의 표면적인 형태를 설명하는 용어로 사용하고자 한다.

귀를 통한 청각적인 감각 체계와 밀접한 상관관계를 갖는다. 이때 서사체는 텍스트 내에 특정한 언어 형식을 반복적으로 제시함으로써 청각적인 운율감을 살리는 경향을 보인다. 이러한 청각적인 감각 체계는 표면적인 언어 구조나 표현상의 음악적인 요소에 덧붙여 서사 구조나 이야기 배열 등과 같은 거시적인 요소 차원에까지 확장해서 이해할 수 있다. 김현주(2003: 73)에서도 지적한 것처럼, 근대 이전의 서사체에서 처벌과 보상의 서사 구조가 지속적으로 반복되는 것이 음악적인 하강과 상승의 템포와 맞물리는 측면이 있다는 주장에도 일견 수긍이 가는 측면이 있다. 금기와 위반, 혼사 장애, 출가와 귀환 등의 공식구적인 모티프들이 계속 반복되는 것도 화자의 입과 청중의 귀를 위한 서사적인 장치들로 판단된다는 식의 주장에 귀 기울일 필요가 있다.

전체 서사 구조의 측면에서 근대 이전의 많은 서사체들이 주인공 인물의 출생과 성장, 이후 일생의 주요 행적 등을 중심으로 일대기적인 구성 방식을 취하고 있음은 주지하는 바다. 이와 같은 일대기 구성 방식은 대개 사건의 순차적인 발생 순서를 바탕으로 이루어지는 경우가 많다. 개별 서사들 간의 인과율도 이러한 순차적인 사건 구조 속에서 자연스럽게 드러나는 양상을 보인다. 이처럼 사건 흐름의 순차성이나 강한 서사적 인과율을 보여 주는 서사 구조의 특징은, 기억을 용이하게 하고 구술이나 구송, 구연을 매끄럽고 자연스럽게 하려는 구술의 전통에서 배태된 것으로 볼 수 있다.

서사 구조의 순차적인 사건 연쇄는 앞서 살핀 언해류 서사체 유형이나 고소설류 서사체 유형에서 모두 발견된다. 두 유형에서 이러한 사건 연쇄는 대개 '-더라'나 '-니라'로 종결되는 긴 문장 덩어리를 매개로 이루어진다. 이때 이야기의 특정 대목이나 전체 서사를 구성하는 각 담화나 화제의 속성 여하를 기준으로 '-더라' 종결 구문과 '-니라' 종결 구문이 반복적으로 쓰이고 있는 점은 큰 차이가 없다. 대개 설화자는 '-더라' 종결 구문을 통해 주요 사건을 예비하는 배경적인 화제 정보들을 이야기 세계 외부인 서술의 현재에서 조감하거나 서사 내용을 주관적으로 평가하고 해석하기도 한다. 또 '-니라' 구문을 통해서는 이야기 세계 내부인 이야기의 현재에서 특정한 구체적인 장면을 상세히 보고하거나 전달하는 모습을 보인다. 이들 중간의 인물 대화부를 제외하면 텍스트의 표면적인 구조는 '-더라' 구문과 '-니라' 구문이 화제 속성이나 서사 구조의 전개에 따라 단조롭게 반복되는 식으로 되어 있다.

그런데 고소설류 서사체 유형에서는 '-더라'나 '-니라' 종결 구문이 아니라 반어적인 수사 의문문이나 감탄문의 구문 형식을 통해 설화자가 이야기 세계 속의 대상이나 상황에 대해 자신의 주관적인 감정을 노출하거나 평가하는 식의 서술 태도를 보이는 경우가 많다.[248] 이러한 주관적인 감정 노출이나 평가는 구술적 발화 상황에서 서사나 이야기 진술의 추동력을 보여 주는 언어적 단서다[김현주 (2003: 163) 참고]. 왜냐하면 기술성이 좀 더 지배적으로 드러나는 텍스트라면 이러한 감정 노출이나 평가보다는 그 자체의 서사적인 인과율로써 서사적인 추동력을 살리는 것이 좀 더 효과적이기 때문이다. 설화자가 자신의 주관적인 태도를 드러내거나 서사 대상을 해석하고 평가하는 구문은 '-더라'나 '-니라'로 종결되는 구문이 단순

---

248) 물론 '-더라' 구문에서도 외적인 시점 위치에 있는 설화자가 서사에 대해 주관적으로 반응하는 대목이 많이 발견된다.

하게 반복되는 텍스트 표면 구조의 단조로움을 극복하기 위한 것으로도 볼 수 있다. 텍스트의 구문 구성에 변화를 주고 이야기에 대한 독자들의 관심을 환기하거나 주의를 유도하면서 독자들이 설화자 자신의 서술 의도나 서술 전략의 자장권 안에 있게 하려는 것이다.[249]

이와 같은 설화자의 모습은 청자가 이야기에 관심을 갖고 주의를 기울이기를 바라는 구어적인 화자와 매우 흡사하다. 청자─화자로 이루어지는 실제 발화 현장에서는 발화 정보나 전언이 청자에게 온전히 전달될 수 있게 하려는 화자의 담화 전략이 무척 중요하게 부각된다. 이를 위해 화자는 여러 측면에서 청자의 관심과 주의를 환기하고 이들을 일정한 방향으로 유도하는 구체적인 방식들을 활용한다. 고소설과 같은 기술물(記述物)에서 설화자가 자신의 감정을 드러내거나 이야기에 대해 평가하는 것 등은 곧 화자가 실제 발화 국면에서 청자를 고려한 담화 전략의 구체적인 방식들 중의 하나에 대응한다. 이와 같은 설화자의 흔적은 텍스트 수용자로 하여금 텍스트 산출자의 실존적인 존재감을 좀 더 강하게 느끼도록 해 준다. 이와 같은 존재감은

---

249) 이러한 점은 '안락국전' 텍스트 말미에 독자에게 직접 말을 건네고 있는 듯한 느낌을 주는 일련의 문장 구문(ㄱ~ㄷ)을 통해서도 이해할 수 있다. 각 구문은 설화자의 지문에 포함되기 때문에 구어적인 국면과는 직접적인 연관성이 없다. 그럼에도 불구하고 구문들의 종결 표현─'아니ᄒ리오, 드러보시오, 엇지ᄒ리오'─이나 근칭의 지시대명사 '이' 관련 표현─'이러(ᄒ)므로, 이보시오, 이ᄂᆡ'─, 그리고 대명사 '우리' 등은 실제 대화 현장에서 화자가 청자를 상대하면서 발화할 때 자주 쓰이는 형식들로서 강한 구어적 속성을 띠고 있다. 이를 통해 우리는 '안락국전' 전체를 눈으로 읽는 '독자'가 아니라 귀로 듣는 '청자'를 염두에 두고 구술된 텍스트로 해석할 수 있다. '안락국전'이 보여 주는 이와 같은 구술적인 특징은, 외적 서술 시점을 취하는 설화자에 의해 서술부가 대화부를 압도하는 식으로 서술이 이루어지는 점이나 이로 인해 문장 길이가 여타 텍스트에 비해 길게 이어지면서 호흡이 길어지고 있는 점 등을 통해서도 이해할 수 있을 것이다.

ㄱ. <u>이러므로</u> 션지식을 동참을 거록히 <u>아니ᄒ리오</u>〈안락국전: 37〉

ㄴ. <u>이러ᄒ므로</u> 션은 션을 쎅이고 (중략) <u>이보시오</u> 시쥬님ᄂᆡ <u>이ᄂᆡ</u> 말솜 <u>드러보시오</u>〈안락국전: 37〉

ㄷ. <u>이ᄂᆡ</u> 몸 사라올 제 (중략) <u>우리</u> ᄀᆞᆺᄒᆞᆫ 죄악 범부 념불 아니ᄒᆞ고 <u>엇지ᄒ리요</u>〈안락국전: 37~38〉

텍스트 수용자와의 감정적인 상호 작용에 어떤 식으로든지 영향을 끼칠 것이다. 궁극적으로 설화자는 이야기를 좀 더 효과적으로 전달하고 자신의 서술 의도를 최대한 살릴 수 있게 된다.

이런 관점에서 발화 현장에 수용자 자신과 함께 있으면서 직접 말을 건네고 있는 듯한 느낌을 주는 '-더라, 니라' 등의 '-라' 종결 구문이 쓰이고 있는 점도 근대 이전 서사체의 구술적인 성격과 관련하여 이해할 수 있을 것이다. 이와 관련하여 우리는, 화자의 발화 의도를 바탕으로 제시된 발화 정보를 단정적으로 규정하는 듯한 어감을 주는 종결형 '-다'에 비해 '-라'는 입으로 읊어서 제시하는 듯한 느낌을 준다거나[김미형(1997a: 11)] 현장적이고 실제적인 만남의 장에서 이루어지는 담화에서는 단정적인 종결사를 사용하지 않는 경향이 있다[김현주(2003: 114)]는 등의 기존 논의에 주목할 필요가 있다. 단정적인 느낌을 주지 않는다거나 입으로 읊어서 제시하는 듯하다는 것은 가상의 텍스트 수용자를 눈으로 보는 독자가 아니라 귀로 듣는 청자로 상정했을 가능성을 강하게 함축한다. 이는 곧 '-더라'나 '-니라' 종결 구문들이 텍스트를 구술적으로 향유했을 것임을 보여 주는 중요한 언어적 단서라는 사실이다.

고소설류 서사체 유형의 순차적인 사건 배열은 비교적 다양한 형태의 화두사나 시간 부사어를 매개로 이루어진다. 이러한 점은 '그찍'류 시간 부사어를 매개로 배열되는 언해류 서사체 유형과 구별된다. 그럼에도 이들은 구어 내러티브에 자주 나타나는 담화 표지적인 쓰임새를 보이고 있다는 점에서 비슷하다. 그런데 고소설류 서사체 유형의 각 텍스트에 출현하는 담화 표지들은 조금씩 차이가 있다. '이찍'류의 시간 부사어가 지배적으로 나타나는 '안락국전'에 비해 '나복전'이나 '적성의전'은 '화설', '차설', '각설' 등의 화두사나 '차시', '이쎅', '일일은' 등의 시간 부사어를 주요 표지로 하여 담화나 화제가 배열되는 양상이 뚜렷하다.[250] 그런데 이들을 매개로 도입되거나 전환되는 담화나 화제의 속성이 상이하다는 점은 앞에서도 지적했거니와, 전반적으로 '화설'→'차설'→'각설'→'차설'→'각설' 식의 추이에 따라 주요 담화나 화제가 도입, 전환되면서 전국적인 서사축이 연결된다. '차시', '이쎅', '일일은' 등을 통해서는 주요 서사의 구체적인 화제 장면이 펼쳐진다. 이때 선후 화제 사이에 동시적인 선후 관계를 보이는 '차설'에 비해 '각설'은 단절적인 계기 관계를 보이면서 화제들 간의 전후 서사 관계를 구별하게 해 주는 점도 이미 지적하였다.

이러한 사실을 놓고 보면 이들 담화 표지는 일차적으로 개별 담화나 화제들 간의 위계성이나 사건 발생의 순차적인 구조를 자연스럽게 파악하게 해 준다. 한편으로 이들 표지는 서사가 중첩적으로 연쇄되는 패턴 경향을 보여 주기도 한다. 그런데 서사의 중첩 연쇄는 이야기의 한 단위를 마치면서 다음 단위의 시작을 쉽게 마련해 주는 전략의 하나로 볼 수 있다. 이러한 서사 전략은 텍스트 수용자에게 이야기의 주된 스토리 라인을 잃지 않게 하면서 중첩적으로 연쇄되는 사건들 사이에 부수적인 사건을 끼워 넣음으로써 후행 서사를 예비하거나 암시하고 이야기를 예상하게 하는 효과를 낸다. 그런데 이렇

---

250) 반면에 '안락국전'은 '이쎅'류가 지배적으로 나타나 표면적으로는 '그쁵'류가 지배적으로 나타나는 언해류 서사체 유형에 더 가까운 것처럼 느껴진다. '안락국전'은 대화 장면 속의 인물 대사가 서술 지문에 안겨 있는 정도가 커 '나복전'이나 '적성의전'에 비해 문장 구문이 상대적으로 더 길게 이어지고 있고, 특이하게 텍스트 말미에 발화 현장에서 대면한 청자를 향하고 있는 듯한 일련의 말건넴 어투의 구문이 눈에 띈다. 이러한 문체 특징은, 문장 분절이 최소화하여 구문들이 길게 이어질 때 구술이 좀 더 자연스럽게 이루어진다는 사실이나 말건넴의 어투가 화자가 청자를 적극적으로 고려한 구어적 상황과 관련된다는 사실 등에 연계시켜 이해할 수 있다. 달리 말하면 '안락국전'이 '나복전'이나 '적성의전'에 비해 구술성의 크기가 더 크다는 점이다. 세 텍스트를 관습적인 문장체 소설의 범주에 동시에 포함시켰을 때 '안락국전'은 범주 스펙트럼의 외곽으로부터 가장 가까운 지점에 위치한다고 볼 수 있다.

게 서사가 중첩 연쇄되는 패턴은 이야기를 전달할 때 기억에 도움이 되는 효과적인 진술 방식으로도 볼 수 있다. 나아가 기억을 용이하게 하여 이야기 전달이 좀 더 효과적으로 이루어질 수 있게 해 주기 때문에 구술의 효과를 높이는 기능도 언급할 수 있다.

고소설류 서사체 유형 텍스트에서 시제 추이나 시점 변환과 관련한 문체 특징 중 가장 뚜렷한 사실은 외부 시점과 관련된다. 외부 시점의 설화자는 서술의 현재 위치에 있으면서 이야기 세계 바깥에서 이야기 세계 내부를 조망하고 그 안에서 펼쳐진 서사에 대하여 판단·해석하거나 평가한다. 과거와 현재, 서술의 현재와 이야기의 현재와 같은 시제나 공간의 변화가 각각 외부 시점과 내부 시점을 이끌고 있는 것이다. 이러한 시점 변환은 서술 방식에도 영향을 미쳐 서술부와 대화부의 교체를 이끌기도 한다. 이를 통해 각 담화 단위는 한 덩어리의 전체로 인식되는 한편 그에 속한 개별 화제들이 구별되면서 병치되거나 중첩적으로 연쇄되는 과정을 거쳐 전체 텍스트가 구성된다. 이러한 시점 조정과 변환은 이야기 국면과 담화, 화제의 속성에 따라 유형적으로 드러나고 있어서 규칙적인 느낌을 자아낸다. 외부 시점과 같은 단일 시점을 통해 서사를 빠르게 진행시키고 서술의 속도감이 좀 더 느껴지는 담화 단위에서는 동일 시제에 따른 시점이 단조롭게 반복되거나, 변환하더라도 그 폭이나 정도, 경향이 그리 크지 않은 모습을 확인할 수 있다.

우리는 이와 같이 서사의 내부와 외부를 넘나드는 식으로 시점이 비교적 자유롭게 바뀌는 것을 구술성과 관련한 현상 차원에서 이해할 수 있다. 시점 변환은 설화자와 독자 사이의 거리, 이들과 이야기 세계 사이의 거리를 결정한다.[251] 이야기 세계를 기준점으로 설화자가 서술의 현재의 외부 시점을 취할 때는 '설화자-독자'와 이야기 세계 사이의 거리는 멀어진다. 반면에 설화자가 이야기 세계 속의 현재로 들어가 내부 시점을 취할 때는 설화자-독자와 이야기 세계 사이의 거리가 가까워진다. 이와 같이 시점 조정에 따른 거리 변환은 일차적으로는 텍스트를 둘러싼 주체들이 대상과 맺는 관계나 태도를 결정하는 동시에 이차적으로는 대상에 대한 심리적인 관점을 파악하도록 해 준다.

시점 조정이 구술성과 관련되는 양상은 이러한 심리적인 관점의 차원에서 해석될 필요가 있다. 가령 어떤 텍스트가 외부 시점이든 내부 시점이든 단일 시점으로 일관하고 있다면 텍스트 수용자는 하나의 고정적인 입각점에서 벗어날 가능성이 그리 크지 않을 것이다. 서사 전개에 따라 심리적으로 상승하거나 하강하는 변화의 폭과 크기가 일정하게 고정되기 때문이다.[252] 반면 외부 시점과 내부 시점이 번갈아 나타나는 복합 시점에서는 이야기 세계 속 대상들과의 거리가 조정되면서 심리적인 차원에서 대상에 가까워지고 몰입하거나 멀어지면서 객관적으로 관망하는 식의 심리적인 태도 변화 양상이 나타나게 된다. 이에 따라 내부 시점의 경우 결과적으로 텍스트 주체들이 감정을 이입하거나 정서적으로 대상과 일체화하면서 동화할 가능성이 상대적으로 커진다. 외부 시점의 경우에도, 특히 설화자가 서사

---

251) 판소리 사설에 대한 것이긴 하지만 시점 조정에 따른 거리 변화 양상을 통해 판소리의 정서적 호소력의 원천을 살피고 있는 논의로 김현주(1994)가 주목된다.

252) 물론 서사를 통해 그려진 이야기 정보나 대상의 속성에 따라 또 다른 심리적인 차원에서 상승하거나 하강하고 멀어지거나 가까워지는 심리 추이의 양상을 살필 수 있다. 이야기 내용 자체에 대한 텍스트 수용자의 심리적인 변화 과정이 그것이다. 김현주(1994: 132~38) 식으로 청중들이 그들의 욕망을 대변하는 '동화 인물'이나 이에 상반되는 '비동화 인물'에 대해 감정적인 일체화나 반감을 갖는 현상 등이 그 예다. 이것은 지금 우리의 관심사와는 약간 다른 차원의 문제이기 때문에 자세히 언급하지는 않겠다.

적인 상황이나 대상에 대해 주관적으로 판단, 해설하거나 평가하는 대목과 감정을 드러내는 대목, 발화 현장에서 청자에게 말을 건네는 듯한 어감을 주는 구문이 출현하는 대목 등에서는 텍스트 수용자를 적극적으로 의식하면서 상호 소통하려는 텍스트 산출자의 의도를 읽을 수 있다. 구술적인 발화 상황과 흡사한 서술 효과가 나타나는 것이다.

김현주(2003: 73)가 주장한, 자유로운 시점 이동과 청각 기능의 확장 현상과의 상관성 또한 이와 같은 심리적인 차원에서 이해하는 것이 자연스럽다.253) 그런데 실제 시점을 통한 거리의 조정과 변환이 번갈아 나타나면서 설화자가 이야기 세계의 안과 밖을 자유롭게 넘나드는 현상은 청각보다는 시각 현상과 관련되는 측면이 더 많다. 기본적으로 거리는 공간적인 개념이며, 이때 공간은 청각보다는 시각 체계에 밀접하게 관련된다고 보기 때문이다. 또한 '시점(視點)'이라는 용어의 기본적인 어의까지를 감안하면 서사체에서 거리의 문제는 시각과의 상관성이 그 기본적인 토대를 이루고 있다고 볼 수 있을 것이다.

그럼에도 이를 청각적인 감각 체계와 관련해 구술성의 차원에서 살펴보고자 하는 이유는, 그러한 시점 조정과 변환의 과정 속에서 노정되는 언어 구문의 형태나 서술 양상이 청각적인 구술 세계에 어울리기 때문이다. 구술의 현장에서 말하기 주체는 이야기의 템포를 적절히 조절하거나 그들의 귀를 자극함으로써 청자나 청중들과의 정서적인 교감을 이루고 나아가 심리 추이에 영향력을 행사하려는 다양

---

253) 김현주(2003: 73)는 귀라는 감각 기관이 시간과 공간의 다층적이고 다방향적인 경향을 낳는다는 점에 착안하여 우리의 고전 서사체에 편만한 시점의 자유로운 이동이나 시공간 지표의 불분명함, 삽화적 구성의 발달 등을 청각 기능의 확장 현상과 관련짓고 있다. 전반적으로 주장에 동의하면서도 각각의 주장 항목에 대해 구체적인 논증이 이뤄지지 않아 아쉬운 점이 많다.

한 시도를 행한다. 내부 시점적인 이야기 대목에서 인물들 간의 대화가 좀 더 우세하게 나타나고 있는 반면에, 외부 시점을 통해 사건이 전달되는 대목에서는 설화자가 적극적으로 자신의 흔적을 보여 주고 있는 점 등이 그 구체적인 사례로 거론될 수 있을 것이다. '-니라, -더라' 등의 종결 구문이 내·외적인 시점 추이에 따라 교대로 쓰이면서 대상과의 거리나 서술의 완급을 조절하고 이를 바탕으로 텍스트 수용자로 하여금 심리적인 태도나 관점을 결정하게 하는 것 등도 그와 같은 시도의 구체적인 사례들이다.

이와 같은 구술적인 장치는 이야기를 구성하는 여러 담화가 표면적으로 어떻게 구성되고 제시되는가를 통해서도 이해해 볼 수 있다. 하나의 담화가 큰 덩어리 형태로 제시되는 점은 앞에서도 누차 지적했거니와, 이러한 형태는 이야기 단락 혹은 담화의 분단(分段) 효과를 자아낸다. 전체를 구성하는 여러 이야기 단편들을, 몇몇 연결어미로 이어지다가 종결어미로 휘갑되는 담화나 화제로 분단화함으로써 선행 화제와 후행 화제 간의 서사 내적인 계기 관계가 자연스럽게 드러나도록 하고 있는 것이다. 이를 통해 우리는 텍스트 주체들이 사건들 간의 인과율에 얽매이지 않은 채로 이야기를 자연스럽게 구술하고 수용할 수 있으리라 예상할 수 있다. 지나치게 분절된 문장 구문은 전후 서사 간의 인과율이나 내적인 계기 관계에 관심을 갖게 할 수밖에 없다고 보기 때문이다.

4.3. 소결

고소설류 서사체 유형의 텍스트들은 내적 구조 면에서 사건들 간의 계기 관계를 좀 더 명확히 하면서 서사적인 인과율을 강화하는 식으로 구성되어 있다. 서술 방식에서도 사건 장면의 구체화를 통해 수용자의 흥미를 제고하는 식의 특징을 보여 준다. 서사 구조의 측면에서는 주인공 격에 해당하는 인물들의 고난과 이에 뒤따르는 극복의 과정이 좀 더 밀도 있게 그려지고 있다. '안락국전'에서 '안락국' 모자의 고난이 두 개의 개별적인 담화를 통해 구체적으로 그려지고 있는 점이나, '적성의전'에서 '성의'의 구주 여정과 악형 '항의'로 인한 폐맹, '채란공주'와의 만남 이후에 펼쳐지는 회운의 과정이 짜임새 있게 이어지는 점 등을 구체적인 근거로 들 수 있다. '나복전'의 경우는 '목련전'의 종교적인 측면이 약화하는 대신 부모 효행과 같은 통속적이고 교훈적인 주제 의식을 강화하기 위해 '목련전'에서 보이는 서사 대목을 대폭 축약·변개하거나 현몽(現夢)과 같은 새로운 이야기 요소를 추가함으로써 '목련'의 인간적인 효행담에 초점을 맞추는 식으로 서사 구조가 변화한 모습을 확인할 수 있다.

문장 종결과 이야기 배열에 관련한 문체 특징은 언해류 서사체 유형에서의 그것과 큰 차이가 없다. 순차적인 사건 연쇄가 '-더라'나 '-니라'로 종결되는 긴 문장 덩어리를 매개로 이루어지고 있으며, 이야기의 특정 대목이나 전체 서사를 구성하는 각 담화나 화제의 속성 여하에 따라 '-더라' 종결 구문과 '-니라' 종결 구문이 반복적으로 출현하고 있기 때문이다. 고소설류 서사체 유형에서 특이한 사실은 이들 종결 구문 외에 반어적인 수사 의문문이나 감탄문의 구문 형식을 통해 설화자가 이야기 세계 속의 대상이나 상황에 대해 주관적인 감정을 노출하거나 평가하는 식의 서술 태도를 보이는 경우가 많다는 점이다. 특히 '안락국전'의 말미에서는 텍스트 수용자에게 직접 말을 건네고 있는 식의 문장 구문이 집중적으로 발견된다. 이러한 구문은 이야기 배열 자체와는 상관이 없지만 텍스트 산출자의 텍스트 의도나 설화자의 서술 전략을 보여 주는 강력한 단서로 활용될 수 있다.

'화설'류의 화두사나 '이쩍', '차시' 등의 시간 부사어로 드러나는 담화 표지적인 문체 요소들의 쓰임새 또한 고소설류 서사체 유형의 이야기 배열상의 특징을 잘 드러낸다. 고소설류 서사체 유형 각각의 텍스트는 이러한 담화 표지적인 요소의 출현 양상이 상이하다. '안락국전'이 '이쩍'류의 시간 부사어가 지배적으로 나타나는 데 반해 '나복전'과 '적성의전'은 '화설'류의 화두사 '차시', '이쩍' 등의 시간 부사어를 주요 표지로 하여 담화나 화제가 배열되는 양상을 보여 주고 있기 때문이다. '안락국전'에서는 이러한 '이쩍'류의 담화 표지가 서사 구조의 절정부에서 집중적으로 쓰이고 있는 점이 주목된다. 이것은 대개 이야기의 절정 단계에서 인물들의 행적에 변화를 주는 여러 사건들이 연쇄적으로 드러나고 있어 이야기 장면의 전환이 다른 서사 국면에서보다 좀 더 빠르고 긴박하게 이루어질 가능성이 높은 데에서 비롯된 것으로 볼 수 있다.

'적성의전'에서 다양하게 보이는 화두사는 주요 담화나 화제의 도입과 전환을 이끌면서 전국적인 서사축을 연결하는 양상을 보여 주고 있다. 특히 '차설'이나 '각설'로 구별되는 선후 담화, 화제들은 텍스트의 전체적인 줄거리를 구성하면서 서사를 급진전시키기 때문에 담화나 화제의 첫머리나 중간에 나타나는 '차시', '이쩍' 등에 비해 앞뒤 화제 간 인물 변화나 시공간과 같은 이야기의 배경 변화 폭이 큰 것으로 파악된다. '차설'과 '각설'도 일정한 차이점이 드러난다. 전자가 선후 화제 간 동시성이 강한 지점에 나타나 동시적인 선후 관계를 보여 주는 반면에 후자는 선후 화제 간 단절성이 강한 지점에 나타나 단절적인 계기 관계를 주로 보여 준다. 서사적으로 '각설'은 선행 담화나 화제보다는 그 직전의 담화, 화제와 계기적으로 연계되는 지점에 나타나고 있는 것이다.

시제 추이에 따른 시점 변환의 양상은 과거와 현재로 대별되는 설화자의 시간적인 위치에 따라 파악된다는 점에서 언해류 서사체 유형과 비슷하다. '안락국전'의 경우는 이야기 최초 도입부의 배경 제시 대목이나 이야기 중간에 주요 담화나 화제가 전환한 직후 장면, 종결부의 인물 후일담과 설화자 논평 대목 등에서 시간적인 위치가 현재이면서 서술의 현재를 보여 주는 구문이 출현한다. 이야기 중간에 설화자가 서사에 대한 주관적인 심리 태도를 표명하고 있는 구문들 또한 서술의 현재에 위치하는 설화자의 흔적을 뚜렷하게 보여 준다.

'나복전'은 배경적이고 부수적인 사건 대목에서 '서술의 현재 시점 – 외부 시점'이 나타나고, 주요 화제를 이루는 전경적인 사건 대목에서는 '이야기의 현재 – 내부 시점'이 나타나고 있다. 후자에서는 전반적으로 설화자보다는 과거 이야기 세계 속의 특정적인 장면이나 그 안에서 행동하고 대화하는 인물의 모습이 좀 더 두드러진다. '적성의전'은 '현재→과거→현재' 식의 시제 추이가 거듭 반복되는 식으로 서술 시점이 교체되고 있다. 개별 담화, 화제가 휘감기는 부분에서는 이야기 세계 속의 이야기와 설화자 사이에 거리감이 조성되어 서술의 현재에 있는 설화자가 전면에 부각되기도 한다. 이러한 사실은 이들 대목에서 이미 펼쳐진 서사에 대한 설화자의 해설적·평가적인 언급이나 주관적인 논평이 자주 드러나는 요인으로 작용한다.

언해류 서사체 유형과 마찬가지로 고소설류 서사체 유형 또한 시점 교체에 따라 서술부나 대화부가 전체 덩어리 형태로 번갈아 나타나고 있는 식으로 서술 방식이 상이하게 나타난다. 그런데 구체적인 교체 양상은 텍스트에 따라 다르다. '안락국전'은 전반적으로 인물보다는 설화자가 좀 더 전면에 부각되고 있다. 많은 인물 대사가 설화자의 지문에 끼어 들어가 간접적으로 중개 서술되는 모습을 보여 주고 있기 때문이다. 특히 이러한 간접 중개 식의 서술 방식은 동일 담화나 화제 장면 안에서 연쇄적으로 펼쳐지는 배경적인 사건과 관련한 대목에서 자주 발견된다.

'나복전'은 주요 사건을 예비하고 배경화하는 전반부에서 설화자가 부각되는 서술부 중심으로 텍스트가 구성되고 주 사건이 펼쳐지는 후반부 대부분에서 인물 간 대화 장면 위주로 복사된 텍스트 전달 양상이 드러난다. 이와 같은 서술 특징은, 각 서사 국면의 소제목 격으로 실려 있는 세 개의 서사 명제와 이들 명제를 통해 암시된 화제나 사건들의 속성으로부터 자연스럽게 도출되는 것으로 보았다. '적성의전'은 '서술부＋대화부＋서술부'의 교체가 여타 텍스트에 비해 좀 더 규칙적으로 이루어지되, 전체적으로는 대화부가 서술부보다 우세하게 나타나는 문체 특징을 보여 준다. 이는 시제 추이에 따라 이루어지는 시점 변환의 양상이 '현재: 외부 시점→과거: 내부 시점→현재: 외부 시점' 식으로 정형적으로 반복되는 데에서 비롯된 것으로 보인다.

문장 연결과 종결의 문체적인 특징은 서술부에 해당하는 지문의 구체적인 양상과 인물 대사의 처리 방식을 통해 이야기할 수 있다. '－더니'나 '－거늘' 등의 연결어미를 통해 인물 행동이나 장면에 관한 배경적인 정보들이 제시되고, 인물 간 대화나 대사, 연속되는 인물 행동 등은 '-고, -며, -으니' 등을 통해 연결되다가 구문이 휘갑되는 지점에서 '-더라'나 '-니라'로 종결 처리되는 모습을 발견할 수 있다. 연결형의 '-거늘'의 경우, 언해류 서사체 유형에서는 동일 화제 안에서 인물이 전환하는 지점에 쓰이면서 후행하는 사건 정보에 대하여 선행하는 인물 행동이나 대사 등이 전제나 이유 정도의 의미 기능을 보이는 경우가 많다. 반면 '적성의전'에서는 담화적으로는 배경적인 정보를 제시하면서 후행하는 전경적인 정보를 예비하는 대목에 주로 나타나고 있다. 구체적인 출현 위치가 인물 행동이나 사건 장면의 중간에 사건 정황이나 주변 정경을 서술하는 대목으로써 관련 정보를 휘갑하는 경우가 많은 것이다.

문장 연결이나 종결과 관련해서 가장 뚜렷한 문체 특징을 보이는 텍스트는 '안락국전'이다. '안락국전'은 인물 간 대화 위주의 장면 묘사가 줄어들고 인물 대사가 설화자 지문의 일부로 들어가 있어 서술 지문이 '안락국태자전'에 비해 더 길게 늘어나 있는 문체 인상을 주고 있다. 전체적으로 인물보다는 설화자의 목소리가 좀 더 전면에 부각되는 양상을 보이고 있는 것이다. 반면 '나복전'이나 '적성의전'에서는 설화자보다는 인물의 목소리가 좀 더 강하게 부각되고 있다. 그런데 이러한 특징이 일률적으로 드러나는 것은 아니다. 구체적으로 이야기 도입부나 중간의 주요 화제 전환부, 전체 이야기의 종결부 등에서는 설화자의 서술 지문 위주로 텍스트가 구성된다.

고소설류 서사체 유형의 문체 특징과 관련하여 특기할 점은, 설화자가 이야기 세계 속의 대상이나 상황에 대해 자신의 주관적인 심리나 감정을 노출하거나 주관적으로 평가하는 식의 서술 태도를 드러내는 경우가 많다는 사실이다. 그런데 이처럼 서술 개입에 따른 설화자의 흔적 노출은 구술적인 발화 상황에서 서사나 이야기 진술의 추동력을 살려 주는 언어적 단서라고 할 수 있다. 이들 대목의 문장 구문은 '一더라'나 '一니라' 종결 구문보다는 반어적인 수사 의문문이나 감탄문 형식으로 드러나는 경우가 많다.

이러한 문장 구문들은, '一더라'나 '一니라'로 종결되는 구문이 단순 반복됨으로써 단조로워지는 텍스트 표면 구조에 변화를 주는 동시에 텍스트 수용자들의 관심을 환기하거나 주의를 유도하는 효과가 있는 것으로 보인다. 이와 같은 설화자의 모습은 구어적인 발화 현장에서 청자의 적극적인 참여를 유도하고자 노력하는 화자의 모습과 비슷하다. 실제 발화 장면의 화자는 원만한 의사소통을 위해 적극적인 담화 전략을 고안하거나 산출하는 데 많은 노력을 기울인다. 이러한 실제 화자의 모습이 고소설과 같은 기술물에서 그 자신의 감정을 드러내거나 주관적으로 논평하고 평가하는 식으로 자신의 흔적을 노출하는 설화자의 모습과 흡사한 것이다.

분단화한 담화를 통해 첨가적이거나 집합적인 덩어리 형태로 제시되는 문장 구문의 양상은 유사구술성의 차원에서 이해해 볼 수 있다. 특정한 담화 범위에 있는 문장 구문이 빈번하게 분절되고, 결과적으로 짤막한 문장 형식으로 드러나게 되면 사고의 흐름이 끊어지면서 이야기를 자연스럽게 구술하는 데 어려움이 있을 수밖에 없다. 반면에 우리는 많은 경우 장문의 양상을 보이는 담화 구조체가 구술이나 암송에 효과적일 것임을 어렵지 않게 짐작할 수 있다. 지나친 분절 위주의 텍스트 구성 방식에서는 기억이나 사고의 부담감을 감안하지 않을 수 없기 때문이다.

이와 관련하여, 사고의 자연스러운 흐름이나 기억의 용이함을 위해 예컨대 배경적이거나 전경적인 구문 정보들이 몇몇 특정한 연결어미를 통해 유형적으로 드러나거나, 주요 담화나 화제의 도입 지점이나 담화나 화제 간 경계 지점에서 상이한 부류의 담화 표지가 쓰이고 있는 점 등이 거론될 수 있다. 일부 연결어미나 담화 표지가 보여주는 이와 같은 유형적인 쓰임새가 서사 내용에 대한 기억을 용이하게 함으로써 자연스러운 구술의 토대가 될 수 있다고 보기 때문이다.254)

---

254) 정은균(2008b)은 고려시대의 〈구역인왕경(舊譯仁王經)〉과 〈석보상절〉에 쓰인 연결어미나 조사 등의 쓰임새를 바탕으로 이들의 첨가적·집합적 서술 특징을 살핀 후 그 배경 요인을 구술성의 전략에서 찾으려는 시도다. 또한 정은균(2008b: 272~275)은 기술적 발화물의 구술적 매개와 같은 유사구술적인 특징을 내포하는 장문성(長文性)이나 장문화(長文化)도 구술적인 문화의 측면에서 이해하고 있다.

5

근대 이전 국문 서사 문체의 특징

5.1. 문체 요소

텍스트의 서사 문체에 관한 논의는 텍스트 산출자의 효율적인 서사 전략과 텍스트 수용자의 자연스러운 수용 양식을 동시에 고려한 바탕 위에서 이루어져야 한다. 이들 양자 중 어느 일방의 측면만을 강조하거나, 특징적인 문체 요소를 나열하고 기술하기만 하는 식의 문체 논의는 일정한 한계가 있을 수밖에 없다. 문체는 궁극적으로는 텍스트 주체들 간의 원만한 소통을 위한 장치의 하나로 이해되어야 한다고 보기 때문이다. 이러한 전제를 바탕으로 본 장에서는 15세기와 18, 19세기 서사 문체의 구현 양상을 살펴보려고 한다. 이를 위해 앞에서 논급한 주요 문체 요소들을 다시 한 번 확인한 후 이들의 문체적인 특징과 효과를 개괄한다. 이를 바탕으로 언해류 서사체 유형과 고소설류 서사체 유형 사이에서 드러나는 문체적인 차이가 역사적인 변천의 과정에서 어떤 측면과 관련되며, 이러한 점이 국어 문체의 역사에서 어떤 의의를 갖는지를 살펴보기로 한다.

언해류 서사체 유형과 고소설류 서사체 유형의 각 텍스트는 계통적으로 상호 계기 관계에 놓인다. 이러한 사실은 각 유형별 텍스트들에서 확인되는 전체적인 서사 구조나 이야기 요소 등을 통해 이해할 수 있다. 특정 문체 요소를 중심으로 볼 때 각 유형에서 드러나는 문체적인 특징이나 효과가 전반적인 차원에서 크게 다르지 않은 점도 이러한 사실에서 비롯된다. 특히 이들 유형에 속하는 텍스트는 모두 역사적으로 근대 이전의 서사물 범주에 포함되는 공통점을 갖는다. 그런 만큼 개성적인 작자 의식에 터 잡은 근대 이후의 서사물에서보다 당대의 시대 조건적인 문체 요소나 서사 관습의 영향력으로부터 자유로울 수 없었을 것으로 예상된다. 우리가 두 유형 모두에서 서사 구조에 따른 이야기 배열의 양상이 주요 문장 종결형의 구현 방식이나 시점의 변환, 문장 연결이나 종결의 실현 과정을 밝히는 데 한 단서로 작용하고 있는 것으로 본 이유가 여기에 있다. 이러한 측면을 좀 더 구체적으로 살펴보자.

언해류 서사체 유형은 원전인 불경의 자장권 내에 위치하고 있다. 따라서 전체 구조도 일차적으로 불경의 텍스트 구성 방식에 준하는 것으로 파악된다. 이야기의 서사 구조가 불경 본생담의 정형적인 틀을 따르지는 않지만 이와 흡사한 양식을 따르고 있는 점을 그 구체적인 근거로 들 수 있다. 본생담과의 연관성을 중심으로 볼 때, '안락국 태자전'은 서분이 결락하고 본체격의 정종분과 결분만으로 구성되어 있다. '선우태자전'은 그 자체가 석가모니 부처의 전생 이야기 중 여섯 번째에 해당하는 만큼 본생담의 정형성이 '안락국태자전'에 비해 좀 더 강하게 드러난다. 폐쇄 액자 구조도 이러한 차원에서 이해할 수 있다. 반면 '목련전'은 이들 두 이야기와는 다르게 불경 본생담으로부터의 구조적인 독립성이 특히 두드러져 보인다. 이 이야기의 최초 출현이 고려 시대 변문이나 위경의 하나로 유통된 '목련경'이나 '우란분경' 등에 소급되는 점은 이러한 독립성의 역사적인 근거가 될 것이다.

고소설류 서사체 유형은 전반적으로 언해류 서사체 유형에 비해 원전의 영향력으로부터 벗어나 있어 국문 서사체 고유의 문체 특징이 좀 더 강할 것으로 예측할 수 있다. 실제 '안락국전' 같은 경우는 서사 구조의 기본적인 틀이 '안락국태자전'과 마찬가지로 불경 본생담적인 모습을 취하고는 있지만 구체적인 서사 내용은 그것과는 다른 모습으로 드러나고 있다. 두 번에 걸친 '바라문'의 걸립 여정이 좀 더 강화된 서사적인 인과율을 통해 드러나거나 주인공격에 해당하는 '안락국'과 '원앙부인'이 '자현장자'로 인해 겪는 고행담이 부각됨으로써 선인과 악인의 대립 구도를 드러내고 있는 점 등이 뚜렷한 차이점들 중의 하나다. 기본적인 틀을 '선우태자전'에 기대고 있으나 인물 성격이나 태도, 인물들 간의 관계 양상, 주제 의식 등의 차원에서 전혀 색다른 이야기로 변용한 '적성의전' 같은 경우는 언해체의 서사 양식이 소설화할 때의 양상을 살피는 데 좋은 본보기다.

이러한 불경 본생담적인 서사 구조는 이야기의 구체적인 배열 양상이나 방식, 문장 구문의 처리 등에 영향을 준 것으로 보인다. 이야기의 구체적인 내용이 서사 국면 여하에 따라 정형화한 모습으로 드러나는 경우가 많기 때문이다. 이러한 점은 곧 언해류 서사체 유형

문체의 공시태를 구성하는 여러 문체 요소들과 직간접적으로 연관된다. 왜냐하면, 비록 정도의 차이는 있을지라도 정형화한 텍스트 구성 방식과 특정 당대의 서사 관습이 서로 부단히 간섭하면서 상호간 상당한 영향을 미쳤을 것으로 보이기 때문이다. 그 중에서 문장 종결 표현과 이야기 배열의 상관성이나 담화 표지 '그찍'류의 쓰임새 등은 공시적인 문체 관습을 잘 보여 주는 대표적인 사례다.

먼저 문장 종결에 따른 이야기 배열의 양상을 살펴보자. 평서의 문장 종결형인 '-더라'와 '-니라'는 그 기본적인 의미 기능의 차이로 말미암아 특정 서사 국면이나 담화의 흐름에 따라 변별적으로 쓰이는 모습을 보여 준다. 구어적인 발화 상황에서의 '화자-청자' 구조가 그 밑바탕에 깔려 있는 '-더라' 종결 구문은 주로 텍스트 전체의 도입부나 서사의 주요 전환부 등에 출현하는 경향을 보인다. 하나의 담화 구조체를 기준으로 놓고 보더라도 담화의 도입 대목에서 후행하는 주요 화제 장면을 예비하는 배경적·부수적인 정보를 제시하거나, 결말 대목에서 그러한 장면 속의 인물 행동이나 심리, 배경과 관련된 정보로써 마무리하는 모습을 확인할 수 있다. 이들 대목에서는 서사 정보가 전체적으로 커다란 덩어리 형태를 취하면서 후행하는 전경 사건이나 주 사건을 배경화하는 구문을 이끌고 있다. '-더라' 구문을 통해 담화나 화제 정보가 객관적으로 제시되는 양상도 이러한 측면에서 이해할 수 있다. 물론 '-더라' 구문에서 파악되는 이와 같은 담화적인 기능은 '-더-' 자체의 의미 기능에서 비롯된 측면이 강하다.

주요 담화나 화제의 전경적인 정보는 '-니라' 구문으로 이끌린다. '-니라' 구문은 '-더라' 구문을 통해 형성된 배경적인 틀을 바탕으로 구체적이고 특정적인 장면 정보를 이끌고 있어서 전경성이 좀 더 두드러진다. 기본적으로 '－니라'는 그에 선접하는 시상 형태들의 의미 기능에 따라 그 의미가 파악된다고 할 수 있다. 그런 점에서 '－니라' 구문이 완료상에서 사건을 시간 순서대로 전개시키면서 이야기의 전체 줄거리를 구성하는 전경 정보를 이끌고 있는 특징을 이해할 수 있다. 담화나 화제의 구체적인 장면 속에서 행동하는 인물의 모습을 이끌고 있는 경우가 많은 점도 이러한 점에서 비롯된다. 비완료상에서는 표면적인 배경 정보 이면에 독자를 적극적으로 의식하면서 설화자 자신의 태도가 강하게 함축된 서사 내용이 제시되는 점에 주목할 필요가 있다. 이때에는 완료상과 마찬가지로 전경 정보를 제시하는 역할을 담당한다. 특히 그 출현 지점이 대단원의 종결부인 경우의 '－니라' 구문은 텍스트 수용자를 서술 발화의 전면에 상정하면서 작자나 설화자의 적극적인 개입 의지나 이야기 전달 의도를 간접적으로 드러내는 한 방편으로 이해된다.

'－더라'나 '－니라' 구문이 고소설류 서사체 유형에서 활용되는 양상 또한 이와 크게 다르지 않다. 그런데 고소설류 서사체 유형에서는 이들 '－더라'나 '－니라' 외에 감탄의 종결어미로 설화자의 주관적인 태도를 드러내는 구문, 사실의 차원에 치중한 역사 기술물 등에서 보이는 절대 구문, 구어적인 발화 상황에서 대면한 청자를 염두에 둔 직접적인 말건넴 형식의 구문 등이 눈에 띈다. 이들은 이야기 자체가 아니라 이야기에 '관한' 설화자 자신의 주관적인 의견 표명인 경우가 많기 때문에 메타적인 진술이라고도 볼 수 있다. 이들 구문은 많은 경우 설화자에게 이야기를 추동하는 강력한 동기로 작용한다. 한편으로는 텍스트 수용자에게 감정적인 몰입이나 교감의 계기로 작용하면서 고소설류 서사체 유형 텍스트 전반의 특징적인 문체 요소로 드러난다.

이야기 배열과 관련한 문체 특징을 잘 보여 주는 요소로 언해류 서사체 유형에서는 '그쁴'류 시간 부사어를, 고소설류 서사체 유형에서는 '화설'류의 화두사나 '차시'류의 시간 부사어를 들 수 있다. 이들 부류는 각 유형의 공시적인 문체 특징을 보여 주는 동시에 문체의 역사적인 변화상을 뚜렷이 드러내는 문체 요소다. 이들은 구어적인 발화 상황에서 자주 발견되는 담화 표지적인 쓰임새를 보이는 점에서 비슷하다. 우선 '그쁴'류 시간 부사어는 서사 내 특정한 시간대를 표시하기보다는 텍스트 내에서 반복적으로 쓰이면서 선·후행 서사를 구별해 준다. 이와 동시에 이들은 거시적인 차원에서 전체 이야기를 하나로 묶는 역할을 한다는 점에서 이야기 배열상의 문체 특징을 뚜렷이 드러내 준다. 대체적인 경향성의 차원에서 보면, '그쁴'는 좀 더 상위의 담화 경계 사이에 쓰이는 반면에 '그저긔'는 동일 화제나 담화 내 하위 화제 경계 사이에 나타나는 경향을 보인다. 이에 따라 '그쁴'는 선행 화제의 마지막 구문이 문장 종결형을 통해 명시적으로 마무리되는 지점에, '그저긔'는 '-고, -으니, -거늘' 등의 연결형 뒤에 나타날 때가 많다.

고소설류 서사체 유형에서는 대상 텍스트에 따라 이러한 담화 표지의 출현이 상이하게 나타난다. 전체적으로는 세 텍스트 모두에서 '차시', '이쩍' 등의 시간 부사어가 공통적으로 쓰이고 있다. 그런데 '안락국전'에서는 '화설' 식의 화두사가 전혀 나타나지 않는 대신 '이쩍' 식의 시간 부사어가 지배적으로 드러나는 반면에 '나복전'과 '적성의전'에서는 '화설', '차설' 등의 화두사가 상대적으로 많이 쓰이고 있다. 담화 표지의 쓰임새 면에서 보면 화두사는 전혀 보이지 않고

'이쎅' 등의 시간 부사어가 지배적인 '안락국전'이 '그쯱'나 '그저긔'
등으로만 일관하는 언해류 서사체 유형과 그 친연성이 더 크다고 할
수 있다. '나복전'이나 '적성의전' 등에서도 '이쎅'와 비슷한 쓰임새를
보이는 '츠시'가 다수 발견되기는 한다. 그런데 '나복전'이나 '적성의
전'의 '츠시'류는 '차설', '각설' 등의 화두사보다 선후 화제 사이에 시
간적인 연접성이 강한 경향을 보인다. 전국적인 서사 구조의 차원에
서 여러 화제들을 구별해 주면서 한 편의 이야기를 구성하는 데 '차
설', '각설' 등의 화두사가 좀 더 결정적인 영향력을 행사하고 있는
것이다.

시점은 서술의 시공간적인 위치와 관련되는 시제의 추이와 밀접하
게 관련된다. 언해류 서사체 유형이나 고소설류 서사체 유형의 텍스
트 모두 '현재→과거→현재' 식의 시제 추이가 텍스트의 도입부에서
본체부, 종결부에 이르기까지 거듭 반복되는 식으로 서술 시점이 교
체되면서 서술이 이루어진다. 개별 화제를 기본 단위로 놓고 보더라
도 화제의 도입부나 종결부에서는 현재 위치의 설화자가 이야기 세
계 속의 과거 정보나 인물 후일담 등 최후 행적과 관련된 정보를 보
고하는 자세를 취한다. 이때는 인물의 목소리보다 설화자의 목소리가
좀 더 부각된다. 반면에 중간의 본체부에서 설화자는 이야기 세계 속
의 인물과 공시적으로 일치하는 지점에서 인물 행동이나 대화 등으
로 이루어지는 구체적이고 특정적인 장면을 묘사해 보여 주는 식으
로 서술이 이루어진다. 이들 대목에서 설화자는 서술의 전면에서 최
대한 후퇴하여 그 흔적을 최소화하기 때문에 인물의 모습이나 목소
리가 좀 더 부각되는 양상을 보인다.

설화자의 이러한 태도는 각각 외부 시점과 내부 시점의 차원으로

구별하여 이해할 수 있다. 이러한 외부 시점과 내부 시점의 교체 추이는 서술 방식에도 영향을 줘 대체적으로 '외부 시점－서술부(설화자의 서술 지문)', '내부 시점－대화부(인물 간 대화)' 식의 대응 관계가 파악된다. 전체 텍스트 구성 양상이나 하나의 담화 단위를 놓고 보더라도 '외부 시점－내부 시점'의 추이가 서술부와 대화부의 반복 교체를 이끌고 있는 경우가 많다. 시제 추이에 따른 시점 변화나 이에 수반되는 구체적인 서술 방식의 변환이 규칙적이고 유형적으로 드러나고 있는 것이다.

시점 교체와 서술 방식, 그리고 이들 항목의 근저에 깔린 설화자의 태도와 관련하여 특기할 점은 설화자의 개입에 따른 그 흔적의 유무다. 서사물의 서술 과정에서 드러나는 설화자의 개입은 주관적인 심리 태도의 표명이나 서사 대상에 대한 평가, 주관적인 해석이나 해설식의 논평 등을 통해 그 구체적인 모습을 확인할 수 있다. 언해류 서사체 유형에서는 이러한 주관적인 개입의 흔적이 거의 발견되지 않아 전체적으로 객관적인 설화자의 모습이 강하다. 반면에 고소설류 서사체 유형에서는 인물의 처지에 공감하면서 그 내면의 심경에 적극적으로 동조하는 설화자가 주관적인 감정을 토로하거나 서사 상황에 대해 판단하고 평가하는 식의 주관적인 설화자의 모습을 자주 발견하게 된다.

이러한 사실은 역사적으로 근대 이전으로 거슬러 올라갈수록 이야기 세계 속에 들어와 개입하는 설화자의 모습이 자주 발견된다는 일반적인 시각에 비춰 볼 때 특이한 점이라 아니 할 수 없다. 설화자의 개입과 관련된 이러한 특이성은 그 생산이나 산출 과정의 차이에서 살펴볼 수 있을 것이다. 가령 언해류 서사체 유형은 텍스트 산출자－설화자가 한문으로 된 불경 원전을 언해하는 당대의 관습적이고 공식적인 언해·인쇄 전통에 직간접적으로 노출될 가능성이 크다. 그만큼 원전이 주는 부담감이 클 수밖에 없는 것이다. 따라서 텍스트 표면에 그 자신의 태도를 표명할 여지가 상대적으로 작을 수밖에 없게 된다. 이에 반해 개인적인 필사 전통과 좀 더 강하게 연계되는 고소설류 서사체 유형은 원전이 주는 부담감이 언해류 서사체 유형에 비해 상대적으로 줄어들 수밖에 없다.[255] 이에 따라 고소설류 서사체 유형에서는 텍스트 산출자—설화자의 주관적인 창작 의도가 개재됨으로써 그 흔적을 보여 주는 여러 구문이 상대적으로 자주 발견되고 있는 것이다.

문장 연결이나 종결과 관련해서는 전반적으로 개별 담화 단위로 파악되는 서사 내용이 긴 문장 구문 속에 포함되는 경향을 보여 장문성의 특징이 드러난다. 이와 같은 장문성은 하나의 문장 구문이 하나의 담화 단위를 형성하는 담화 구조체에서 자주 발견된다. 이들 담화 구조체는 그 자체로 '처음-중간-끝'으로 이루어지는 비교적 자족적인 화제를 형성하는 경우가 많다. 구체적인 서술 방식도 장면을 특정하지 않은 긴 시간대의 사건이나 구체적이되 불특정적인 장면 정보를 서술 지문의 방식으로 전달해 주는 양상을 보여 준다. 그 중간에 인물 대사를 포함하고 있는 경우라도 담화의 도입과 결말 대목에 제시된 설화자의 서술 지문 사이에 이들 인물 대사가 안겨 있는 식으로 이야기가 중개되는 모습을 확인할 수 있다.

---

255) 판본의 인쇄를 통해 텍스트를 인출하는 것과 달리 인력으로 필사되는 텍스트는 필사하고 있는 상황 자체에 의존적일 수밖에 없다. 이에 따라 필사자 자신의 언어 직관이나 문자적인 감식력, 이야기에 대한 감정적 조응 등 개인적인 요소들이 필사 상황에 상당한 영향을 미칠 것으로 예상된다. 더군다나 이미 그 뼈대가 정해진 이야기를 전제로 하는 것이니만큼 이야기 속 특정한 내용들을 첨삭하거나 변개할 가능성 또한 충분히 짐작해 볼 수 있다. 그렇다고 하더라도 그러한 첨삭이나 변개의 수준이 기본적인 필사 대본인 일차 텍스트를 크게 벗어나지 않을 것임은 자명하다.

이와 같이 장문성의 특징을 보이는 담화 구조체들은 전경, 배경이나 서사 정보의 중요도에 따라 몇몇 하위 화제들로 이루어지는 위계적이고 계층적인 구조를 보여 준다. 이러한 위계성, 계층성은 하위 화제와 이와 관련된 정보들을 잇거나 끝맺는 몇몇 연결어미나 종결어미의 변별적인 쓰임새를 통해 자연스럽게 드러나고 있다. 가령 인물의 과거 행적이나 기본적인 인적 정보, 사건 정황, 외적 정경 등을 이끌면서 배경화하는 '−더니', 구체적인 장면 속의 인물 행동이나 대화 등을 도입함으로써 해당 장면을 전경화하는 '−으니' 등을 그 구체적인 근거로 제시할 수 있다. 장면 배경화의 '−더라'나 특정적인 장면에서의 구체적인 인물 행동 등을 통한 전경화의 '−니라' 등도 변별적으로 쓰여 텍스트 서사 구조의 위계성을 잘 드러낸다.

문장이 길어지게 된 데는 인물 대사가 지문에 안겨 있는 방식으로 제시되는 경우가 많은 데서도 그 원인을 찾을 수 있다. 이렇게 문장 구문의 구성 요소로 쓰일 때의 인물 대사는 주요 서사를 진전시키거나 후행하는 전경적인 사건 장면을 예비하는 배경적인 정보 내용인 경우가 많다. 대사가 처리되는 구체적인 방식을 보면 언해류 서사체 유형과 고소설류 서사체 유형 사이에 그렇게 뚜렷한 차이점이 발견되지는 않는다. 왜냐하면 서술 지문의 일부로서 간접적 중개 방식으로 제시되거나, 서술 지문의 일부이되 설화자의 언어가 최소화하여 인물 간 대화 장면의 인물 대사가 그대로 복사되는 형태로 직접적 중개 방식을 통해 제시되는 경우가 두 유형 모두에서 발견되기 때문이다. 다만 전체적인 경향성의 차원에서 언해류 서사체 유형에서 고소설류 서사체 유형으로 오면서 서술 지문 비율의 확대에 따라 설화자의 목소리가 좀 더 부각되고 있는 점을 언급할 수 있다.

5.2. 문체 특징과 효과

언해류 서사체 유형은 당대의 관습적이고 공식적인 언해 전통의 자장권 안에 포섭되었을 가능성이 크다. 저본이나 모본이 되는 불경 원문의 간섭과 영향력 또한 무시할 수 없었을 것이다. 반면에 고소설류 서사체 유형은 주로 필사본의 형태로 존재하는 만큼 당대의 필사 관습이나 개인적인 필사 방식에 좀 더 많이 좌우되었으리라 예측할 수 있다. 특히 고소설류 서사체 유형의 경우 이야기의 전체적인 뼈대가 확정된 상태에서 필사가 진행되었을 만큼 이야기의 첨삭이나 문장 구문의 변개 가능성이 언해류 서사체 유형에 비해 좀 더 컸을 가능성이 높았을 것이다.

문장 종결과 관련해서는 언해류 서사체 유형과 고소설류 서사체 유형 모두의 서술 지문에서 '-더라' 종결 구문과 '-니라' 종결 구문이 담화나 화제의 전환에 따라 거듭 출현하고 있다. 이들 종결 구문의 반복적인 교체는 텍스트 수용자가 이야기에 대해 갖게 되는 심리적인 태도를 결정하는 데 큰 영향력을 발휘한다. 거리감이나 보고의 의미 기능 등을 상정할 수 있는 '-더라' 구문에서 텍스트 수용자는 소극적인 관조의 자세를 취할 가능성이 높다. 반면에 특정화한 구체적인 장면 속의 인물 행동이나 설화자의 주관적인 태도를 드러내는 '-니라' 구문에서는 감정 이입이나 정서적인 몰입 등이 좀 더 용이하게 이루어질 수 있다. 결국 이러한 반복적인 교체의 과정 속에서 텍스트 수용자는 이야기 세계에 대해 적당한 긴장이나 이완에 따른 감정의 변화와 극적인 재미를 맛보는 기회를 갖게 되는 것이다. 이러한 '-라'형 종결과 더불어 특히 고소설류 서사체 유형에서 자주 보이는 영탄적인 감탄문과 같은 설화자의 주관적인 감정 표출 구문 혹은 설화자 자신의 흔적을 드러내는 구문 등은 실제적인 발화 상황에서 대면한 청자를 염두에 둔 표현의 일종으로 볼 수 있다. 이런 점에서 '-라' 형이 보여 주는 구연조(口演調)의 분위기나 텍스트 수용자와의 정서적인 교감을 바탕에 깔고 있는 듯한 주관적인 감정 표출 등은 텍스트 수용자를 서술 의식의 전면에서 구어적인 발화 상황의 청자에 상당하는 대상으로 보는 설화자의 태도를 반영하는 것으로 풀이된다. 이러한 사실은 이들 문체 요소를 유사구술성의 차원에서 이해하게 하는 단서가 된다.

담화 표지적인 쓰임새를 보이는 '그쯱', '츠시'류의 시간 부사어나 '화설', '차설'류의 화두사 등도 구술적인 효과나 효용의 측면에서 이해할 수 있다. 기본적으로 구어적인 내러티브와 관련되는 담화 표지류는 서사적인 의미 전달에 필수적인 요소는 아니다. 하지만 이들은 발화의 공백을 채우면서 후행 발화를 예비하는 한편으로 청자의 참여나 호응을 이끄는 식의 담화적이고 화용적인 쓰임새가 강하다. 두 유형에서 보이는 담화 표지류 또한 특정한 시간 직시의 의미 기능보다는 새로운 담화나 화제를 도입하면서 선·후행하는 담화나 화제를 서로 경계 짓는 기능이 강하다. 이들 표지가 출현하는 대목에서 일시적으로 서사가 중단되면서 텍스트를 외적으로 둘러싼 주체들에게 화맥 조절 국면을 마련해 줄 가능성이 커지는 것이다.

가령 구술성과 관련해서 보면, 구술 주체는 이들 표지를 기준점으로 선·후행하는 화제나 담화를 구별하면서 다음 단계의 구술 내용을 점검해 보는 식으로 이야기의 자연스럽고 매끄러운 진행을 위해 예비하는 기회를 갖게 된다. 청자에 상당하는 텍스트 수용자 측면에서도 이미 펼쳐진 이야기를 정리하거나 앞으로 펼쳐질 이야기를 예상해 보는 식으로 이야기되는—서술되는—상황 자체에 몰입할 여지가 좀 더 커질 것이다.

시제 추이나 시점 변환과 관련해서는 두 유형 모두에서 전반적으로 서술의 현재에 있는 설화자가 이야기 세계 바깥에서 본격적으로 펼쳐질 이야기의 틀을 짓거나 배경적인 서사 정보를 제시하는 점, 그리고 이야기의 현재 시점으로 들어간 설화자가 눈앞의 장면을 조망하거나 관찰하면서 객관적으로 보고하는 점 등을 확인할 수 있다. 이와 더불어 고소설류 서사체 유형에서 특징적인 점은 이야기 세계 바깥의 설화자가 이야기 세계 내부에 대하여 판단·해석하고 평가하는 식으로 서술을 행하고 있다는 사실이다.

결과적으로 과거와 현재, 서술의 현재와 이야기 세계 속의 현재와 같은 시제나 시점 공간의 변환이 각각 외부 시점과 내부 시점을 이끌고 있는 양상을 언급할 수 있는 것이다. 이러한 시점의 변환은 서술 방식의 차원에서 서술부와 대화부의 교체를 이끌면서 각 담화 단위나 화제를 한 덩어리의 구조체로 인식하게 하기도 하고, 개별 담화나 화제를 구별하면서 병치하거나 중첩적으로 연쇄하는 선형화의 과정을 통해 하나의 텍스트로 통합시키는 것과도 관련된다.

그런데 우리는 이러한 시점의 변환을 구술성과 관련된 현상의 하나로 이해할 수 있다. 텍스트의 구술성이 텍스트 산출자와 텍스트 수용자 사이의 거리나 설화자와 독자[256] 혹은 이들과 서술 대상 사이의 거리와 밀접하게 관련된다고 볼 때, 시점의 변환은 이들 상호간에 심

---

256) 이들을 채트먼 유의 서사학적인 개념 차원에서 보면 '내포 작자—내포 독자' 쌍으로 이해할 수도 있다.

리적인 거리 조정의 효과를 내는 것으로 볼 수 있다는 점이다. 예를 들어 이야기 세계를 기준으로 볼 때, 설화자가 서술의 현재에서 외부 시점적인 태도를 취할 때 설화자－독자와 이야기 세계 속 서술 대상과의 거리는 멀어진다. 반면에 설화자가 이야기 세계 속의 현재로 들어가 내부 시점적인 태도를 취할 때 설화자－독자와 서술 대상과의 거리는 가까워진다.

이러한 거리 조정은 텍스트 수용자나 독자를, 심리적인 차원에서 서술 대상에 가까워지면서 좀 더 몰입하게 하거나 멀어지면서 객관적으로 조망하게 하는 식의 심리적인 변화 양상을 견인할 가능성이 크다. 특히 내부 시점의 경우에는 텍스트 주체들이 장면이나 대상에 대해 감정을 이입하거나 정서적으로 일체화하면서 이들에 동화될 가능성이 커진다. 외부 시점적인 대목에서도 설화자가 서술 대상에 대해 주관적인 입장에서 적극적으로 판단하여 해설하거나 평가하는 부분, 개인적인 감정을 노골적으로 표명하는 부분, 구어적인 발화 현장에서 대면한 청자에게 직접 말을 건네고 있는 듯한 문투로 구성되는 부분 등에서 텍스트 수용자를 의식하고 이들과 상호 작용하려는 텍스트 산출자의 의도를 엿볼 수 있다.

각 텍스트 유형에서 확인되는 인물 대사의 처리 방식이나 서술 지문의 출현 양상 등에도 주목할 필요가 있다. 미세한 차이가 없지는 않지만, 두 유형에 속하는 텍스트들은 모두 텍스트 구성 면에서 '서술부＋대화부＋서술부'로 이루어지는 큰 덩어리가 반복적·주기적으로 나타나는 문체 특징을 보여 준다. 이와 같은 반복적이고 주기적인 교체는 그 자체로 텍스트의 서술 리듬을 형성하면서 하나의 담화를 구성하는 경우가 많다. 그런데 앞서 본 것처럼 언해류 서사체 유형은 인물 간 대화가 서술 지문에 비해 압도적으로 우세한 양상을 보여 주고 있다.[257] 각 텍스트별로 최소 네 배에서 다섯 배까지의 차이로 인물 간 대화 장면이 주류를 이루고 있는 것이다.

고소설류 서사체 유형의 경우, 서술 지문이 지배적인 '안락국전'은 물론이고 '나복전'이나 '적성의전' 등에서 서술 지문의 비율이 좀 더 확대된 모습을 확인할 수 있다. 개략적으로 보면 언해류 서사체 유형은 인물의 목소리에, 고소설류 서사체 유형은 설화자의 목소리에 방점이 찍힌 것으로 파악된다. 이와 같이 부각되어 있는 설화자의 목소리는 실현되는 구체적인 문장 구문에도 반영되어 있다. 텍스트 중간에 이야기 세계에 개입하여 대상에 대한 설화자 자신의 주관적인 감정이나 심리적인 태도를 드러내거나, 이야기의 전달 의도를 함의하는 직간접적인 구문을 텍스트 말미에 부기한 경우가 많이 보이기 때문이다.

언해류 서사체 유형에서 고소설류 서사체 유형으로 오면서 보이는 서술 지문의 확대나 설화자의 적극적인 개입 양상은 국문 서사 문체의 역사에서 중요한 점들을 내포하고 있는 것으로 파악된다. 근대 이전의 서사물들이 서사(書寫)되거나 인쇄된 기술물이면서도 구술적인 전통의 자장권에서 벗어날 수 없었던 점이 여러 사실들을 통해 뒷받침되고 있음은 주지하는 사실이다. 이 점은 저 앞에서 우리가 유사구술성을 전제할 수 있었던 주된 배경 요인이기도 하다. 그런데 우리는 이와 같은 유사구술성이 가장 뚜렷하게 드러나고 있는 항목으로 서술 지문의 확대와 설화자의 적극적인 개입 양상을 들고자 한다. 특히

257) 이와 같은 사실은, 〈월인석보〉를 연극적인 강창 대본 성격의 텍스트로 본 앞선 논의에 하나의 보충적인 근거가 될 수 있다.

고소설류 서사체 유형으로 오면서 확대되는 서술 지문의 경우, 대개 장문 양상을 보이는 담화 구조체로 실현되는 점이 구술성의 차원과 자연스럽게 연결될 수 있다고 보는 것이다.

우선 서술 지문의 확대는 구술이나 구연을 좀 더 용이하게 하는 문장 구문의 장문화와 연계하여 이해할 수 있다. 문장 구문의 잦은 분절로 비롯되는 기억이나 구술의 난점이 장문 구성을 통해서는 상대적으로 줄어들 수밖에 없으리라 보기 때문이다. 설화자의 적극적인 개입은 구술 주체로 하여금 이야기 세계에 대해 감정적 일체화를 갖도록 견인하는 동시에 텍스트 수용자에게도 이야기에 대한 심리적·감정적인 몰입이나 동일화를 추동하는 서사 전략의 하나로 언급할 수 있다. 특히 같은 고소설류 서사체 유형에 속하면서도 '안락국전'은 '나복전'이나 '적성의전'에 비해 설화자의 목소리나 개입의 양상이 좀 더 뚜렷하게 드러나고 있어 주목된다. 이와 관련하여 우리는 '적성의전'이 주로 방각본으로 간행되어 유통되었음에 반하여 '안락국전'의 경우는 필사의 방식으로 수용층에 받아들여진 사실에도 유념할 필요가 있다. 이야기에 대한 필사자 자신의 감정적인 조응이 텍스트에 반영될 여지가 좀 더 높아질 수 있었을 것이기 때문이다.

그럼에도 우리는 국문 서사 문체의 역사에서 근대 이전의 서사물이 훈민정음 창제 초기 언해 문헌에 실린 서사물의 전통에서 크게 벗어나지 못했다는 사실에 주의해야 한다. 먼저 우리는 텍스트 내 각 구문의 서사 내적인 속성에 따라 대개 이야기가 '-더라'나 '-니라'로 종결되는 구문의 교체로 배열되는 점, 각 텍스트 유형별로 구체적인 모습이 다르기는 하지만 담화 표지적인 쓰임새를 보이는 여러 언어 형태가 쓰이고 있는 점 등을 그 구체적인 사실들로 언급할 수 있다. 구체적인 서술 국면과 관련해서는 시점 변환에 따른 유형적인 서술 방식이나, 서술 지문과 인물 간 대화의 교체에 따른 무대화 기법 등이 두 유형에서 공통적으로 발견되기도 한다.

국문체의 역사적인 변천 과정은 여러 측면에서 고찰될 수 있다. 이와 관련하여 기본적으로는 표기법을 바탕으로 한 서사 방식의 변천상이나 특정 어휘 부류의 사용 여하에 따른 문체 변이, 동일 계통에 속하는 판본 간의 문장 구조의 차이에 따른 문체 양상 등이 구체적인 항목으로 상정되는 경우가 많다. 국문 서사 텍스트의 차원에서는 개별 이본에 따른 구체적인 표현 방식의 편차를 문체 논의와 연관 짓는 경우를 많이 볼 수 있다. 언해류 서사체 유형과 고소설류 서사체 유형의 몇몇 문체 요소를 중심으로 그 특징과 효과를 살핀 이 글의 입각점도 이와 크게 다르지 않다. 특기할 사실은 이 글에서는 언해류 서사체 유형이 고소설류 서사체 유형으로 유전되어 계승되는 과정을, 언해의 전통에서 배태된 국문 서사 문체가 좀 더 본격적인 소설 문체로 발전하는 과정으로 본다는 점이다.

이러한 관점은 우선 이야기 배열에 따른 서사 구조의 차이점을 통해 살필 수 있다. 불경 본생담의 영향권 안에 있었던 언해류 서사체 유형의 텍스트들은 육성취라는 구조적인 틀에서 크게 벗어나 있지 않다. 여러 화제들을 내적으로 통합하는 담화 주제가 종교적인 차원과 밀접하게 연결되는 이유도 이러한 사실에서 찾을 수 있다. 반면 고소설류 서사체 유형의 텍스트들은 기본적인 인물 구도나 이야기 요소를 언해류 서사체 유형의 텍스트들에 기대고 있으면서도 인물들 간의 구체적인 갈등 관계나 세부적인 이야기 요소에서 새롭게 첨가되거나 변개된 부분이 많다. 종교적인 차원에 기울어 있던 담화 주제도 선악이나 사랑, 배신, 우애, 충효의 문제 등 인간적인 차원으로 그 관심의 방향이 크게 바뀐 것을 알 수 있다. 이러한 차이는, 언해류 서사체 유형이 국가적인 차원에서 이루어졌던 불경 언해 사업의 일환으로 출현한 반면에, 고소설류 서사체 유형은 개인적인 필사나 대중적인 소비를 전제로 한 방각의 과정을 통해 나타난 데서 그 이유를 찾을 수 있다.

한편 상기한 바와 같이 '-더라'나 '-니라' 식의 구문 종결은 화자-청자를 전제로 한 설화 구조에 바탕을 두고 있다. 이러한 점에 주목하여 우리는 신소설 이전 서사 텍스트의 설화 방식이 발화 현장에서 직접 대면한 청자를 염두에 두고 이루어지는 특징을 갖는 것으로 해석할 수 있다. 이와 같은 설화 방식은 텍스트의 구술적인 활용에 직접적으로 작용하는 요인으로 작용했으리라 판단된다. 이와 관련하여 근대 이전의 많은 텍스트가 시각 중심의 묵독보다는 청각 중심의 구술이나 구연, 낭독 등으로 이루어진 사실을 상기할 필요가 있다.

그런데 구술성을 함의하는 설화 구조의 특징은 기본적인 구문 종결의 양상과도 관련되지만 설화자의 시점이나 태도 등의 측면과도 밀접한 상관성을 갖는다. 서사 텍스트에서 설화자의 시점이나 태도는 구체적인 구문 형태로 드러나게 마련이다. 그 중에서도 특히 설화자 자신의 목소리가 흔적처럼 담겨 있는 문장 구문은 설화 구조의 구술성을 잘 드러내는 요소라고 할 수 있다. 설화자 자신의 목소리는 이야기 세계에 대한 개입의 양상을 통해 확인할 수 있다. 예컨대 주인공의 비참하고 불운한 처지에 심정적으로 공감하여 주관적인 우호나 동정의 감정을 드러내는 대목, 주인공과 대립적인 관계에 있는 반동 인물의 악행에 분개하고 비판하는 대목 등에서 그와 같은 개입의 양상이 발견된다. 이와 같은 개입이나 주관 표출의 양상은 언해류 서사체 유형보다는 고소설류 서사체 유형의 텍스트에서 좀 더 뚜렷하게 드러난다.

이러한 차이는 이미 앞서 언급한 사실, 즉 두 유형이 출현하게 되는 텍스트 외적인 배경에서 그 요인을 찾을 수 있을 것이다. 가령 고소설류 서사체 유형은 좀 더 대중적이고 통속적인 의도나 목적을 염두에 두는 한편으로 텍스트 표면에 설화자가 자신의 목소리를 드러낼 수 있는 여지가 클 수밖에 없다. 언해류 서사체 유형과는 달리 고소설류 서사체 유형은 원본 불경의 영향력으로부터 상대적으로 자유로우면서 동시에 설화자 개인의 인간적인 면모를 드러내는 데 큰 어려움이나 부담감이 없었을 것이기 때문이다. 필사나 간행 과정에서 국가적인 차원의 간섭이 거의 없었을 것이라는 점도 함께 고려되어야 할 것이다.[258]

---

258) 텍스트 외적인 요인들이라는 난점이 있기는 하지만 국문 소설의 발전 국면을 고찰할 때도 이와 같은 사실들이 논의 과정에 좀 더 충실하게 반영될 필요가 있다.

6
결론

    이 글은 국문 서사 텍스트의 문체를 역사적인 발전 과정의 측면에서 조망하여 국문 서사 문체가 그 변천 과정에서 보여 주는 특징의 일단을 밝히는 데 목적을 두었다. 이를 위해 <석보상절>이나 <월인석보> 등 훈민정음 창제 초기의 한글 문헌에 소재하는 '전' 유형의 몇몇 부분·하위 서사체와 그 선후 텍스트들 간의 문체적인 교섭 관계나 차이의 양상을 15세기의 언해류 서사체 유형과 18, 19세기의 고소설류 서사체 유형으로 나누어 살펴보았다. 구체적으로는 이야기 배열이나 시점, 문장 종결과 연결 등 문체 요소들을 공시적 관점에서 기술, 설명하고 그 특징과 효과를 구술성의 차원에서 해석하였다. 이를 바탕으로 두 유형에서 파악되는 문체 요소들의 상호 비교를 통해 국문 서사 문체의 역사적인 변천상을 고찰해 보았다. 본 장에서는 앞서 논의한 내용을 주요 문체 요소와 특징, 효과 등을 중심으로 간략히 정리하고 추가적이고 보충적인 논의가 필요한 남은 문제를 언급하는 것으로 결론을 대신하고자 한다.

6.1. 요약과 정리

(1) 언해류 서사체 유형은 각각의 이야기가 소재하는 양상을 감안할 때 <석보상절>이나 <월인천강지곡>, <월인석보> 등과 상하 관계에 놓이는 것으로 보았다. 고소설류 서사체 유형은 언해류 서사체 유형보다 훨씬 후대에 출현하기 때문에 상호 선후 관계에 놓여 있다고 볼 수 있다. 이들 두 유형은 산출 과정이나 텍스트 구성 면에서 차이가 있다. 전자가 언해적인 성격이 강한 초창기 한글 불서에 실려 있으면서 간행이나 인쇄의 과정이 국가적인 차원에서 관리된 만큼 당대의 공식적이고 표준적인 서사 규범이나 텍스트 구성 양식을 보이는 반면에, 후자는 전자와 시계열적으로 연관되면서도 개인적인 필사나 상업적 유통을 염두에 둔 방각 과정을 통해 출현한 만큼 당대 소비자들의 기호에 부합하기 위한 서사 규범이나 텍스트 구성 양식을 감안하지 않을 수 없었으리라 추정할 수 있다.

(2) 대상 자료들의 성격에 대한 이와 같은 기본적인 시각을 바탕으로 3장과 4장에서는 상기 두 유형의 문체 요소를 이야기 배열과 시점, 문장 연결과 종결 등으로 나누어 고찰한 후 이들 각각의 문체 특징과 효과를 살펴보았다. 먼저 3장에서 언해류 서사체 유형의 서사 구조가 그 불경 언해적인 자료 성격에 걸맞게 불경 서사체의 유형적인 특징인 부처의 본생담과 밀접한 관련이 있음을 확인할 수 있었다. 정도의

차이가 있지만 액자 구성 방식과 관련되는 이야기의 전체 구조는 육성취를 기본으로 하는 부처 본생담의 자장권 안에서 파악할 수 있다. 이야기 배열의 문체 특징은 상이한 대목에 출현하는 '-더라'나 '-니라' 종결 구문, 텍스트 전체에 걸쳐 반복적으로 나타나 담화 표지적인 쓰임새를 보이는 '그쁵'류의 시간 부사어 등을 통해 드러난다. 시제 추이에 따른 시점 변환의 양상이나 이에 따른 서술 방식은 '과거-현재', '외부 시점-내부 시점'이 각각 설화자 지문에 해당하는 서술부와 인물 간 대화 장면과 같은 대화부를 견인하면서 구현되고 있다.

문장 연결이나 종결은 담화나 화제 전환과 같은 원칙에 기반하고 있으면서 대체로 장문성의 특징을 보이는 담화 구조체의 차원에서 살펴보았다. 장문 구성을 보이는 담화 구조체의 이야기 요소는 서사 정보의 속성 여하에 따라 상이한 연결어미들을 통해 결합된다. 그런데 하나 이상의 주요 인물과 관련하여 연쇄적·순차적으로 발생하는 사건 장면으로 이루어지는 담화 구조체는 '처음-중간-끝'으로 이어지는 자족적인 장면 구성을 보이는 경향이 강해 장문성이 특히 두드러진다. 이에 반해 인물 행동이나 사건 전개와 관련된 최소한의 배경적인 정보로 짜이는 담화 구조체는 장문성이 약화하는 모습을 확인할 수 있다.

(3) 언해류 서사체 유형의 문체 특징은, 텍스트 내용이나 표현, 전체 구조의 거시적이거나 미시적인 차원에서 여러 문체 요소들이 규칙적·유형적·반복적으로 실현되고 있다는 점이다. 이러한 문체의 요인과 효과는 기술물의 구술성, 달리 말하면 유사구술성의 차원에서

이해할 수 있다. 이에 따라 서술부와 대화부가 반복 교체되는 서술 방식은 텍스트의 역동적인 리듬감을 조성하면서 구술이나 구연의 매끄러움이나 자연스러움을 살리는 것으로 해석하였다. 이와 같은 주기적인 반복은 '처음-중간-끝'으로 구성되는 주기 단위의 서사 정보들이 하나의 '담화 화제-담화 주제'로 수렴되기 때문에 기억을 용이하게 하는 측면과도 관련된다.

문장 종결의 '-더라'와 '-니라'가 번갈아 나타나는 것도 텍스트 수용자의 심리적인 태도 결정에 영향을 끼치는 단서로 해석하였다. 이들 종결 구문은 이야기 세계에 대한 소극적인 관조와 적극적인 정서 몰입 등을 견인하면서 감정이나 심리의 긴장과 이완을 통해 극적인 흥분감을 맛보게 함으로써 효과적인 구술의 토대를 마련해 준다. 텍스트 전편에 걸쳐 반복적으로 출현하는 '그찍'류의 시간 부사어 또한 적절한 화맥 조절의 계기를 마련해 주면서 구술과 관련된 텍스트 주체들의 심리·지각적인 측면에 영향력을 행사하는 문체 요소들이다. 담화나 화제 구성이 순차적이고 연쇄적으로 이루어지면서 장문성의 특징을 보이는 담화 구조체의 경우는 기억을 용이하게 하는 한편으로 잦은 분절이 주는 부담감을 최소화한하는 차원에서 이해하였다. 나아가 이러한 특징은 청각적인 구술 방식의 효과를 극대화하기 위한 텍스트 산출자의 전략과 관련되는 것으로 보았다.

(4) 4장에서는 고소설류 서사체 유형에 대해 살펴보았다. 고소설류 서사체 유형의 문체 요소는 전반적으로 언해류 서사체 유형의 그것에 준해 이해할 수 있다. 특징적인 사실은 고소설류 서사체 유형에서는 담화 표지적인 화두사나 시간 부사어가 좀 더 다채롭게 출현하고

있다는 점이다. 이들 표지는 이야기 배열의 위계성이나 계층성을 잘 보여 주면서 담화나 화제들 간의 연결 관계나, 개별 담화와 화제들 각각의 서사적인 속성이나 비중을 자연스럽게 파악하게 해 준다. 시제 추이에 이끌리는 시점 변환과 이에 따른 서술 방식이나 태도와 관련해서는 외부 시점의 현재에 위치하는 설화자가 이야기 세계에 대하여 적극적으로 개입하면서 주관성을 드러내는 모습에 주목하였다.

이러한 주관적인 개입의 흔적은 많은 경우 감탄문이나 반어적인 수사 의문문 또는 독자에게 직접 말을 건네는 듯한 문투를 내보이는 문장 구문을 통해 드러나고 있어 '―더라'나 '―니라' 종결형으로 일관하는 언해류 서사체 유형에 비해 텍스트 표면 구조를 다채롭게 하는 데 기여한다. 문장 연결이나 종결과 관련해서는 '안락국전'이 다른 두 텍스트에 비해 특히 두드러진 특징을 보여 주고 있다. 언해류 서사체 유형의 텍스트들은 물론 같은 유형에 귀속되는 '나복전'이나 '적성의전'에 비해 '안락국전'에서 설화자의 목소리가 가장 전면에 드러나 있기 때문이다. 여기에서는 특히 인물 간 대화 위주의 장면 묘사가 줄어들고 인물 대사가 설화자의 지문의 일부로 들어가 있어 서술 지문의 장문성이 강하게 드러난다.

(5) 고소설류 서사체 유형의 문체 특징과 효과는 언해류 서사체 유형과 대비할 때 전체적으로 큰 차이가 없으나 문체 요소를 이루는 세부적인 구문 양상은 다르게 나타난다. 우선 일련의 화두사나 시간 부사어들이 개별 화제들 간의 위계성, 계층성이나 사건 발생의 순차적인 연쇄 구조를 좀 더 자연스럽게 파악하게 해 준다. 이들은 유사구술성의 차원에서 이해할 만하다. 서사가 중첩적으로 연쇄되는 서사

전략은 텍스트 수용자에게 이야기 흐름의 주축을 잃지 않도록 해 준다. 나아가 중첩 연쇄되는 사건들 사이에 부수적인 사건을 끼워 넣음으로써 후행 서사를 암시하며 예비하거나 이야기를 미리 예상하게 하는 효과를 낸다. 이와 동시에 가령 구술자나 구연자가 이야기를 전달하고자 할 때, 연쇄적으로 이어지는 패턴에 힘입어 서사 내용을 좀 더 용이하게 기억하도록 함으로써 구술의 효율성을 높이고 있는 것으로 해석할 수 있다.

시점 조정과 변환의 과정에 따라 상이하게 구현되는 서술 방식이나 태도, 그리고 그 결과물로서의 텍스트 표면 구조는 구술이나 구연의 현장에서 말하기 주체가 활용하는 전략의 차원과 관련된다. 이야기의 템포를 조절하거나 텍스트 수용자의 귀를 자극함으로써 청자나 청중들과 정서적으로 교감하고 이들의 심리 추이에도 일정한 영향력을 행사하려는 시도의 하나로 볼 수 있는 것이다. 담화나 화제가 전체 덩어리 형태로 제시되는 것도 분단의 효과를 자아내면서 선·후행 화제 간의 계기 관계를 마련해 준다. 또한 텍스트 외적인 주체들이 지나치게 인과율에 얽매이지 않은 채로 이야기를 자연스럽게 구술하거나 수용하게 하는 촉매제로 작용한다.

(6) 5장에서는 15세기와 18, 19세기의 서사 문체를 비교 대비의 차원에서 살펴보았다. 언해류 서사체 유형과 고소설류 서사체 유형의 비교 대비 결과는 국문 서사 문체의 역사적인 변천 과정을 잘 보여 준다. 우선 전자는 15세기 당대의 관습적이고 공식적인 언해 전통의 범주 속에서 배태되었던 반면에, 후자는 개인적인 필사나 상업적인 유통의 틀 속에서 출현한 점이 주목된다. 이러한 배경 속에서 언해류

서사체 유형에서 고소설류 서사체 유형으로 이어지면서 드러나는 가장 뚜렷한 문체 특징은 서술 지문의 확대와 설화자의 적극적인 개입 양상이다. 서술 지문의 확대와 더불어 자연스럽게 드러나는 긴 문장 구문이나 담화 구조체는 구술성의 기본적인 토대가 된다. 이때 텍스트의 구술이 수용자와의 적극적인 교호(交互) 작용에 있다고 가정하면 설화자가 자신의 목소리를 적극적으로 드러내는 식의 개입 양상도 자연스럽게 해석된다. 우리는 이와 같은 개입 현상의 요인을 언해나 필사, 방각 유통과 같은 텍스트 외적인 배경 속에서 찾으려고 하였다.

이러한 구술성은 설화 구조를 전제로 이해되는 '－라'형 종결('－더라, －니라' 등)이나 설화자의 시점, 태도 등을 통해서도 드러난다. 특히 대상에 대한 감정 표출이나 해석, 해설 등의 논평으로 나타나면서 이야기 세계에 흔적을 남기는 설화자의 목소리는 고소설류 서사체 유형의 텍스트로 오면서 좀 더 강하게 제시된다. 이러한 사실은 국문 서사 문체의 역사적인 발달 국면에서 설화자의 개입이나 흔적이 불경의 단순한 언해로부터 벗어나 문학적인 창작 의식이나 소통을 염두에 두면서 좀 더 본격적인 소설 문체로 진입하였음을 보여 주는 하나의 강력한 단서로 이해할 수 있다.

6.2. 남은 문제들

이 글의 궁극적인 목적은 15세기에서 18, 19세기를 거치면서 나타나는 국문 서사체의 사적인 변천 과정을 살피는 데 있었다. 이를 위해 우리는 시기를 달리하는 두 텍스트 유형에 대해 거시적인 차원의 몇몇 문체 요소를 중심으로 그 구체적인 양상과 특징, 효과 등을 고찰하고 국문 서사 텍스트의 발달 국면을 확인하려고 하였다. 그러나 문체 논의의 근원적인 한계라고 할 수 있는 주관적인 해석의 오류나 임의적인 요소 선정 등의 문제로부터 벗어날 수 없었기 때문에 앞서 말한 구체적인 논의 항목들이 개략적인 수준에서 머무르고 만 느낌이 강하다. 제한된 수의 텍스트만을 논의 대상으로 국한한 문제점도 제기할 수 있을 것이다. 따라서 우리에게는 앞으로 언해류 서사체 유형에 포함하기는 어렵지만 서사체적인 성격이 강한 초창기 한글 문헌의 여타 이야기들을 함께 확인해 보아야 하는 커다란 과제가 남아 있다. 이와 관련하여 대상 자료가 실려 전하는 <월인석보>나, 이와 같은 계열 부류에 속하는 <석보상절>, <월인천강지곡> 등도 눈여겨보지 않으면 안 된다. 서사 문체론적인 시각에서 이들의 성격을 규명하고 대상 자료와의 상관성을 따져 보는 문제가 필요한 것이다.

대상 자료들과 상호 이본 관계에 놓이는 자료들을 논의에 아우르지 못한 점도 앞으로 해결해야 할 과제 목록에 포함할 수 있다. 고소설과 같은 서사물은 이본 관계에 놓이는 자료들과의 상호 대비가 무척 중요하다. 이러한 작업을 통해 최선본이 확정되고, 이를 기준으로 여타 이본들의 변이 양상과 정도, 변이의 원인이나 효과 등을 자연스럽게 살필 수 있기 때문이다. '안락국전'의 경우는 선텍스트에 해당하는 '안락국태자전'과 같은 불경류뿐만 아니라 종교적인 서사 무가류와도 계통적으로 연결되기 때문에 그 선후 관계를 따져 고소설로 정착되는 과정에 대한 면밀한 천착이 필요하다. '적성의전'의 경우도 관련 서사가 여러 저경에 수록되어 있기 때문에 이들과의 상호 교섭 관계를 따져 보아야 한다. 비슷한 시기에 고소설로 존재했던 이본들과 대비해 보는 작업도 함께 이루어져야 할 것이다.

문체적인 특징을 보여 주는 문체 요소들과 이들 각각의 기능, 효과를 살핀 것과 관련해서도 추가 논의가 필요한 부분이 많다. 앞에서 우리는 구술성의 효과를 염두에 두면서 여러 문체 요소들의 특징과 효과를 살피는 식으로 논의를 진행하였다. 이에 따라 이야기 배열이나 시점 조정, 문장 연결이나 종결의 양상 등을 기술물의 구술성을 함의하는 유사구술성의 차원에서 조명해 보았다. 그런데 이들 문체 요소를 구술성과 연관 짓는 논거가 부족하여 설득력을 얻기가 쉽지 않을 것으로 보인다. 따라서 앞으로 여러 텍스트 구성소가 엮이는 방식을 치밀하게 분석하여 당대의 서사 규범을 정립하고,259) 이러한 서사 규범이 텍스트 산출과 수용 과정에 작용하는 방식을 면밀하게 검토해 보아야 할 것이다.

세부적으로는 시제 추이와 시점의 조정, 그리고 이에 이끌리는 서술 방식의 상호 관계를 좀 더 꼼꼼하게 살필 필요가 있다. 특히 고소설류 서사체 유형에서 두드러지게 보이기 시작하는 설화자의 개입은 담화·텍스트 내적으로는 인물과의 감정적인 일체화나 동일화와 같은 조응의 문제 등과 연결된다. 동시에 이는 설화자 자신의 의식, 좀 더 나아가서는 문학적인 창작 의식의 차원과도 연결되어 있는 중요한 문제로 판단된다. 이들이 고소설의 유형에 따라 어떻게 달리 실현되는지를 살펴보는 것도 국문 서사 문체의 발달사를 좀 더 다채롭게

---

259) 이와 관련하여 근대 이전의 서사체에서 대화가 갖는 담화적인 의미 기능을 꼼꼼하게 살피지 못한 한계를 지적하지 않을 수 없다. 이를 극복하기 위해서는 서사 국면 여하에 따른 대화의 분포 양상이나 대화 자체의 내용 등을 함께 고려해야 할 것이다. 현대 소설에 대한 것이긴 하지만 김홍수(1999, 2000, 2001) 등에서 그 구체적인 연구 사례를 확인할 수 있다. 이들 논의가 차후 진행될 연구에 훌륭한 길잡이가 되리라 확신한다.

기술하는 데 조그만 보탬이 될 수 있으리라 확신한다. 다음으로 '그 쯰'나 '그저긔', '차시', '이쩍' 등과 같은 시간 부사어나 '화설', '차설', '각설' 등과 같은 화두사들의 쓰임새를 좀 더 세밀하게 구별해 보는 문제, 이들이 텍스트 구성에 관여하는 정도나 양상 등을 살펴보는 문제도 중요하다. 연결어미의 담화적인 쓰임새를 살피고, 장문성의 특징을 보이는 문장 구문이나 담화 구조체의 유형을 기준을 정해 구별해 보는 것도 문장 차원에서 서사 문체의 면모를 밝히는 데 많은 도움이 될 것이다.

참고논저

1. 자료

<월인석보> 권8, 22, 23.

'안락국젼'(국립중앙도서관본, 한 古朝21~316).

'적셩의젼'(경판 23장본).

김기동(1979), 이조전기소설선, 정음문고 170, 정음사.

김동욱(1973), 영인고소설판각본전집 3ㆍ5권, 충남대학교.

김일렬 역주(1996), 한국고전문학전집 25, 고려대학교 민족문화연구소.

안진호 편(1936), 석가여래십지행록, 법륜사.

월촌문헌연구소 편(1986), 한글필사본고소설자료총서 48ㆍ50, 오성사.

인권환 외 3명(1995), 한국고소설선, 태학사.

인천대학교 민족문화연구소 자료총서간행위원회 편(1983), 구활자본 고소설전
　　　　집 17, 은하출판사.

조희웅(1999), 고전소설 이본목록, 고전소설연구자료총서Ⅰ, 집문당.

＿＿＿(2000a), 고전소설 작품연구 총람, 고전소설연구자료총서Ⅱ, 집문당.

＿＿＿(2000b), 고전소설 문헌정보, 고전소설연구자료총서Ⅲ, 집문당.

한국학연구원(1986), 원본고대국문소설대표선집, 한국학연구원.

2. 저서

강순애(2001a), <월인석보> 권20(연구ㆍ영인본), 아세아문화사.

고영근(1981), 중세국어의 시상과 서법, 탑출판사.

＿＿＿(1995), 단어ㆍ문장ㆍ텍스트, 한국문화사.

_____(1997), 개정판 표준중세국어문법론, 집문당.

_____(1999), 텍스트이론 - 언어문학통합론의 이론과 실제, 대우학술총서논저 448, 아르케.

고영근 외(2002), 문법과 텍스트, 서울대학교출판부.

_____(2003), <월인천강지곡>의 텍스트 분석, 집문당.

고정희(2004), 고전시가와 문체의 시학 - 윤선도와 정철의 경우, 월인.

김영수(2001), 조선중세한문번역본의 언어사적 연구, 역락.

김완진(1975), 문학과 언어, 탑출판사.

김완진 외(1996), 문학과 언어의 만남, 신구문화사.

김천혜(1990), 소설구조의 이론, 문학과지성사.

김태준(1939), 조선소설사, 학예사.

김현주(2003), 구술성과 한국서사전통, 월인.

란다 사브리 지음, 이충민 옮김(2003), 담화의 놀이들, 새물결.

로보트 켈로그·로버트 숄즈 저, 임병권 역(2001), 서사의 본질, 예림기획.

루샤오펑 지음, 조미원 외 옮김(2001), 역사에서 허구로 - 중국의 서사학, 길.

박갑수 편저(1995), 국어문체론, 대한교과서(주).

박갑수(1998), 현대문학의 문체와 표현, 집문당.

박금자(1997), 15세기 언해서의 협주 연구 - 텍스트언어학 총서 3, 집문당.

박병동(2003), 불경전래설화의 소설적 변모 양상, 역락.

박영순(1999), 한국어 문법 교육론, 도서출판 박이정.

박종철 엮음(1998), 문학과 기호학, 예림기획.

박종철·오충연(2001), 언어와 문화 그리고 삶, 월인.

박진(2005), 서사학과 텍스트 이론 - 토도로프에서 데리다까지, 랜덤하우스중앙.

보리스 우스펜스키 저, 김경수 역(1992), 소설구성의 시학(이론과 실제 총서 5), 현대소설사[Uspensky, Boris A.(1973), A Poetics of Composition: The Structure of the Artistic Text and Typology of a Compositional Form, Calif].

사재동(1977), 불교계 국문소설의 형성과정 연구, 아세아문화사.

_____(1994), 불교계 국문소설의 연구, 중앙문화사.

서정목(2004), 국어 통사구조 연구 1, 서강대학교출판부.

소재영(1989), 고소설통론, 이우출판사.

송경숙(2003), 담화 화용론, 한국문화사.

신현숙(1986), 의미 분석의 방법과 실제, 한신문화사.

심재기(1999), 국어 문체 변천사, 집문당.

안병희(1992), 국어사 자료 연구, 문학과지성사.

안병희 · 이광호(1990), 중세국어문법론, 학연사.

오충연(2001), 주제구조론, 월인.

_____(2006), 상과 통사구조, 태학사.

월터 J. 옹 지음, 이기우 외 옮김(1995), 구술문화와 문자문화, 문예출판사.

이능우(1975), 고소설 연구, 이우출판사.

이익섭 · 채완(1999), 국어문법론강의, 학연사.

이재선(1981), 한국문학의 해석, 새문사.

이호권(2001), <석보상절>의 서지와 언어, 태학사.

정주동(1961), 홍길동전 연구, 문호사.

정희자(1999), 담화와 문법, 한신문화사.

조동일(1989), 한국문학통사 3, 지식산업사.

조두상(1993), 문법이론과 문체, 부산대학교출판부.

진필상 지음, 심경호 옮김(2001), 한문문체론, 이회.

한동완(1996), 국어의 시제 연구, 국어학회.

한용환(2002), 서사 이론과 그 쟁점들, 문예출판사.

황패강 · 정진형(1984), 홍길동전 - 국문학총서 3, 시인사.

헨리 G. 위도우슨 저, 최성규 옮김(1999), 문체학과 문학교육, 예림기획.

B. 조빈스키(1999) 저, 이덕호 옮김, 문체론, 한신문화사.

Beaugrande · Dressler 공저(1981), 김태옥 · 이현호 공역(1999), 텍스트언어학입문, 한신문화사.

Bybee, Joan L. 지음, 이성하 외 공역(2000), 형태론, 한국문화사[Bybee, Joan L.(1985), Morphology – A Study of the Relation between Meaning and Form, Amsterdam/Philadelphia, John Benjamins Publishing Company].

Chatman, Seymour B. 지음, 한용환 외 공역(2001), 영화와 소설의 수사학, 동국대학교출판부[Chatman, Seymour B.(1990), Coming to Terms: The Rhetoric of narrative in Fiction and Film, Ithaca, New York: Cornell University Press].

Jan Renkema 지음, 이원표 옮김(1997), 담화연구의 기초, 한국문화사.

Stanzel, F. K. 저, 김정신 옮김(1988), 소설의 이론, 문학과비평사.

T. J. Taylor 저, 양희철 외 공역(1996), 구조문체론, 보고사.

Wolfgang Dressler 지음, 이재원 역(2004), 텍스트언어학 개론, 한국문화사.

3. 논문

경일남(1989), 강창문학의 소설적 전개 양상, 어문연구 19, 어문연구회.

강순애(2001b), <월인석보>의 저본에 관한 연구, 서지학연구, 한국서지학회.

고니시 도시오(1992), <월인석보> 제23 '목련전'의 텍스트언어학적 분석, 국어연구 107.

고영근(1961), <석보상절>과 <월인석보>와의 한 비교 – 몇 개의 어형 변화를 중심으로, 한글 128, 한글학회.

_____(1990), 문장과 이야기의 관련성에 관한 연구, 관악어문연구 15, 서울대학교 국어국문학과.

_____(1991), 국어학과 인접학문, 제25회 전국국어국문학연구발표대회, 국어국문학 98, 국어국문학회.

_____(1993), <석보상절> · <월인천강지곡> · <월인석보>, 국어사 자료와 국어학의 연구 – 안병희선생화갑기념논총, 문학과지성사.

권오현(1992), 문학소통이론 연구 – 문학텍스트의 소통구조와 교수법적 기능, 서울대학교 박사학위논문.

김기동(1966), '육미당기' 췌론, 국어국문학 31, 국어국문학회.

김기종(2003), <석보상절>과 <월인석보>의 구성 방식 비교 연구 – <석보상절> 권24와 <월인석보> 권25를 중심으로, 한국어문학연구 41, 한국어문학연구학회.

김기혁(2002), 문장에 대한 문법적 관점과 해석, 한국어학회 137차 연구발표회, 한국어학회.

김대행(1995), 서사와 소설의 거리, 한국서사문학사의 연구 I, 중앙문화사.

김문오(2000), <석보상절>과 <월인석보> 소재 <석보상절>의 대조 연구 – 유의어의 의미 대응관계를 중심으로, 국어사자료학회 겨울발표회 발표요지.

김미형(1996), 문체유형의 언어양상연구, 어문학연구 5, 상명대학교어문학연구소.

_____(1997a), 문체와 문체 요인(1) – 문장의 종결, 연결 방식, 한양어문 15, 한양어문학회.

_____(1997b), 언해문의 문체 특징 연구, 어문학연구 6, 상명대학교어문학연구소.

_____(2003), 번역의 틀로 형성되는 문체적 특징 연구 – 메타의사소통적 번역의 틀과 의고체, 한국언어문화 24, 한국언어문화학회.

김병국(1983), 고대소설 서사체와 서술시점, 한국고전소설연구(이상택 · 성현경 편), 새문사.

임형택(1975), 18 · 9세기의 이야기꾼과 소설의 발달, 한국학논문집, 계명대학교 한국학연구소, 계명대학교.

김영덕(1952a), 언해와 번역(1), 국어국문학 1, 국어국문학회.

_____(1952b), 언해와 번역(2), 국어국문학 2, 국어국문학회.

_____(1953), 언해와 번역(완), 국어국문학 3, 국어국문학회.

김영배(1985), <월인석보> 제20에 대하여 - 그 권차와 내용을 중심으로, 한국
       문학연구 8, 동국대학교 한국문학연구소.

_____(2002), 조선 초기의 역경 - 최초의 역경 <석보상절>을 중심으로, 대각
       사상 5, 대각사상연구원.

김완진(1976), 노걸대의 언해에 대한 비교연구, 한국연구총서 31, 한국연구원.

김은정(1998), 거리와 화자의 태도에 관한 연구, 어문연구 30, 어문연구회.

김종택(1973), 표현구조의 분석과 기술방법에 대하여, 어문학 28, 한국어어문학
       회, 형설출판사.

_____(1983), <석보상절>의 표현구조, 배달말 8, 배달말학회.

김주보(1998), 15세기 국어 어휘의 동의성 연구(I) - 동일 문헌의 번역차로 나
       타난 부사류 어휘교체를 중심으로, 언어학 2, 중원언어학회.

김진세(1997), 허균론, 한국고전작자론, 형설출판사.

김진수(2000), 한국고대소설에 나타난 화제전환 양상, 언어연구 16권2, 한국현
       대언 어학회.

김진영(1995), <월인석보>의 서사문학적 전개, 한국서사문학사의 연구 IV, 중
       앙문화사.

_____(1996a), 불교계서사문학의 재의적 성격, 국문학과불교, 한국고전문학회 편.

_____(1996b), 서사문학의 연행양식과 기능에 대하여, 어문연구 28, 어문연구회.

_____(1996c), 안락국태자전승의 무가적 전개, 고소설연구 2, 한국고소설학회.

_____(1998), 고전소설에 나타난 예술요소의 서사적 기능, 충남대학교 박사학
       위논문.

_____(1999), 불교계 변문의 계통과 연행양상, 중국소설논총 10, 한국중국소설
       학회.

김현주(1994), 판소리 창자의 거리조정방식과 그 기능적 의미, 판소리연구 5,
       판소리학회.

_____(2001), 서사체 평가절의 전통 - 일상경험담·민담·고소설의 경우를 중
       심으로, 시학과언어학 1, 시학과언어학회.

김흥수(1988), 언어학적 문체론의 위상과 과제, 국어국문학 100, 국어국문학회.

_____(1991), 국어 시상과 양태의 담화 기능, 문법 I - 국어학강좌1, 태학사.

_____(1996), 언해문간 차이에 대한 문체적 해석, 이기문교수정년퇴임기념논
       총, 신구문화사.

_____(1997), 문체의 변화, 국어사연구, 국어사연구회 편, 태학사.

_____(1999), 소설에서 대화의 분포와 그 담화·텍스트 기능, 어문학논총 18,

국민대학교 어문학연구소.

_____(2000), 소설에서 대화 인용의 방식과 양상, 어문학논총 19, 국민대학교 어문학연구소.

_____(2001), 소설에서 대화와 인접 지문에 대한 담화론적 해석, 어문학논총 20, 국민대학교 어문학연구소.

_____(2002), 1인칭 소설의 화자와 시점에 대한 텍스트론적 해석, 어문학논총 21, 국민대학교 어문학연구소.

_____(2004), 1인칭 소설에서 시점의 세부 유형과 추이에 대한 텍스트론적 접근, 어문학논총 23, 국민대학교 어문학연구소.

_____(2006), 소설의 시점과 관련 문법 현상, 어문학논총 25, 국민대학교 어문학연구소.

남성우(1992), <월인석보>의 국어학적 의의, 진단학보 75, 진단학회.

_____(1996), <월인석보> 권13과 <법화경언해>의 번역, 한국어문학연구 7, 한국외국어대학교.

노은주(1990), 법화경의 번역에 대한 연구, 효성여자대학교 석사학위논문.

노태조(1992), '목련전'과 '심청전'의 대비 고찰, 어문연구 23, 어문연구회.

루보밀 돌레젤 저, 최상규 역, 김병욱 편(1997), 서술자의 유형 이론, 현대소설의 이론, 예림기획.

민영규(1957), <월인석보> 제17·18 개제, 연세대학교 동방학연구소.

_____(1963), <월인석보> 제23 잔권, 동방학지, 연세대학교 동방학연구소.

박갑수(1979), '춘향전'의 해학적 표현 상, 아세아여성연구 18, 숙명여자대학교.

박금자(1994), 15세기 불경언해의 협주에 관한 연구, 서울대학교 박사학위논문.

_____(1995), <석보상절>과 <월인석보>의 텍스트범위와 텍스트통합성, 텍스트 언어학 3, 텍스트언어학회.

박기선(1998), <월인석보> 권15와 <법화경언해> 권4의 문체 비교 연구, 한국외국어대학교 석사학위논문.

박노원(1982), <석보상절>의 서사문학적 성격, 동아대학교 석사학위논문.

박노춘(1966), '홍길동전' 목판본고, 국어국문학 37·38, 국어국문학회.

박병동(1997), <석가여래십지수행기> 연구, 충남대학교 박사학위논문.

박윤환(1998), 문체와 문채 그리고 문체적 공시의 개념과 영역, 외국문화연구 21, 조선대학교인문학연구소.

_____(2001), 문체영역과 문체기능, 외국문화연구 24, 조선대학교 인문학연구소.

박일남(1993), '유충렬전'의 문체적 특징과 그 소설사적 의미, 홍대논총 25, 홍익대학교.

박종철(1985), 문학과 언어학, 숭실어문 2, 숭실대학교 국어국문학과.

_____(1986), <월인석보>의 문체적 특징, 숭실어문 3, 숭실대학교국어국문학과.

_____(1989), 언어학과 시학, 이정정연찬선생 회갑기념논총, 탑출판사.

_____(1996), 언어학과 시학(2), 문학과 언어의 만남, 신구문화사.

박지혜(2001), 국어의 대화체와 낭독체에 나타난 운율 형성 연구, 한국어학회 135차 연구발표회 원고, 한국어학회.

박찬두(1991), 법화경의 문학적 연구, 한국불교학 16, 한국불교학회.

배현숙(1994), 전경절(Foregrounding clause)과 배경절(Backgrounding clause) - ' - 어서'와 ' - 니까'를 중심으로 - , 한국어학 1, 한국어연구학회.

_____(2001), <석보상절>의 담화 구조, 한국어학회 23차(하계)세미나 발표요지.

사재동(1965), 목련전 연구, 한국언어문학연구 3, 한국언어문학회.

_____(1967), '안락국태자전' 연구, 어문연구 5, 어문연구회.

_____(1970), <월인석보>의 형태적 연구, 어문연구 6, 어문연구회.

_____(1976), '선우태자전' 연구, 어문연구 9, 어문연구회.

_____(1983), 불교계 서사문학의 연구, 어문연구 12, 어문연구회.

_____(1983), 불교계 국문소설의 형성 경위 - 국문 불서 <월인석보>를 중심으로, 한국고전소설 연구(이상택·성현경 편), 새문사.

_____(1984), '안락국전'의 연구, 어문연구 13, 어문연구회.

_____(1986 = 1988), '안락국태자경'의 연구, 인문과학논문집 Ⅶ - 2, 충남대학교 인 문과학연구소.

_____(1988), '안락국태자경'의 연구, 한국불교문학연구(하), 한국문학연구소 편, 동국대학교출판부.

_____(1990), '안락국전'의 연구, 한국 고소설의 조명, 아세아문화사.

_____(1990), <월인석보>의 강창문학적 연구, 애산학보 9, 애산학회.

_____(1993), 고전소설 판본의 형성·유통, 어문집 통권 41, 충남대학교 인문과학연구소.

_____(1996), 불교계 국문소설의 형성·전개, 한국서사문학사의 연구 Ⅳ, 중앙문화사.

서대석(1968), 한국서사무가연구, 서울대학교 석사학위논문.

송성욱(1989), '홍길동전' 이본신고, 관악어문 13, 서울대학교 국어국문학과.

송철의(1997), 국어 형태론 연구의 성과와 과제, 동양학 27, 단국대학교 동양학연구소.

신종한(2001), 한국소설의 구술성 연구 - 채만식의 '태평천하'를 중심으로, 동양학 31, 단국대학교 동양학연구소.

신지연(2000), 서사텍스트로서의 <월인석보> 권8 '안락국전'의 응집성, 목원 국어 국문학 6, 목원대학교 국어국문학과.

신태수(2002), 고소설 화자의 시점과 사물인식, 한민족어문학 29, 한민족어문학 회(구, 영남어문학회).

안병희(1973), 중세국어 연구자료의 성격에 대한 연구-번역 양식을 중심으로 하여, 어학연구 9-1, 서울대학교 어학연구소.

_____(1992), <월인석보>의 편간과 이본, 진단학보 75, 진단학회.

유제호(1986), 텍스트 문체론의 방향 모색, 인문논총 16, 전북대학교 인문과학 연구소.

유준경(1997), 방각본 영웅소설의 문화적 기반과 그 미학적 특성-구술적 성격 을 중심으로, 서울대학교 석사학위논문.

윤석민(2002), <월인천강지곡>의 텍스트 형성 규칙, 문법과 텍스트, 서울대학 교출판부.

이강옥(1986a), 불경계 설화의 소설화과정에 대한 고찰, 고전문학연구 4, 한국 고전 문학연구회.

_____(1986b), '육미당기'와 '금계필담'의 비교분석을 통한 소설과 야담계 서 사체의 관계 양상 고찰, 한국학보 42, 일지사.

_____(1990), '육미당기', 한국고전소설작품론, 새문사.

이광정(1995), 한문언해문장의 문체적 특성-<사서언해> 등의 서술어 및 활 용어미의 분포적 특성 등을 중심으로, 한국어학 2, 한국어학연구회.

이광호(1983), 후기중세국어의 종결어미 {-다/-라}의 의미, 국어학 12, 국어 학회.

이기문(1988), 번역체의 문제, 국어학논총: 허당이동림박사정년퇴임기념논총 (동 간행위원회 편), 집문당.

이동근(2003), 전 樣式의 역사적 전개양상, 우리말글 29, 우리말글학회.

이래호(2005), 후기 중세국어의 '-거-' 통합형 연결어미에 대한 연구, 한국학 중앙연구원 한국학대학원 박사학위논문.

이병주(1967), <석보상절> 제23·24 해제, 동악어문논집 5, 동악어문학회.

이복규(1996), '홍길동전' 작가 논의의 연구사적 검토, 한국 고소설의 재조명, 아세아문화사.

이봉규(1995), <석보상절> 권20과 <월인석보> 권18의 대비 연구, 한국외국 어대학교 석사학위논문.

이석록(1992), <월인석보> 권11, 12와 <법화경언해>의 대비 연구, 한국외국 어대학교 석사학위논문.

이수자(1995), 지림사 연기설화의 설화적 성격과 의의 - 이공본풀이계 서사물
　　　　의 변용과 의미에 대한 연구(2), 한국서사문학사의 연구 Ⅲ(사재동 편),
　　　　중앙문화사.
이영림(1992), 15세기 우리말 불경 자료의 이야기 분석, 부산대학교 석사학위
　　　　논문.
이정원(1999), 15세기 불교계 국문 서사 연구 - '안락국전'·'나복전'·'적성의
　　　　전'과의 대비를 통해, 한국고전연구 5, 한국고전연구학회.
이지영(1999), 선어말어미 '-더'의 통시적 연구, 국어연구 159.
이창헌(1995), 고전소설의 유통 양상에 대한 일 고찰, 한국서사문학사의 연구
　　　　Ⅴ, 중앙문화사.
　　　　(1998), 고전소설 텍스트 선정과 관련된 몇 가지 문제, 한국고전소설과
　　　　서사문학(상) - 한국고전소설사의 재조명(양포이상택교수환력기념논문
　　　　집, 동 간행위원회 편), 집문당.
이현수(1984), 불교설화의 소설문학적 수용: '안락국전'을 중심으로, 한국문학
　　　　연구 6·7, 동국대학교 한국문학연구소.
이현희(1992), 중세국어의 구문 연구, 서울대학교 박사학위논문.
이호권(1987), <법화경>의 언해에 대한 비교 연구, 서울대학교 석사학위논문.
　　　　(1997), <석보상절>의 국어학적 연구, 서울대학교 박사학위논문.
인권환(1967), '적성의전' 근원설화 연구, 인문논집 8, 고려대학교 문과대학.
　　　　(1975), <석보상절>의 문학적 고찰, 민족문화연구 9, 고려대학교민족문
　　　　화연구소.
　　　　(1999), 조선조 한글 불교산문 연구서설 - 한글 창제 이후~개화기 이전,
　　　　1443~1876 - , 한글시대의 불교언어와 불교문학, 동국대학교 한국문학
　　　　연구소.
임형택(1980), 18·9세기 이야기꾼과 소설의 발달, 한국학논집 2, 계명대학교
　　　　한국학연구소.
임홍빈(1982), 선어말 '-더-'와 단절의 양상, 관악어문 7, 서울대학교 국어국
　　　　문학과.
임홍빈(1998), 국어 '절대문'에 대하여, 국어문법의심층 - 문장범주와 굴절, 태
　　　　학사.
장윤희(1998), 중세국어 종결어미에 대한 통시적 연구, 서울대학교 박사학위논문.
정규복(1970), '홍길동전' 이본고(一), 국어국문학 48, 국어국문학회.
　　　　(1971), '홍길동전' 이본고(二), 국어국문학 51, 국어국문학회.
　　　　(1992), 한국 고전문학의 원전비평적 연구, 고려대학교 민족문화연구소.

정은균(1998), 신소설의 문체 연구, 숭실대학교 석사학위논문.

_____(2002), 중세국어 구문의 장문성 시고, 국어연구의 이론과 실제, 태학사.

_____(2008a), 고려시대 석독구결의 '‐ㅣ ㎜'에 대한 문법적 고찰, 어문연구 140, 한국어문교육연구회.

_____(2008b), 중세국어의 장문성에 대한 문체론적 고찰, 텍스트언어학 25, 텍스트언어학회.

_____(2009a), 계사 활용 형식 '‐이다'와 '‐이라'의 통시태, 한국언어문학 70, 한국언어문학회.

_____(2009b), 텍스트 구성 요소의 유형에 따른 15세기 서사체의 문체 특징, 한글 286, 한글학회.

_____(2009c), 고려시대 석독구결문의 번역 문체적인 특징, 배달말 45, 배달말학회.

_____(2009d), 국문 서사체 서술 지문의 '‐다, ‐라' 종결 형식의 쓰임새와 문체 특징, 국어국문학 153, 국어국문학회.

_____(2010), 문장 종결 형식 '‐더시다'의 문체 특징, 한국언어문학 72, 한국언어문학회.

정진원(1993), 중세국어의 설화자 화법 연구, 홍익대학교 박사학위논문.

정하영(1992), <월인석보>의 서사문학적 성격, 진단학보 75, 진단학회.

_____(2001), 승전의 전통과 소설적 수용, 동양학 31, 단국대학교 동양학연구소.

정희자(1976), A Study of the Function of Tense and Aspect in Korean Narrative Discourse, Ball State Univ. Ph.D. dissertation.

조춘호(1983), '적성의전' 연구, 국어교육연구 15, 경북대학교 사범대학.

조수학(1976), 고소설 문체 고, 한국어문논총(우수강복수박사회갑기념논문집), 형설출판사.

조희웅(1995), 설화와 소설, 한국서사문학사의 연구Ⅰ, 중앙문화사.

조흥윤(2000), '안락국전' 연구‐원앙부인 본풀이, 샤머니즘 연구 2, 한국샤머니즘학회.

채기원(1990), '안락국태자전' 연구: <월인석보> 소재 원전을 중심으로, 성신여자대학교 석사학위논문.

채 완(1979), 화제의 의미, 관악어문 4, 서울대학교 국어국문학과.

_____(1984), 화제와 총칭성·특정성·한정성, 목천유창균박사환갑기념논문집.

_____(1985), 병렬의 어순과 사고방식, 국어학 14, 국어학회.

최길용(1987), '육미당기' 연구, 전주교대 논문집 23, 전주교육대학교.

최동주(1995), 국어시상체계의 통시적 변화에 관한 연구, 서울대학교 박사학위논문.

최문조(1990), '홍길동전' 연구 – 작품의 형성 과정과 방각본의 변이 양상을 중심으로, 성균관대학교 석사학위논문.

최범훈(1976), '홍길동전'의 어학적 고찰, 우리문학연구, 우리문학연구회.

최병헌(1992), <월인석보> 편찬의 불교사적 의의, 진단학보 75, 진단학회.

최진봉(1991), '안락국전'의 형성 연구, 숭실대학교 석사학위논문.

최진형(1998), 판소리 서사체의 구술성과 기술성, 고전문학연구 14, 한국고전문학회.

한국고전소설연구회 편(1989), 한국고소설의 조명, 아세아문화사.

한재영(1986), 중세국어 시제 체계에 대한 관견: 선어말어미 '–더–'의 위치 정립을 중심으로, 언어 11 – 2, 한국언어학회.

황선엽(1993), 텍스트 생산자를 중심으로 한 '안락국태자전'의 텍스트언어학적 분석, 관악어문 18, 서울대학교 국어국문학과.

_____(1995), 15세기 국어 '–으니'의 용법과 그 기원, 서울대학교 석사학위논문.

황패강(1988), 소설문체론에 대한 시각 정립, 국어국문학 100, 국어국문학회.

찾아보기

정은균

숭실대학교 국어국문학과 졸업(1996)
숭실대학교 대학원 석사 졸업(1998)
한국학중앙연구원 박사 졸업(2007)

전) 숭실대학교 강사
현) 군산영광여자고등학교 교사

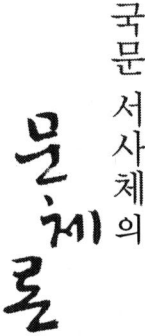

국문 서사체의
문제론

초판인쇄 | 2011년 5월 6일
초판발행 | 2011년 5월 6일

지 은 이 | 정은균
펴 낸 이 | 채종준
펴 낸 곳 | 한국학술정보㈜
주   소 | 경기도 파주시 교하읍 문발리 파주출판문화정보산업단지 513-5
전   화 | 031) 908-3181(대표)
팩   스 | 031) 908-3189
홈페이지 | http://ebook.kstudy.com
E-mail | 출판사업부 publish@kstudy.com
등   록 | 제일산-115호(2000. 6. 19)

ISBN   978-89-268-2136-7 93710 (Paper Book)
        978-89-268-2137-4 98710 (e-Book)

내일을여는지식 은 시대와 시대의 지식을 이어 갑니다.